Can Merey

Die afghanische Misere

Can Merey

Die afghanische Misere

*Warum der Westen
am Hindukusch
zu scheitern droht*

WILEY-VCH Verlag GmbH & Co. KGaA

2. Auflage 2011

Alle Bücher von Wiley-VCH werden sorgfältig erarbeitet. Dennoch übernehmen Autoren, Herausgeber und Verlag in keinem Fall, einschließlich des vorliegenden Werkes, für die Richtigkeit von Angaben, Hinweisen und Ratschlägen sowie für eventuelle Druckfehler irgendeine Haftung

Bibliografische Information der Deutschen Nationalbibliothek
Die Deutsche Nationalbibliothek verzeichnet diese Publikation in der Deutschen Nationalbibliografie; detaillierte bibliografische Daten sind im Internet über http://dnb.d-nb.de abrufbar.

© 2011 Wiley-VCH Verlag & Co. KGaA, Boschstr. 12, 69469 Weinheim, Germany

Alle Rechte, insbesondere die der Übersetzung in andere Sprachen, vorbehalten. Kein Teil dieses Buches darf ohne schriftliche Genehmigung des Verlages in irgendeiner Form – durch Photokopie, Mikroverfilmung oder irgendein anderes Verfahren – reproduziert oder in eine von Maschinen, insbesondere von Datenverarbeitungsmaschinen, verwendbare Sprache übertragen oder übersetzt werden. Die Wiedergabe von Warenbezeichnungen, Handelsnamen oder sonstigen Kennzeichen in diesem Buch berechtigt nicht zu der Annahme, dass diese von jedermann frei benutzt werden dürfen. Vielmehr kann es sich auch dann um eingetragene Warenzeichen oder sonstige gesetzlich geschützte Kennzeichen handeln, wenn sie nicht eigens als solche markiert sind.

Printed in the Federal Republic of Germany

Gedruckt auf säurefreiem Papier.

Satz TypoDesign Hecker GmbH, Leimen
Druck Ebner & Spiegel GmbH, Ulm
Bindung Ebner & Spiegel GmbH, Ulm
Umschlaggestaltung Torge Stoffers, Graphik-Design, Leipzig
ISBN: 978-3-527-50580-7

Für Cordula

Inhalt

Vorwort zur Sonderausgabe *1*

Vorwort *7*

Farhad – statt einer Einleitung *9*

Der Alltag *23*
   »Das grenzt an Erpressung« – Demokratisierungsversuche *25*
   »Wir verlieren unsere Glaubwürdigkeit« – der Wiederaufbau *41*
   »Es wird kostant weiter nach unten gehen« – die Korruption *63*
   »Karsai hat seine Versprechen nicht erfüllt« – die Verlierer *69*
   »Extrem riskant« – die Sicherheitslage *77*

Der unterschätzte Gegner *93*
   »Ein wahres Problem aus der Hölle« – Selbstmordattentäter *95*
   »Der Basar ist eröffnet« – Geiselnahmen *111*
   »Staatsfeind Nummer eins« – Drogen *127*
   »Kommt und nehmt teil an den Wahlen« – Gespräche mit den Taliban? *143*
   »Zeremonienmeister des Terrors« – Propaganda *149*
   »Pakistan will uns zu Sklaven machen« – der Einfluss des Nachbarn *157*

Das militärische Experiment *173*
   »Eine Scharade der Solidarität« – die Zerreißprobe der NATO *175*
   Feldimpressionen – Amerikaner, Holländer und Deutsche *197*
      »Lass uns die bösen Jungs fangen gehen« *197*
      »Schlagt hart zu, wenn es notwendig ist« *205*
      »Ich hoffe, dass wir Freunde gefunden haben« *212*

»Ein klares Missverständnis« – die verschiedenen Ansätze   217
»Bundeswehr raus aus Afghanistan« – die innenpolitische
   Debatte   227
»Ein Dreck hat sich positiv entwickelt« – der Aufbau der
   Sicherheitskräfte   245
»Diesen Leuten stellst Du keine Fragen« – Söldner   255
»Sie haben ein Kind getötet« – die zivilen Opfer des
   Militäreinsatzes   263

Resümee   273

Glossar   281

Zeittafel   285

Quellen   289

Danksagung   293

Index   295

Vorwort zur Sonderausgabe

Als Bundespräsident Horst Köhler kurz vor seinem Rücktritt im Mai 2010 erstmals die Bundeswehr in Afghanistan besuchte, kam es im Gespräch mit den Soldaten zu einer Szene, die bezeichnend für die Stimmung am Hindukusch ist. Ob die Männer und Frauen denn die Zuversicht hätten, dass ihr Engagement überhaupt zum Erfolg führen könne, fragte Köhler in die Runde. Statt einer Antwort schlug ihm betretenes Schweigen entgegen. Ein Sanitäter, der kurz zuvor einen seiner Kameraden im Gefecht verloren hatte, sagte schließlich, nur für den Toten würde man weiterkämpfen. »Das hat wenig damit zu tun, ob man hier noch gewinnen kann.«

Afghanistan sei für den Westen noch nicht verloren, heißt es im Vorwort der ersten Ausgabe dieses Buches. Seitdem sind zwei Jahre vergangen, in denen sich das Land weiter auf den Abgrund zubewegt hat. Beinahe alle in dem Buch benannten Probleme haben sich verschärft. Ein Scheitern am Hindukusch wird immer wahrscheinlicher.

Der Krieg dauert inzwischen neun Jahre, es sind mehr ausländische Soldaten in Afghanistan stationiert, als die Sowjets in den Hochzeiten der Besatzung dort einsetzten. Der »Surge«, die massive Verstärkung vor allem der amerikanischen Truppen, hat bislang nicht den erhofften Erfolg gebracht. Die Gewalt eskaliert, die Zahl der Opfer ebenso. Die Kriegsmüdigkeit in den Truppenstellernationen nimmt mit jedem Toten zu. Im Juni 2010 starben erstmals mehr als 100 ausländische Soldaten am Hindukusch. Die Bundeswehr verlor alleine im April 2010 sieben Soldaten bei Anschlägen und Gefechten. Angesichts der beinahe täglichen Opfer hörte die Internationale Schutztruppe ISAF damit auf, in ihrem Hauptquartier in Kabul die Flaggen auf Halbmast zu setzen.

Unwahrscheinlich ist, dass die NATO ihr Versprechen hält, so lange in Afghanistan zu bleiben, wie sie dort gebraucht wird. Etliche westliche Politiker haben das in besseren Zeiten vollmundig zugesagt, inzwischen hüten sie sich vor dieser Floskel. Immer hitziger wird im Westen stattdessen über einen Termin diskutiert, zu dem die ausländischen Truppen endlich abziehen können – obwohl Afghanistan von Sicherheit und Stabilität heute weiter entfernt ist denn je seit Beginn des internationalen Einsatzes. Mit den Niederländern verlässt der erste große Truppensteller Afghanistan bereits.

Die Ankündigung von US-Präsident Barack Obama, schon im Juli 2011 mit dem Rückzug der amerikanischen Truppen zu beginnen, war ein schwerer Fehler. In weiten Teilen Afghanistans wurde der Termin als fixes Abzugsdatum und eben nicht als Beginn eines vermutlich über Jahre währenden Truppenabbaus verstanden. So ist nachvollziehbar, dass sich kaum noch Afghanen klar zum Westen bekennen wollen. Sie müssten nach einem verfrühten Truppenabzug die Rache der Taliban riskieren. Die Aufständischen deuteten Obamas Worte wiederum als Signal dafür, dass sie nur ausharren müssen, um an ihr Ziel zu gelangen: Die »Ungläubigen« aus dem Land zu vertreiben.

Im mächtigen Pakistan, von wo aus die Taliban weiterhin ihren Aufstand in Afghanistan orchestrieren können, gilt die Niederlage der NATO im Nachbarland bereits als ausgemachte Sache. Spätestens seit Obamas Ankündigung sind die Pakistaner davon überzeugt, dass es dem Westen nur noch darum geht, sich ohne allzu großen Gesichtsverlust aus dem Schlachtfeld zurückzuziehen. Geheimdienst und Regierung in Islamabad tun alles, um sich ihren Einfluss in Kabul für die Zeit danach zu sichern.

Die Debatte über einen Abzug der Bundeswehr aus Afghanistan erreichte nach dem 4. September 2009 ein bis dahin nie dagewesenes Ausmaß. An diesem Tag starben Dutzende Afghanen in Kundus, nachdem der deutsche Oberst Georg Klein einen Luftschlag auf zwei von den Taliban gekaperte Tanklastwagen in Kundus befohlen hatte. Wie viele Zivilisten unter den Toten des Bombardements waren, wird nie aufzuklären sein. Seit diesem Tag kann niemand mehr die Augen davor verschließen, dass auch deutsche Soldaten am Hindukusch Krieg führen.

Sieben Jahre nach Beginn des Einsatzes hat die Bundeswehr in der Provinz Kundus im Wesentlichen nur noch die Kontrolle über das eigene Lager, den Flughafen, das Polizei-Hauptquartier im Unruhedistrikt Char Darah und über zwei Anhöhen. Wie machtlos die Deutschen und die afghanische Regierung in der Provinz sind, zeigten die Aufständischen im August 2010 ein weiteres Mal. Ungestört von Sicherheitskräften steinigten die Taliban vor einer versammelten Menge auf einem Markt ein unverheiratetes Liebespaar – so, wie es auch unter dem Regime der selbst ernannten Gotteskrieger üblich war.

Inzwischen mussten die Amerikaner Soldaten nach Kundus entsenden, um die Aufständischen zurückzudrängen; die Bundeswehr alleine ist damit angesichts der Stärke des Gegners überfordert. Die Provinzregierung will sich im Kampf gegen die Taliban nicht nur auf die Truppen und die unterbesetzte Polizei verlassen, sondern fördert den Einsatz von Milizen – für deren Entwaffnung die Staatengemeinschaft einst Millionen Dollar ausgab. Milizen und ihre Verbrechen an der Zivilbevölkerung waren es einst, die in den 1990er Jahren überhaupt erst den Aufstieg der Taliban in Afghanistan ermöglichten.

Wenn auch sonst fast alles schief läuft in Afghanistan – zumindest die Demokratisierung galt lange Zeit als Erfolg. Doch selbst das erwies sich als Trugschluss. Bei der Präsidentschaftswahl am 20. August 2009 fälschte das Karsai-Lager so maßlos Stimmen, dass selbst unverbesserliche Optimisten die Abstimmung nicht mehr schönreden konnten. Dennoch blieb Karsai an der Macht. Die hilflose Staatengemeinschaft nahm es mangels Alternativen hin, ermahnte Karsai aber mit deutlichen Worten, so könne es künftig nicht weitergehen. Karsai reagierte mit dem Versuch, die Wahlbehörde und die Kommission, die Betrugsvorwürfe aufklären soll, vollständig unter seine Kontrolle zu bringen.

Kaum jemand traut der Karsai-Regierung noch zu, die Herausforderungen im Land bewältigen zu können. Im Gegenteil: Immer mehr internationale Beobachter glauben, dass Karsai Teil des Problems und nicht der Lösung ist. Unter seiner Ägide hat die Korruption atemberaubende Ausmaße angenommen, Afghanistan rutschte im Korruptionsindex von Transparency International auf Platz 179 ab. Schlechter schneidet nur noch Somalia ab, ein Land, das seit Jahren überhaupt keine Regierung mehr hat. Kampfansagen Karsais an die Korruption scheinen nicht viel mehr als Lippenbekenntnisse zu sein.

Bei der Afghanistan-Konferenz in London Anfang 2010 versprach Karsai ein weiteres Mal, gegen die Korruption vorzugehen. Unter wachsendem internationalen Druck stellte er zudem in Aussicht, dass die afghanischen Sicherheitskräfte 2014 die Verantwortung für das ganze Land übernehmen (was nicht mit einem Abzug aller ausländischen Truppen gleichzusetzen ist). Der Termin allerdings scheint aus heutiger Sicht – besonders mit Blick auf die schlecht ausgebildete und ausgerüstete Polizei – überaus ambitioniert.

Das Treffen in London wurde als Erfolg verkauft – wie andere Konferenzen zuvor, in der die Afghanen und die Staatengemeinschaft hehre Ziele feststeckten, die in den meisten Fällen verfehlt wurden. Einen »Meilenstein« nannten westliche Politiker auch wieder die Afghanistan-Konferenz in Kabul im Juli 2010. Als Errungenschaft galt, dass das Treffen überhaupt in der zur Festung ausgebauten Hauptstadt stattfinden konnte. Achteinhalb Jahre nach Beginn des Einsatzes feierten die Regierungen Afghanistans und der Truppenstellernationen es als Erfolg, dass ihre Außenminister für wenige Stunden in Kabul zusammenkommen konnten, ohne von den Taliban angegriffen zu werden. Auch das sagt viel über die Lage aus.

Aus der Verzweiflung heraus hoffen Karsai und der Westen nun auf eine Verhandlungslösung mit den Taliban. Die Aufständischen, die sich in einer Position der Stärke sehen, erscheinen bislang alles andere als kompromissbereit. Auf die »Friedens-Dschirga« in Kabul, also auf die von Karsai einberufene Ratsversammlung, die Wege zu einer Aussöhnung finden sollte, antworteten die Taliban im Frühjahr 2010 auf ihre Art: Sie griffen das Treffen inmitten der Hauptstadt mit Raketen an.

Nach seinem Amtsantritt setzte US-Präsident Obama Stanley McChrystal an die Spitze der ausländischen Truppen in Afghanistan. Der General, dessen Zeitplan 18 Stunden Arbeit, zwei Stunden Sport, vier Stunden Schlaf und nur eine Mahlzeit am Tag vorsah, galt mit seinen Erfolgen im Irak als Hoffnungsträger. Er sollte das Ruder am Hindukusch herumreißen. In der ersten Lageeinschätzung an seine Regierung, datiert auf den 30. August 2009, schrieb McChrystal, in den nächsten zwölf Monaten müsse eine Trendwende erreicht werden. Ansonsten könne es zu einem Szenario kommen, »in dem es nicht länger möglich sein wird, den Aufstand zu besiegen«. Das Jahr ist vorbei. Die Trendwende ist ausgeblieben. McChrystal muss das nicht mehr kümmern: Obama feuerte ihn im Juni 2010 nach despektierlichen Äußerungen über US-Politiker.

Ein Diplomat in Kabul sprach vor kurzem vom Endspiel am Hindukusch, bei dem der Westen in der zweiten Halbzeit deutlich hinten liegt. Kann Afghanistan – unter großen Anstrengungen – noch gerettet werden? Vor zwei Jahren schien das machbar. Inzwischen gibt es kaum noch Anzeichen dafür. Scheitert der Einsatz am Hindukusch aber, dann könnte das verheerende Konsequenzen nicht nur für das Land und seine Menschen, sondern auch für den Westen nach sich ziehen.

Vorwort

»Welcome to Kabul« – eine sonderbare Begrüßung für ein Krisengebiet, dachte ich, als mir die ungelenk angebrachten Buchstaben am Flughafen ins Auge stachen. Es war Februar 2003, und ich hatte nicht damit gerechnet, jemals nach Afghanistan zu reisen. Bei diesem ersten Besuch, auf dem ich als Vertreter einer Berliner Kollegin Verteidigungsminister Peter Struck begleitete, versuchte ich, mir alles, was ich in der kurzen Zeit zu sehen bekam, einzuprägen. Denn nach Kabul, so dachte ich damals, komme ich bestimmt nie wieder. Inzwischen bin ich mehr als 20 Mal dort gewesen. Bald nach dem Struck-Besuch wurde ich Südasien-Korrespondent. Über kein anderes Land in der Region berichte ich mehr als über Afghanistan.

Die meisten journalistischen Kollegen, überhaupt die meisten »Westler«, die ich dort kennengelernt habe, haben eine eigenartige Faszination für Land und Leute entwickelt. Ich bin keine Ausnahme. Für jene, die Afghanistan nur aus den – meist negativen – Schlagzeilen kennen, mag das verwunderlich klingen. Doch Afghanistan ist nicht nur Kriegsgebiet. Es ist ein Land mit ungewöhnlich liebenswerten Menschen, die sich von 30 Jahren Krieg nicht haben unterkriegen lassen. Sie bewahren sich trotz Not, Entbehrung und Gewalt ihre Gastfreundschaft und Herzlichkeit wie einen kostbaren Schatz. Selten habe ich so viel Leid und Zerstörung gesehen, selten ist mir aber auch so viel Überlebenswillen begegnet. Auf meinen Reisen traf ich verblendete Fanatiker voller Hass. Aber ich begegnete auch vielen wissbegierigen Afghanen, die der Welt und dem Westen offen gegenüberstehen – und die darauf hoffen, dass sie nie wieder von radikalislamischen Herrschern tyrannisiert werden.

Diese Menschen haben eine bessere Zukunft verdient. Dafür setzt sich die Staatengemeinschaft ein: mit Milliarden Euro Wiederaufbauhilfe, mit zahllosen Experten und mit Zehntausenden Soldaten im Land. Trotzdem droht der Westen am Hindukusch zu scheitern. Warum das gut gemeinte Engagement ins Gegenteil umschlagen könnte – dafür soll dieses Buch Anhaltspunkte liefern.

Die alarmierende Entwicklung in Afghanistan gilt in den westlichen Staaten, darunter Deutschland, als politisch hochsensibel. Deshalb wollen viele ausländische Gesprächspartner in Afghanistan ihren Namen – insbesondere im Zusammenhang mit kritischen Äußerungen – nicht mehr gedruckt sehen; meistens dürften sie überhaupt nicht mit Journalisten reden. Ihr Mut, es dennoch getan zu haben, verdient Respekt. Zu ihrem Schutz sind zahlreiche Quellen in diesem Buch, in dem Ereignisse bis Ende Juni 2008 erfasst sind, als »Experten«, »Fachleute« oder »Landeskenner« anonymisiert worden. Manche Soldaten sind auf eigenen Wunsch oder auf Wunsch der jeweiligen Armee nur mit Dienstgrad, Vornamen oder abgekürzten Nachnamen genannt.

Eine Anmerkung zu den Schreibweisen: Das Buch folgt den Transkriptionsregeln der deutschsprachigen Nachrichtenagenturen. Das bedeutet, dass Namen aus Afghanistan eingedeutscht werden (aus der Stadt Mazar-e-Sharif wird Masar-i-Scharif, aus dem Präsidenten Karzai wird Karsai), nicht aber Namen aus Pakistan (die Stadt Peshawar wird nicht zu Peschawar, Präsident Musharraf nicht zu Muscharraf). Durch die Anwendung dieser nicht immer logischen Regeln soll die Lesbarkeit vereinfacht werden, da ihnen auch die meisten deutschen Zeitungen folgen und die Schreibweisen somit geläufig sind.

Dieses Buch versucht, dem Leser ein breiteres und vor allem differenzierteres Bild über die Lage in Afghanistan zu vermitteln, als es die täglichen Nachrichten zeichnen können. Es will auf diese Weise auch Vorurteile infrage stellen. Afghanistan ist für den Westen nicht verloren – zumindest noch nicht. Nur ein sehr kleiner Teil der Afghanen kämpft (bislang) auf der Seite der Taliban. Viele Menschen besonders in Südafghanistan sind noch unentschlossen, wer ihnen eine bessere Zukunft bieten kann: der Westen und die afghanische Regierung oder aber die Taliban. Will die Staatengemeinschaft das Land nicht wieder in dunkle Zeiten fallen lassen, wird sie stärker als bisher versuchen müssen, diese Menschen für sich und ihre Ziele zu gewinnen. Nicht nur für Afghanistan, auch für die Internationale Gemeinschaft steht viel auf dem Spiel. Am Hindukusch könnte eine Vorentscheidung im weltweiten Kampf zwischen dem islamischen Terrorismus und dem Westen fallen. Das Land und seine Menschen abermals im Stich zu lassen, wäre heute nicht mehr nur ein Rückschlag für Afghanistan.

Farhad – statt einer Einleitung

Farhad Peikar

Es sind kleine Freiheiten, die Farhad Peikar das Leben genießen lassen. »Manchmal rasiere ich mich morgens nicht«, sagt der 27-Jährige. »Jetzt ist es egal – ich habe die Wahl. Aber wenn Dich jemand dazu zwingt, den Bart wachsen zu lassen, dann willst Du Dich unbedingt rasieren.« Die Taliban haben Farhad und seine Landsleute während ihrer Schreckensherrschaft gezwungen, sich den Bart nach streng muslimischer Sitte stehen zu lassen. Lang genug ist das Haar nach Ansicht der selbst ernannten Gotteskrieger erst, wenn man eine

Faust um den Bart herum schließen kann und unterhalb des Handballens noch mindestens die Bartspitze zu sehen ist.

Nicht nur steht Farhad inzwischen die Rasur frei. Es zwingt ihn auch niemand mehr, fünf Mal am Tag zu beten. Anders als zu Zeiten des Bürgerkrieges wird Kabul nicht mehr täglich mit Raketen beschossen. Farhad kann sagen, was er denkt, ohne eingesperrt, gefoltert oder erschossen zu werden. Wenn er von den ersten Jahren seiner Kindheit absehe, erlebe er gerade die glücklichste Zeit seines Lebens, sagt er im Frühjahr 2008. Doch Farhad hat inzwischen auch wieder Angst – Angst vor einer Rückkehr der Vergangenheit. Davor, dass die westlichen Staaten Afghanistan wieder im Stich lassen und die radikalislamischen Taliban erneut an die Macht kommen könnten.

Farhad ist mit seinen jungen Jahren ein respektierter Journalist in Kabul und neigt nicht zu übertriebener Furcht. Er hat in der Vergangenheit zu viel durchgemacht, um schnell in Panik zu verfallen. Seit seinen Kindheitstagen in der nordafghanischen Provinz Baghlan herrscht in Afghanistan fast durchgängig Krieg. Wer es sich leisten kann, flieht vor der immer wiederkehrenden Gewalt. Farhad gehört zu jenen, die in der Heimat geblieben sind. Er hat die Kommunisten, den Bürgerkrieg und die Taliban überlebt – wenn auch manchmal nur knapp.

Die Weichen für das blutige Schicksal Afghanistans sind gestellt, lange bevor Farhad geboren wird. 1933 wird Mohammed Sahir Schah im Alter von erst 19 Jahren zum König gekrönt, nachdem sein Vater einem Anschlag zum Opfer gefallen ist. In der 40-jährigen Regentschaft Sahir Schahs, der in der heutigen Verfassung als Vater der Nation verehrt wird, erlebt das Land am Hindukusch Frieden und Stabilität. Doch 1973 wird der Monarch bei einer Auslandsreise von seinem Cousin Mohammed Daoud Chan gestürzt. Der König dankt ab und bleibt im Exil in Rom. Daoud wird als Präsident fünf Jahre später bei einem Staatsstreich getötet. 1979 – ein Jahr vor Farhads Geburt – marschiert die Sowjetunion in Afghanistan ein, um das kommunistische Marionettenregime in Kabul vor dem Kollaps und ihren eigenen Einfluss im Land zu retten. In den achtziger Jahren kämpfen die Mudschaheddin gegen die Rote Armee in Afghanistan, zwischen 700 000 und 1,3 Millionen Menschen sterben, mehr als die Hälfte der Bevölkerung ist auf der Flucht.

Farhads Kindheit wird von diesem Krieg gegen die Rote Armee, der vor allem in anderen Landesteilen tobt, kaum berührt. Die Familie lebt in Pul-i-Chumri, die Stadt liegt an der Transitstrecke zwischen der Sowjetunion und Kabul und wird von ihren Bewohnern Klein-Moskau genannt. Farhads Vater leitet die örtliche Niederlassung eines sowjetisch-afghanischen Transportunternehmens. Der Familie geht es gut. Die Russen hätten damals nicht nur Schlechtes getan für die Afghanen, sagt Farhad heute. »Zumindest in unsere Gegend haben sie Sicherheit gebracht.« In Pul-i-Chumri verteilen die Sowjets in den achtziger Jahren Kühlschränke an die Familien. In Kabul bauen sie Makrorayon, eine Hochhaussiedlung, die – wenn auch mit tiefen Narben – bislang alle Kriege überdauert hat. In einem Kraftakt schlagen die Kommunisten 3400 Meter über dem Meeresspiegel den Salang-Pass und einen der höchstgelegenen Tunnel der Welt in den Hindukusch, immer noch gehört die Strecke zu den wichtigsten Verkehrsverbindungen Afghanistans. Aus heutiger Sicht allerdings verstehe er den Kampf der Mudschaheddin, sagt Farhad – schließlich seien die Sowjets trotz allem brutale Besatzer gewesen, die von den meisten Afghanen gehasst worden seien.

Die Rote Armee geht in den Unruhegebieten mit großer Grausamkeit auch gegen die Zivilbevölkerung vor. Die Widerstandskämpfer werden von den USA mit Waffen, Geld und Beratern versorgt. Viele ausländische Muslime sind für den Dschihad, den Heiligen Krieg, angereist, unter ihnen ist auch Osama bin Laden. Den Mudschaheddin gelingt es nach jahrelangem Kampf tatsächlich, die mächtige Sowjetunion in die Knie zu zwingen. Die Soldaten ziehen ab. In Pul-i-Chumri verteilen sie beim Abzug noch einmal Kekse, von den Menschen dort werden die Soldaten mit Blumen geschmückt, während die Niederlage der Roten Armee in anderen Landesteilen gefeiert wird. Der sowjetische Oberbefehlshaber, Generalleutnant Boris Gromow, überquert am 15. Februar 1989 die »Freundschaftsbrücke« über den Grenzfluss nach Usbekistan. Er ist der letzte Soldat der Roten Armee, der afghanischen Boden verlässt. Wenige Monate später fällt die Berliner Mauer. Der Ostblock bricht in sich zusammen. Der Westen geht als Sieger aus dem Kalten Krieg hervor und vergisst darüber Afghanistan.

Farhads Vater ist inzwischen an einem Magentumor erkrankt. 1990, im Jahr der deutschen Wiedervereinigung, lässt er sich in Bulgarien operieren. Auf dem Rückweg macht er in Usbekistan Halt. In Taschkent wird er von unbekannten Dieben überfallen, ausgeraubt und getötet. »Nach 15 Tagen bekamen wir seine Leiche«, sagt Farhad. Als ältester Sohn wird der damals Zehnjährige nach afghanischer Sitte das Oberhaupt der Mittelschichtfamilie. Die Peikars verkaufen ihr Heim in Pul-i-Chumri und ziehen nach Kabul, wo der Vater vor seinem Tod ein Haus erworben hat. Farhad, seine drei Brüder und zwei Schwestern gehen in Kabul zur Schule, die Mutter verkauft Schritt für Schritt den Familienbesitz, um sich und ihre Kinder über Wasser halten zu können. »Es ist kein tolles Leben gewesen, aber wir haben überlebt«, sagt Farhad. Trotz des finanziellen Polsters wird der Alltag für seine Familie in der Hauptstadt bald zum gefährlichen Drahtseilakt.

Nach dem Abzug der Sowjets bricht der Bürgerkrieg aus. 1992 stürzt die kommunistische Regierung in Kabul, die nun keine Panzer und Kampfhubschrauber der Roten Armee mehr hinter sich hat. Präsident Mohammad Nadschibullah flieht auf das Gelände der Vereinten Nationen im Herzen der Stadt. Die Mudschaheddin, früher vereint im Kampf gegen die Sowjets, können sich nicht auf die Machtverteilung einigen. Sie bringen ihre Milizen in Kabul in Stellung. Der Kampf um Kabul beginnt. Die Warlords – die nie für ihre Verbrechen zur Verantwortung gezogen worden sind und von denen viele heute noch großen Einfluss haben – nehmen keinerlei Rücksicht auf die schutzlose Zivilbevölkerung. »Ich sah, wie die Menschen flohen«, sagt Farhad. Die Flüchtlinge verscherbeln zuvor ihren Besitz für einen Bruchteil seines Wertes an die Zurückbleibenden. Niemand, der in Kabul verharrt, will große Summen in die ungewisse Zukunft investieren. Die Peikars bleiben in der Hölle, zu der die Hauptstadt wird. »Wir wollten nicht in ein Flüchtlingscamp«, sagt Farhad. Und eine Flucht woandershin habe sich die Familie nicht leisten können.

Die Peikars haben Glück im Unglück. Ihr Haus – in dem sie noch heute wohnen – liegt im Norden Kabuls, der weniger umkämpft ist als andere Stadtteile. Farhad und seine Brüder können die meiste Zeit weiter zur nahen Schule gehen. In manchen anderen Vierteln machen die plündernden Milizen alles dem Erdboden gleich, kaum jemand dort überlebt. Bis heute zeugen Ruinen in Kabul vom Häuserkampf und von der entfesselten Gewalt der Raketen, Granaten und Bomben. »Der Keller war das Beste, was wir hatten«, erinnert sich

Farhad. Dort schläft die Familie nachts gemeinsam. Unter der Erde kann ihr nur der direkte Treffer einer Rakete gefährlich werden. Kein anderer Nachbar hat einen solchen Schutzraum. »Wir waren froh, wenn wir ein Pfeifen über unseren Köpfen hörten«, sagt Farhad. »Daran konnte man erkennen, dass die Rakete schon weitergeflogen war.« Eines Tages, Farhad sitzt mit Verwandten vor der Haustür, knallt es ohrenbetäubend, nur noch Staub ist um ihn herum, »wir fanden uns erst nach zwei Minuten wieder«, sagt er. Wenige Meter entfernt ist die Rakete eingeschlagen, der Nachbar stirbt in seinem Haus. »Er hat schon davor sehr traurig ausgesehen«, sagt Farhad. »Vielleicht hat er seinen Tod geahnt.« Der Barbier gegenüber verliert ein Auge, sein Kunde rennt halb rasiert und mit Schaum auf dem Gesicht davon. Bei den Peikars reißt die Druckwelle Türen aus den Angeln, alle Fenster gehen zu Bruch. Die Familienmitglieder bleiben wie durch ein Wunder unverletzt. Tausende Menschen sterben bei den Kämpfen in der Hauptstadt. »Es war reines Glück, dass wir den Bürgerkrieg überlebt haben«, sagt Farhad. Die Zeit vom Beginn der Gefechte bis 1996 sei die schlimmste in seinem Leben gewesen – »schlimmer als unter den Taliban«.

Unter ihrem einäugigen Anführer Mullah Mohammed Omar – der Heldenlegende seiner Anhänger zufolge hat er sich ein verletztes Auge im Dschihad gegen die Sowjets selber herausgerissen – beginnen die Taliban 1994 ihren triumphalen Siegeszug in Kandahar. Erbeutet haben sie unter anderem jene Waffen, die die USA während des Krieges gegen die Sowjets nach Afghanistan gepumpt haben. Die Taliban nehmen vom Süden aus überraschend schnell weite Teile Afghanistans ein. Die Bevölkerung ist des ewigen Krieges müde, Mullah Omars Anhänger versprechen Sicherheit und Stabilität. Am 27. September 1996 fällt Kabul. »Eines Tages wachte ich auf, und die Taliban waren da«, sagt Farhad Peikar. Er macht das Radio an. Aus dem Lautsprecher schallt ihm entgegen: »Siegreich, siegreich, die Taliban, erfolgreich, erfolgreich, die Taliban.« Kurz nach dem Einmarsch zerren Taliban-Kämpfer den kommunistischen Ex-Präsidenten Nadschibullah aus dem Gelände der Vereinten Nationen. Öffentlich werden er und sein Bruder in der Nähe des Präsidentenpalastes aufgehängt.

Die Bluttat kündigt an, dass die Taliban keine Gnade kennen. Doch selbst in der liberalen Haupstadt ist die Bevölkerung zunächst froh über die Ankunft der radikalislamischen Kämpfer, die nach vier Jahren Bürgerkrieg ein Ende der Gefechte bedeutet. Wieder werden Herrscher mit Blumen geschmückt – doch diesmal sind es nicht die abziehenden Sowjets, sondern die einrückenden Taliban. Die Menschen in Kabul wissen zu dem Zeitpunkt noch nicht, was das Regime der selbst ernannten Gotteskrieger für sie bedeuten wird.

In den ersten Tagen nach dem Einmarsch der Taliban – das arabische Wort heißt Schüler, viele Taliban haben Koranschulen besucht – rasieren sich die Männer morgens wie gewohnt, dann gehen sie ins Büro, gekleidet in westliche Anzüge. Längst nicht alle Frauen in Kabul tragen damals eine Burka. »Die Menschen dachten, die Taliban würden von den USA unterstützt, und sie würden König Sahir Schah zurückbringen«, sagt Farhad. Kaum etwas liegt den Taliban ferner, als die Symbolfigur der nationalen Einheit, die in Rom im Exil lebt, wieder im Königspalast zu installieren. Sie übernehmen die uneingeschränkte Macht, auch wenn sie am Anfang kaum wissen, wie sie mit ihr umgehen sollen. »Sie hatten keinen großen Plan«, sagt Farhad. »Sie sagten nicht: Das ist schlecht, das ist schlecht, und das ist auch verboten.« Doch Schritt für Schritt schränken die Taliban die Freiheiten der Menschen ein.

Frauen müssen nun Burka tragen, nur die Füße bleiben unverhüllt. Weiße und rote Schuhe sind verboten, hohe Absätze ebenso. Männer dürfen keinen Ledermantel anziehen und sich nicht mehr rasieren, der Bart muss lang, das Haupthaar kurz sein. Jungen wird eine der beliebtesten Freizeitbeschäftigungen verboten: Sie dürfen keine Drachen mehr steigen lassen, und sie dürfen auch nicht mehr in Gruppen herumstehen. »Man konnte die Taliban nicht nach den Gründen fragen«, sagt Farhad. »Die Antwort war immer: ›Halt den Mund‹.«

Trotz der vielen neuen Verbote ist auch Farhad zunächst nicht unglücklich über Mullah Omars Machtübernahme. »Die Taliban schrieben mir vor, keine Musik zu hören, aber immerhin schossen sie keine Raketen ab, um mich zu töten.« Für jemanden aus dem Westen möge das schwer zu verstehen sein, »aber wenn Du kurz davor warst, getötet zu werden, dann bist Du einfach froh darüber, dass Du wenigstens in Sicherheit bist«. Das jedenfalls garantieren die neuen Machthaber, unter denen Kriminelle mit drakonischen Strafen rechnen müssen. »Dein Leben war sicher unter den Taliban – zumindest dann, wenn Du nicht gegen ihre Gesetze verstoßen hast«, sagt Farhad. Heute sei die Ausgangslage allerdings eine andere.»Wenn die Taliban jetzt zurückkämen, wäre jede Sekunde eine Qual für mich.« Zwei Monate nach dem Einmarsch der Taliban in Kabul macht Farhad seinen Schulabschluss. Wegen der lückenhaften Ausbildung während des Bürgerkrieges fehle ihm bis heute Grundwissen, sagt er. Kurz nach der Abschlussprüfung ist das schmale Vermögen der Familie endgültig aufgebraucht. Die Peikars brauchen Geld, Farhad muss dringend einen Job suchen und fährt dafür nach Pakistan.

Nicht immer können die Taliban Sicherheit gewährleisten. Die Reise kostet Farhad fast das Leben – vermutlich ist es nur ein Gebet, das ihn vor dem Tod bewahrt. Nach einer Woche erfolgloser Arbeitssuche im Nachbarland macht sich Farhad über Kandahar im Süden Afghanistans auf den Rückweg nach Kabul. Bei einem Zwischenstopp bittet er einen der Mitreisenden im Minibus, ob er dessen Schal als Gebetsteppich nutzen dürfe. Dem Mitreisenden gefällt, dass der junge Mann die Pause auf dem Parkplatz zum Gebet nutzt. Später wird der Bus von Taliban gestoppt. Drei afghanische Händler, die aus dem Iran angereist sind und anders als die Taliban nicht der Volksgruppe der Paschtunen angehören, werden abgeführt.»Ich erinnere mich noch an ihre Gesichter«, sagt Farhad.»Ich bin mir sicher, dass sie nicht mehr am Leben sind.« Die Taliban glauben, auch Farhad sei Teil der Gruppe aus dem Iran, doch der Mann mit dem Schal fährt dazwischen.»Er gehört zu mir«, sagt er bestimmt. Danach stellt sich heraus, dass der Mann, dessen Namen Farhad nie erfährt, selber ein wichtiger Taliban ist.»Hätte ich Dich nicht gerettet, wärst Du nicht mehr hier«, sagt er Farhad zum Abschied. Die Führung der Gotteskrieger lässt den örtlichen Taliban-Kommandeur, dessen Männer den Bus gestoppt haben, zwei Jahre nach dem Vorfall festnehmen. Er soll bis zu 100 Afghanen, die als Händler aus dem Iran angereist sind, an seinen Checkpoints verschleppen, ausrauben und ermorden haben lassen.

1997 findet Farhad Arbeit in Kandahar, der Hochburg der Taliban-Bewegung. Er heuert bei einer Hilfsorganisation an, die von den Vereinten Nationen gefördert wird. Schnell wird ihm bewusst, dass sein größtes Hindernis im Job seine mangelnden Englischkenntnisse sind. Er belegt einen Englischkurs an einer Sprachschule in Kandahar. Nach einem Zwischenfall in der Stadt – ein verärgerter Taliban-

Funktionär hat einen UN-Mitarbeiter bei einer Sitzung mit einer Wasserkaraffe beworfen – schließen die Hilfsorganisationen in Kandahar aus Protest für einige Wochen ihre Büros.

Farhad reist zu seiner Familie nach Kabul, er nutzt den unfreiwilligen Urlaub, um Englisch aus Büchern zu lernen. Als er nach Kandahar zurückkehrt, merkt er, dass er die Sprache besser spricht als der Lehrer. »Ich bin zum Direktor gegangen und habe ihn gebeten, mir mein Geld zurückzugeben. Er antwortete: ›Wenn Du denkst, dass Du besser als der Lehrer bist, warum unterrichtest Du dann nicht hier?‹« So kommt es. Farhad übernimmt immer mehr Englischklassen, kann seine Familie mit der Arbeit ernähren und kündigt bei der Hilfsorganisation. Nach eineinhalb Jahren verlässt der Direktor die Sprachschule, Farhad wird amtierender Leiter. Nebenbei lernt Farhad Paschtu. Er ist zwar selber Paschtune, in seiner Familie wird aber – wie meistens im Norden – Dari gesprochen. Vor seinem Umzug nach Kandahar hat er nie im Paschtunengebiet gelebt.

Viel zu tun in der Freizeit gibt es nicht unter dem strengen Taliban-Regime, die Gotteskrieger verbieten fast alles, was Spaß machen könnte. Ihrer Ansicht nach sollen die Menschen ihre Zeit zum Gebet nutzen. An einem Abend im Winter 1998 tut sich plötzlich etwas in der Stadt, Menschenmassen strömen zum Stadion. Farhad hat Feierabend und schließt sich der Menge an. Was er im Stadion sieht, wird er lange nicht vergessen. Die Taliban haben mehrere Raubmörder zum Tode durch den Strang verurteilt. Wie üblich ist es eine öffentliche Hinrichtung. Als Farhad kommt, hängen die Männer schon. »Ich hatte nächtelang Alpträume«, sagt er heute. In Kabul lassen die Taliban in den Halbzeitpausen von Fußballspielen Mörder erschießen und Dieben die Hände abhacken.

Außer mit Arbeit vertreibt sich Farhad die eintönige Zeit unter dem Schreckensregime mit Volleyball – und er schafft sich seine eigenen kleinen Freiräume, die er wegen des Reizes des Verbotenen umso mehr genießt. Ein Grund zur Freude ist schon, ein schönes Lied auf den Auslandssendern BBC oder Voice of America zu hören. Noch besser ist, wenn jemand aus Pakistan eine neue Video-CD ins Land schmuggelt. »Dann konnte ich kaum warten, bis es Nacht wurde. Ich zog alle Vorhänge zu, setzte den Kopfhörer auf und legte die CD ein«, erinnert er sich mit einem Lächeln. Fernseher und Videos haben die Taliban verbannt, doch 1999 kauft sich Farhad einen gebrauchten Computer mit CD-Laufwerk, 300 mühsam ersparte Dollar legt er dafür auf den Tisch. Nun kann er Filme auf dem Monitor sehen und das Verbot der Taliban umgehen.

Auch vor dem Kauf des begehrten Geräts lässt sich Farhad Peikar nicht von seiner Leidenschaft für Filme abhalten. Ein Freund von ihm arbeitet bei der »Stimme der Scharia«, der Radiosender der Taliban ist zu dem Zeitpunkt eines von wenigen Büros in Kandahar, in denen Computer stehen. Wenn es dunkel ist und die Taliban, die im Sender arbeiten, nach Hause gegangen sind, treffen sich Farhad und sein Freund dort zum Videoschauen – drei Minuten Fußmarsch vom Geheimdienst der Taliban entfernt. Als Farhad lange nach dem Sturz der Taliban New York besucht, nehmen seine Freunde ihn in der Weltstadt in ein großes modernes Kino mit. »Es war schön«, sagt er, »aber ich habe das nicht so sehr genossen wie die Filme damals in Kandahar.«

Im Frühjahr 2001 blickt die Welt auf einmal doch wieder auf das verlassene Land am Hindukusch. Am 1. März machen die Taliban ihre Drohung wahr: Trotz aller Proteste auch aus muslimischen Ländern beginnen sie mit der Zerstörung der beiden 38 und 55 Meter hohen Buddha-Statuen von Bamian, die buddhistische Mönche im sechsten Jahrhundert aus dem Fels geschlagen haben. Knapp zwei Wochen später verkünden die Bilderstürmer stolz, das Weltkulturerbe sei vernichtet. Ein Aufschrei geht durch die Internationale Gemeinschaft. Er bleibt ohne Konsequenzen, doch er wird nicht der letzte sein.

Farhad ist immer noch in Kandahar, als es ein halbes Jahr später zu jenem Ereignis kommt, das nicht nur sein Leben, sondern das Schicksal Afghanistans und den Lauf der Welt ändern wird. Wie üblich spielt er nach Feierabend am 11. September 2001 Volleyball, danach will er in seine Wohnung. Auf dem Weg nach Hause hält ihn ein Bekannter auf und erzählt, ein Flugzeug sei in ein Gebäude in New York gestürzt. Farhad ist durstig, ein vermeintlicher Unfall im fernen Amerika interessiert ihn nicht. Doch im Laufe des Abends spricht sich herum, dass Osama bin Ladens Terrornetz El Kaida die USA angegriffen hat. »In dieser Nacht wussten wir, das ist das Ende der Taliban«, sagt Farhad.

US-Präsident George W. Bush, der zum Zeitpunkt der Anschläge eine Schulklasse in Florida besucht, sagt in einer Ansprache an die

Nation, seine Regierung werde keinen Unterschied machen zwischen den Terroristen, die für die Taten verantwortlich seien, und denjenigen, die ihnen Zuflucht gewährten. Als Hauptverdächtiger wird schnell Bin Laden benannt, dem die Taliban in Afghanistan Schutz bieten. Bundeskanzler Gerhard Schröder nennt die Anschläge noch am selben Tag eine »Kriegserklärung« an die gesamte westliche Welt. Schröder versichert Bush: »Das deutsche Volk steht in dieser schweren Stunde an der Seite der Vereinigten Staaten von Amerika.« Auf einmal blickt die ganze Welt auf das Land. Am 15. September macht sich Farhad auf den Weg nach Kabul zu seiner Familie. Unterwegs kommen ihm Flüchtlingskolonnen entgegen, die die Hauptstadt aus Furcht vor dem bevorstehenden Krieg verlassen.

Wieder schläft die Familie Peikar im Keller ihres Hauses, der ihr schon im Bürgerkrieg Schutz geboten hat. Die Taliban weigern sich, Bin Laden an Amerika auszuliefern. Er ist Gast der Taliban, der paschtunische Ehrenkodex gebietet, Gäste zu schützen, notfalls mit dem eigenen Leben. Die USA und ihre Verbündeten rüsten zum Kampf. Bin Laden sagt in einem am 7. Oktober vom arabischen TV-Sender Al-Dschasira ausgestrahlten Video, Gott habe den USA die Anschläge beschert. Der El-Kaida-Chef betont: »Die Schlacht zwischen dem Glauben und dem Unglauben hat begonnen.« Farhad hört noch am selben Tag in der BBC die Eilmeldung, der US-geführte Angriff auf Afghanistan sei angelaufen. »Einige Minuten danach kamen die ersten Einschläge«, erinnert er sich.

Am Boden rücken Truppen der Nordallianz des Guerillaführers Ahmed Schah Massud, den mutmaßliche El-Kaida-Terroristen zwei Tage vor den Anschlägen vom 11. September ermordet haben, gegen die Taliban vor. Die US-Streitkräfte unterstützen die Nordallianz vor allem mit Bombenangriffen, aber auch mit Propaganda aus der Luft. »Achtung, Taliban! Ihr seid verdammt«, heißt es in einem Radiobeitrag, den die Amerikaner aus einem zum mobilen Sender umgebauten Flugzeug über Afghanistan ausstrahlen und dessen englische Pentagon-Übersetzung der US-Nachrichtensender CNN am 18. Oktober wiedergibt. »In dem Moment, als die Terroristen, die Ihr unterstützt, unsere Flugzeuge übernommen haben, habt Ihr Euch selber zum Tode verurteilt. Die Streitkräfte der Vereinigten Staaten sind hier, um unseren Toten Gerechtigkeit widerfahren zu lassen. Hochtrainierte Soldaten kommen, um ein für alle Mal Osama bin Ladens

Terrorring zu zerschlagen, und die Taliban, die ihn und seine Aktionen unterstützen.«

Farhad sagt, die Stimmung in diesen Tagen sei eine Mischung aus Freude über das bevorstehende Ende der Taliban und Angst gewesen – Angst vor allem vor der Nordallianz, unter deren Anführern jene Warlords sind, die für die Zerstörung Kabuls im Bürgerkrieg verantwortlich gewesen sind und deren Milizen damals geplündert haben. Furcht vor den US-Bomben habe er kaum gehabt, sagt Farhad. »Damals dachten wir noch, die Amerikaner machen niemals Fehler.« Wie noch kurz zuvor in Kandahar spielt Farhad nun in Kabul Volleyball. Tagsüber trifft er sich mit Freunden auf dem Sportplatz, während die amerikanischen B52-Bomber außerhalb der Reichweite der Taliban-Artillerie gemächlich ihre Runden über der Hauptstadt drehen. »Man konnte dabei zuschauen, wie sie ihre Bomben warfen«, sagt Farhad. »Für jemanden, der zwischen 1992 und 1996 immer auf den Einschlag einer Rakete in seinem Haus gewartet hat, war das nicht sehr beängstigend.« Die Angriffe verändern die Taliban. Auf einmal achten sie in Kabul kaum noch darauf, ob jemand Musik hört oder sich rasiert. »Es ging ihnen darum, die Hauptstadt und sich selber zu verteidigen«, sagt Farhad.

Doch dann sind die Gotteskrieger plötzlich weg. »So, wie die Taliban eines Tages auf einmal morgens hier waren, so bin ich an diesem Tag aufgewacht, und sie waren verschwunden«, sagt Farhad. Um 10 Uhr am 13. November 2001 sieht er die ersten Kämpfer der Nordallianz einmarschieren, die diesmal nicht plündern. Zwei Stunden später sieht er erstmals in seinem Leben einen amerikanischen Soldaten. »Erst dachte ich: ›Was wird jetzt wohl passieren?‹«, sagt Farhad, der sich erst einen ganzen Monat nach dem Abzug der Taliban aus der Hauptstadt traut, den verhassten Bart abzurasieren. »Aber es gab schon so ein Gefühl der Freiheit.« Die Menschen hätten ihre Fernseher aus den Verstecken geholt und Radios angestellt – und zwar nicht mehr auf der Frequenz der »Stimme der Scharia«. »Bald war überall laute Musik zu hören«, sagt Farhad. »Du konntest sehen, dass die Menschen wirklich glücklich waren.«

Am 7. Dezember 2001 geben die Taliban ihre letzte Hochburg auf und ziehen sich aus Kandahar zurück. Nach der Konferenz auf dem Petersberg bei Bonn wird der Paschtune Hamid Karsai am 22. Dezember als Interimspräsident vereidigt. Im April 2002 wird dem früheren König Sahir Schah bei der Rückkehr in die Heimat ein feierlicher Empfang bereitet.

Zwar sind Mullah Omar und Osama bin Laden entkommen, trotzdem scheinen die Taliban vernichtend geschlagen zu sein. Die Stimmung in Afghanistan ist gut, endlich scheint der Frieden anzubrechen. »Zwischen 2002 und 2004 dachten die Menschen, der Krieg gehört der Vergangenheit an«, sagt Farhad. Er ist einer der wenigen Afghanen, die immer im Land geblieben sind, sich dort auskennen und gut Englisch sprechen. Zunächst assistiert Farhad ausländischen Reportern, die nach dem Sturz der Taliban in Scharen einfallen. Nach einiger Zeit hat er genug Erfahrung gesammelt, um selber Journalist zu werden. Farhad arbeitet erst für spanische, dann für deutsche Medien. Nebenbei studiert der junge Reporter Politik und Rechtswissenschaften. Anfang 2006 ist er einer von zwei afghanischen Journalisten, die auf Einladung des Außenministeriums in Tokio sieben Wochen lang Japan besuchen; es ist das erste Mal, dass er die Region verlässt. Im Sommer desselben Jahres wird Farhad von den Vereinten Nationen als einer von vier Journalisten weltweit für ein Stipendium des Dag-Hammarskjold-Erinnerungsfonds ausgewählt. Er reist für zwei Monate in die USA. Im Herbst 2007 macht er erstmals in seinem Leben Urlaub im Ausland. Er besucht Spanien und Deutschland. Nicht nur die Reisen, sondern auch die neuen Freiheiten in der Heimat genießt Farhad. Er hat jetzt mehr Bücher zu Hause, als er lesen, und mehr Filme, als er ansehen kann. Die ersten Jahre nach dem Sturz der Taliban sind eine unbeschwerte Zeit, die Zukunft scheint jungen Afghanen offenzustehen. Doch dann ziehen die ersten dunklen Wolken am Horizont auf.

»Ende 2004 fing ich an, mir Sorgen zu machen«, sagt Farhad. Den Taliban gelingt es zwar nicht, die erste Präsidentenwahl im Oktober 2004 zu verhindern. Doch schon damals wird immer deutlicher, dass sie entgegen aller Hoffnungen nicht besiegt worden sind. Sie haben sich vom Schock ihrer schnellen Niederlage Ende 2001 erholt und neu organisiert. Mullah Omar hat einen zehnköpfigen Führungsrat ins Leben gerufen, neue Kämpfer werden rekrutiert. Die Zahl der Anschläge nimmt sprunghaft zu, die Zahl der Toten ebenso. 2006 liefern sich die Taliban offene Schlachten mit ausländischen Truppen, die Rebellen sind inzwischen stark genug, einen Guerillakrieg zu beginnen.

2007 wird aus den Sorgen Angst. Im Frühjahr flieht Farhads Schwester mit ihrem Ehemann und vier Kindern vor der immer unsichereren Lage aus Kandahar-Stadt. Zuvor ist dort die Frauenbeauftragte der Provinz erschossen worden. Farhads Schwester bildet Lehrerinnen für Mädchenschulen aus, von denen die Taliban im Süden viele niederbrennen. Die Familie der Schwester zieht ins Haus der Peikars nach Kabul. Farhads Einkommen reicht, um die Neuankömmlinge zumindest für die erste Zeit zu unterstützen, die restliche Familie zu ernähren und trotzdem noch zwei Brüdern ein Studium im Ausland zu ermöglichen. Einer studiert in Indien, der andere in den USA. Wie so viele Afghanen überlegen die beiden Brüder, nicht mehr in die Heimat zurückzukehren – die gut ausgebildete junge Menschen so dringend braucht. Farhad ist inzwischen verheiratet und hat eine Tochter. Er will ausharren. »Ich bleibe, so lange ich kann.«

Der Aufstand rückt 2007 näher an Kabul heran. In der Provinz Logar, die an den Süden Kabuls angrenzt und aus der Farhads Vater gekommen ist, ist der Wandel deutlich zu sehen. »Nach dem Sturz der Taliban haben sich die Männer auch dort rasiert«, sagt Farhad. »Heute tragen sie wieder Bärte. Die Familien haben die Fernsehantennen wieder von den Dächern genommen. Die Taliban haben Musik bei Hochzeiten verboten, und die Menschen halten sich daran.« Im Herbst 2007 stirbt ein Verwandter in Baraki Barak, dem Heimatort von Farhads Vater. Nach afghanischer Tradition hätte Farhad an der dreitägigen Trauerfeier teilnehmen müssen. Er geht nicht hin. »Ich hätte übernachten müssen, und nachts haben die Taliban die Kontrolle in dem Ort«, sagt er. »Es wäre lebensgefährlich gewesen. Die Taliban hätten vielleicht nicht unterschieden dazwischen, einen Ungläubigen zu erschießen oder einen Afghanen, der aus ihrer Sicht für Ungläubige arbeitet.«

Viele Afghanen rechnen inzwischen damit, dass die ausländischen Truppen – wie einst die Sowjets – sich irgendwann doch der Gewalt beugen. »Sie verfolgen die Debatten über den Einsatz in den Ländern im Westen im Radio und hören dort, dass es nach langem Streit dann heißt, die Soldaten bleiben ein weiteres Jahr«, sagt Farhad. Pro-westliche Afghanen seien verunsichert. Sie verstünden nicht, warum die Weltmacht USA und die NATO mit den Aufständischen nicht fertig würden. »Uns wird ständig erzählt, die Taliban würden geschwächt, während gleichzeitig Hunderte ihrer Kämpfer ganze Distrikte überrennen.« Tausende Rebellen seien von den US-geführten Koalitionstruppen, der Internationalen Schutztruppe ISAF und den afghanischen Sicherheitskräften in den vergangenen Jahren getötet worden. Trotzdem seien die Taliban so stark wie nie seit ihrem Sturz, sagt Farhad. »Viele Menschen glauben inzwischen, dass die Taliban wieder an die Macht kommen. Warum sollten diese Menschen die Verliererseite unterstützen?« Farhad selber hat die Hoffnung noch nicht aufgegeben. »Das ist noch nicht das Ende«, sagt er. »Ich glaube, es gibt noch einen Ausweg.«

Der Alltag

»Das grenzt an Erpressung« – Demokratisierungsversuche

Wahlkampf in Afghanistan

Afghanistans Nationalsport heißt Buskaschi, übersetzt bedeutet das »Pack die Ziege«, und damit sind die Regeln im weitesten Sinne schon erklärt. Wilde Männer auf Pferden kämpfen um einen Kadaver; wenn keine Ziege zur Hand ist, darf es auch ein Kalb sein. Das geköpfte Tier wird zuvor in kaltes Wasser gelegt, damit es beim Spiel nicht zerfetzt wird. Die Reiter heißen Chapandas, und sie gehen miteinander nur wenig glimpflicher als mit der Ziege um. Früher, so erzählen afghanische Fans des Spieles, sei es vorgekommen, dass Chapandas bei den Spielen von ihren Gegnern umgebracht worden seien. Noch heute seien Knochenbrüche für einen Buskaschi-Reiter kaum ein Grund, aus einem

Wettkampf auszuscheiden. Die in zwei Mannschaften eingeteilten Chapandas müssen versuchen, vom Pferd aus die tote Ziege auf dem Boden an sich zu reißen, mit ihr um einen entfernten Pfosten und wieder zurück zu reiten und den Kadaver dann in einem markierten Kreis fallen zu lassen. Die Chapandas haben Lederstiefel und Umhänge an, manche tragen Fellmützen, andere haben Panzerfahrerhauben auf dem Kopf, die vermutlich einst zur Ausrüstung sowjetischer Soldaten gehörten. Pferde bäumen sich auf, bärtige Männer schlagen mit Peitschen aufeinander ein. Wenn die Reiter mit grimmigem Blick, der kurzen Peitsche zwischen den Zähnen und der toten Ziege unter dem Arm im Galopp versuchen, ihren Verfolgern zu entkommen, sehen sie aus wie Krieger aus vergangenen Zeiten.

In dieser martialisch geprägten Kultur beginnt die Internationale Gemeinschaft nach dem Sturz der Taliban mit dem Versuch, westliche Werte zu vermitteln und eine Demokratie zu verankern. Eine internationale Afghanistan-Konferenz kommt Ende 2001 auf Einladung der Vereinten Nationen auf dem Petersberg bei Bonn zusammen, um den Fahrplan für die Übergangszeit in Afghanistan zu beschließen. Deutschland ist Gastgeber. Repräsentanten der verschiedenen Volksgruppen Afghanistans nehmen teil, die Taliban sind nicht eingeladen. Am stärksten vertreten sind auf dem Petersberg Delegierte der Nordallianz und Exilafghanen, besonders solche, die dem früheren König Mohammed Sahir Schah nahe stehen. Im Petersberger Abkommen vom 5. Dezember bekennen sich die Teilnehmer an den UN-Gesprächen zu dem festen Willen, »einen dauerhaften Frieden, Stabilität und die Achtung der Menschenrechte im Lande zu fördern«. Sie erkennen das Recht des afghanischen Volkes an, »seine politische Zukunft im Einklang mit den Grundsätzen des Islam, der Demokratie, des Pluralismus und der sozialen Gerechtigkeit in Freiheit selbst zu bestimmen«. Der paschtunische Ex-König Sahir Schah lehnt ab, eine Übergangsregierung zu führen. Die Konferenz einigt sich schließlich auf den von den USA gestützten Kandidaten Hamid Karsai als Interimspräsident einer Zentralregierung. Zentralregierungen in Afghanistan sind in der Vergangenheit von verschiedenen ethnischen Gruppen immer wieder bekämpft worden und haben sich als schwach erwiesen. Die Regierung Karsais wird keine Ausnahme bilden.

Fast alle der nach Schätzungen rund 30 Millionen Afghanen sind Muslime, etwa 80 Prozent sind Sunniten und 20 Prozent Schiiten.

Doch bis auf Staatsangehörigkeit und Religion eint die verschiedenen Ethnien in Afghanistan nicht sehr viel. Neben den wichtigsten Sprachen Dari, dem in Afghanistan gesprochenen Persisch, und Paschtu gibt es mehr als 30 andere. Die Volksstämme haben ihre Konflikte in der Vergangenheit häufig gewaltsam ausgetragen. Etwa 42 Prozent der Bevölkerung gehören den im Süden und Osten lebenden Paschtunen an, Tadschiken stellen mit 27 Prozent den zweitgrößten Anteil. Hasara und Usbeken folgen mit je neun Prozent, den Rest machen kleinere Minderheiten aus. Über die Jahre hinweg haben sich unter den verschiedenen Ethnien und ihren Anführern wechselnde Bündnisse ergeben – und wechselnde Feindschaften.

Die Taliban sind aus den Paschtunen hervorgegangen. Das Volk lebt nicht nur in Afghanistan, sondern überwiegend im südlich und östlich angrenzenden Pakistan. Die Paschtunen in Afghanistan können auf Unterstützung aus dem Nachbarland rechnen. Ohne Pakistan wäre das Taliban-Regime nicht überlebensfähig gewesen, die Regierung in Islamabad hat zu den wenigen gehört, die die Regierung Mullah Omars überhaupt anerkannt haben. Als die Taliban 1996 die von den Kämpfen der Warlords weitgehend zerstörte Hauptstadt Kabul erobern, begraben die Kriegsherren ihre Rivalitäten, um gegen den neuen gemeinsamen Feind aus dem Süden vorzugehen – der immer weiter vordringt. In der Nordallianz finden vor allem Tadschiken, Usbeken und Hasara zusammen.

Der militärische Anführer der Allianz, Ahmed Schah Massud, ist Tadschike. Er bekommt im Kampf gegen die Taliban Hilfe vom Iran und aus Tadschikistan, aber auch aus Russland und Indien, dem Erzfeind des Taliban-Förderers Pakistan. General Abdul Raschid Dostum, einst auf Seiten der Kommunisten, führt die Usbeken, er kann auf Unterstützung vor allem aus dem nördlichen Usbekistan bauen. Die Hasara stellen den bedeutendsten Anteil der Schiiten in Afghanistan und haben dadurch im schiitisch dominierten Nachbarland Iran einen natürlichen Partner. An der Spitze der Hasara in der Nordallianz steht unter anderem Hadschi Mohammad Mohakek. Im Norden spielt außerdem der Tadschike Mohammad Atta eine wichtige Rolle. Nach den Anschlägen vom 11. September 2001, in dem anschließenden Krieg, stoßen Dostum, Mohakek und Atta geeint in einem Zweckbündnis gegen die Taliban vor.

Das höchste beschlussfassende Gremium, in dem die verschiedenen Volksgruppen die Geschicke der Nation bestimmen, ist die Loja Dschirga, die Große Ratsversammlung. Die Delegierten bei einer Loja Dschirga sollen die Afghanen möglichst repräsentativ vertreten. Das einzigartige Forum kommt erstmals im Jahr 1747 zusammen, unmittelbar nach der Gründung des Staates Afghanistan. Damals benennen die Abgesandten, traditionell sind es Stammesälteste, den Paschtunen Ahmed Schah Durrani zum ersten König. Im Juni 2002, ein halbes Jahr nach der Petersberger Konferenz, beschließt eine solche Große Ratsversammlung, Karsai solle das Amt des Übergangspräsidenten bis zu einer demokratischen Wahl weiterführen.

Im Dezember 2003 treffen sich erneut rund 500 Abgesandte – darunter 90 Frauen – aus dem ganzen Land in Kabul, die meisten davon sind vom Volk gewählt, 50 Abgesandte hat Karsai bestimmt. Drei Wochen lang debattiert die Loja Dschirga über eine neue Verfassung, die sie am 4. Januar 2004 schließlich verabschiedet. Das Gesetzeswerk ist das Ergebnis zäher Kompromisse. Die Staatengemeinschaft hat ihre Vorstellungen von Menschenrechten und Demokratie in Teilen durchgesetzt. In anderen Artikeln schaffen es die Hardliner, der Verfassung einen islamistischen Anstrich zu geben – was im Westen vor lauter Begeisterung über die Verabschiedung aber kaum Beachtung findet. US-Präsident George W. Bush erklärt am Tag danach, ein demokratisches Afghanistan werde dazu beitragen, »dass der Terrorismus keinen Unterschlupf mehr in diesem stolzen Land findet«. Bundesaußenminister Joschka Fischer (Grüne) beglückwünscht das afghanische Volk »zu diesem ermutigenden Erfolg«. Die Delegierten hätten eine Verfassung erarbeitet, »die einen bedeutenden Beitrag für Demokratie und Schutz der Menschenrechte in Afghanistan darstellt«. Zwar sind die Menschenrechte tatsächlich in der Verfassung verankert – doch das Gleiche gilt für die »Bestimmungen der heiligen Religion des Islam«.

Dass die Verfassung problematisch ist, wird einer breiten Öffentlichkeit im Westen erst mehr als zwei Jahre nach der Verabschiedung bewusst. Der Fall Abdul Rahman sendet im März 2006 international Schockwellen aus – und er fördert den Konflikt der Kulturen offen zutage. Der gebürtige Muslim Abdul Rahman ist um 1990 herum zum Christentum konvertiert, als er für eine Hilfsorganisation in Pakistan gearbeitet hat. Später hat der Afghane neun Jahre lang in Deutschland gelebt. Er kehrt Mitte 2005 aus Deutschland in seine Heimat zurück, um das Sorgerecht für seine beiden Töchter einzufordern, die bei den Großeltern leben. Im Streit um die Kinder zeigt die Familie den Christen wegen des Glaubenswechsels an. Der 40-Jährige wird im Februar 2006 festgenommen. Am 20. März sagt der zuständige Richter Ansarullah Maulawisada in Kabul: »Ich habe ihn aufgefordert, zum Islam zurückzukehren, aber er hat leider abgelehnt.« Sollte Rahman dabei bleiben, habe das Gericht keine andere Wahl, als ihn zum Tode zu verurteilen. Der Angeklagte hat wenige Tage zuvor vor Gericht gesagt: »Ich bin Christ und glaube an Jesus Christus.« Er weigert sich, von seinem Glauben abzukehren. Staatsanwalt Abdul Wasi fordert das Gericht zu einer harten Strafe auf. Die *Bild-Zeitung* druckt kurz darauf ein Foto Rahmans, auf dem er von Polizisten flankiert ist, und titelt: »Er soll sterben, weil er Christ ist«. In Deutschland und in zahlreichen anderen westlichen Staaten kocht Empörung hoch. Grundlage für das drohende Todesurteil aber ist die afghanische Verfassung.

So heißt es in Artikel 2, dass die Religion der Islamischen Republik Afghanistans »die heilige Religion des Islam« ist, Anhänger anderer Religionen sind frei, ihrem Glauben zu folgen. Artikel 3 schreibt vor, dass in Afghanistan »kein Gesetz dem Glauben und den Bestimmungen der heiligen Religion des Islam widersprechen« darf. Im Artikel 119 schließlich ist festgelegt, dass Richter des Obersten Gerichtshofs schwören müssen, Recht und Gerechtigkeit auch »gemäß den Bestimmungen der heiligen Religion des Islam« zu wahren. Die Scharia, die islamische Rechtsordnung, ist eindeutig: Wer sich vom Islam abwendet, wird zum »Murtad«, zum Abtrünnigen, und muss dafür mit dem Tode bestraft werden. Zugleich heißt es aber in Artikel 7: »Der Staat achtet die Charta der Vereinten Nationen, die internationalen Verträge und Konventionen, denen Afghanistan beigetreten ist, sowie die Allgemeine Erklärung der Menschenrechte.« Das Auswärtige Amt verweist im Fall Rahman darauf, dass Afghanistan Menschenrechtskonventionen unterzeichnet habe, in denen Religionsfreiheit ausdrücklich garantiert werde. Das Land müsse nun zeigen, dass es zu seinen internationalen Verpflichtungen stehe.

Folgt man den Menschenrechten, müsste der Konvertit Rahman frei in seiner Entscheidung sein, sich vom Islam ab- und zum Christentum hinzuwenden. Nach der Scharia dagegen müsste er dafür getötet werden. Bundeskanzlerin Angela Merkel (CDU) schaltet sich persönlich in die Bemühungen um die Rettung Rahmans ein und telefoniert mit Karsai. Auch andere Geberländer, von denen die meisten christlich sind, üben wachsenden Druck auf die afghanische Regierung aus. Selbst der aus Deutschland stammende Papst Benedikt XVI. bittet um die Begnadigung Rahmans. Karsai steht vor einem Dilemma, denn wie in einer richtigen Demokratie – und wie vom Westen einst gewünscht – sieht die Verfassung in Afghanistan Gewaltenteilung vor. Nach Artikel 116 ist die Justiz »ein unabhängiger Pfeiler«, unabhängig auch von der Einflussnahme des Präsidenten. Karsai steht vor der Wahl, diesen Grundsatz zu missachten, um seinen westlichen Unterstützern entgegenzukommen und die Menschenrechte zu wahren. Dann müsste er aber die Islamisten, die in Afghanistan immer mehr an Einfluss gewinnen, vor den Kopf stoßen und die Freilassung Rahmans erwirken. Oder aber er könnte die Unabhängigkeit der Justiz respektieren und ein von den Fundamentalisten gefordertes Todesurteil riskieren, dessen Vollstreckung er als Präsident selber anordnen müsste.

Westliche Politiker fordern in der Debatte um Rahman eine Änderung der Gesetze, was die Verfassung aber ausschließt. In Artikel 149 heißt es: »Die Bestimmungen, nach denen die Grundzüge der heiligen Religion des Islam und die Ordnung der Islamischen Republik befolgt werden müssen, können nicht geändert werden.« In Deutschland entbrennt eine Debatte über mögliche Konsequenzen aus dem Fall. Außenminister Frank-Walter Steinmeier (SPD) warnt vor voreiligen Sanktionsdrohungen. Der sicherheitspolitische Sprecher der Grünen-Fraktion, Winfried Nachtwei, sagt dagegen: »Wenn es zu einer Verurteilung käme, müssten einzelne Aspekte der deutschen Unterstützung überprüft werden.« FDP-Chef Guido Westerwelle spricht im Falle eines Todesurteils von »dramatischen Konsequenzen in der zwischenstaatlichen Zusammenarbeit« und sagt: »Wir senden keine Soldaten nach Afghanistan, um ein solches Unrecht zu sichern.« Der afghanische Wirtschaftsminister Amin Farhang, der lange in Deutschland gelebt hat und sich als einer der wenigen in der Kabuler Regierung überhaupt öffentlich zu dem Fall äußert, weist die Kritik empört zurück. »Das grenzt an Erpressung«, meint Farhang. Der zuständige Richter Maulawisada sagt: »Wir werden unserer Verfassung folgen, die auf der islamischen Scharia basiert.« Jeder Einmischungsversuch werde »als Einflussnahme auf die Unabhängigkeit des Justizsystems in Afghanistan« gewertet werden.

Am Ende kommt Rahman frei, ohne dass ihm der Prozess gemacht wird. Am Abend des 27. März 2006 wird er im Schutz der Dunkelheit heimlich aus dem berüchtigten Kabuler Hochsicherheitsgefängnis Pul-i-Charki geschleust. Am Tag darauf sagt Vize-Generalstaatsanwalt Mohammed Eschak Aloko, niemand habe versucht, Richter und Staatsanwälte zu beeinflussen. Ein Karsai-Sprecher will Rahmans neu gewonnene Freiheit aus lauter Respekt vor der »Unabhängigkeit der afghanischen Justiz« erst gar nicht kommentieren. Doch ein Richter des Verfassungsgerichts in Kabul, der nicht namentlich genannt werden will, sagt, Karsai persönlich habe Rahmans Haftentlassung in einem Schreiben an das Gericht und an den Generalstaatsanwalt angeordnet. Bei der Staatsanwaltschaft heißt es, unter dem Druck sei dem Generalstaatsanwalt nichts anderes übrig geblieben, als der Anordnung zu folgen. Offiziell sagt der Vize-Generalstaatsanwalt, Rahman sei »krank« und mithin unzurechnungsfähig gewesen. Der Konvertit wird Stunden nach seiner Freilassung nach Italien ausgeflogen, die Regierung in Rom hat ihm Asyl angeboten. Das Dilemma der Verfassung, die aus kaum miteinander zu vereinbarenden Vorstellungen des Westens und der Islamisten hervorgegangen ist, bleibt.

Der Konflikt zwischen westlichen Prinzipien und muslimischem Fundamentalismus tritt in Afghanistan immer wieder zutage. Für die vom Westen propagierte Meinungsfreiheit, die laut Artikel 34 der afghanischen Verfassung unverletzlich ist, steht beispielhaft Arman FM. Den privaten Radiosender haben drei afghanischstämmige Brüder aus Australien aufgebaut. Das Radio ist das wichtigste Medium in Afghanistan, die meisten Afghanen sind Analphabeten, Fernseher sind für viele Menschen auf dem Land kaum erschwinglich. Unter den Taliban ist verprügelt und eingesperrt worden, wer dabei ertappt worden ist, Musik zu hören. Im Jahr 2005 strahlt Arman FM jeden Freitag – dem muslimischen Feiertag – eine Hitparade aus, die erste des Landes. Bei der Ermittlung der Top 40 wird improvisiert, Mitarbeiter des Senders ziehen in Kabul durch die zahlreichen Musikläden und fragen dort nach, welche Kassetten sich am besten verkaufen. Ist der beliebteste Sänger gefunden, entscheiden die Redakteure darüber, welches seiner Lieder gespielt wird. Das sichert zumindest etwas

Abwechslung, denn zwischen Sendebeginn der Hitparade 2004 und Mai 2005 hat sich auf dem Spitzenplatz der jungen Popwelle, als die Arman FM sich sieht, nichts bewegt. Als bestplatzierter westlicher Interpret hat es Jennifer Lopez in dieser Woche auf Platz 39 geschafft. Der afghanische Sänger Ahmed Sahir, der Liedzeilen wie »Wenn Du heute Nacht zu mir kommst, werde ich Blumen regnen lassen« verfasst hat, steht unangefochten auf Platz eins – auch wenn er schon seit mehr als einem Vierteljahrhundert tot ist. Arman-Manager Massud Sandscher Ghayur nennt den Barden, dessen schmachtenden Liebeslieder fast jeder Afghane kennt, »den afghanischen Elvis«.

Nicht nur die Hitparade hat Arman FM populär gemacht. Hörer, die bei dem Sender anrufen, werden live ins Programm geschaltet, Musikwünsche werden erfüllt, und es gibt Gewinnspiele. Nicht zuletzt sendet Arman FM unabhängige Nachrichten, bei Eilmeldungen unterbricht der Sender sogar das laufende Programm. Jeden Tag bekommt die Redaktion im Mai 2005 rund 2500 Anrufe, Mails und Briefe, manche der Schreiben sind mit Herzchen versehen. Ghayoor sagt, der Sender brauche keine Hilfsgelder, sondern mache durch verkaufte Werbezeit sogar Gewinne. »Arman hat seinen Platz in der afghanischen Gesellschaft gefunden.« Der 26-jährige Manager des Senders, der Anzug trägt, hat sich mit Freuden den neuen Zeiten angepasst. In seinem früheren Leben hat Ghayur die englischsprachigen Nachrichten im Taliban-Sender, der »Stimme der Scharia«, verlesen. Ein Foto aus dieser Zeit trägt er noch im Geldbeutel, es zeigt einen ernsten jungen Mann mit einem Turban, wie ihn die Taliban getragen haben. »Sie können sich gar nicht vorstellen«, sagt Ghayur lächelnd, »was das für ein Unterschied ist.«

Doch während Arman FM und der zum selben Konzern gehörende private Fernsehsender Tolo TV boomen, versuchen Islamisten immer wieder, die Meinungsfreiheit einzuschränken. So wird im Januar 2008 der Student und Journalist Sayed Parwes Kambaksch von einem Gericht in Masar-i-Scharif, nur wenige Kilometer vom deutsch geführten Regionalkommando der ISAF entfernt, zum Tode verurteilt. Der 23-Jährige soll einen »blasphemischen« Bericht über Frauenrechte aus dem Internet heruntergeladen und dann in der Universität als Grundlage für Diskussionen verbreitet haben. In diesem Bericht soll es heißen, die Ansicht, der Koran rechtfertige die Unterdrückung von Frauen, sei eine Missinterpretation der Aussagen des

Propheten Mohammed. Zwei Tage nach dem Todesurteil teilt der amtierende UN-Sondergesandte, Bo Asplund, mit, man sei besorgt über die Entwicklungen in dem Fall des jungen Reporters. Es habe Druck gegeben, Kambaksch zu bestrafen, der Angeklagte habe keinen Rechtsbeistand gehabt und der Fall sei nicht öffentlich verhandelt worden. All das deute auf einen »möglichen Missbrauch des Justizsystems« hin. »Wir dringen auf eine ordentliche und vollständige Überprüfung dieses Falles, während er durch den Berufungsprozess geht.«

Der Einfluss der Islamisten zeigt sich auch wenige Tage später. Im März 2008 gehen an einem Wochenende in der westafghanischen Stadt Herat und in Dschalalabad im Osten nach Polizeiangaben insgesamt mehr als 10 000 Afghanen auf die Straße. Sie protestieren gegen die erneute Veröffentlichung von Karikaturen des Propheten Mohammed in Dänemark und gegen die geplante Veröffentlichung eines Films des islamfeindlichen niederländischen Abgeordneten Geert Wilders über den Koran. Gut zwei Jahre zuvor sind bei tagelangen Protesten gegen die Mohammed-Karikaturen zahlreiche Menschen in Afghanistan ums Leben gekommen. Im Frühjahr 2008 bleiben die Demonstrationen zwar friedlich. Teilnehmer fordern in Sprechchören aber »Tod für Dänemark« und »Tod den Niederlanden«, sie verbrennen Flaggen der zwei Länder, die beide Soldaten in Afghanistan stationiert haben. Augenzeugen in Dschalalabad berichten, Demonstranten hätten »Lang leben die Taliban« und »Lang lebe El Kaida« skandiert. Ein westlicher Diplomat in Kabul sagt bereits im Sommer 2006: »Die langsame, aber systematische Islamisierung erschreckt mich.« Im Laufe der Jahre wachsen die Zweifel, ob eine westlich geprägte Demokratie in Afghanistan zukunftsfähig ist.

Wie sehr die Gegensätze aufeinanderprallen, zeigt sich auch bei der Parlamentswahl, die verspätet am 18. September 2005 stattfindet. Auf der Straße nach Kabul, rund eine Stunde Fahrt von der Stadt Ghasni entfernt, verkaufen Händler Obst, Gemüse und Getränke, einer von ihnen heißt Nasim. Der 24-Jährige sagt wenige Tage vor der Wahl: »Die Demokratie ist gut, sie hat uns Freiheit gebracht.« Doch dann fügt er unter ernstem Nicken der umstehenden Männer hinzu: »Nicht gut ist, dass die Regierung auch den Frauen Freiheiten gegeben hat.« Das sei unter den Taliban besser gewesen. Frauen sind auf der Straße in dem kleinen Dorf im Distrikt Salar keine zu sehen.

Nach Ansicht Nasims gehören sie da auch nicht hin, und ins Parlament erst recht nicht, »sonst verfallen sie dem Luxus«. Dass die Taliban Frauen grausam behandelt hätten, weist Nasim entrüstet von sich. In der Stadt Ghasni meint der Melonenverkäufer Abdul Rahman zwar, es sei das Recht der Frauen, ins Parlament zu ziehen, wo 68 der 249 Sitze für sie reserviert sind. »Auch meine eigene Frau dürfte ins Parlament«, sagt der 35-Jährige. »Aber natürlich nur, wenn sie dort eine Burka tragen würde.« Eigentlich, fügt Rahman dann hinzu, wünsche er sich die Taliban zurück. Unter ihnen sei er Schuster gewesen, nun finde er als solcher keine Arbeit mehr und müsse Melonen verkaufen. Dafür sei der sonnige Platz vor der Moschee, auf dem er steht, aber nicht gut geeignet. Rahman weiß, was er vom neuen Parlament erwartet: »Sie werden mir einen Platz geben, wo ich meine Melonen besser verkaufen kann.«

Noch vor ihrem Parlament haben die Afghanen im Herbst 2004 erstmals demokratisch einen Präsidenten gewählt. Wenige Wochen vor der Präsidentschaftswahl verlässt eine amerikanische Patrouille das Feldlager am Flugplatz Kandahar in Südafghanistan. Auf ihrem Weg durch die Stadt passieren die »Humvees«, die Fahrzeuge der US-Truppen, Kamelkarawanen und Lastwagen, sie fahren an Obstständen, kleinen Läden und Moscheen vorbei. Hinter der Stadtgrenze steht eine zerschossene Fabrik. Am Ufer eines ausgetrockneten Flusses handeln Afghanen auf einem Viehmarkt Schafe. Am Checkpoint der Miliz eines Warlords, einem armseligen Lehmbau mit einer schief aufgehängten afghanischen Flagge auf dem Dach, kauern ein paar Männer. Neben ihnen liegen alte Panzerfäuste, auf dem Boden steht ein Maschinengewehr. Die Milizionäre bieten den Soldaten beim kurzen Zwischenstopp Weintrauben an. In einem Dorf einige Kilometer weiter lässt der Zugführer die Patrouille anhalten, seine Soldaten steigen aus und legen die Gewehre an. Die Afghanen, denen der Besuch gilt, können es kaum ahnen, aber die Fremden kommen nicht in feindlicher Absicht.

Der Dorfälteste wird herbeizitiert, er heißt Hadschi Ahmad, er bittet die Soldaten in seine Lehmhütte. Einige Amerikaner beziehen vor dem Eingang Stellung. Nach einem Gespräch über die Nöte und Sorgen der Bewohner fragt der Patrouillenführer den Dorfältesten, ob er wisse, dass bald Präsidentschaftswahl sei. Natürlich, antwortet Ahmad, und ungefragt fügt er hinzu, dass das Dorf selbstverständlich geschlossen für Übergangspräsident Karsai stimmen werde. Die Soldaten versuchen, Ahmad zu erklären, dass er ihnen über das Wahlverhalten des Dorfes keinerlei Auskunft schuldig sei, dass die Menschen wählen könnten, wen sie wollten, und dass die Abstimmung zudem geheim sei. Ahmad blickt skeptisch, seine Erfahrungen unter früheren Regimen dürften ihn gelehrt haben, dass es lebensgefährlich sein kann, die jeweiligen Machthaber öffentlich infrage zu stellen. Er scheint der neuen Freiheit noch nicht zu trauen.

Die Präsidentschaftswahl im Oktober 2004 ist der bis dahin größte Erfolg im Demokratisierungsprozess Afghanistans. Karsai nennt die Abstimmung »den wichtigsten Meilenstein auf unserer Reise«. Der Dorfältere Mohammad Naim ist von der Provinz Logar rund 30 Kilometer entfernt zur großen Wahlkampfveranstaltung ins Kabuler Stadion gekommen, gleich wird Junus Kanuni, der vor der Präsidentschaftswahl als chancenreichster Herausforderer Karsais gilt, seine Abschlusskundgebung abhalten. Naim ist mit einer Delegation von den Familien seines Dorfes mit dem Auftrag in die Hauptstadt geschickt worden, Informationen über die Kandidaten zu sammeln und zurückzubringen. Die meisten Afghanen können weder lesen und schreiben, besonders auf dem Land informieren sich viele aus dem Radio, vor allem aber zählt für sie die Meinung ihrer Dorfälteren. »Wir sind hierhingekommen, um zu erfahren, was Kanuni will«, sagt Naim. »Das heißt aber nicht, dass wir für ihn stimmen werden.« Der 55-Jährige weiß um die Rechte der Wähler. Auch als Autoritätsperson will er keinen Einfluss darauf nehmen, wie die Familien, die ihn entsandten, abstimmen werden. »Wir werden nur erklären, was Kanuni gesagt hat. Es liegt dann an den Menschen selber, darüber zu entscheiden, wen sie wählen.« Aufmerksam lauscht Naim später den Ausführungen Kanunis. In westlicher Kleidung und mit gestutztem Bart tritt der Kandidat auf die Bühne. Er schimpft über die »Marionettenregierung« Karsais. Den Menschen im Stadion ruft er zu: »Dieses Mal werdet Ihr Euren eigenen Anführer wählen.«

Der Wahlkampf verläuft nach westlichen Maßstäben schleppend, die Taliban wollen die Abstimmung verhindern, auch aus Angst vor Anschlägen sind Kundgebungen wie die Kanunis Mangelware. Viele der Karsai-Herausforderer haben inhaltlich allerdings auch kaum etwas zu verkünden. Sie zählen auf die Stimmen ihrer Volksgruppen oder hoffen auf mögliche Deals: etwa, dass ihnen ein Posten in der nächsten Regierung angeboten wird, wenn sie ihre Kandidatur zurückziehen. »Politik wird hier mit Menschen gemacht, nicht mit Sachfragen«, sagt ein westlicher Diplomat. Ohnehin rechnet niemand ernsthaft damit, dass einer der Herausforderer dem vom Westen unterstützten Karsai den Rang ablaufen kann.

Trotz des lahmen Wahlkampfs und des bereits vorab relativ sicher feststehenden Gewinners findet sich zumindest in der Hauptstadt kaum jemand, der nicht die Chance nutzen will, erstmals seine Stimme für einen neuen Präsidenten abzugeben. Gegen die These, die Präsidentschaftswahl sei eine Pflichtübung, die den Afghanen vom Westen aufgezwungen worden sei, sprechen die langen Schlangen, die sich am Wahltag in Kabul schon im Morgengrauen vor der Öffnung der Wahllokale bilden. Eines davon ist in einer Moschee im Viertel Wasir Akbar Chan untergebracht. Nervöse Wahlhelfer sind dort mit letzten Vorbereitungen beschäftigt, sie präsentieren den Journalisten die versiegelten Wahlurnen. Hinter einem rosa-blauen Vorhang können Wähler wenige Minuten später ihr Kreuz machen, den Tisch in der Kabine ziert eine Blümchendecke. Latifa gehört zu jenen, die in der Moschee in der Stadtmitte wählen gehen. Die 37-Jährige ist geschminkt und hat sich für den besonderen Tag herausgeputzt, ihre Haare werden nur von einem schwarzen Kopftuch bedeckt. Die Burka gehört für die Ärztin ebenso der Vergangenheit an wie das Berufsverbot für Frauen. An ihrer Hand hält Latifa ihre Tochter, der sie eine bessere Zukunft wünscht, als sie ihrer Generation in Afghanistan beschert gewesen ist. »Ich bin sehr froh, dass ich erstmals einen Regierungschef wählen darf«, sagt die Ärztin. Besonders für die jahrelang unterdrückten Frauen bedeute die neue Freiheit viel.

Nicht nur Frauen gehen mit Stolz an diesem denkwürdigen 9. Oktober 2004 an die Wahlurne. Auch viele Männer sind enthusiastisch, etwa der 48 Jahre alte Gul Mohammad aus dem Grenzgebiet zu Pakistan, der sich gerade in Kabul aufhält. »Erstmals in unserer Geschichte können wir einen Präsidenten wählen«, sagt der Paschtune. »Das ist ein froher Tag nicht nur für mich, sondern für alle Afghanen, die ihre Stimme abgeben.« Zufrieden fügt Mohammad hinzu: »Ich habe gerade gewählt, und niemand weiß, für wen ich gestimmt habe.« Die Stimmung an der zum Wahllokal umfunktionierten Moschee ist freudig – dann kippt sie plötzlich. Aus Euphorie wird Wut. Die Heftigkeit des Stimmungsumschwungs zeigt, wie ernst die Menschen die Wahl nehmen. Nicht die Taliban, sondern Aufruhr und Ärger um Tinte stürzen die Wahl ins Chaos.

Monatelang hat die Wahlbehörde JEMB auf die erste Präsidentschaftswahl des Landes hingearbeitet und ungeahnte logistische Schwierigkeiten bewältigt. Auch die abgelegensten Orte – das höchste Wahllokal liegt auf 5500 Metern Höhe – sind mit Urnen und Stimmzetteln beliefert worden, neben Lastwagen, Flugzeugen und Hubschraubern sind mehrere hundert Esel als Transportmittel eingesetzt worden. Mithilfe ausländischer Experten hat die Wahlbehörde, deren Leiter Faruk Wardak selber noch nie gewählt hat, alles minutiös vorbereitet. Doch dann unterläuft der JEMB eine Panne. Mit roter Spezialtinte aus Indien sollen Daumennägel der Wähler markiert werden. Kurz nach dem Auftakt der Wahl stellt sich aber heraus, dass die Markierung, die eigentlich tagelang nicht abwaschbar sein soll, in manchen Fällen mit ein wenig Spucke und etwas Reiben leicht abzuwischen ist. Dabei soll die Tinte als letzte Sicherungsmaßnahme eine mehrfache Stimmabgabe verhindern – denn die ausgegebenen Wahlausweise, die im Wahllokal gelocht werden, sind kaum ein geeignetes Mittel gegen Betrug.

Nicht nur die Logistik, auch die Wählerregistrierung hat Schwierigkeiten bereitet. Verlässliche Bevölkerungsdaten gibt es nicht, Ausweispapiere hat fast niemand, und ihr Alter schätzen Afghanen in der Regel. Jeder erhält einen Wahlausweis, der glaubhaft versichern kann, er sei Afghane und mindestens 18 Jahre alt. Schnell machen Gerüchte die Runde, Wähler ließen sich in verschiedenen Registrierungsstellen mehrfach registrieren. Manche Afghanen zeigen vor der Wahl stolz ein ganzes Bündel an eigenen Wahlausweisen vor. In Medienberichten ist davon die Rede, Wahlausweise – und damit Wählerstimmen – würden gegen Geld gehandelt.

Karsai reagiert gelassen auf die Sorgen. »Wenn Afghanen zwei Wahlausweise haben, weil sie zwei Mal wählen wollen, dann sind sie willkommen«, scherzt der Favorit vor der Abstimmung. Letztlich müsse man sich darüber keine Gedanken machen. »Wenn jemand wählen geht, wird sein Finger mit Tinte markiert, und die Markierung wird drei, vier Tage dort sein.« Doch eben dieser Sicherungsmechanismus versagt – zum Ärger jener Wähler, die auf eine faire Abstimmung gehofft haben. »Die Tinte hält ein paar Sekunden, nicht ein paar Tage«, wettert Mudschahid Dschawad am Wahllokal in der

Moschee in Kabul. »Das ist ein Riesenproblem. In den Provinzen haben manche Leute 15, 16 Wahlausweise, die werden jetzt eine Stimme nach der anderen abgeben.« Auch Sayed Muhammad Musa Sadad vergeht das eben noch stolze Lächeln, als er über seinen Daumen reibt. »Ich will meine Stimme zurücknehmen«, schreit er die Wahlhelfer an. »Das ist ja alles Schwindel hier.«

Dass die maßgeblich von Experten der Internationalen Gemeinschaft organisierte Wahl an so einem profanen Punkt zu scheitern droht, ruft ungläubiges Kopfschütteln hervor. Den chancenlosen Herausforderern Karsais bietet die Panne eine Steilvorlage, sie fordern eine Wiederholung der Abstimmung. Zeitweise scheint die Wahl am seidenen Faden zu hängen. Die Internationale Gemeinschaft mobilisiert alle verfügbare Schützenhilfe, um die Glaubwürdigkeit der Wahl zu retten. Überraschend tritt der Leiter der OSZE-Wahlbeobachtermission, Robert Barry, vor die Presse. Zuvor hat die OSZE noch mitgeteilt, sie werde den Wahlverlauf auf keinen Fall kommentieren, weil sich mit nur 40 Beobachtern im ganzen Land keine verlässlichen Aussagen treffen ließen. Trotzdem betont Barry am Tag nach der Abstimmung, »im Großen und Ganzen« sei die Wahl trotz der Unregelmäßigkeiten ordentlich verlaufen. Mit einigem Taktieren hinter den Kulissen gelingt es der Internationalen Gemeinschaft, ein Scheitern der Abstimmung abzuwenden und Forderungen nach einer logistisch, technisch und finanziell kaum machbaren Wiederholung zum Verstummen zu bringen.

Nach der Auszählung der Stimmen steht der Gewinner bereits im ersten Wahlgang fest: Wie erwartet hat Hamid Karsai die absolute Mehrheit der Stimmen auf sich vereinen können. Die größten Wahlverlierer sind nicht seine Herausforderer, sondern die Taliban. Den Rebellen ist es entgegen ihrer Drohungen nicht gelungen, den Wahltag in ein Blutbad zu verwandeln oder die Abstimmung gar ganz zu verhindern. Mehr als acht Millionen Afghanen haben sich von Morddrohungen nicht einschüchtern lassen und ihre Stimme abgegeben. Den Aufständischen haben sie damit eine schallende Ohrfeige versetzt. »Der Krieg ist nicht vorbei, aber diese Schlacht war ein großer Erfolg für das afghanische Volk«, sagt der US-Kommandeur in Afghanistan, General David Barno. Er nennt die Wahl eine »gewaltige Niederlage« der Taliban und des Terrornetzes El Kaida.

Doch die Demütigung durch die Wahl schwächt die Taliban nicht dauerhaft, und auch die Hoffnung, Afghanistan sei nach der Abstimmung auf dem richtigen Wege, weicht bald der Ernüchterung. Von »Good Governance«, dem modernen Schlagwort der »Guten Regierungsführung«, kann auch unter dem nun demokratisch legitimierten Präsidenten Karsai kaum die Rede sein. Karsai scheut den Konflikt. Er hat vor der Wahl versprochen, in seiner neuen Regierung hätten Warlords keinen Platz. Sein Versprechen hält er nicht. Karsai versorgt Kriegsherren, die zu seinen schärfsten Rivalen gehören, mit Posten, um sie einzubinden. Der Usbeken-General Dostum etwa, der nicht nur für seine Brutalität, sondern auch für seinen Hang zum Verrat bekannt ist, wird militärischer Berater. Ismail Chan, der mächtige Gouverneur der westafghanischen Provinz Herat, hat die Region an der iranischen Grenze zwar zum Wohlstand geführt, sich aber immer wieder gegen Karsais Zentralregierung aufgelehnt. Er wird von diesem Amt enthoben, was in Herat-Stadt zu schweren Unruhen mit Toten führt. Doch bald darauf versüßt ihm der neue Präsident den Verlust – und setzt ihn als Energieminister ein. Karsais Personalwahl ist nicht nur wegen der mangelhaften Fachkenntnis umstritten, die manchen Ministern vorgeworfen wird. So wird beispielsweise der frühere Sicherheitschef der Provinz Kundus, Mohammad Daud, Vize-Innenminister mit dem besonderen Aufgabenbereich Drogenbekämpfung. In Dauds früherer Position ist ihm nachgesagt worden, vom Schmuggel des Rauschgifts durch die Provinz in Richtung der GUS-Staaten persönlich zu profitieren. Im Jahr 2006 setzt der Präsident gegen den Widerstand der Internationalen Gemeinschaft Amanullah Gusar als Polizeichef Kabuls ein; Hauptstadtbewohner bezeichnen Gusar als »Kopf der Diebe«. Karsais im Volk zunehmend unbeliebter Regierung mangelt es nicht nur an Transparenz, sondern auch an Durchsetzungskraft in den Provinzen. Ihr gelingt es selbst mithilfe Zehntausender ausländischer Soldaten nicht, die Sicherheitslage zu verbessern. Die Korruption nimmt überhand und wird zu einem der großen Probleme der jungen Demokratie. Flüchtlinge, die aus dem Ausland zurückkehren, fühlen sich betrogen, weil für sie weder ausreichend Wohnraum noch Arbeit geschaffen worden ist. Viele Afghanen sind vom Wiederaufbau enttäuscht, den ihnen die Staatengemeinschaft und ihre neu gewählte Regierung versprochen haben.

»Wir verlieren unsere Glaubwürdigkeit« – der Wiederaufbau

Kabul City Centre

Abdul Malik ist ganz unten angekommen, und das will etwas heißen in Urusgan, einer der unterentwickeltsten Provinzen in einem der ärmsten Länder der Welt. Der 30-Jährige sitzt im Gefängnis in Urusgans Hauptstadt Tarin Kowt. An der südafghanischen Provinz ist der milliardenschwere Wiederaufbau der Internationalen Gemeinschaft in den ersten sechs Jahren nach dem Sturz der Taliban fast gänzlich vorübergegangen, das Gefängnis in Tarin Kowt hat er nicht einmal gestreift. Ein alter Polizeijeep russischer Bauart steht auf der Straße vor den Lehmmauern, die das Ende der freien Welt bedeuten. 25 Männer hausen im Mai 2007 in dem Knast, der den Namen Justizvollzugsanstalt nicht verdient, und selbst hausen ist vielleicht noch zu viel gesagt. Der juristische Berater beim niederländischen Wiederaufbauteam der Internationalen Schutztruppe ISAF in Urusgan, Gijs Scholtens, nennt das Gefängnis »sogar nach afghanischen Maßstäben unmenschlich«.

Ein rostiges Vorhängeschloss sichert die einzige Tür, die durch stacheldrahtbewehrte Mauern führt. Auf der Mauer hocken Wärter mit Kalaschnikows unter selbstgebauten Sonnendächern auf Pritschen, einer der Männer, der seine Waffe locker im Arm hält, hat seine dunklen Augen mit schwarzem Kajal umrandet. Der Oberste Richter Urusgans, Mohammad Dschan, hat die beiden deutschen Journalisten, die zu Besuch in Tarin Kowt sind, zum Gefängnis begleitet. Mit hinein in den Innenhof, in dem sich die Gefangenen aufhalten, will Mohammad Dschan nicht, er wartet lieber draußen in dem dunklen fensterlosen Raum, in dem die Wärter Tee trinken und ein alter Ventilator die Hitze lindert. Die Häftlinge, so ist zu vermuten, wären nicht gut auf den Richter zu sprechen – schon alleine deswegen, weil sie behaupten, allesamt nie ein Verfahren bekommen zu haben. Mohammad Dschan nennt den Vorwurf eine Lüge, die Prozessakten könne man einsehen, sagt er. Als die deutschen Reporter das tatsächlich gerne tun wollen, schränkt er sein Angebot schnell ein. Die Akten lägen beim Staatsanwalt, sagt Mohammad Dschan, der sei aber leider gerade verreist. Er selber, beteuert der Oberste Richter, habe keinen Zugang zu den Akten. Der niederländische Jurist Scholtens meint, die Wahrheit liege vermutlich irgendwo zwischen den Aussagen des Richters und denen der Gefangenen – ein Teil der Häftlinge sei wohl verurteilt, ein Teil nicht.

Abdul Malik sagt, Taliban-Kämpfer seien nicht unter seinen Mithäftlingen. Auf die Frage nach dem Grund seiner Gefangenschaft antwortet der 30-Jährige vage, wegen Familienstreitigkeiten sei er eingesperrt worden, näher will er das nicht erlautern. Ein Dreivierteljahr sei er bereits im Gefängnis, sagt er, wann er freikomme, wisse er nicht. Dem großen dünnen Mann mit dem Vollbart und den schwarzen Haaren sind Ärmel und Hosenbeine seiner sackartigen grauen Kleidung viel zu kurz, er trägt schwarze Badelatschen, während er die seltenen Besucher durch sein Gefängnis führt. Im Innenhof verbringen die Häftlinge die meiste Zeit, wer ihn an den Mauern abschreiten würde, benötigte dafür keine drei Minuten. In einer Ecke liegt ein Gebetsteppich, in der Mitte haben die Gefangenen ein paar rote und weiße Blumen gepflanzt, Farbtupfer in dem Einheitsbraun des Lehms, aus dem die Mauern und der Boden sind.

Wenn es dunkel wird, geht Abdul Malik in den Untergrund. Er und andere Häftlinge – einer von ihnen, ein Mörder, ist bereits seit fünf Jahren in dem Gefängnis eingesperrt – schlafen in einem Erdloch, das sie selber in den Lehmboden gegraben haben. An den Stirnseiten sind zwei Öffnungen, die etwas Luft hineinlassen. Nachts liegen hier 13 Mann auf einer Fläche von vielleicht 25 Quadratmetern auf dünnen Matten dicht nebeneinander. Holzbalken sollen die gut zwei Meter hohe Decke vor dem Einsturz bewahren, an ihnen und an der Wand haben die Gefangenen mangels Platz ihre wenigen Habseligkeiten aufgehängt. Über der Erde ist die Unterbringung kaum weniger trostlos. Die anderen zwölf Gefangenen übernachten in kargen Zimmern in einem Lehmbau am anderen Ende des Innenhofs, mehr Platz als ihre Leidensgenossen im Erdloch haben sie für ihre Schlafmatten dort auch nicht. Die Zimmerwände haben die Gefangenen bunt angemalt, einer von ihnen hat eine Kalaschnikow als Motiv gewählt.

Auch die einzige Toilette haben die Gefangenen in den Boden gegraben, sie ist ein Loch in einem unterirdischen Raum, Stufen führen in die Dunkelheit und den Gestank. Die Küche, in der die Häftlinge Essen zubereiten, ist nicht mehr als eine offene Feuerstelle, neben der leere Kanister und anderer Unrat liegen. Alle Gefangenen hätten Magenprobleme, sagt Abdul Malik, er deutet auf die einzige Wasserquelle der Häftlinge – ein Rohr, aus dem sich Wasser zweifelhafter Herkunft in eine Vertiefung im Boden ergießt. Das Wasser aus dem Rohr trinken die Männer. Mit dem Brackwasser, das sich in der Grube sammelt, waschen sie sich selber und ihre Kleidung, einer der Häftlinge badet gerade seine Füße darin.

Die meisten der Gefangenen – der jüngste ist erst 13 Jahre alt – kauern neben dem Wasserbecken im Schatten einer Mauer, sie suchen Schutz vor der gleißenden Maisonne. Der Vizedirektor des Gefängnisses, Abdul Wali, kommt in den Hof und hockt sich zu den Gefangenen in den Schatten. Seit einem halben Jahr hätten er und seine Kollegen kein Gehalt mehr bekommen, sagt Wali. Selbst wenn er

Lohn erhält, ist das Geld zum Sterben zu viel, zum Leben zu wenig: 40 Dollar verdiene er, sagt der Vizechef des Gefängnisses. Ein Richter in Urusgan bekommt etwa 60 Dollar im Monat. Ein Cappuccino in einem der von Ausländern frequentierten Hotels in Kabul kostet fünf Dollar. Wenn Wali neben den Gefangenen kauert, ist auf den ersten Blick kaum zu unterscheiden, wer auf welcher Seite der Mauern lebt. Wali sagt, ihn verbinde »Freundschaft« mit den Häftlingen.

Bis auf den Mörder mit den irren Augen, der nie eine Mine verzieht, haben die anderen Gefangenen trotz allen Elends das Lachen nicht verlernt. Einer der Männer antwortet auf die entsprechende Frage eines der deutschen Reporter, er möge Präsident Karsai, schließlich leiste dessen Regierung Wiederaufbauarbeit. Woher er das denn wissen wolle, ruft ein Mitgefangener dazwischen, er habe die Welt draußen doch schon viel zu lange nicht mehr gesehen. Die beiden Häftlinge schauen sich kurz an und brechen in schallendes Gelächter aus, die anderen Männer stimmen ein. Der zweite deutsche Journalist hat eine Digitalkamera dabei, die Männer feixen vor der Linse, einer der Gefangenen küsst einen Mithäftling lachend auf die Wange. Abends, im Militärcamp der Niederländer, druckt der Journalist die Bilder auf Papier aus. Am nächsten Tag bringt er die Abzüge ins Gefängnis nach Tarin Kowt. Er sagt, den Männern – sonst allesamt hart im Nehmen – seien fast die Tränen gekommen.

Die Niederländer im zivil-militärischen Wiederaufbauteam der ISAF am Stadtrand von Tarin Kowt wissen um die beklagenswerten Zustände in dem Gefängnis, und sie würden sie gerne ändern. Doch die Liste der noch dringenderen Wiederaufbauprojekte in Urusgan ist lang. Die der Schwierigkeiten ebenso. Urusgan ist ein Beispiel für Fehleinschätzungen des Westens – und für die Behäbigkeit der Staatengemeinschaft.

Die internationale Intervention soll Afghanistan stabilisieren und damit global handelnden Terroristen den Rückzugsraum nehmen, doch sie soll nicht nur der Sicherheit des Westens dienen. Die Staatengemeinschaft hat sich auch zum Ziel gesetzt, Afghanistan zu demokratisieren, den Menschenrechten nach den Jahren des Schreckensregimes der Taliban Geltung zu verschaffen und den Afghanen ein menschenwürdiges Leben zu ermöglichen. Sie sollen mit ausländischer Hilfe den Weg aus der verheerenden Armut schaffen, in die Krieg und Bürgerkrieg sie gestürzt haben.

Bevor die niederländischen Truppen mit der ISAF-Kommandoübernahme in Südafghanistan am 31. Juli 2006 die Verantwortung für Urusgan übernehmen, ist die Provinz für die Internationale Gemeinschaft ein weitgehend weißer Fleck auf der Landkarte. Die fast ausschließlich paschtunische Bevölkerung ist erzkonservativ, Frauen sieht man kaum auf der Straße. Entwicklung hat es hier fast nie gegeben, die meisten Menschen leben von der Landwirtschaft – und immer mehr vom Drogenanbau. Urusgan verzeichnet 2007 unter den afghanischen Provinzen die fünftgrößte Anbaufläche von Schlafmohn. In der Provinz gibt es kaum eine geteerte Straße, selbst die Landebahn am Militärlager ist nicht mehr als eine Piste. Die Provinzhauptstadt Tarin Kowt ist ein staubiges Nest mit einer einzigen größeren Kreuzung in der Mitte. Mit dem gesamten umliegenden Distrikt zusammen kommt sie auf keine 100 000 Einwohner. Viele der Niederländer in der Provinz fühlen sich nicht nur wegen der afghanischen Zeitrechnung, die im Mai 2007 das Jahr 1386 schreibt, ans Mittelalter erinnert.

Als die ISAF nach Urusgan kommt, ist die Provinz zwar nicht ungefährlich, aber doch ruhiger als die angrenzenden Südprovinzen Kandahar und Helmand. Die Schutztruppe, so ist das Konzept, soll die Gegend stabilisieren und damit die Arbeit der Hilfsorganisationen ermöglichen. Die Stabilisierung Urusgans gelingt den rund 1350 niederländischen und 350 australischen Soldaten über viele Monate nach Beginn des Einsatzes, doch der Plan geht zunächst trotzdem nicht auf. Ausländische Hilfswerke trauen dem brüchigen Frieden nicht oder haben ihren Projektschwerpunkt anderswo, auf jeden Fall aber kommen die allermeisten von ihnen nicht nach Urusgan. Noch im Frühjahr 2007 ist nur eine Handvoll Helfer in der Provinz aktiv, kaum einer von ihnen arbeitet für eine internationale Organisation. Die Truppen selber haben nur begrenzte Möglichkeiten. Zwar bilden etwa die australischen Soldaten in dem niederländisch geführten Kamp Holland junge Afghanen als Schreiner aus, doch das reicht nicht. Für die Truppen wird das Fehlen eines großangelegten sichtbaren Wiederaufbaus zu einem immer schwerwiegenderen Problem.

Man habe sich nach Kräften bemüht, die Region so gut wie möglich zu stabilisieren, sagt der niederländische Kommandeur der Task Force Urusgan in der ISAF, Oberst Hans van Griensven, im Mai 2007. Es gebe auch genug Gegenden, die ausreichend sicher für zivile Wiederaufbauarbeiten wären. Allerdings, fügt der Oberst hinzu, »eines unserer Probleme ist, dass wir hier nicht genügend Hilfsorganisationen haben. Wir machen jetzt die Arbeit, die sie tun sollten.« Fremde Truppen aber lehnen viele der stolzen Paschtunen als Besatzer ab, auch wenn die Soldaten eigentlich Gutes im Schilde führen. »Sie betrachten uns als Ungläubige, wir sind Militärs, und wir sind Ausländer«, sagt van Griensven. »Sie sind nicht sehr erpicht darauf, uns hier zu haben. Das macht das Leben nicht sehr leicht.«

Kaum einer der Afghanen in Tarin Kowt äußert sich bei einem Besuch in der Stadt positiv über die ISAF, in den Aussagen der meisten Einheimischen schwingen unverhohlene Sympathien für die Taliban mit. Viele Afghanen in Tarin Kowt fühlen sich von der Internationalen Gemeinschaft betrogen. Ihnen ist gesagt worden, zwar kämen ausländische Soldaten, im Schlepptau hätten die Militärs aber die zivilen Aufbauhelfer.

Hayatullah besitzt einen kleinen Gemischtwarenladen, der in Sichtweite des Gouverneurssitzes in Tarin Kowt liegt. Zunächst will er nicht offen reden, er fragt den Übersetzer vorsichtig, ob die beiden deutschen Reporter vielleicht doch Soldaten in Zivil seien. Als ihm versichert wird, sie seien weder Militärs noch Niederländer oder gar Amerikaner, eifert sich Hayatullah. »Es ist allen klar, dass die Ungläubigen nach Afghanistan gekommen sind und unser Land beschlagnahmt haben«, sagt der 32-Jährige. »Die Afghanen sind Sklaven für sie. Aber die Afghanen nehmen das nicht hin.« Er wünscht sich zivile Wiederaufbauhelfer und keine Soldaten. Auch Entwicklungshelfer in Uniform seien nicht akzeptabel, meint Hayatullah – sie seien immer noch Militärs. »Wenn sie Zivilisten wären, wäre jeder zufrieden.« Ohnehin habe er noch keinen Wiederaufbau durch die ISAF gesehen. Einer seiner Freunde im Laden stimmt in die Kritik ein. »Die Niederländer sagen, sie seien für den Wiederaufbau gekommen«, sagt er. »Aber von den Niederländern ist nichts für den Wiederaufbau unternommen worden.« Das Urteil mag ungerecht sein. Verbreitet ist die Meinung trotzdem. Selbst der Stammesälteste Mohammad Junus, der nach seiner Aussage einen Polizeicheckpoint befehligt und damit auf der Seite der Schutztruppe stehen müsste, sagt: »Wenn die Ungläubigen Wiederaufbau betreiben würden, wäre jeder zufrieden.« Der Wiederaufbau reiche aber nicht aus.

Wenige Meter die Ladenstraße aufwärts bildet sich vor einem anderen Geschäft eine ganze Traube an Afghanen um die beiden deutschen Reporter, auch hier nehmen die Einheimischen kein Blatt vor den Mund, nachdem geklärt worden ist, dass die Journalisten keine Verbindung zu den Militärs haben. Die Menschen wollten Wiederaufbau, sagt einer der Männer, den sehe man aber nicht, und ohnehin werde man niemals ungläubige Soldaten in Afghanistan akzeptieren. Die Taliban leisteten in ihrem Kampf gegen die ausländischen Streitkräfte gute Arbeit, sagt ein anderer aus der Gruppe. Ob die Männer in der Runde ernsthaft glaubten, die Militärs würden von den Taliban besiegt werden? »Inshallah«, sagt einer der Afghanen, so Gott will, die Aussage kommt von ganzem Herzen. Die Umstehenden nicken bedächtig.

Den Mut, schwer bewaffneten ISAF-Soldaten mit Stahlhelm und Splitterschutzweste ins Gesicht zu sagen, dass man ihnen eine schmähliche Niederlage wünscht, dürfte kaum einer der einfachen Afghanen haben – selbst wenn er die Gelegenheit dazu hätte. Daher mag auch die Verblüffung rühren, die bei manchen Offizieren der Schutztruppe zu beobachten ist, erzählt man ihnen von solchen Szenen wie in der Geschäftsstraße in Tarin Kowt. Schließlich porträtiert sich die ISAF selber vorzugsweise als beliebter, zumindest aber als geduldeter Gast im Land.

Oberst van Griensven sagt, man versuche, das Vertrauen der Bevölkerung zu gewinnen. Die Internationale Gemeinschaft steht dabei auch in Urusgan im Wettstreit mit den Taliban. Den Rebellen spült der Drogenanbau Geld in die Kasse, und sie haben der Bevölkerung in den Jahren ihres Regimes bereits bewiesen, dass sie Sicherheit durchsetzen können – dass sie dabei unmenschliche Methoden einsetzten, dürfte ihnen in der archaischen Gesellschaft Urusgans viel eher als im Westen verziehen worden sein. Etwa die Hälfte der Bevölkerung in der Provinz rechnet der Oberst im Mai 2007 den Unentschlossenen zu, die sich künftig entweder auf die Seite der Regierung in Kabul oder aber auf die der Taliban schlagen werden. Um Letzteres zu verhindern, müsse den meist bitterarmen Paschtunen eine Zukunft geboten werden, sagt van Griensven. »Sie unterstützen jeden, der ihnen das Überleben sichert.« Eine militärische Lösung hält er für unrealistisch. »Es ist nicht möglich, die Taliban zu besiegen«, sagt er. »Man kann nicht alle Taliban töten. Man muss sie irrelevant machen.« Der Schlüssel dazu liegt nicht nur nach van Griensvens Meinung im Wiederaufbau.

Als die nichtstaatlichen Hilfsorganisationen in Urusgan ausbleiben, kommen die Niederländer im Frühjahr 2007 auf eine Idee. Die staatliche deutsche Gesellschaft für Technische Zusammenarbeit (GTZ), die dem Bundesentwicklungsministerium untersteht, genießt einen hervorragenden Ruf in Afghanistan, sie hat im Süden bereits Wiederaufbauarbeit geleistet und ist eine der großen Hilfsorganisationen am Hindukusch. Den Niederländern selber fehlt eine staatliche Organisation dieser Größe, die vergleichbare Arbeit leisten könnte. Die GTZ hat einen kommerziellen Arm, GTZ-International Services, der nicht aus deutschen Hilfsgeldern, sondern durch Drittmittel von externen Auftraggebern bezahlt wird. Die Regierung in Den Haag erbittet bei Bundesentwicklungsministerin Heidemarie Wieczorek-Zeul (SPD) einen langfristigen Einsatz der GTZ-IS in Urusgan. Aus Sicht der Niederländer würden dabei alle gewinnen: Die Afghanen sähen endlich den versprochenen Wiederaufbau und könnten die Früchte ernten. Die Niederländer bekämen eine bedeutende internationale Hilfsorganisation nach Urusgan, die schnell mit der Arbeit beginnen könnte und in deren Windschatten möglicherweise auch andere Hilfswerke in die verlassene Provinz zögen. Die Bundesregierung, die immer wieder unter Druck gesetzt wird, sich militärisch im Süden zu engagieren, könnte immerhin auf den massiven Ausbau der zivilen deutschen Hilfe in der Krisenregion verweisen – ohne selber dafür zahlen zu müssen. Rund 20 Millionen Euro planen die Niederländer für die GTZ und die Arbeiten ein. Die deutsche Organisation soll dafür eine Straße zwischen Tarin Kowt und dem etwa 40 Kilometer entfernten Ort Chora bauen, sie soll zudem die ländliche Entwicklung vorantreiben und die Verwaltungsstrukturen verbessern. Es wäre das umfangreichste Engagement einer deutschen Hilfsorganisation in Südafghanistan seit dem Sturz der Taliban. Das bis dato größte fertiggestellte Einzelprojekt der GTZ in Südafghanistan ist der Bau einer Straße in der Provinz Kandahar gewesen – für eine Million Euro.

Bundesaußenminister Frank-Walter Steinmeier (SPD) lässt sich dem Vernehmen nach für das Projekt begeistern, er plant im Mai 2007 sogar eine Reise nach Urusgan – es wäre das erste Mal, dass ein Bundesminister den Süden des Landes besucht. Nach dem tödlichen Anschlag auf die deutschen Soldaten am 19. Mai in Kundus wird die

Route aber geändert, der Süden wird gestrichen, Steinmeier fliegt zur trauernden Truppe in den Norden. Bei allem Enthusiasmus im Auswärtigen Amt über einen GTZ-Einsatz in Urusgan: Die Entscheidungsgewalt liegt bei Wieczorek-Zeul. Im Mai 2007 rechnen normalerweise gut unterrichtete Kreise in Afghanistan mit einer raschen Zusage der Ministerin für den GTZ-Einsatz. Diesmal irren sie sich.

Die Niederländer warten voller Ungeduld, die GTZ steht in den Startlöchern, die Zeit läuft davon. Die Sicherheitslage in Urusgan verschlechtert sich, die Zahl der Anschläge nimmt zu, die Niederländer haben immer mehr Opfer zu beklagen. In der Provinz wachsen die Zweifel, ob die Deutschen überhaupt kommen werden. Westliche Entwicklungshelfer meinen, Wieczorek-Zeul scheue möglicherweise das Risiko: Die GTZ will trotz der immer instabileren Lage in Urusgan auch ausländische Experten dort stationieren, und das außerhalb der sicheren ISAF-Camps, um den Afghanen die Trennung zwischen den Streitkräften und den zivilen Helfern unmissverständlich vor Augen zu führen. Andere Experten meinen, der Ministerin liege Afghanistan schlicht nicht, auch wenn es das wichtigste außenpolitische Projekt der Bundesregierung sei. Ihr sei das internationale Engagement dort zu militärisch geprägt.

Wieczorek-Zeul teilt im Sommer 2007 zwar mit, dass sie dem Vorhaben im Prinzip zustimmt – doch sie knüpft eine Bedingung daran: Vor einer Zusage für die GTZ müssten die Niederlande entscheiden, sich militärisch über den Ablauf des Mandats im Jahr 2008 hinaus in Urusgan zu engagieren. Die Niederländer dürften sich das genau andersherum vorgestellt haben: Eine Verlängerung des Einsatzes wäre in der Heimat leichter durchsetzbar, könnte man auf das schon vorhandene Engagement des Bündnispartners verweisen. Die abwartende Haltung Wieczorek-Zeuls sorgt für Misstimmung. Europäische und UN-Diplomaten nennen die Verzögerung nicht nachvollziehbar, sie sprechen im November 2007 von einem »Skandal«. Privat werden manche in ihrer Verärgerung noch viel deutlicher. »Mich kotzt das alles so dermaßen an«, sagt ein deutscher Entwicklungshelfer. »Und dann wird auf der anderen Seite immer beklagt, dass es im zivilen Bereich in Afghanistan nur Rückschritte gibt.«

Am 30. November 2007 schließlich entscheidet das Kabinett in Den Haag, den Einsatz in Urusgan bis zum Jahr 2010 zu verlängern. Eine Woche danach geht ein Fax des Bundesentwicklungsministeriums in Bonn bei der GTZ in Eschborn ein, in dem »die Leitung des BMZ der Durchführung der oben genannten Drittgeschäfte« in der südafghanischen Provinz zustimmt. Die Hilfsorganisation beginnt kurz darauf mit den Vorbereitungen für die Wiederaufbauarbeiten. Entwicklungsexperten meinen, der Druck aus der Bundesregierung auf das Entwicklungsministerium sei letztlich so groß geworden, dass Wieczorek-Zeul habe zustimmen müssen. Sie begrüßen die Entscheidung zwar, doch sie beklagen vor allem, dass durch das lange Zögern der Ministerin acht wertvolle Monate verloren gegangen seien. Wenn man angesichts der immer schlechteren Sicherheitslage in Afghanistan eines nicht habe, sagen die Experten, sei es Zeit.

Denn ungenutzte Zeit ist besonders im Süden Afghanistans verstrichen. Den Taliban kommt gelegen, dass die Region nach dem Sturz ihres Regimes verglichen mit anderen Landesteilen beim Wiederaufbau vernachlässigt worden ist. Die meisten Hilfsorganisationen haben sich auf die ruhigeren, die weniger unsicheren Gebiete in Afghanistan konzentriert – das sind jene, in denen keine paschtunische Bevölkerungsmehrheit lebt. Aus den Paschtunen aber rekrutieren sich die Taliban. Ausgerechnet da also, wo der viel zitierte »Kampf um die Herzen und Köpfe« der Menschen eigentlich hätte geführt werden müssen, hat er zu wenig stattgefunden. Immer größere Teile der Bevölkerung haben sich von der Internationalen Gemeinschaft abgewendet, und damit hat ein Teufelskreis begonnen. Die Enttäuschung über das Ausbleiben einer positiven Entwicklung, der sogenannten Friedensdividende, treibt die Menschen den Taliban in die Arme. Je stärker die Rebellen werden, desto schlechter wird die Sicherheitslage. Je unsicherer die Gegend wird, desto mehr Helfer ziehen ab.

Auch Helfer werden zunehmend zu Opfern von politisch motivierter oder auch krimineller Gewalt. Bei einem Anschlag im Juni 2004 sterben im Nordwesten Afghanistans fünf Mitarbeiter von Ärzte ohne Grenzen, eine Belgierin, ein Niederländer, ein Norweger und zwei Afghanen. Da der Mord ungeahndet bleibt, stellt die Hilfsorganisation ihre Arbeit in Afghanistan ein und zieht ab – nach 24 Jahren am Hindukusch.

Der Mord an dem deutschen Entwicklungshelfer Dieter Rübling und die Entführung der deutschen Helferin Christina Meier führen 2007 auch in den Zentralen von Hilfsorganisationen in der Bundesrepublik zu Debatten über einen möglichen Abzug. Deutsche Helfer in Afghanistan warnen davor. »Ein Abzug wäre ein fatales Signal gegenüber den Afghanen«, sagt etwa Caritas-Landesvertreter Timo Christians nach der gewaltsamen Befreiung von Christina Meier in Kabul im August. »Wir stehen in der Verpflichtung zu zeigen, dass wir unser Mandat auch ernstnehmen und so lange bleiben wie noch gerade verantwortbar.« Zögen die Hilfsorganisationen ab, »würde vieles in Afghanistan zusammenbrechen«. Helfer gehen davon aus, dass die Taliban Hilfsorganisationen nicht zum »Primärziel« erklärt haben. Möglicherweise, so heißt es, rechneten die Taliban so fest mit ihrer Rückkehr an die Macht, dass sie es sich für die Zeit danach nicht mit den Hilfswerken verderben wollten. Deutsche Helfer betonen auch, längst nicht alle Landesteile seien so unsicher, dass man dort als ausländische Organisation keine sinnvolle Arbeit mehr leisten könne. Allerdings räumt ein langjähriger Mitarbeiter einer deutschen Hilfsorganisation in Afghanistan im August 2007 ein, insgesamt sei die Lage doch »sehr viel schlechter« geworden. Die zunehmende Gewalt habe die Arbeit erschwert und verlangsamt. Viele Überlandfahrten würden gestrichen, Projektbesuche würden verschoben. Es werde zudem immer schwerer, qualifiziertes Personal in Deutschland anzuwerben. »Ich habe die Sorge, dass der Punkt kommt, an dem man hier die Arbeit einstellen muss.«

Nic Lee, Direktor des Afghanistan NGO Safety Office (ANSO), einer Organisation, die Hilfswerke in Afghanistan in Sicherheitsfragen berät, sagt Ende 2007: »Die Arbeit für Hilfsorganisationen ist in diesem Jahr viel schwieriger geworden.« Viele hätten ihre Arbeit reduziert, ausländische Helfer in die Provinzhauptstädte zurückgezogen und die Bewegungsfreiheit ihrer Mitarbeiter eingeschränkt. »Die Sicherheitslage hat einen starken Einfluss auf die Operationen der Hilfsorganisationen.« Für die Zunahme von Angriffen auf Helfer macht Lee auch die Nähe von Truppen und Helfern verantwortlich. Kritik übt er an dem unter anderem von der Bundesregierung propagierten Konzept der zivil-militärischen Wiederaufbauteams (PRT): »Das PRT-Konzept zeigt ein fundamentales Missverständnis der Unabhängigkeit von Hilfsorganisationen. Man hat damit sichergestellt, dass niemand mehr den Unterschied zwischen dem miltärischen Kontingent und den Hilfsorganisationen versteht«, sagt Lee. »Die ganze Dynamik hat nicht funktioniert.« Inzwischen würden die Hilfswerke »einen oder zwei Schritte« von ihren Verbindungen zum Militär zurücktreten.

Im Afghanistan-Bericht von UN-Generalsekretär Ban Ki Moon heißt es im März 2008: »Von besonderer Sorge ist die Zunahme der Anzahl von Angriffen gegen einheimische und internationale Helfer gewesen.« 2007 seien mehr als 40 Konvois des Welternährungsprogramms (WFP) angegriffen und geplündert worden. Bei über 130 Angriffen gegen Hilfsprojekte seien 40 Helfer getötet und 89 entführt worden. Sieben der Geiseln seien später ermordet worden. Wegen der Sicherheitslage seien Fahrten von UN-Mitarbeitern in fast alle südafghanischen Distrikte seit mehreren Monaten ausgesetzt.

Experten meinen, das Wiedererstarken der Aufständischen hätte möglicherweise verhindert werden können, hätte man dem Süden nach dem Sturz der Taliban – als die Rebellen noch schwach waren und kaum Widerstand leisten konnten – schnell und mit massiver Hilfe auf die Beine geholfen. Zwar hat die Hilfe dort inzwischen deutlich zugenommen – doch manche Helfer befürchten, das Engagement sei zu gering und komme zu spät. Sie warnen außerdem davor, nun andere, weniger unsichere Regionen zu benachteiligen und dort den fatalen Eindruck entstehen zu lassen, Gewalt ziehe internationale Hilfsmittel an.

Wie schwierig sich der Wiederaufbau im Süden inzwischen gestaltet, zeigt besonders eines der größten und wichtigsten Projekte des Landes: Nach afghanischen Angaben verstreichen gut zwei Jahre nach dem Sturz der Taliban, bis die Arbeiten am Kadschaki-Damm in der südafghanischen Provinz Helmand langsam in Angriff genommen werden. Die Sowjets haben den Staudamm am Helmand-Fluss 1955 errichtet, die USA das 1975 in Betrieb genommene 33-Megawatt-Wasserkraftwerk. Bei dem US-geführten Angriff auf Afghanistan im Herbst 2001 werden Teile des Damms zerstört. Noch Anfang 2007 läuft das Kraftwerk mit nur einer zuverlässigen Turbine, die zweite ist reparaturbedürftig. Eine dritte 18,5-Megawatt-Turbine aus China soll neu geliefert werden – für den Transport des 26 Tonnen schweren Geräts ist der Bau einer Straße mitten durchs Rebellengebiet notwendig. Ingenieure sollen den Damm und das altersschwache Kraftwerk mit US-Mitteln wieder auf Vordermann bringen und die dritte Turbine installieren. Etliche Kilometer Überlandleitungen, die schwer gegen Angriffe zu sichern sind, müssen repariert oder neu gebaut werden. Die Kosten des Projekts werden langfristig auf bis zu 500 Millionen Dollar geschätzt. Das Kraftwerk soll etwa 1,7 Millionen

Menschen in Helmand und in der ebenso instabilen Nachbarprovinz Kandahar zuverlässig mit Strom versorgen. Tausende Arbeitsplätze in der Region sollen entstehen, die Trinkwasserversorgung der Bevölkerung und die Bewässerung der Felder soll verbessert werden. Die Niederländer würden dafür bezahlen, auch eine Stromleitung in die nahe Provinz Urusgan zu legen.

Doch wegen der immer schlechteren Sicherheitslage müssen die Arbeiten der zivilen Aufbauhelfer in Kadschaki manchmal für Monate unterbrochen werden. Britische ISAF-Soldaten liefern sich zeitweise täglich Gefechte mit den Taliban, Zivilisten fliehen vor den Kämpfen aus ihren Häusern. Ziel der Schutztruppe ist es, eine sichere Zone um den Damm herum zu schaffen, damit die wegen der Gewalt abgezogenen Ingenieure zurückkehren können. Die ISAF meldet, am 12. Februar 2007 hätten 300 britische Soldaten mit Unterstützung afghanischer Sicherheitskräfte Rebellen aus einer Gegend in der Nähe des Dammes vertrieben. Bereits am nächsten Tag beschießen die Taliban die ISAF-Truppen dort wieder mit Raketen. Am 6. März 2007 beginnt die ISAF im Norden Helmands die Operation »Achilles«, ihre bis dahin größte gemeinsame Operation mit einheimischen Sicherheitskräften. Mehr als 4500 meist britische Soldaten ziehen unterstützt von fast 1000 Afghanen in die Schlacht gegen die Taliban. Ein strategisches Ziel dieser Offensive ist, die Fortsetzung des Kadschaki-Projektes zu ermöglichen. ISAF-Sprecher Tom Collins merkt am selben Tag in Kabul zur Operation »Achilles« an, Afghanistans Zukunft sei voller Herausforderungen. »Mehr denn je zuvor brauchen die afghanische Regierung und die ISAF jetzt die Unterstützung des afghanischen Volkes.«

Die Taliban liefern sich im Distrikt Kadschaki auch in den Monaten nach Beginn der Operation »Achilles« immer wieder Kämpfe mit der ISAF. Die Aufständischen wissen, dass das Kraftwerk eines jener Vorhaben ist, mit denen die Internationale Gemeinschaft tatsächlich große Sympathien in der Bevölkerung gewinnen könnte – Strom und Jobs können die Rebellen den Menschen nicht bieten. Etliche Taliban-Kämpfer sterben bei Gefechten in der Gegend, doch ihr Widerstand verzögert das Vorhaben dramatisch. Aus der afghanischen Regierung heißt es Anfang 2008, das Projekt mache wegen der unsicheren Lage in Kadschaki kaum Fortschritte. Trotz des massiven Militäreinsatzes und trotz aller Appelle der ISAF an Stammesälteste, die Taliban aus der Gegend fernzuhalten, hat sich die Situation in Kadschaki nicht maßgeblich verbessert. »Es ist nicht klar, warum die ISAF die Gegend nicht kontrollieren kann«, sagt ein westlicher Wiederaufbauexperte in Afghanistan Anfang 2008. Ein Sicherheitskordon um den Staudamm würde für die Arbeiten genügen, »wenn das Projekt hohe Priorität hätte«. Weiter sagt er: »Die Taliban wollten diese Region von Anfang an, in der Nähe gab es ein El-Kaida-Camp. Weil die Wiederaufbau- und Stabilisierungsbemühungen in der Gegend so spät begannen, waren die Aufständischen in der Lage, dort wieder eine Hochburg aufzubauen.«

Nicht nur im umkämpften Südafghanistan mangelt es an Strom. Nach UN-Angaben vom März 2008 haben weiterhin 80 Prozent der Bevölkerung keinen Zugang zu Elektrizität. Selbst in der Hauptstadt Kabul bekommen manche Viertel Ende 2007 nur vier Stunden Strom, und das auch nur alle zwei Tage, im April 2008 sind es immerhin bis zu acht Stunden jeden zweiten Tag. Wer länger zuverlässig mit Elektrizität versorgt werden will, braucht einen eigenen Generator oder muss an den richtigen Stellen in den Behörden schmieren. Viele Hauptstadtbewohner empfinden die miserable Stromversorgung sechs Jahre nach dem Sturz der Taliban als Zumutung. Sie fragen sich, wohin die milliardenschweren Zahlungen der Internationalen Gemeinschaft eigentlich geflossen sind – und beantworten das meist im selben Atemzug: in die Taschen korrupter Beamter, davon sind die einfachen Menschen überzeugt.

Das stimmt natürlich längst nicht für alle Gelder, die seit dem Sturz der Taliban an den Hindukusch überwiesen worden sind. Doch in vielen Landesteilen ist offensichtlich, dass die Afghanen dort sich mehr vom versprochenen Wiederaufbau erhofft haben. Was besonders im Süden fehlt, da sind sich Experten einig, sind sogenannte Leuchtturmprojekte, also große Einzelvorhaben, die nach ihrer Verwirklichung einer Vielzahl von Menschen schnell eine deutliche Verbesserung ihrer Lebensumstände bieten – wie der Kadschaki-Damm. Selbst im Jahr 2008 zählt zu diesen Leuchtturmprojekten im Süden vor allem die Straße von Kabul nach Kandahar, die den Schönheitsfehler hat, dass die Taliban sie unsicher machen. Andere zu benennen, fällt selbst Landeskennern schwer.

Trotz dieses Mangels hat es in Afghanistan auch deutliche Fortschritte gegeben, etwa im Bildungsbereich. »Als ich 2002 das erste

Mal hierhinkam, ging niemand in die Schule«, sagt ISAF-Kommandeur Dan McNeill im Herbst 2007 der ISAF-Zeitung *Sada-e-Azadi* (»Stimme der Freiheit«). Inzwischen gebe es elf Universitäten, Millionen Kinder – darunter viele Mädchen – drückten wieder die Schulbank, viele Schulen seien wieder aufgebaut worden. Dass besonders in Südafghanistan die Taliban etliche Mädchenschulen wieder niedergebrannt oder mit Morddrohungen zur Schließung gezwungen haben, lässt der amerikanische General unerwähnt.

Präsident Karsai sagt in einer Ansprache zum Internationalen Frauentag am 8. März 2006: »Aus Angst vor Terrorismus, aus Angst vor den Feinden Afghanistans gehen heute 100 000 afghanische Kinder, die im letzten und vorletzten Jahr Schulen besucht haben, nicht mehr zur Schule.« Er fordert seine Landsleute auf, den Rebellen die Stirn zu bieten. »Wenn sie eine Million Mal bedroht werden, dann schickt Eure Kinder eine Million Mal zurück zur Schule«, fordert Karsai. »Wenn Schulen eine Million Mal angezündet werden, dann baut sie eine Million Mal wieder auf, damit diese Nation frei von Angst und Horror sein kann.« Vier Monate nach Karsais Rede schreibt die Menschenrechtsorganisation Human Rights Watch (HRW) in einer Studie mit dem Titel »Terrorlektionen: Angriffe auf Bildung in Afghanistan« von einer »Menschenrechtskrise«. In knapp einem Drittel der Distrikte gebe es keine Mädchenschule mehr, berichtet die Organisation mit Sitz in New York. 94 Angriffe oder Angriffsversuche auf Lehrer, Schüler und Schulen seien im Gesamtjahr 2005 registriert worden, in der ersten Hälfte des Jahres 2006 seien es 110 gewesen. Dabei würden viele Vorfälle gar nicht erst bekannt. Die Menschenrechtler kritisieren im Juli 2006: »Die Internationale Gemeinschaft, angeführt von den Vereinigten Staaten, hat durchweg dabei versagt, die wirtschaftliche, politische und militärische Unterstützung zu liefern, die zur Sicherung der Grundrechte des afghanischen Volkes nötig wäre.«

Nach afghanischen Regierungsangaben brennen radikalislamische Rebellen im Jahr 2006 mehr als 180 Schulen nieder. Außerdem seien 61 Lehrer und Schüler von Aufständischen ermordet worden, sagt der afghanische Bildungsminister Mohammad Hanif Atmar im Januar 2007. Wenige Tage später verkünden ausgerechnet die Taliban eine Art Bildungsoffensive. Auf ihrer Internetseite teilen sie den Beschluss des »Führungsrates des Islamischen Emirats Afghanistan« mit, zunächst in zehn Distrikten in ihrem Einflussbereich erst Jungen-, dann aber auch Mädchenschulen zu eröffnen. Eine Million Dollar seien dafür zurückgelegt worden. Der Lehrplan solle Geschichte und Erdkunde, Physik und Chemie beinhalten – und natürlich »Islamische Studien«. Mit dem Druck Tausender Lehrbücher sei bereits begonnen worden, sagt Ahmadi damals der britischen BBC. Zur Begründung führen die Rebellen an, man wolle in allen Aspekten auf die »Niederlage der Feinde« vorbereitet sein und »Schaden von der Bildung der Kinder der Nation« abwenden. Keine einzige Schule hätten die Taliban im Jahr 2007 selber eröffnet, sagt ein Journalist aus dem Süden – das sei alles Propaganda gewesen.

UNICEF zeigt sich im Februar 2008 »besorgt« über die Angriffe auf Schulen. »Schulen sind natürlich ein sichtbares Zeichen von Wiederaufbau und Fortschritt, und es gibt jene Menschen, die vor einem solchen Fortschritt vielleicht Angst haben.« Das Kinderhilfswerk berichtet von »massiven Herausforderungen« im Bildungsbereich. Weiterhin seien 71 Prozent aller Erwachsenen Analphabeten, unter den Frauen könnten 86 Prozent nicht schreiben und lesen. Fast jedes dritte Kind im Grundschulalter müsse arbeiten, um seine Familie zu unterstützen. Unterschiede zwischen der Bildung für Mädchen und Jungen »bleiben ein Problem«. 32 Prozent der Jungen, aber nur 13 Prozent der Mädchen schlössen die Grundschule ab. In die zwölfte und letzte Klasse geht im Februar 2008 nach Angaben des Bildungsministeriums nur etwas mehr als ein Prozent aller Schüler, und darunter sind wiederum dreimal mehr Jungen als Mädchen.

Trotz aller Schwierigkeiten berichtet UNICEF auch von positiven Entwicklungen – besonders bei den Schülerzahlen insgesamt, die darauf schließen lassen, dass das Bildungswesen in vielen Landesteilen für afghanische Verhältnisse tatsächlich eine Erfolgsgeschichte ist. In dem am 22. März 2008 begonnenen Schuljahr besuchen nach Angaben des Bildungsministeriums rund 6,2 Millionen Kinder in Afghanistan die Schule, über eine halbe Million mehr als 2007 – und achtmal so viele wie im Jahr 2001. Damals haben nach einer Schätzung der Weltbank gerade einmal 774 000 Kinder die Schulbank gedrückt. Seit dem Sturz der Taliban sind nach Angaben der Bundesregierung vom Juni 2008 nicht nur 13 000 Kilometer Straße gebaut und acht Millionen Minen geräumt, sondern auch 3 500 Schulen gebaut oder wieder aufgebaut worden – viel mehr, als die Aufständischen zerstören haben können.

Auch in anderen Bereichen sind Erfolge erzielt worden. Hilfsorganisationen haben Tausende Projekte im Land angestoßen und fertiggestellt. Das Nationale Solidaritätsprojekt (NSP) der afghanischen Regierung hat laut Weltbank bis Anfang 2007 in mehr als 20 000 Dörfern ländliche Entwicklung finanziert. Die Kindersterblichkeit ist dank Impfungen deutlich zurückgegangen. Zwar liegt die durchschnittliche Lebenserwartung noch im Jahr 2005 nach Angaben der Weltgesundheitsorganisation WHO nur bei 42 Jahren. Doch nach UN-und ISAF-Angaben vom Frühjahr 2008 haben mehr als 80 Prozent der Afghanen in 103 Krankenhäusern und 878 Gesundheitszentren Zugang zu einer medizinischen Grundversorgung – unter den Taliban sind nur acht Prozent der Bevölkerung in diesen Genuss gekommen. In einer Studie der NATO mit dem Titel »Fortschritt in Afghanistan« zum Gipfel des Bündnisses im April 2008 in Bukarest heißt es, in den fünf Jahren zuvor seien 440 Bewässerungskanäle gebaut worden. Die Ringstraße, Afghanistans rund durch das Land führender Hauptverkehrsweg, sei zu 73 Prozent asphaltiert. Zwar leben laut Vereinten Nationen Anfang 2008 immer noch zwischen 34 und 42 Prozent der Afghanen unterhalb der Armutsgrenze, doch die Wirtschaft wächst stark, wenn auch von einem sehr niedrigen Niveau aus: Sie hat nach UN-Angaben vom April 2008 in den vier Jahren zuvor ein Wachstum von jeweils rund zwölf Prozent erreicht, die milliardenschwere Drogenwirtschaft ist dabei herausgerechnet.

Kaum etwas symbolisiert den partiellen Aufwärtstrend besser als das Kabul City Centre im Zentrum der Hauptstadt. In dem neunstöckigen Klotz, der sich mit seinen dunkel verglasten Seiten über die umliegenden Gebäude in den Himmel streckt, ist das erste Einkaufszentrum des Landes untergebracht. Im Herbst 2005 öffnet es seine Pforten. An der staubigen Straße vor dem Kabul City Centre holen Afghanen mit Handpumpen Wasser aus der Erde. Im Einkaufszentrum befördert die erste Rolltreppe am Hindukusch erstaunte Kunden zum Shopping – wenn sie sich trauen. »Die Menschen haben Angst vor der Rolltreppe«, sagt Anwar Hussein, der Manager des Hotels, das ebenfalls in dem Gebäude untergebracht ist, kurz nach der Eröffnung. »Sie sind erstaunt, dass sich etwas von selber bewegt.« Wem die Rolltreppe zu gewagt erscheint, kann den verglasten Aufzug nehmen – in dem beruhigenden Wissen, dass keiner der ständigen Stromausfälle in Kabul die Kabine steckenbleiben lässt: Das Kabul

City Centre hat eigene Generatoren. Und nicht nur das bietet die Shopping-Mall. Möbelläden, Elektronikshops, Goldhändler, Modeboutiquen und viele andere Geschäfte sind dort versammelt. An der Chromtheke eines Cafés im Untergeschoss, das man eher in einem Einkaufszentrum im Westen vermuten würde, wird »Coffee to go« angeboten. Erste potenzielle Kunden staunen im Herbst 2005 über die Säulen mit Hunderten Glühbirnen und die blitzsauberen Gänge, während sie aus unsichtbaren Lautsprechern mit afghanischem Pop beschallt werden. Die Musik wird nur für den Ruf des Muezzins zum Gebet unterbrochen.

Viele Afghanen sind von dem Konsumtempel begeistert. »Das ist echte Entwicklung«, sagt Abdul Fatah, der sich gerade als einer der ersten Kunden eine silbrig glänzende Armbanduhr gekauft hat. »Ich wünschte, ganz Afghanistan wäre voll mit Einkaufszentren.« Abdul Asim ist einer der Mieter der neuen Läden. Die Frauenkleider in seinem Schaufenster sind aus der Türkei importiert, für afghanische Verhältnisse haben sie gewagte Ausschnitte. Selbst wenn auf den Straßen Kabuls immer noch viele Frauen unter Burkas verhüllt sind, hofft Asim auf gute Geschäfte. Die Kundinnen, so sagt er, könnten seine Kleider schließlich zu Hause tragen. Asim baut auf das luxuriöse Shopping-Gefühl. »Hier ist es angenehm einzukaufen, draußen sind die Märkte staubig«, sagt er. Die Betreiber des Kabul City Centre werben damit, dass ihre Shopping-Mall durchgängig klimatisiert sei. Im Winter könnten die Hauptstädter von ihren kleinen Öfen ins warme Einkaufszentrum flüchten, im Sommer könnten Familien sich dort abkühlen. Direktor und Mitinhaber Habib Safi ist wenige Tage nach der Eröffnung zuversichtlich, dass Besucher nicht nur der unwirtlichen Kabuler Witterung entfliehen werden, sondern auch Geld in den rund 90 Läden lassen werden. »Man muss Risiken eingehen«, sagt der Geschäftsmann. Das Risiko, so stellt sich später heraus, hat sich gelohnt. Im dritten Jahr seines Bestehens florieren die Geschäfte im Kabul City Centre.

»Ich weiß, es hat Fortschritt gegeben, und der Fortschritt ist ausreichend«, sagt ISAF-Kommandeur McNeill im Herbst 2007. »Wir sollten alle optimistisch in die Zukunft blicken.« Das allerdings fällt Stephan Kinnemann schwer. Der frühere Geschäftsführer der staatlichen Deutschen Investitions- und Entwicklungsgesellschaft (DEG) hält den Fortschritt nicht für ausreichend, und zahlreiche Experten teilen seine Meinung. Kinnemann ist von 2002 bis 2006 Wirtschaftsberater der Bundesregierung bei Karsai gewesen. Nach dem Ende der offiziellen Beratertätigkeit lässt Afghanistan den Experten nicht los. Er setzt sich bei deutschen Politikern dafür ein, die »falsche Politik« der Bundesregierung und der Internationalen Gemeinschaft in Afghanistan zu verändern – ohne großen Erfolg und daher mit wachsender Frustration. Kinnemann sagt Anfang 2008, die überwiegende Mehrzahl der Afghanen hege keine Sympathien für die Taliban. Die Menschen wollten aber sehen, was mit den internationalen Hilfsmitteln geschehe, von denen sie ihrer Ansicht nach zu wenig profitierten. »Wir müssen uns auf Leuchtturmprojekte konzentrieren und zeigen: Schaut her, es passiert was«, sagt Kinnemann. Die Staatengemeinschaft müsse große Infrastrukturprojekte wie den Bau von Straßen und Wasserversorgung deutlich stärker vorantreiben. In Kabul und den anderen Städten müsse dringend eine zuverlässige Stromversorgung geschaffen werden. Die Hilfsmittel der Internationalen Gemeinschaft müssten massiv erhöht werden. Zur Not, sagt Kinnemann, müssten die Mehrausgaben für Afghanistan bei der Entwicklungshilfe für aufstrebende Länder wie China und Indien, die seit Jahren starkes Wirtschaftswachstum verzeichnen, eingespart werden.

Der frühere Karsai-Berater beklagt außerdem die »Asymmetrie« zwischen den Milliardenausgaben der Staatengemeinschaft für den militärischen Einsatz und den weit geringeren Mitteln, die sie für den zivilen Wiederaufbau zur Verfügung stellt. Die Bundesregierung antwortet am 26. September 2007 auf eine Große Anfrage der Grünen-Fraktion, der Einsatz der Bundeswehr in Afghanistan habe bislang 1,9 Milliarden Euro gekostet. Für den zivilen Aufbau habe die Bundesregierung 550 Millionen Euro ausgegeben. In einer Studie von ACBAR, einem Dachverband von 94 nichtstaatlichen Hilfsorganisationen in Afghanistan, heißt es im März 2008, derzeit koste der militärische Einsatz alleine der amerikanischen Truppen in Afghanistan rund 100 Millionen Dollar am Tag. Die zivile Hilfe aller Geberländer zusammen seit 2001 belaufe sich im Schnitt auf sieben Millionen Dollar am Tag und sei damit »beklagenswert unzureichend«. Der Mangel an ziviler Hilfe werde auch im internationalen Vergleich deutlich: So seien in den ersten zwei Jahren nach Beginn der internationalen Intervention für Afghanistan pro Kopf 57 Dollar geflossen. In Osttimor habe der Vergleichswert bei 233 Dollar gelegen, in Bosnien sogar bei 679 Dollar.

»Wir müssen zu einer drastischen Veränderung des Ansatzes kommen und das Tempo signifikant erhöhen«, sagt Kinnemann. Der Wiederaufbau in Afghanistan sei nicht nur viel zu langsam, sondern auch zu zersplittert. Nach Ansicht von Experten koordinieren sich die verschiedenen Akteure, die die Hilfe vergeben, viel zu wenig. Manche Provinzen profitieren massiv vom Wiederaufbau. Andere – besonders solche ohne bedeutende ausländische Präsenz – werden dagegen benachteiligt. Selbst innerhalb einzelner Projekte mangelt es manchmal an Abstimmung – etwa im Herbst 2003 in Kundus, bevor dort die Deutschen das Wiederaufbauteam von den Amerikanern übernehmen.

US-Hauptmann Tom Goodrich leitet damals in Kundus das US-Team, das den Hilfsbedarf in der Region feststellen soll, die staatliche amerikanische Hilfsorganisation USAID hat Mittel zu vergeben. An diesem Herbstmorgen besuchen die Soldaten das marode Krankenhaus in Kundus-Stadt, dem der Hauptmann zu neuen Generatoren verhelfen will. Bis das Krankenhaus, damals das einzige im Nordosten Afghanistans, durch einen geplanten Neubau ersetzt wird, kann der Generator in der Klinik nicht mehr warten. Er ist angesichts der mangelhaften Stromversorgung zwar lebensnotwendig für die Patienten, aber schrottreif. Der Motor stammt aus einem alten russischen Bulldozer aus der sowjetischen Besatzungszeit, andere Teile sind aus einem Panzer der Roten Armee ausgebaut worden, den die Invasoren zurückließen. Die Klinikmitarbeiter führen den Amerikanern den Generator vor, die ungläubig auf das monströse Gerät starren. Als das Personal die Maschine anwirft, zucken die ausländischen Besucher bei den Fehlzündungen zusammen. Stichflammen schießen aus dem Generator hervor.

»Es ist schon vorgekommen, dass Patienten bei Generatorausfällen mit offener Bauchdecke auf dem Operationstisch liegen geblieben sind, bis wir ein mobiles Gerät aufgetrieben haben«, sagt der Klinikchef. Trotzdem will er eigentlich lieber eine neue Küche von den Amerikanern, schließlich, so sagt er, habe das Rote Kreuz ihm bereits zwei Generatoren versprochen. Die Verhältnisse in der Küche sind nicht nur nach Krankenhausmaßstäben furchterregend. Doch Goodrich ist entschlossen, an seinem Plan festzuhalten und der Klinik zwei neue

Generatoren zukommen zu lassen, denn dafür haben die Amerikaner das Geld vorgesehen. »Wir machen trotzdem weiter«, sagt der Hauptmann nach dem Einwand des Klinikchefs. Später sagt der Offizier: »Im schlimmsten Fall haben sie vier Generatoren. « Dass die dann überflüssigen zwei Generatoren woanders dringend benötigt würden, weiß der Soldat. Doch die Koordinierung mit den Hilfsorganisationen sei schwer, sagt er, weil diese mit den Militärs nichts zu tun haben wollten. Goodrich versucht gar nicht erst, sich mit den Helfern abzusprechen.

Mehr als vier Jahre nach dieser Episode sagt Kinnemann, die internationalen Akteure seien zu langsam und bürokratisch, und das habe sich »in der letzten Zeit verschlechtert, nicht verbessert«. Kinnemann rät zu unkonventionellen – und unbequemen – Wegen. Er plädiert dafür, Teile der schwachen afghanischen Administration bei Hilfsprojekten »nicht einzubeziehen, sondern mitlaufen zu lassen«. Das widerspräche dem Prinzip Deutschlands und der Internationalen Gemeinschaft, dem Wiederaufbau stärker ein »afghanisches Gesicht« zu geben, würde die Projekte aber beschleunigen. Um eine »deutliche Erhöhung der Schlagzahl« zu erreichen, schlägt Kinnemann außerdem vor, auf Ausschreibungen bei den Hilfsprojekten zu verzichten, für die jedes Mal Monate ins Land ziehen. Der Westen habe die Situation in Afghanistan kaum noch im Griff, sagt der Experte. Diese Erkenntnis habe sich aber bei vielen deutschen Abgeordneten, mit denen er gesprochen habe, noch nicht durchgesetzt. »Ich sehe nicht, dass die Politiker ein Gefühl der Dringlichkeit verspüren, einen inneren Druck, der in gezielte Aktivitäten einmündet.« Angesichts der immer bedrohlicheren Lage in Afghanistan sagt Kinnemann: »Die westlichen Staaten müssen sich in einem Kraftakt zusammenraufen.« Verlaufe der Wiederaufbau am Hindukusch weiterhin so langsam, »verlieren wir unsere Glaubwürdigkeit. Wir geraten auf eine schiefe Ebene. Wir drohen, von Freunden zu Besatzern zu werden.«

ACBAR kritisiert, die Aussichten auf Frieden in Afghanistan würden unterlaufen, weil westliche Staaten ihre Versprechungen nicht einhielten und die Hilfe ineffektiv eingesetzt werde. Laut einer Verbandsstudie über die »Wirksamkeit von Hilfe in Afghanistan« vom März 2008 heißt es unter Berufung auf afghanische Regierungsangaben, von den rund 25 Milliarden Dollar, die die Staatengemeinschaft seit 2001 zugesagt habe, seien nur 15 Milliarden ausgezahlt worden. Aus den USA – dem mit Abstand größten Geberland – sei lediglich die Hälfte der zugesagten 10,4 Milliarden Dollar geflossen. Von den 1,7 Milliarden Dollar, die die EU versprochen habe, seien nur knapp 1,1 Milliarden Dollar angekommen. Deutschland als drittgrößter einzelner Geberstaat habe 768 Millionen der zugesagten 1,2 Milliarden Dollar ausbezahlt. Die Bundesregierung und die EU weisen das umgehend zurück. Eine Sprecherin der EU-Kommission wirft ACBAR vor, sich verrechnet zu haben.

In dem ACBAR-Bericht heißt es, dass die zugesagten internationalen Hilfsmittel nicht alle geflossen seien, liege auch an den schwierigen Rahmenbedingungen wie der Sicherheitslage und der Korruption. ACBAR beklagt außerdem, dass nach Schätzungen 40 Prozent der gezahlten Hilfsmittel etwa durch Profite ausländischer Firmen bei Wiederaufbauprojekten und hohe Gehälter für ausländische Angestellte in Afghanistan wieder in die reichen Geberländer zurückflössen, was die Ausgaben in die Höhe treibe. So hätten die USA für den Bau der Straße von der Stadtmitte in Kabul zum Flughafen 2,3 Millionen Dollar pro Kilometer bezahlt – mindestens das Vierfache der normalen Kosten für den Straßenbau in Afghanistan. Ausländische Berater von Privatfirmen schlügen bei ihrem Einsatz mit jährlich 250 000 bis 500 000 Dollar zu Buche.

»Zu viel Hilfe von reichen Staaten ist verschwendet, unwirksam oder unkoordiniert«, sagt der Autor der ACBAR-Studie, Matt Waldman von der Hilfsorganisation Oxfam. Angesichts des nur langsamen Fortschritts in Afghanistan und der Verbindungen zwischen Armut und dem Konflikt müsse die Staatengemeinschaft dringend handeln. »Die Priorität ist jetzt, das Ausmaß der Hilfe zu steigern und sicherzustellen, dass sie einen nachhaltigen Unterschied für die ärmsten Afghanen in ländlichen Gebieten macht.« Auch Anthony H. Cordesman vom Center for Strategic and International Studies (CSIS) in Washington hält den Wiederaufbau und die internationale Hilfe längst nicht für ausreichend. Die USA und die Staatengemeinschaft »unterschreiten das benötigte Niveau immer noch stark«, schreibt Cordesman in seinem Afghanistan-Bericht an den Streitkräfteausschuss des US-Repräsentantenhauses im Januar 2008. »Eine der klaren Lektionen des Afghanistan-Krieges – wie im Irak-Krieg und jedem ähnlichen Krieg davor – ist, dass Dollar mindestens so wichtig sind wie Kugeln.«

»Es wird konstant weiter nach unten gehen« – die Korruption

Kabul International Airport (KAIA)

Am Checkpoint an der Straße kurz vor dem Flughafen Kabul lächelt der afghanische Polizist freundlich durch das Autofenster. Passagiere sollen an der Kontrollstelle vor dem Parkplatz aussteigen und ihr Gepäck durchleuchten lassen, das sie dafür über einen schlammigen Platz schleppen müssen. Oftmals funktioniert das Durchleuchtungsgerät nicht. Manchmal verlangen die Beamten dann, einen Blick in den Koffer zu werfen. Selbst technisches Gerät zur Satellitenübertragung interessiert sie aber so gut wie nie, obwohl die Kabel und der Empfänger, der etwa die Maße eines Laptops, aber weder eine Tastatur noch einen Bildschirm hat, eigentlich zur Nachfrage einladen müssten. Oft tragen Reisende ihre Taschen einfach nur vom Kofferraum in die Polizeikabine und wieder hinaus zum Wagen – ungeöffnet und ungescannt. Immer wieder bieten die Polizisten, die die Wagen stoppen, an, gegen ein kleines Entgelt auf die Prozedur zu verzichten. Zehn Dollar, sagt der Beamte Anfang 2007, hätte er gerne dafür. Ob nicht ein Dollar angemessener sei, lautet die Frage eines Reisenden. Wie er einen Dollar mit seinen vier Kollegen teilen könne, fragt der Polizist zurück – zehn geteilt durch fünf würde besser aufgehen. Auch der Flughafenmitarbeiter, der den Koffer auf das nächste Kontrollband hebt, fragt nach »Bakschisch«. Sein Kollege, der das Gepäck auf die Waage der Fluggesellschaft wuchtet, murmelt das Wort ebenfalls. Polizisten nehmen westliche Ausländer ungefragt am Arm, um sie an die Spitze der Schlangen an dem Schalter für die Ausreisesteuer oder an der Passkontrolle zu führen. Ein Polizist, dem ein Reisender danach verstohlen einen Dollar in die Hand drückt, beschwert sich lautstark und für alle hörbar darüber, dass die illegale Gehaltsaufbesserung nicht großzügiger ausgefallen ist.

Der Kabul International Airport – der offiziell mit KAIA und nicht mit dem eigentlich logischen KIA abgekürzt wird, weil Letzteres bei den Militärs für »killed in action« steht – ist keine Ausnahme im Korruptionssumpf am Hindukusch. »Bakschisch« ist das Zauberwort, das einem immer wieder in Afghanistan begegnet, es kann Trinkgeld ebenso wie Schmiergeld heißen. 2007, im sechsten Jahr der westlichen Demokratisierungsbemühungen, landet Afghanistan auf dem Korruptionsindex von Transparency International auf Platz 172. Bei 180 untersuchten Staaten kann sich das Land im internationalen Vergleich kaum noch verschlechtern. Persönliche Bereicherung gilt nicht nur kleinen Beamten, sondern auch vielen afghanischen Machthabern als selbstverständlich. Die Korruption durchzieht fast alle Ebenen der Gesellschaft, und sie droht, Afghanistan zu zerfressen. Schmiergelder ermöglichen nicht zuletzt den schwungvollen Handel mit Drogen, der das Land immer weiter an den Rand des Abgrunds treibt. Der Direktor des UN-Büros für Drogen und Kriminalität (UNODC), Antonio Maria Costa, schreibt im Oktober 2007 in seinem jährlichen Afghanistan-Bericht, »Drogenmetastasen« hätten sich im Land verbreitet. »Korruption hat die allgemeine Geschäftemacherei erleichtert.« Die Regierung toleriere Bestechlichkeit und untergrabe so die Bemühungen für eine bessere Zukunft. Costa warnt: »Kein Land hat Wohlstand jemals auf Kriminalität aufgebaut.«

Der NATO-Botschafter und ranghöchste zivile Vertreter des Bündnisses in Afghanistan, Daan Everts, spricht im November 2007 diplomatisch von Unzufriedenheit im Volk über die Regierung. Zurückzuführen sei sie zum Teil auf zu große Erwartungshaltungen, sagt der Botschafter, »aber ebenso auf Inkompetenz und Korruption in der Verwaltung, und das auf jeder Ebene. Wir müssen eine viel bessere Regierungsführung in Afghanistan haben.« Die Regierung müsse auf der Seite der Menschen sein und dürfe nicht als korrupt wahrgenommen werden. »Die Internationale Gemeinschaft muss mehr unternehmen, um diese Regierungsversäumnisse anzugehen.«

Auch afghanische Regierungsvertreter warnen vor der Kultur der Bestechlichkeit. »Die Korruption blüht in Afghanistan«, sagt etwa Wirtschaftsminister Amin Farhang im Frühjahr 2005. »Das ist eines der größten Probleme hier.« Doch auch wenn sich die Regierung in Kabul des Problems bewusst sein mag, sie geht es kaum an. Selbst hohe Regierungsbeamte seien bestechlich und in Drogengeschäfte verwickelt, sagt ein deutscher Entwicklungshelfer in Kabul im September 2006. Er gibt wieder, was ihm ein afghanischer Polizeigeneral freimütig berichtet hat: Der Offizier habe gesagt, er hätte mit internationalen Hilfsmitteln 2000 Funkgeräte kaufen sollen. Ein Amerikaner habe den Auftrag bekommen. Tatsächlich habe der Geschäftspartner aus den Vereinigten Staaten aber nur 1000 Funkgeräte geliefert. Der Polizeigeneral selber habe den Erhalt von 2000 Geräten quittiert und den Differenzbetrag mit dem Amerikaner geteilt.

In einer im Dezember 2007 veröffentlichten repräsentativen Umfrage der ARD, der britischen BBC und des US-Senders ABC nennen 72 Prozent der Befragten Korruption unter Regierungsangestellten ein Problem. Wer an den richtigen Stellen sitzt, dem fällt es oft nicht schwer, in die eigene Tasche zu wirtschaften. Immer mehr der ausländischen Hilfe fließt direkt an die afghanische Regierung und soll von dort aus weiter verteilt werden. Der oben genannte deutsche Entwicklungshelfer kritisiert im Herbst 2006 haarsträubende Zustände in der Wiederaufbau- und Entwicklungsbehörde (ARDS), die die Aufträge vergibt und dem Wirtschaftsministerium unterstellt ist, sowie in weiten Teilen der Regierung. Viele Behörden und Ministerien seien mit »extrem inkompetenten Mitarbeitern« besetzt. Die Korruption in den Ressorts, die ARDS vor einer Auftragsvergabe fachlich beraten sollen, reiche teils bis in die Ebene direkt unterhalb der Minister heran. »Der größte Verhinderer von Entwicklung hier ist die Regierung, das sind nicht die regierungsfeindlichen Kräfte.« Er selber, sagt der Deutsche, weigere sich, die nach seinen Worten üblichen fünf Prozent vom Auftragsvolumen als Schmiergeld zu zahlen. Deswegen habe seine Organisation auch über ein Jahr lang keinen der lukrativen Wiederaufbau-Aufträge bekommen. Stattdessen habe er Morddrohungen erhalten – aus dem Umkreis eines ehemaligen Ministers. In zwei Fällen sei ihm das Dokument gezeigt worden, wonach seine Organisation die Ausschreibung nach den Vergabekriterien gewonnen habe, sagt der Entwicklungshelfer. Diese Papiere seien später in den Ministerien abgeändert worden. Die afghanische Führungsriege versuche, »so viel wie möglich für sich rauszuholen. Solange dieser Kreislauf nicht durchbrochen wird, können wir als Internationale Gemeinschaft nichts machen. Es wird konstant weiter nach unten gehen.«

Der plötzliche Wohlstand, der bei manchen der Mächtigen ausbricht, ist kaum zu übersehen. Im Viertel Schirpur im Herzen Kabuls haben früher verarmte Afghanen gelebt, sie haben sich dort einfache Lehmhütten gebaut. Das Verteidigungsministerium, dem das Land gehört hat, hat das geduldet. Doch im Jahr 2004 vertreibt die Polizei die Armen. Die Behördenvertreter, die in die Zwangsräumung Schirpurs involviert gewesen seien, hätten »auf eine sehr aggressive Weise« die Bürgerrechte der dort lebenden Menschen verletzt und alle nationalen wie internationalen Prinzipien missachtet, heißt es in einem Bericht der unabhängigen Afghanischen Menschenrechtskomission (AIHRC). Der Rechtsweg sei ignoriert worden. Das Land sei nach der Zwangsräumung an hochrangige Behördenvertreter und deren Verwandte verteilt worden. Außerdem hätten »die meisten Kabinettsmitglieder« Grundstücke erhalten. Ein afghanischer Journalist sagt, die Filetgrundstücke seien von der Regierung zu symbolischen Preisen an die neuen Landbesitzer verscherbelt worden, zu denen auch der Polizeichef Kabuls und frühere Warlords gehörten. Einige der kitschigen Prunkbauten, die nach der Zwangsräumung im Zuckerbäckerstil hochgezogen worden sind, müssen mehr als eine Million Dollar gekostet haben – Geld, das durch legale Einkünfte in manchem Fall schwer zu erklären sein dürfte. Hauptstadtbewohner verballhornen den Namen des Viertels, der übersetzt eigentlich »Sohn des Löwen« heißt, zu »Schir choor«, »geplündert durch den Löwen«. Andere nennen die Gegend angesichts der Luxushäuser spöttisch »Feraoun Abad«, was in etwa »durch den Pharao gebaute Gegend« bedeutet. Westliche Sicherheitsexperten sprechen schlicht von der »Drug Alley«, der Drogenallee.

Die Käuflichkeit von Beamten frustriert nicht nur die Bevölkerung, sondern kommt – wie alles, was Afghanistan destabilisiert – den Taliban und anderen Regierungsgegnern entgegen. Ein Rebellenkommandeur namens Mullah Surch Nakibullah, der in der südafghanischen Provinz Helmand für Angriffe auf britische Truppen verantwortlich gewesen sein soll, sagt der britischen BBC im Januar 2008, er sei bereits drei Mal von Sicherheitskräften gefangen genommen, gegen Schmiergeld aber immer wieder freigelassen worden. Zuletzt sei das wenige Tage zuvor geschehen, nachdem er fünf Monate im Gefängnis des afghanischen Geheimdienstes NDS in Kabul eingesessen habe. Ein Besucher sei gekommen und habe sich mit dem NDS-Mitarbeiter am Tor getroffen. »Er zahlte dem Offizier, der mich dann freigelassen hat, 15 000 Dollar.« Nakibullah wird Ende März 2008 ein weiteres Mal gefasst – als er einen Taliban-Angriff auf eine Polizeipatrouille in Helmand anführt.

»Karsai hat seine Versprechen nicht erfüllt« – die Verlierer

Teppichweberei im Flüchtlingslager Khurasan in Peshawar

Außer einer Koransure ist das Hochglanzposter der einzige Schmuck an der Wand. Das Foto darauf zeigt ein stattliches Haus, davor erstreckt sich ein gepflegter Garten, in dem bunte Blumen wachsen und ein Springbrunnen plätschert. In einem solchen Haus wird Mohammad Sarwar mit seiner Ehefrau und den zehn Kindern zu seinen Lebzeiten wohl kaum mehr wohnen. Der 64-Jährige hat den Versprechen der Regierung und der Internationalen Gemeinschaft von einer besseren Zukunft geglaubt, er hat eines der Flüchtlingslager im pakistanischen Peshawar verlassen und ist zurückgekehrt in seine Heimat Kabul. »Ich hatte gehört, der Frieden sei da, und die Regierung bat Flüchtlinge zurückzukehren. Ich hoffte damals, ich würde ein Haus und eine Arbeit finden«, sagt Sarwar. Das ist kurz nach dem Sturz der Taliban gewesen, inzwischen schreibt man den August

2006. Seit mehr als viereinhalb Jahren hausen die Sarwars in einer Kriegsruine, gemeinsam mit 25 weiteren Familien. Sie leben mitten in der Hauptstadt, die mehr als die meisten anderen Regionen des Landes vom Wiederaufbau profitiert. Trotzdem sind sie die Verlierer nicht nur des alten, sondern auch des neuen Afghanistan.

In dem Gebäudekomplex, in dem die Familien Unterschlupf gefunden haben, soll einst eine Behörde untergebracht gewesen sein, die Verwaltung des Ministeriums für Strom und Wasser. Heute gibt es hier weder Strom noch Wasser. Die Mauern sind von Einschusslöchern aus dem Bürgerkrieg übersät. Granateneinschläge haben tiefe Narben an den Außenwänden hinterlassen. Ein Teil der Gebäude ist unter dem Dauerbeschuss eingestürzt, manchen fehlt eine Wand, anderen ein Stockwerk. Auf den schrägen und einsturzgefährdeten Überresten der Dächer hängen Frauen Wäsche auf. Die durchsiebten und inzwischen ausgeweideten Autowracks zeugen von der Wucht der Kämpfe, die hier getobt haben, ebenso wie die Straßenlaternen: Ihre Masten sind so oft an denselben Stellen getroffen worden, dass sie irgendwann eingeknickt sind.

Zwischen den Ruinen inmitten der Hauptstadt kauern abwesend wirkende Alte auf dem staubigen Boden, sie starren ins Leere. Neben ihnen picken dürre Hühner. Ein kleines Kind in abgewetzter Kleidung pinkelt auf den stinkenden Müllhaufen neben den Trümmern. Der Abwasserkanal und die Autowracks, manche von ihnen hat die Wucht der Explosionen auf die Seite geworfen, dienen als einziger Spielplatz. Auf dem Trümmerfeld will ein Junge einen Drachen steigen lassen, unter den Taliban ist das verboten gewesen. Heute ist es erlaubt, doch es weht kein Wind. Immer wieder fällt der Drache nach ein paar Metern Sprint des Jungen auf die Erde. In zusammengezimmerten Holzverschlägen neben der Straße verkaufen die Bewohner der Ruinen ein paar Habseligkeiten.

Da es keinen Strom gibt, sind die nutzlosen Leitungen in den Häusern längst aus der Wand gerissen und für ein paar Afghani verscherbelt worden. Wasser kommt aus einer Handpumpe an der viel befahrenen Straße. Die Pumpe neben dem faulig riechenden Abwasserkanal reicht nur wenige Meter tief. In den Fensterrahmen der Gebäude hängen Planen oder Decken, um den im Winter eisigen Wind aus den Bergen des Hindukusch notdürftig abzuhalten. Planen dienen auch als Sichtschutz bei den behelfsmäßigen Toiletten, die Hilfsorganisationen zwischen die Ruinen gestellt haben. Unweit des Trümmerfelds glitzert die Glasfassade eines neuen Bürogebäudes. Mohammad Sarwar hat keine Arbeit. »Ich habe versucht, einen Job zu finden«, sagt der magere Mann mit dem weißen Bart, der sein eingefallenes Gesicht umrahmt. Nicht einmal als Wachmann sei er genommen worden. Zu den Hilfsorganisationen, die gute Dollar zahlen, komme man ohnehin nur über Beziehungen. Staatliche Hilfe gebe es nicht, das einzige Geld brächten die Kinder: Statt zur Schule zu gehen, waschen sie Autos oder verkaufen Wasser. Dem Teufelskreis der Armut werden ohne Bildung auch sie kaum entkommen. Dabei gibt es selbst unter den Familienvätern in den Ruinen Männer mit Arbeit. Doch ihr dürftiges Einkommen reicht nicht, um ihre Familie zu ernähren und sich gleichzeitig eine der immer teureren Wohnung in Kabul zu mieten – von einem Kauf ganz zu schweigen. »Sie sehen selber, wir versuchen hier nur zu überleben«, sagt Sarwar. Auf etwa 20 Quadratmetern im Erdgeschoss einer der Ruinen, zu der eine Gasse von der Straße am Müllhaufen vorbeiführt, haust seine zwölfköpfige Familie. Auf dem Betonboden liegt ein roter Teppich, auf ihm werden nachts die Schlafmatten ausgerollt. Als Küche dient eine offene Feuerstelle außerhalb des Zimmers. Zu essen, sagt Sarwar, gebe es nur Brot und Kartoffeln. Außer ein paar Töpfen, etwas Kleidung und einigen wenigen Habseligkeiten hat die Familie nichts, ihr Haus ist im Bürgerkrieg geplündert worden.

»Karsai hat seine Versprechen nicht erfüllt«, sagt Sarwar. »Er regiert nur für die Reichen und kümmert sich nicht um die armen Menschen.« Trotzdem sei die Regierung noch immer besser als die der Taliban. »Immerhin unterdrückt sie niemanden.« Seine Ehefrau fällt ihm ins Wort. »Ich sage nicht, dass die Taliban gut waren. Aber wenn Sie sich die Preise für Lebensmittel anschauen, dann war es damals billiger. Und es gab keine Korruption.« Ihr Mann sagt, er wolle nicht für immer arbeitslos bleiben und mit seiner Familie in den Ruinen hausen müssen. Einer der Umstehenden sagt: »Wir hoffen immer noch, dass Gott und die Regierung uns helfen werden.«

Andere haben nach leidvollen Erfahrungen in der Vergangenheit nie auf die Regierung vertraut. Sie sind in den Flüchtlingslagern im Iran oder in Pakistan geblieben oder hoffen darauf, weiter im Westen geduldet zu werden. Zeitweise ist mehr als jeder vierte Afghane auf der Flucht gewesen. Zwar sind mithilfe des UN-Flüchtlingshilfswerks

UNHCR in den Jahren nach dem Sturz der Taliban über fünf Millionen afghanische Flüchtlinge zurück in die Heimat gekommen. Doch 2007 sind noch immer fast 3,1 Millionen afghanische Flüchtlinge im Ausland – bei einer Bevölkerung von rund 30 Millionen Menschen. Die überwältigende Mehrheit der Flüchtlinge ist in Pakistan untergekommen, gefolgt vom Iran. Nach den beiden Nachbarländern Afghanistans und Großbritannien leben die meisten afghanischen Flüchtlinge in Deutschland: Dort harren 2007 noch immer fast 22 000 von ihnen aus.

Aus keinem anderen Land sind mehr Menschen in der Welt auf der Flucht als aus Afghanistan. Und inzwischen hat sich ein neues Problem ergeben: Wegen der zunehmenden Gewalt in Afghanistan verlassen immer mehr Menschen ihre Häuser und suchen innerhalb des Landes in ruhigeren Gegenden Zuflucht. Sie haben meist nicht die nötigen Mittel, um sich ins Ausland zu retten. Nach dem Sturz der Taliban ist die Zahl der »internen Vertriebenen« auf rund eine Million geschätzt worden, von denen die meisten später wieder in ihre Dörfer zurückgekehrt sind. Nach Regierungsangaben sind 2007 wieder bis zu 20 000 Familien vor der Gewalt im Süden des Landes auf der Flucht. Zwar kehren immer noch viele Afghanen aus dem Exil im Ausland nach Afghanistan zurück, doch ihre Zahl nimmt ab. Die schlechte Sicherheitslage sei die größte Sorge unter denjenigen, die in der nahen Zukunft nicht zurückwollten, sagt UNHCR-Sprecherin Vivian Tan in Islamabad. Andere hätten als Grund die schlechte wirtschaftliche Lage angegeben.

Nicht nur hält die wirtschaftliche Not viele Afghanen von der Rückkehr in die Heimat ab. Inzwischen fliehen manche der Rückkehrer schon zum zweiten Mal. Sie gelten nicht als politische, sondern als Wirtschaftsflüchtlinge, daher werden sie in den UNHCR-Jahresstatistiken nicht erfasst. Ein Sprecher des Flüchtlingshilfswerks sagt im Oktober 2007 in Kabul, die meisten Menschen verließen Afghanistan aus ökonomischen Gründen. Ein afghanischer Mitarbeiter des Kinderhilfswerks UNICEF meint: »Als einer der Einheimischen, der mit Afghanen redet, bekomme ich das Gefühl, dass die meisten Leute bei der Frage nach der Zukunft des Landes zynisch werden und dass diejenigen, die die Möglichkeiten dazu haben, gegangen sind.«

Einer der neuen Wirtschaftsflüchtlinge ist der Schreiner Sarif Rasuli. Er gehört zu den Hunderten Afghanen, die jeden Tag vor der iranischen Botschaft in Kabul für ein Besuchervisum anstehen – ein Visum, das keine Arbeitserlaubnis beinhalten wird, wenn er es denn auf legalem Wege überhaupt bekommt. Visa für den Iran sollen auch zu kaufen sein, das sagt jedenfalls Mohammad Ali im September 2007 in Masar-i-Scharif. 800 US-Dollar sei der Preis für den begehrten Stempel im Pass. Der 38-jährige Bauarbeiter ist arbeitslos und vertreibt sich seine Zeit mit Freunden, die ebenfalls keinen Job haben, an der Blauen Moschee in der Stadtmitte. »Karsai hat keine fühlbaren Anstrengungen für die Wirtschaft unternommen«, sagt Ali. »Die Menschen kämpfen mit der Arbeitslosigkeit.« Deswegen würde auch Ali gerne in den Iran. »Aber ich kann es mir nicht leisten.« Für das Jahr 2005 schätzt das CIA World Fact Book die Arbeitslosenquote in Afghanistan auf 40 Prozent. Aktuelle und vor allem verlassliche Zahlen gibt es nicht.

Fast alle, die vor der Botschaft in Kabul warten, hoffen auf eine Beschäftigung als Schwarzarbeiter im Iran. Die meisten der Männer sind schon früher als Flüchtlinge in dem Nachbarland gewesen. Sie sind in ihre Heimat zurückgekehrt, um sie dann desillusioniert erneut verlassen zu wollen – diesmal nicht wegen eines Bürgerkrieges oder wegen der Taliban. »Wenn ich genug Geld verdienen würde, um Brot für meine Familie kaufen zu können, dann würde ich bleiben«, sagt Rasuli im Sommer 2006 vor der Botschaft. »Das ist schließlich mein Land.« Doch Geld hat der 42-Jährige seit seiner Rückkehr aus dem Iran eineinhalb Jahre zuvor keines mehr verdient. Wie Rasuli macht auch der 24-jährige Fliesenleger Mohammad Eisa, der neben ihm in der Warteschlange vor der Botschaft steht, Karsai für die Misere verantwortlich. »Wenn er uns weder Arbeit noch Unterkunft bieten kann, warum hat er uns dann gebeten zurückzukommen?«, fragt Eisa. Er ist vor zwei Monaten aus dem Iran zurückkehrt und seitdem arbeitslos. »Ich bin maßlos enttäuscht.«

Andere haben die Flüchtlingslager etwa im nordwestpakistanischen Peshawar auch nach dem Sturz der Taliban nicht verlassen. Dort schuften Männer, Frauen und auch Kinder von Sonnenaufgang bis Sonnenuntergang in den Teppichwebereien, um ihren Familien das Überleben zu sichern. Für die afghanischen Flüchtlinge im pakistanischen Camp Khurasan ist Teppichweben im Sommer 2003 fast die einzige Einkommensquelle. Je nach Geschicklichkeit verdienen sie umgerechnet zwischen 1,50 und 3 Euro pro Tag, auf den Märkten in Europa und den USA wird mit der Ware ein gutes Geschäft gemacht. Teppiche aus dem Flüchtlingscamp werden auch nach Deutschland exportiert.

Das Lager Khurasan ist 1981, zwei Jahre nach dem Einmarsch der Sowjets in Afghanistan, als Notcamp in der Provinzhauptstadt Peschawar nahe der afghanischen Grenze gebaut worden. 2003 leben noch rund 1500 Familien in den Lehmhütten. Wasser gibt es auch hier nur an Handpumpen in den Gassen, dort waschen sich die Kinder. Von offenen Müllhaufen wabert Gestank herüber. Als Toilette dient meist ein tiefes Loch im Vorhof der Hütten. Bewohner des Camps leiden wegen der hygienischen Bedingungen an Durchfallerkrankungen wie Typhus. Die einzigen Farbtupfer auf den staubigen Wegen zwischen den braunen Hütten sind Frauen in blauen Burkas. Bunt wird es in den Hinterhöfen. Dort sind gelbe, rote, blaue Fäden an den Pfählen aufgewickelt, zwischen denen die Webstühle stehen. Von hier kommen viele der berühmten afghanischen Teppiche. Trotz allem Elend erscheint den Afghanen im Camp das Lagerleben immer noch besser als eine ungewisse Zukunft in ihrer früheren Heimat. Eltern aus Afghanistan schicken im Sommer 2003 sogar ihre Kinder in die Teppichwebereien Khurasans – wie die Brüder Abdul und Muhammad.

Die beiden Jungen kauern in ihren blauen Gewändern gemeinsam vor einem der Webstühle. Ihre Füße stehen auf den etwa 40 Zentimeter Teppich, die die jungen Afghanen schon gewebt haben, ihre dünnen Finger knüpfen aus den bunten Fäden geschickt eine Reihe nach der anderen. Ein Ventilator kämpft gegen die drückende Augusthitze an. Hinter den Brüdern soll ein Radio die eintönige Arbeit auflockern. Eine Antwort auf die Frage nach ihrem Alter verhindert der Besitzer der Weberei, dem das Thema Kinderarbeit sichtlich unangenehm ist. Abdul, der jüngere der beiden Brüder, wirkt nicht älter als zwölf. Bei Muhammad hat sich immerhin schon erster Flaum über der Oberlippe gebildet. Seit einem Jahr arbeiten und schlafen sie in der Weberei, einen Großteil ihres Hungerlohns schicken sie nach Hause. »Wir vermissen unsere Eltern«, sagt Abdul noch – dann fährt der Webereibesitzer erneut dazwischen und beendet das Gespräch.

Zehn Jahre seien die jüngsten der Teppichknüpfer alt, sagen Campbewohner. Auch Abdul Satar hat in dem Alter begonnen, inzwischen ist er 19. Von 5 Uhr morgens bis 18 Uhr abends sitzen er und die anderen Knüpfer in der Hocke und weben. Zehn Tage arbeitet der geübte Knüpfer Satar an einem Meter Teppich, dafür bekommt er rund 30 Euro – im Westen würde der Meter für mindestens das Sechsfache verkauft, sagt ein Teppichhändler in Peshawar. Dass viele im Camp sich die eintönige Arbeit mit Opium erträglicher machen, wird hinter vorgehaltener Hand zugegeben. Beim Blick in manche der meist jungen Gesichter ist es offensichtlich. Die Campbewohner sind einfache Afghanen und streng gläubig, Frauen knüpfen hinter verschlossenen Türen in den Hütten und getrennt von den Männern Teppiche, sie haben ihre kleinen Kinder bei sich. »Es ist üblich, dass sie den Säuglingen Opium geben«, sagt ein Camp-Verantwortlicher, der anonym bleiben will. »So können die Frauen ungestörter und effizienter arbeiten.« Natürlich sei das ein Problem, sagt der Mann. Er fügt hinzu: »In anderen Flüchtlingscamps sterben Säuglinge an Überdosierungen – aber das ist hier noch nicht passiert.«

Besser geht es meist jenen Afghanen, die in den Westen geflohen sind. Der 15-jährige Mohammed muss nicht Teppiche weben, sondern kann in Hamburg zur Schule gehen. Er weiß nicht, ob seine Eltern noch leben. Es ist noch die Zeit des Taliban-Regimes, Februar 2001, seit mehr als einem Jahr hat Mohammed nichts mehr von seinen Eltern gehört. Gemeinsam mit seinem älteren Bruder hätten ihn Vater und Mutter fortgeschickt, um die Kinder vor der Schreckensherrschaft zu schützen. Mohammed erinnert sich an die letzten Abschiedsworte seiner Eltern: »Dieser Mann bringt Euch in ein sicheres Land.« Dann hätten sie die Geschwister einem Schleuser übergeben. Er und sein Bruder seien zwei Monate zu Fuß und versteckt unter Lastwagenladungen unterwegs gewesen. »Ich hatte viel Angst.« An irgendeiner Straße in Deutschland habe sie der Schleuser abgesetzt, sagt der Junge. »Wir hatten nur ein paar Klamotten dabei, Geld hatten wir gar keins.« Auch nichts Persönliches, was ihn an zu Hause erinnert, nicht einmal Fotos der Eltern. Mohammed ist ins Hamburger Sülau-Haus gebracht worden, ein Heim für junge Flüchtlinge. Der Junge will zunächst richtig Deutsch lernen, dann will er über einen Beruf nachdenken. Familienangehörige werden ihn dabei nicht beraten können, inzwischen ist auch sein Bruder verschwunden. Er ist mithilfe eines Schleusers überstürzt in ein anderes Land gereist. »Ich weiß nicht einmal, wo er ist«, sagt Mohammed. Eines Tages hofft der Junge, seine ganze Familie wiederzusehen. »Ich kann nur jetzt nicht nach Afghanistan, sonst bringen die Taliban auch mich um«, sagt er. »Aber wenn eines Tages Frieden ist, gehe ich zurück. Und dann suche ich meine Eltern.«

Wenn auch nicht zu einem echten Frieden, so kommt es doch zum Sturz der Taliban. Im November 2004 beschließt die Innenministerkonferenz in Lübeck, den Abschiebestopp für afghanische Flüchtlinge aus Deutschland zum 30. April 2005 auslaufen zu lassen. Der Appell des UNHCR-Vertreters in Deutschland, Stefan Berglund, den bis dato geduldeten Flüchtlingen wegen der schlechten Versorgungs- und Menschenrechtslage in Afghanistan einen gesicherten Aufenthalt in der Bundesrepublik zu ermöglichen, verhallt ungehört. Bis März 2007 werden nach Angaben der Bundesländer etwas mehr als 350 Afghanen in ihre Heimat abgeschoben. Darunter sind Straffällige, aber vor allem alleinstehende Männer, die kürzer als sechs Jahre in Deutschland sind. Die Flüchtlingsorganisation Pro Asyl kritisiert die deutsche Praxis als eine »Abschiebungspolitik unter Ausblendung der großenteils dramatischen Situation im Lande«.

Adschmad Maliksada hat im Jahr 2000 in Stuttgart Zuflucht gesucht. Der junge Mann hat nicht warten wollen, bis auch er eines Tages möglicherweise nicht mehr willkommen ist, und ist freiwillig in seine Heimat zurückgekehrt. Maliksada ist enttäuscht über das, was er in Kabul vorgefunden hat. Wie andere Rückkehrer hat auch er auf Karsai vertraut. Der Präsident habe einen Arbeitsplatz und ein Stück Land für ein Haus versprochen, sagt der 30-Jährige im Mai 2005. »Ich fühle mich betrogen.« Seine vierköpfige Familie wohnt nun bei seinem Vater in Kabul, in dessen Eisdiele der Rückkehrer arbeitet. 100 bis 150 Euro verdiene er im Monat, sagt Maliksada, in Stuttgart habe er mit Schwarzarbeit in einer Pizzeria rund das Zehnfache nach Hause gebracht. Der junge Afghane ist überzeugt: »Es war ein Fehler, zurückzukommen.«

»Extrem riskant« – die Sicherheitslage

Chan Aga

Bevor Gulob Toochi auf eine Reise geht und seine Tasche packt, muss er vor allem darauf achten, was er alles nicht dabei haben sollte. Das Zweithandy lässt der Journalist zu Hause, im ersten löscht er alle Nummern aus dem Telefonbuch. Visitenkarten sind tabu, technische Geräte ebenfalls. Toochi, der in Afghanistan unter diesem Pseudonym arbeitet und seinen wahren Namen aus Sorge um sein Leben nicht einmal im fernen Europa veröffentlicht sehen will, reist dabei nicht besonders weit. Die Busfahrt dauert nur einige Stunden, und er passiert keine internationale Grenze. Doch das heißt nicht, dass er nicht kontrolliert werden könnte – von den Taliban. Der 28-Jährige fährt im November 2007 zum wiederholten Male über den Highway von seiner Heimatstadt Kandahar nach Kabul und zurück, sein Begleiter ist die Angst. Den Internationalen Streitkräften gelingt es nicht, die Straße frei von den Aufständischen zu halten.

Dabei ist der Kabul-Kandahar-Highway nicht irgendeine Piste im unruhigen Hinterland, auf denen die Taliban sich im Süden ohnehin relativ frei bewegen können, sondern eine der wichtigsten Verkehrsadern Afghanistans, die die beiden größten Städte des Landes verbindet. Zudem ist der Highway ein Vorzeigeprojekt ausländischer Entwicklungshilfe. Die im Bürgerkrieg weitgehend zerstörte und 482 Kilometer lange Straße ist durch US-Mittel und mit Geldern aus Japan neu asphaltiert worden. Offiziell wird das bis dato größte einzelne Wiederaufbauprojekt im Dezember 2003 eröffnet, schon die Bauarbeiten sind von den Taliban torpediert worden. Die Fertigstellung der Schnellstraße können die Rebellen nicht verhindern. Dass Reisende den Highway unbeschwert nutzen können, schon.

In der ersten Zeit nach der Fertigstellung des Highways fahren sogar Ausländer mit gewöhnlichen Taxen von Kabul aus in die einstige Taliban-Hochburg Kandahar, ohne allzu viel Furcht zu haben. Das ist lange vorbei. Inzwischen, sagt Toochi, stünden die Aufständischen mit der Waffe im Anschlag auf der Straße – nicht immer, aber es komme immer wieder vor. Die Rebellen eröffneten das Feuer auf Fahrzeuge der Regierung oder der Sicherheitskräfte, Unbeteiligte gerieten dabei zwischen die Fronten. Vor kurzem, sagt Toochi, sei das einem Freund von ihm passiert, der Zivilist sei zur falschen Zeit am falschen Ort unterwegs gewesen. Er sei bei einem Angriff der Taliban auf demselben Highway, der hinter Kandahar weiter in Richtung Herat durch Rebellengebiet führt, ins Kreuzfeuer geraten und erschossen worden. Kurz vor Weihnachten 2007 erschießen die Taliban nach Angaben ihres Sprechers Sabiullah Mudschahid drei Polizisten, zwei Soldaten und zwei Lastwagenfahrer, die sie wenige Tage zuvor auf dem Kabul-Kandahar-Highway entführt haben. Die Polizei bestätigt den Fund von Leichen.

Busfahrer würden von den Aufständischen gezwungen anzuhalten, sagt Toochi. »Die Taliban befehlen allen auszusteigen.« Die männlichen Passagiere würden gefilzt und nach Ausweispapieren durchsucht, die Taliban gingen sogar so weit, auf der Suche nach den Nummern von Regierungsvertretern die Telefonbücher in den Handys durchzublättern. Auch Visitenkarten mit der Berufsbezeichnung Journalist könnten bei den Kontrollen problematisch werden. »Wenn sie mich damit fassen, kann ich sie natürlich bitten, die Taliban-Sprecher anzurufen«, sagt Toochi. »Aber in diese Situation möchte ich gar nicht erst kommen.« Zwar kennt der Paschtune, der sich mit seinem langen dunklen Bart und der einfachen afghanischen Kleidung nicht von anderen Buspassagieren aus Kandahar unterscheidet, die Sprecher der Aufständischen, schließlich telefoniert er in seinem Job regelmäßig mit ihnen. Möglicherweise, so befürchtet er, würden die Taliban auf dem Highway aber nicht lange mit ihm diskutieren, bevor sie ihn abführten und dann hinrichteten. Denn das geschehe mit Buspassagieren, die den Taliban verdächtig seien. Und dafür genüge eben bereits, die falschen Nummern gespeichert oder zwei Handys bei sich zu haben, sagt Toochi.

Längst nicht immer muss der Verdacht begründet sein. Die einfachen Taliban-Kämpfer sind ungebildet und alles andere als weltgewandt. Wegen der Ignoranz der Rebellen, die Argumenten kaum zugänglich sind, will Toochi auf dem Rückweg von einem Journalistenseminar in Kabul in seine Heimatstadt auch keinesfalls den Rekorder mitnehmen, den ein westlicher Radiosender ihm zu einem Kollegen in die Hauptstadt geschickt hat. Der Apparat des Senders, für den Toochi arbeitet, ist schwarz und etwas größer als eine Zigarrenkiste, das digitale Profi-Aufnahmegerät braucht keine Kassetten – und sieht deswegen aber auch nicht mehr aus wie ein harmloser Kassettenrekorder. Die Maschine, sagt der junge Reporter, könnte sein Todesurteil sein, sollte er in einen der Taliban-Checkpoints geraten: Die Aufständischen dort könnten den Apparat für ein Funkgerät halten. Toochi lässt das Gerät in Kabul zurück, bevor er wieder in den Bus nach Kandahar steigt. Seine Familie kann ihn kurz darauf unversehrt wieder in die Arme schließen.

Chan Aga ist noch viel häufiger als Toochi auf der Strecke zwischen Kabul und Kandahar unterwegs. Aga ist früher Taxi gefahren, inzwischen sitzt er hinter dem Steuer eines Lastwagens, einen anderen Beruf, als Kraftfahrzeuge zu lenken, hat er nie gelernt. Aga ist 37 Jahre alt, doch seine ernsten Gesichtszüge lassen ihn deutlich älter wirken. Seine verbliebenen Zähne sind braune Stummel. Sein Haaransatz, das ist trotz der weißen Gebetskappe zu erkennen, ist auf dem Rückmarsch, die dunklen Haare und der Bart sind von grauen Strähnen durchzogen. Der Mann mit den sorgenvollen Augen hat fünf Söhne und drei Töchter, zusammen mit anderen Verwandten sind insgesamt 13 Familienangehörige von seinem mageren Einkommen abhängig. Rund 140 Dollar im Monat zahle er in Kabul Miete, sagt Aga im Februar 2007, das ist ein großer Teil seines Gehalts. Er selber ist selten zu Hause. Das ist weniger belastend als die ständige Ungewissheit darüber, ob er seine Familie jemals wiedersieht, wenn er den Dieselmotor des Mercedes-Lkw anlässt und aus Kabul heraussteuert.

»Kühltransporte Sebastian Beisl« steht auf dem weißen Anhänger von Agas Lkw, aus Oberdietfurt kommt die Firma, der rote Schriftzug mit dem Namen blättert langsam ab. Der Anhänger hat einen weiten Weg von der niederbayerischen Provinz bis nach Afghanistan zurückgelegt. In Oberdietfurt sind Kühltransporte nichts Brisantes, in Afghanistan können sie den Fahrer das Leben kosten. Kühltransporte sind teuer und für viele Afghanen unbezahlbar, sie fahren oft im Auftrag der ausländischen Truppen. Auch die Taliban können einen solchen Lastwagen mit seinem Aufbau und den Kühlaggregaten von einem gewöhnlichen Lkw unterscheiden. Tanklastwagen sorgen für den Nachschub an Brennstoff für die Truppen. Kühltransporte bringen Lebensmittel für die Soldaten.

Ohne Treibstoff sind die ausländischen Streitkräfte lahmgelegt, ohne Nahrung ebenso. Viele der Truppensteller in Afghanistan – auch die Deutschen – haben die Versorgung mit Lebensmitteln an Privatfirmen ausgegliedert. Die Unternehmen erledigen alles von der Beschaffung bis zur Essensausgabe und machen damit großen Umsatz. In Afghanistan bereiten nicht deutsche Soldaten Erbsensuppe in einfachen Feldküchen zu. Billige Arbeitskräfte meist aus Asien, viele von ihnen sind aus Nepal, stehen an den Töpfen oder der Essensausgabe. Brot wird frisch gebacken, zum Frühstück gibt es Wurst, Käse, Eier, Müsli und was Magen und Herz sonst begehren. Zum Mittag- und zum Abendessen haben die Soldaten die Wahl zwischen verschiedenen Hauptgerichten und Beilagen, afghanische Küche sucht man vergebens, alles ist angepasst an den europäischen Geschmack. Wer es leichter mag, kann sich am Salatbüfett bedienen. Eifrige Südasiaten schwirren durch den Speisesaal und füllen Kaffeeautomaten und Saftspender auf, sie stellen sicher, dass noch genug Senf- und Ketchuptütchen ausliegen. Manche Soldaten beklagen, dass sie im Einsatz an Gewicht zulegen. Dafür, dass die Küche niemals kalt bleibt, sorgen Männer wie Aga. Sie sind das schwächste Glied in der Versorgungskette.

Im März 2008 verwandeln zwei Zeitbomben den Grenzübergang Torkham zwischen Pakistan und Afghanistan in ein Flammenmeer. 38 Tanklastwagen mit Treibstoff für die NATO, die auf die Einreise nach Afghanistan warten, werden zerstört. Rund 100 Menschen erleiden Brandverletzungen. Die pakistanischen Behörden vermuten, dass ein Grenzbeamter den Aufständischen geholfen haben könnte. Tanklastwagen werden von den Taliban immer wieder in Brand gesteckt. Auch Kühltransporter sind rollende Angriffsziele.

Aga gehört der Lkw, den er steuert, nicht selber. Angestellt ist der Fahrer bei einer afghanischen Firma, die wiederum Subunternehmer für einen der internationalen Konzerne ist, der die Truppen versorgt. Die Soldaten, für die seine Fracht bestimmt ist, sieht Aga nur an den Eingangskontrollen der Camps. Lebensmittel fährt er für die Deutschen im Norden ebenso wie für die Amerikaner oder andere NATO-Truppen im Süden. Seine nächste Fahrt führt ins Feldlager der Bundeswehr in Masar-i-Scharif. »Die Strecke ist ruhig, da kann ich sogar anhalten und Tee trinken«, sagt Aga. Nach seiner Rückkehr geht es dann in den Süden, nach Kandahar. Die Route durch das Paschtunengebiet ist für Aga und seine Kollegen lebensgefährlich.

Von Kabul bis ins etwa 150 Kilometer entfernte Ghasni sei der Weg noch unproblematisch, sagt Aga. »Danach fahre ich bis Kandahar weiter, ohne anzuhalten.« Das sind rund 330 Kilometer. Sein grün lackiertes Führerhaus hat der Trucker mit einem Strauß blauer Plastikblumen geschmückt. Eine der Blüten ist abgerissen und liegt auf der Lüftung. Aus der Decke hängen Kabel, Steinschlag hat an der Beifahrerseite Sprünge an der Windschutzscheibe hinterlassen, die grünen Sitzbezüge sind abgewetzt. Gepanzert ist das Führerhaus nicht. Aga hat keine Waffe, von einer Eskorte ganz zu schweigen. Drei Kollegen aus seiner Firma sind im Kugelhagel der Taliban schon ums Leben gekommen. Auch zahlreiche andere Lastwagenfahrer, die Aga nicht persönlich gekannt hat, sind in den vergangenen Jahren getötet worden. Unterhalb der Scheibenwischer, an den Spiegeln und hinten am Lkw hat Aga blaue und rote Tücher angebracht, so wie es Paschtunen an ihren Autos gerne machen. Er hofft, die Taliban könnten auch ihn für einen Paschtunen halten und ihn deswegen nicht stoppen. Der einzige andere Schutz, den er hat, ist das Gebet.

Ende 2006 ist Agas Lkw auf der Todesroute zwischen Ghasni und Kandahar unterwegs. Mehr als 100 Stundenkilometer zeigt der Tacho des Mercedes-Lkw auf dem Highway, hinter Aga fährt ein weiterer Lastwagen. Dann, sagt Aga, seien plötzlich Taliban-Kämpfer »wie Diebe« unter einer Brücke hervorgekommen und hätten ihm signalisiert, er solle anhalten. »Ich habe so getan, als würde ich stoppen.« Doch im letzten Moment gibt er Gas und zieht an den Rebellen vorbei. Die Aufständischen eröffnen das Feuer. Zwei Reifen werden getroffen, zu Agas Glück sind es nicht die vorderen. Im Rückspiegel sieht er, dass der Lastwagen hinter ihm im Kugelhagel der Rebellen Feuer fängt. Aga beschleunigt, anhalten, das weiß er, könnte sein Todesurteil bedeuten. »Ich bin weitergefahren«, sagt er und zieht an seiner Zigarette. Er habe gehört, der Fahrer hinter ihm habe überlebt, sicher ist er sich nicht. In dem lebensgefährlichen Beruf ist nicht viel Platz für Kollegialität.

Hilfe hat auch Aga wenige Monate zuvor nicht erfahren. Er ist in der westafghanischen Provinz Farah unterwegs und hat Nachschub für die US-Truppen am Stützpunkt Schindand geladen, als sein Lastwagen Schwierigkeiten macht. Aga weiß, dass dies kein guter Platz zum Anhalten ist, er stoppt erst beim nächsten Checkpoint der Polizei. Doch die Beamten wollen den auffälligen Lkw und seinen Fahrer nicht bei sich haben, der Kühltransporter ist ein potenzielles Ziel, bei einem Angriff der Taliban könnten die schlecht ausgerüsteten und unterbezahlten Beamten selber in Lebensgefahr geraten. »Niemand hilft einem bei Problemen«, weiß Aga aus langer Erfahrung. Die Polizisten hätten ihn aufgefordert weiterzufahren. Aga tut, wie ihm befohlen wird, er hofft, die US-Basis trotz allem noch zu erreichen. Dann sieht Aga im Rückspiegel sein wirkliches Problem: einen Pritschenwagen, der ihm folgt. Die Taliban überholen und zwingen ihn zu stoppen. Aga muss aussteigen. Es ist gegen 9 Uhr morgens, am helllichten Tage zünden die Aufständischen den Tank des Lastwagens an. Dass der Lkw in Flammen aufgeht, das sieht Aga noch, bevor ihm die Taliban die Augen verbinden.

Dann wird der Trucker an einen unbekannten Ort gebracht. »Sie legten mich auf den Boden, einer hielt meine Schultern, ein anderer meine Füße«, sagt Aga. »Ein Dritter schlug mit einem Eisenrohr auf mich ein.« Noch heute, ein halbes Jahr später, nehme er Medikamente gegen die Spätfolgen. Aus einer Tasche seines abgetragenen grauen Anoraks holt er eine gelbe Schachtel mit Schmerzmitteln hervor. Die Taliban hätten ihn damals über Nacht festgehalten, sie hätten ihm sein Geld und sein Handy abgenommen. Dann hätten sie ihn mit immer noch verbundenen Augen am Straßenrand ausgesetzt. Die Aufständischen geben ihm eine Warnung mit auf den Weg: Fahre nie wieder für die ausländischen Soldaten. Nach dem Angriff sei er einen Monat lang bettlägerig gewesen, sagt Aga. Dann habe er sich doch wieder an das Steuer eines Kühltransporters gesetzt. Seine Fracht: Nachschub für die internationalen Truppen.

Insgesamt drei Mal sei er im vergangenen Jahr angegriffen worden, sagt Aga. Neben den Attacken auf dem Weg nach Kandahar und in Farah sei er einmal in der ostafghanischen Unruheprovinz Kunar beschossen worden. Die Kugeln hätten aber nicht getroffen. Aga ist zwar davon überzeugt, dass die ausländischen Soldaten bleiben müssen, weil das Land sonst noch unsicherer werde, wie er sagt. Mit seiner Entscheidung, trotz der eindeutigen Warnung der Taliban und trotz der Lebensgefahr weiterzumachen, will er aber kein tollkühnes Zeichen setzen. »Ich habe keine Wahl«, sagt Aga. »Ich muss eine große Familie ernähren.« Der übliche Monatslohn für Lastwagenfahrer in Afghanistan liege bei etwa 100 Dollar, sagt Aga. Wer aber für die ausländischen Truppen fahre, verdiene im Schnitt das Dreifache. Wer sich – wie er – freiwillig öfter für die Strecke in den Süden melde, bekomme sogar noch mehr. Aga sagt, er fahre die Strecke acht oder neun Mal im Monat. Seine Angehörigen wüssten um die Gefahr. »Aber sie wissen auch, dass ich arbeiten muss.« Wegen der guten Bezahlung würde niemand seiner Kollegen daran denken, die Fahrten für die ausländischen Truppen abzulehnen, sagt Aga. »Jeder hat Angst, aber keiner will aufhören.«

Wie stark die Angst vor den Rebellen ist – und wie groß ihr Einfluss im Süden –, beweisen sie, als sie dort im Frühjahr 2008 eine der wichtigsten Errungenschaften der vergangenen Jahre zumindest teilweise wieder außer Kraft setzen. Ende Februar verkündet Taliban-Sprecher Kari Jussif Ahmadi per Telefon ein Ultimatum an Mobilfunkanbieter, die Handynetze in den Rebellenhochburgen nachts abzuschalten – angeblich, weil die ausländischen Truppen die Aufständischen sonst orten könnten. Die Mobilfunkbranche ist der erfolgreichste legale Wirtschaftszweig in Afghanistan, jeder Afghane, der es sich leisten kann, hat ein Handy. Unter den Taliban ist es kaum möglich gewesen, eine Festnetzleitung zu bekommen. Nach Ablauf des Ultimatums beginnen die Rebellen, Sendemasten zu sprengen. Mobilfunkfirmen beugen sich zumindest in manchen Regionen dem Druck der Taliban, auch wenn sie das nicht offiziell bestätigen wollen. So sagt etwa der Polizeichef der Provinz Sabul, Mohammad Jakoub Sabuli, Mitte März 2008, die Netze seien tagsüber verfügbar, nachts gebe es inzwischen aber kein Funksignal mehr. Auch aus anderen Gegenden berichten Kunden verschiedener Anbieter, nachts sei ihr Handy ohne Empfang.

Der Journalist Toochi sagt, in Kandahar-Stadt könne er noch als Reporter arbeiten. Außerhalb sei das aber wegen der schlechten Sicherheitslage selbst für ihn als Einheimischen unmöglich geworden. Es sei eine »peinliche Situation« für die internationalen Truppen, dass trotz all der Offensiven die Zahl der Taliban in der Gegend nicht ab-, sondern zunehme. »Sechs Jahre nach ihrem Sturz schließen sich mehr und mehr Menschen den Taliban an.« Ein hochrangiger afghanischer Regierungsvertreter räumt im September 2007 in Kabul ein, im Vorjahr sei man kurz davor gewesen, Kandahar an die Taliban zu verlieren. Das hätte fatale Folgen gehabt, denn »wenn Sie Kandahar verlieren, verlieren Sie Afghanistan«. Inzwischen habe sich die Lage aber deutlich gebessert, meint der Politiker. Wenige Wochen nach dieser Aussage rücken Kämpfe zwischen Taliban und ausländischen Truppen so nahe an Kandahar-Stadt heran, dass deren verängstigte Bewohner das Geschützfeuer hören. Die Aufständischen werden von der ISAF wieder aus der Gegend vertrieben. Besiegt aber sind sie nicht.

In einem bis dahin beispiellosen koordinierten Angriff gelingt es den Taliban in der Nacht vom 13. auf den 14. Juni 2008, mit Kämpfern und Selbstmordattentätern das Gefängnis von Kandahar zu stürmen. Taliban-Sprecher Kari Jussif Ahmadi sagt, vor dem Gefängnistor seien 1800 Kilogramm Sprengstoff in einem Lastwagen gezündet worden, dann hätten Aufständische alle Wärter getötet. »Die Taliban haben uns mit Autos davongefahren«, sagt einer der befreiten Rebellen am Tag nach dem Angriff per Telefon. »Alle von uns sind geflohen.« Nach afghanischen Militärangaben entkommen 892 der 1 059 Gefangenen. Unter den Befreiten sind 389 Taliban-Kämpfer. Die Aufständischen überrennen danach mehrere Orte im Distrikt Arghandab, rund 20 Kilometer nördlich von Kandahar-Stadt. Die afghanische Armee und die ISAF beginnen kurz darauf die Operation »Doar Bukhou« (Umkehr), um die Taliban aus Arghandab zu vertreiben. Dutzende Taliban werden getötet, die Aufständischen ziehen sich Angaben der Militärs zufolge wieder aus Arghandab zurück, doch hunderte Rebellen werden nach der Flucht aus dem Gefängnis nicht gefasst. Die ISAF sieht sich während der Operation dazu genötigt, gleich mehrfach zu versichern, dass Kandahar-Stadt weiter unter der Kontrolle der Regierung ist.

Er glaube zwar nicht, dass Kandahar in absehbarer Zeit an die Taliban fallen werde, sagt Toochi. Das halten auch internationale Militärs für ausgeschlossen. Aber, sagt der Journalist, »die Situation um die Stadt herum wird immer schlimmer«. Das gelte nicht nur für Kandahar. Auch künftig rechne er nicht damit, dass sich die Sicherheitslage im Süden verbessern werde. »Sie wird weiter schlecht bleiben. Die großen Städte werden unter der Kontrolle der Regierung, die ländlichen Gebiete unter der der Taliban sein.«

Ähnlich schätzen zivile westliche Sicherheitsexperten die Lage ein. Zwar glaubt niemand daran, dass sich die Situation kurzfristig dramatisch verändern könnte – weder zum Guten noch zum Schlechten. Dass sich die Spirale aber seit Jahren langsam abwärts dreht, ist im Büro einer internationalen Organisation in Kabul anschaulich dargestellt. Festgeklebt an einem Schrank und an der Wand hängen dort untereinander Landkarten aus den Jahren nach dem Sturz der Taliban, die chronologisch geordnet den Vormarsch der Rebellen zeigen. Die gefährlichen Gebiete haben Mitarbeiter der Organisation rot eingefärbt. In den obersten, den frühesten Landkarten sind es nur Farbflecken, je weiter man nach unten blickt und in den Jahren voranschreitet, desto mehr dehnt sich die Signalfarbe in die Fläche aus. Im Herbst 2007 ist – bis auf einige weiße Inseln – alles unterhalb einer geschlängelten Linie, die vom pakistanischen Grenzgebiet im Nordosten bis an die Landesgrenze zum Iran im Südwesten verläuft, leuchtend rot. Die Bedrohung ist auf manchen Seiten bereits kurz vor Kabul angekommen. Nur im Norden der Hauptstadt erstreckt sich noch ein breiter weißer Korridor. In Kabul selber hat sich die Sicherheitslage so sehr verschlechtert, dass 2008 alle deutschen Diplomaten auf das Botschaftsgelände ziehen müssen – wie in Bagdad. Mitten in der schwer gesicherten afghanischen Hauptstadt gelingt es den Taliban am 27. April 2008, eine Militärparade anzugreifen, an der Karsai teilnimmt. Aus einem Hotelzimmer nur rund 300 Meter von der Ehrentribüne entfernt eröffnen die Rebellen das Feuer, der Angriff wird live im Staatsfernsehen übertragen. Karsai wird in Sicherheit gebracht, es ist nicht das erste Mal, dass er einem Anschlag unverletzt entgeht. Ein Taliban-Sprecher sagt nach dem Angriff, die Aufständischen hätten der Welt zeigen wollen, dass sie überall zuschlagen können.

Die Taliban haben zwar längst nicht alle der auf den Afghanistan-Karten rot markierten Gebiete unter ihrer Kontrolle. Aber die Aufständischen sind in diesen Regionen zumindest stark genug, dass sie Angst und Unsicherheit verbreiten können. Mit ihren Anschlägen signalisieren sie der Bevölkerung, dass weder die Regierung noch die ausländischen Truppen in der Lage sind, sie zu schützen. Die Taliban würden inzwischen wieder rund zehn Prozent des Landes kontrollieren, sagt der Koordinator der US-Geheimdienste, Mike McConnell, im Februar 2008 vor dem Streitkräfteausschuss des US-Senats. Die afghanische Regierung übe über 30 Prozent des Landes Kontrolle aus, der Rest werde von örtlichen Stammesführern beherrscht – von denen wiederum manche den Taliban nahestehen. Im März 2008 schätzen die Vereinten Nationen 78 der 398 afghanischen Distrikte als »extrem riskant« ein. In diese Gegenden im Süden haben UN-Mitarbeiter aus Sicherheitsgründen keinen Zugang mehr.

Zunehmende Sorge bereitet westlichen Diplomaten und Sicherheitsexperten, wie im Süden die nächste Präsidentschaftswahl vorbereitet und abgehalten werden soll, die 2009 ansteht. Eine Wählerregistrierung dort wird bei der derzeitigen Lage kaum für möglich gehalten. Die Taliban dürften alles versuchen, die Abstimmung in ihren Einflussbereichen mit Gewalt zu verhindern, und Wahlhelfer, Wahlbeobachter und vor allem die Wähler selber mit dem Tode bedrohen. Mit einer Verschiebung der Abstimmung um einen überschaubaren Zeitraum wie bereits im Jahr 2004 – oder einer Zusammenlegung der Präsidentschafts- mit der 2010 anstehenden Parlamentswahl – würde etwas Zeit gewonnen, um die Lage im Süden zu stabilisieren.

Sollte die Wahl aber auf absehbare Zeit gar nicht stattfinden, dann »wäre das Konzept gescheitert«, sagt ein westlicher Diplomat bereits Ende 2006. Er betont, sollte die Gewalt auf dem gleichen Niveau bleiben, »dann können Sie die Wahl vergessen«. Seitdem hat die Gewalt zugenommen.

Je mehr die Aufständischen ihren Einfluss in den ländlichen Gebieten ausdehnen, desto schwerer fällt es der Regierung, aber auch den Hilfsorganisationen, außerhalb der Provinzhauptstädte zu agieren. Nic Lee von ANSO, jener Organisation, die Hilfswerke in Afghanistan in Sicherheitsfragen berät, sagt Ende 2007, man sei an einem »kritisch schlechten Punkt« angelangt. Dieser Punkt stelle aber wohl noch nicht das Ende der Abwärtsspirale dar. »Ich habe nicht das Gefühl, dass es irgendwelche Indikatoren gibt, die in die richtige Richtung deuten.« Ohne einen grundlegenden internationalen Strategiewechsel sei die optimistischste Annahme, dass es noch zwei, drei Jahre dauern werde, bevor die Aufständischen die ersten Provinzhauptstädte angreifen würden. Dass das Zeitfenster sich langsam schließt, befürchten auch andere ausländische Afghanistan-Experten. Ohne eine deutliche Zunahme des internationalen Engagements rechnen sie im Herbst 2007 mit einem Scheitern in Afghanistan bereits in den nächsten drei Jahren. Ein solches Scheitern aber, warnt ein Diplomat in Kabul, hätte nicht nur verheerende Folgen für Afghanistan, sondern »weltpolitische Konsequenzen«.

Unter der Hand räumen selbst NATO-Vertreter wachsende Zweifel an einem Erfolg am Hindukusch ein, auch wenn sich die internationalen Truppen nach außen hin bemühen, Optimismus zu verbreiten. »Sicher, im Süden und Osten gibt es ein paar ziemlich heftige Kämpfe, und es gibt einen Aufstand, und es gibt vermutlich Gegenden, die Menschen umgehen müssen, wenn sie reisen«, verkündet ISAF-Kommandeur Dan McNeill im Herbst 2007 in der ISAF-Zeitung *Stimme der Freiheit*. »Trotzdem sehe ich immer noch Menschen auf der Straße. Ich sehe Bewegung. Ich sehe, dass Handel getrieben wird. Also ist meine Sicht der Sicherheitslage, dass sie sich nicht verschlechtert.«

Der Afghanistan-Bericht von UN-Generalsekretär Ban Ki Moon vom März 2008 lässt diese Einschätzung des ISAF-Kommandeurs fragwürdig erscheinen. 2007 habe »der Grad von Aufständischen- und Rebellenaktivität verglichen mit dem Vorjahr scharf zugenommen«, berichtet Ban dem Weltsicherheitsrat. Durchschnittlich seien 566 »Vorfälle« pro Monat registriert worden – ein Drittel mehr als 2006. Die Zahl der Selbstmordanschläge sei um 30 Prozent auf 160 angestiegen. Auch die Zahl der Opfer lässt nicht auf eine Entspannung der Sicherheitslage schließen, im Gegenteil: Jedes Jahr verlieren mehr Menschen am Hindukusch ihr Leben. 2006 sterben dort nach Schätzungen rund 4 000 Menschen einen gewaltsamen Tod, etwa ein Viertel davon sollen Zivilisten sein. Im Jahr darauf – dem bis dahin blutigsten – verdoppelt sich die Gesamtzahl der Opfer. Nach Angaben der Vereinten Nationen werden 2007 mehr als 8 000 Menschen in Afghanistan getötet, darunter etwa 1 500 Zivilisten. In Bans Bericht heißt es, das Land bleibe grob zwischen dem generell stabileren Norden und Westen sowie dem »von einem zunehmend koordinierten Aufstand geprägten« Süden und Osten geteilt. Zwar sei die meiste Gewalt auf einen kleinen Teil Südafghanistans beschränkt. »Ein beunruhigender Trend ist jedoch das graduelle Auftauchen von Rebellenaktivität im äußersten Nordwesten des Landes gewesen, einer Gegend, die ruhig war.« Ein westlicher Diplomat sagt, die Taliban seien 2007 »sehr erfolgreich« gewesen. Die regierungsfeindlichen Kräfte seien auf dem Vormarsch, ihr Einfluss nehme zu. Als Konsequenz drohe, dass die Aufständischen künftig immer stärker auch in den Norden eindringen könnten. Sie seien bereits dabei, vom Nordwesten her dorthin einzusickern. Der afghanische Verteidigungsminister Abdul Rahim Wardak sagt im März 2008, die Taliban wollten ihren Aufstand in den Norden und Westen ausdehnen.

Eine veränderte Lage im Norden, wo die Bundeswehr stationiert ist, stellt der dortige ISAF-Regionalkommandeur Dieter Warnecke bereits im September 2007 fest. Zwar sei die Zahl der Anschläge verglichen mit dem Vorjahr zurückgegangen, sagt der deutsche Brigadegeneral im Feldlager der Bundeswehr in Masar-i-Scharif. »Aber die Qualität der Anschläge hat sich deutlich verändert.« Die Taliban würden im Norden inzwischen »bedauerlicherweise noch hinterhältiger und mit viel mehr Effekt für die Medien und die Öffentlichkeit« zuschlagen. »Wir haben viel, viel mehr spektakuläre Todesfälle jetzt.« Gegen Sprengfallen und Selbstmordanschläge könne man sich nur sehr schwer schützen. Sorge bereiten westlichen Experten Berichte über lokale Kommandeure im Norden, die Waffen anhäufen, weil sie nicht darauf vertrauen, dass die afghanische Regierung oder die ISAF sie im Falle einer Rückkehr der Taliban schützen würden. Landeskenner warnen Ende 2007 vor einer »unguten Dynamik« in der Region. Die Menschen seien in »Wartestellung«. Die Deutschen dort könnten zwar weiterhin auf Sympathie, aber nicht mehr auf aktive Unterstützung bauen – offene Unterstützung der Ausländer sei inzwischen selbst den Einheimischen im Norden angesichts der zunehmend unsicheren Lage im Land zu riskant. NATO-Botschafter Daan Everts sagt im November 2007, viele Afghanen zweifelten an der Zusage des Bündnisses, so lange wie nötig am Hindukusch zu bleiben. »Sie sind deshalb vorsichtig und warten ab.«

ANSO-Direktor Lee hält es für nicht unwahrscheinlich, dass der Norden künftig »wachsende Sorge« hervorrufen wird. »Wenn Kundus die Basis für die Eskalation ist, werden die Deutschen an der Front stehen«, sagt er. »Ob die Deutschen sich dann als Kämpfer sehen werden oder nicht, ist irrelevant« – denn für die Taliban seien die Bundeswehr-Soldaten ganz bestimmt feindliche Kombattanten. Lee sagt, schon 2007 hätten die Taliban in Kundus durch ihre Anschläge eine neue Front eröffnet. Ihnen sei es im selben Jahr zudem gelungen, die Regierung mit neuen Kampfschauplätzen in der nordwestafghanischen Provinz Badghis – wo die Bundeswehr im Herbst 2007 und im Frühjahr 2008 an Operationen gegen die Aufständischen teilnimmt – und in der westafghanischen Provinz Farah unter Druck zu setzen. Deswegen teile er auch nicht die Ansicht der ISAF, die von den Rebellen angekündigte Frühjahrsoffensive sei von den Sicherheitskräften »im Keime erstickt« worden. »Ich argumentiere, die Frühjahrsoffensive fand statt«, sagt Lee. Drei neue Fronten und eine mehr als Verdreifachung der Zahl der Angriffe und Anschläge zwischen Februar und Juli 2007 seien dafür Beweis genug. »Wenn das keine Offensive ist, dann weiß ich nicht, was eine sein soll«, sagt Lee. »Die Zahlen lügen nicht.«

Ende März 2008 kündigt Mullah-Omar-Stellvertreter Mullah Brader Akhund wieder eine Frühjahrsoffensive an. Er nennt sie »Ebrat«, Lektion. »Das Ziel dieser Operation«, so heißt es auf der Mitteilung des Kommandeurs auf der Homepage der Taliban, »ist es, den Invasoren eine Lektion zu erteilen.« So solle das Ende der »Besatzung« Afghanistans erzwungen werden. Der NATO-Sprecher in Kabul, Mark Laity, nennt die Ankündigung eine »Lektion in Lügen« und »dieselbe alte Geschichte, denselben alten Blödsinn«. Weil die Taliban nicht gegen die afghanischen Sicherheitskräfte und gegen die ISAF ankämen, wichen sie auf Anschläge aus, sagt Laity am 26. März. Wenige Stunden später werden bei einem Anschlag in Nordafghanistan drei deutsche Soldaten verletzt, zwei davon schwer. Die Taliban bekennen sich zu der Tat und verkünden im Internet, der Anschlag sei Teil ihrer Frühjahrsoffensive 2008.

Manche Statistiken scheinen auf den ersten Blick ein positiveres Bild zu vermitteln, als die Schreckensmeldungen vom Hindukusch erwarten ließen – allerdings trübt sich dieses Bild bei genauerer Betrachtung ein. In einer Anfang Dezember 2007 veröffentlichten repräsentativen Umfrage der ARD, der britischen BBC und des US-Senders ABC sagen zwar immer noch 54 Prozent der Afghanen, ihr Land sei auf dem richtigen Wege. Doch das sind 23 Prozentpunkte weniger als bei einer ähnlichen Umfrage zwei Jahre zuvor. Zwar stimmt, was die ISAF nach Veröffentlichung der bis dato umfangreichsten Umfrage seit dem Sturz der Taliban im Dezember 2007 stolz verkündet: dass 72 Prozent der Befragten die Anwesenheit der Koalitionstruppen und 67 Prozent die Präsenz der Schutztruppe begrüßen. ISAF-Sprecher Carlos Branco veranlasst das zu der Interpretation: »Diese Ergebnisse weisen deutlich darauf hin, dass die Taliban dabei versagt haben, die Zivilbevölkerung in irgendeiner signifikanten Weise zu beeinflussen, trotz ihrer größten Anstrengungen bei der Propaganda und der Manipulation der Medien.« Branco sagt aber nicht, dass beide Werte im Vergleich zu der Umfrage im Vorjahr um sechs Prozentpunkte bei der Koalition und sogar um elf Prozentpunkte bei der ISAF abgenommen haben. Der ISAF-Sprecher lässt auch unerwähnt, dass die Zustimmung zu Anschlägen gegen ausländische Truppen 2007 fast überall in Afghanistan zugenommen hat. Im Süden stößt Gewalt gegen US-Soldaten bei 26 Prozent der Befragten auf Zustimmung, 19 Prozentpunkte mehr als ein Jahr zuvor. Während im nordöstlichen Einsatzgebiet der Bundeswehr im Jahr 2006 nur einer von hundert Befragten Sympathie für Gewalt gegen die ISAF zeigte, sind es im Jahr darauf bereits 18 Prozent. Im Süden sagen 2007 noch 59 Prozent der Befragten, der Sturz der Taliban sei aus heutiger Sicht sehr oder überwiegend gut gewesen – im Jahr zuvor sind es 78 Prozent gewesen. Im Osten sinkt dieser Wert binnen Jahresfrist von 84 auf 64 Prozent. Landesweit glauben 44 Prozent der Afghanen im Jahr 2007, die Taliban seien in den zwölf Monaten vor der Umfrage stärker geworden. Nicht einmal jeder Vierte meint, die Aufständischen seien geschwächt worden.

Selbst wenn viele der Indikatoren nicht auf eine Verbesserung der Lage in Afghanistan schließen lassen, so deutet die Studie doch auch darauf hin, dass die viel beschworene »Irakisierung« des Landes (noch) nicht Wirklichkeit ist. Während im Jahr 2007 am Hindukusch jeder Zweite glaubt, seine Kinder würden es eines Tages besser haben, vertraut darauf in einer entsprechenden Umfrage im Irak nur noch ein Drittel der dort Befragten. Auch die kurzfristigen Aussichten bewerten die Afghanen wesentlich besser: Die Hälfte von ihnen meint 2007, ihre Gesamtsituation werde sich in einem Jahr verbessert haben. Der Optimismus ist verglichen mit 2005, als noch 67 Prozent der Afghanen daran glaubten, zwar gebremst – aber immer noch verbreiteter als im Irak, wo nur 29 Prozent eine bessere Zukunft binnen Jahresfrist erwarten.

Dass die Lage in Afghanistan im Jahr 2007 nicht so schlecht wie im Irak ist, kann allerdings kaum als Zeichen der Entwarnung gedeutet werden. Der junge Journalist Toochi kennt die Statistiken nicht, er sagt, er selber könne keine Zahlen dazu nennen, wie viele der Afghanen in seiner Heimatregion die Taliban gerne zurück an der Macht hätten. »Aber es ist leicht zu sagen, was alle wollen: Frieden und Sicherheit.« Die Internationale Gemeinschaft biete das den Afghanen besonders im Süden bislang nicht, meint Toochi Ende 2007. »Und es ist doch offensichtlich: Wenn die Menschen sehen, dass die eine Seite keine Sicherheit herstellen kann, dann wenden sie sich der anderen Seite zu.«

Der unterschätzte Gegner

»Ein wahres Problem aus der Hölle« – Selbstmordattentäter

Khalid Mahmoud

Khalid Mahmoud ist ein einfacher Arbeiter in der ostpakistanischen Provinz Punjab. Der 22-Jährige schuftet gelegentlich auf dem Bau, zuletzt hat er einen Job in einer Salzfabrik. Zwei Jahre ist er zur Schule gegangen, er könne leidlich lesen und schreiben, sagt er. Mahmoud ist unverheiratet, sein Vater ist bereits verstorben, die Mutter lebt noch. Eines Tages trifft er einen Bekannten namens Zaidul Rashidi, der ihm zwei Audiokassetten überreicht. Mahmoud hört sich die Kassetten an. Sie ändern sein Leben.

Auf den Kassetten spricht unter anderem Maulana Massood Azhar. Azhar stammt wie Mahmoud aus dem Punjab. Im Jahr 1994, Azhar ist damals Mitte zwanzig, wird er im indischen Teil Kaschmirs verhaftet, weil er Beziehungen zu militanten Gruppen haben soll. Er selber bestreitet das, bleibt aber trotzdem im Gefängnis in Indien.

Am Heiligabend 1999 wird Flug IC 814 der Indian Airlines entführt, die Maschine startet in der nepalesischen Hauptstadt Kathmandu und ist auf dem Weg nach Neu Delhi, als Extremisten sie in ihre Gewalt bringen. Nach einer Zwischenlandung im indischen Amritsar, wo der Jet betankt wird, zwingen die Entführer die Crew, in die Taliban-Hochburg Kandahar zu fliegen. Die Kidnapper erschießen eine Geisel, der junge Mann hat die Flitterwochen in Nepal verbracht, die entsetzte Ehefrau bleibt unversehrt. Nach tagelangen Verhandlungen lässt die Regierung in Neu Delhi im Gegenzug für das Leben der Passagiere und der Besatzung drei Extremisten aus indischer Haft frei.

Einer davon ist Azhar. Er kehrt zurück nach Pakistan. Anfang 2000, kurz nach seiner von Islamisten gefeierten Freilassung, gründet Azhar die radikalislamische Terrorgruppe Jaish-e-Mohammad, die in Kaschmir für die Abtrennung der Region von Indien kämpft. Jaish-e-Mohammad wird auch für den Angriff auf das indische Parlament im Dezember 2001 verantwortlich gemacht. In Pakistan wird Azhar nach dem Anschlag unter Hausarrest gestellt, aber nie angeklagt, ein Gericht in Punjabs Hauptstadt Lahore ordnet ein Jahr später seine Freilassung an. Azhar gehört 2008 immer noch zu den 20 meistgesuchten Terroristen, deren Auslieferungen Indien von Pakistan fordert.

Irgendwann besprechen Azhar und ein zweiter Prediger Kassetten mit Propaganda für den Dschihad am Hindukusch. Auf den Bändern, denen Mahmoud im Jahr 2007 auf einem Kassettenrekorder in seinem Dorf gebannt lauscht, soll einer der Islamisten sagen, das wahre Schlachtfeld der Muslime gegen die Ungläubigen sei in Afghanistan. Mahmoud beteuert, er habe davor nie daran gedacht, in den Heiligen Krieg ins entfernte Afghanistan zu ziehen. Nun aber brennt er darauf – nicht nach den Propagandavideos der Islamisten mit ihren martialischen Bildern, nicht nach langer Gehirnwäsche in den pakistanischen Madrasas. Zwei einfache Audiokassetten genügen im Jahr 2007, um in ihm den Hass auf den Westen zu entflammen. »Ich war motiviert, etwas zu unternehmen«, sagt er.

Danach, so erinnert sich Mahmoud, trifft er seinen Bekannten Rashidi wieder, der ihm die Bänder gegeben hat. Mahmoud sagt ihm, er wolle in den Kampf ziehen. Rashidi, der laut Mahmoud »mit Mudschaheddin- und Dschihad-Gruppen zusammenarbeitet«, vermittelt den Kontakt zu weiteren Predigern. Dann geht alles sehr schnell. Der junge Pakistaner verlässt sein Zuhause. Er kündigt den Job in der Salzfabrik, seiner Mutter und seinen Brüdern sagt er, er wolle in der südpakistanischen Provinz Sindh für einige Zeit den Koran studieren. Stattdessen wird er von den radikalislamischen Untergrundkämpfern in den pakistanischen Ort Chaman an der afghanischen Grenze gebracht. Auf der anderen Seite der Grenze liegt Spin Boldak – und das Ziel, das die Islamisten für ihn ausgesucht haben.

In Chaman kommt Mahmoud nach seinen Worten in dem Haus eines weiteren Predigers namens Maulawi Aminullah unter. Außer Mahmoud sind zehn bis zwölf andere junge Männer dort, vielleicht warten auch sie auf ihren Einsatz für den Dschihad. »Uns wurde verboten, miteinander zu reden«, sagt Mahmoud. Alles dort sei »sehr geheim« gewesen. Acht Tage lang bleibt der 22-Jährige da. »Wir haben gebetet und den Koran studiert«, sagt er. Abends sei den jungen Männern aus einem islamischen Buch vorgelesen worden, in dem die Vorzüge des Paradieses nach dem Tode beschrieben werden.

Nach dem Zwischenstopp im Haus des Predigers sei er in einen Wagen gesetzt und über die Grenze nach Spin Boldak in der Provinz Kandahar gefahren worden, sagt Mahmoud. »Wenn sie Dich anhalten, dann sag, Du bist für das Auto verantwortlich« – das sei seine Anweisung gewesen, erinnert sich Mahmoud. Zwei Tage und eine Nacht bleibt er in Spin Boldak, am zweiten Abend kommt ein Mann, der ihm eine Sprengstoffweste überreicht. Den ganzen Tag über hat Mahmoud den Koran rezitiert. In einer kurzen Einweisung zeigt der Fremde Mahmoud, wie er die Weste benutzt und zum Selbstmordattentäter wird.

Die Aufständischen in Afghanistan werden meist übergreifend als Taliban bezeichnet, doch es kämpfen auch andere radikalislamische Gruppen in Afghanistan. Allerdings werden die meisten Rebellen den Taliban zugerechnet, die besonders im Süden stark sind und dort von lokalen Anführern kommandiert werden. In ihren Reihen kämpft nach sehr unterschiedlichen Schätzungen ein harter Kern von 2000 bis 15000 Mann, ihr Führungsrat sitzt nach Überzeugung des Geheimdienstes NDS im südwestpakistanischen Quetta. Besonders vom pakistanischen Grenzgebiet aus operiert aber auch El Kaida. Im

Osten und Südosten Afghanistans verüben außerdem Rebellen des früheren Premierministers Gulbuddin Hekmatyar und das Hakkani-Netzwerk des Islamisten Siradsch Hakkani Anschläge. Die Koalitionstruppen teilen im März 2008 mit, Siradsch Hakkani sei »der gefährlichste Taliban-Anführer in Afghanistan geworden«. Die Rebellen finanzieren sich unter anderem durch den Drogenanbau in Afghanistan, bekommen aber auch Hilfe von außerhalb. »Die Unterstützung von Netzwerken, die im Ausland stationiert sind, bei Bereitstellung von Führung, Planung, Training, Finanzierung und Ausrüstung« bleibe entscheidend für den Aufstand, berichten die Vereinten Nationen im März 2008. Die verschiedenen Gruppen, die in diesem radikalislamischen Aufstand zumindest teilweise zusammenarbeiten, eint das Ziel, die pro-westliche afghanische Regierung zu stürzen und die ausländischen Truppen zu vertreiben.

Nach einem für die Taliban sehr verlustreichen Jahr 2006 setzen die Aufständischen statt auf offene Schlachten immer stärker auf ihre gefürchteten Sprengfallen. Die Zahl der Anschläge mit selbst gebauten Sprengsätzen, sogenannten Improvised Explosive Devices (IED), hat dramatisch zugenommen. 33 IED-Anschlagversuche in ganz Afghanistan registriert die ISAF im Jahr 2002, darunter ist nur ein Sprengsatz, der tatsächlich wie von den Attentätern geplant detoniert. Die anderen explodieren zu früh, werden von Sicherheitskräften entdeckt oder aus der afghanischen Bevölkerung gemeldet. Im Jahr 2007 verzeichnet die ISAF 2 615 versuchte Anschläge mit IED, 1256 Mal sind Sprengsätze wie von den Angreifern gewollt explodiert, ohne vorher gefunden worden zu sein.

Außer auf Sprengfallen bauen die Taliban auf ihre psychologisch schärfste Waffe: Selbstmordanschläge. Der im Mai 2007 von ausländischen Truppen getötete »Militärchef« der Taliban, Mullah Dadullah Akhund, prahlt vor seinem Tode damit, dass die Aufständischen »Wartelisten« für die Freiwilligen führen müssten, die sich im Namen des Dschihad in Afghanistan in die Luft sprengen wollten, so groß sei der Andrang. Die Wartelisten mögen Propaganda sein, tatsächlich aber ist die Entwicklung alarmierend.

Früher sind Selbstmordanschläge am Hindukusch gänzlich unbekannt gewesen, nicht einmal gegen die verhassten sowjetischen Invasoren haben sich Afghanen selber in die Luft gesprengt. Der erste Selbstmordattentäter, ein Araber, reißt zwei Tage vor den Anschlägen vom 11. September 2001 den Kommandeur der Nordallianz, Ahmed Schah Massud, mit in den Tod. Der von Karsais Regierung 2002 zum Volkshelden erklärte und von seinen Anhängern als »Löwe des Pandschir-Tals« verehrte Massud gilt als einer der wichtigsten Feinde der Taliban. Der Attentäter und sein auf der Flucht nach dem Anschlag erschossener Komplize geben sich als Journalisten aus, die Massud interviewen wollen. Vermutet wird, dass sie auf Befehl Osama bin Ladens handeln – der sich des Schutzes der Taliban im Anschluss an die bevorstehenden Anschläge von New York und Washington versichern will.

Im Jahr nach dem US-geführten Einmarsch und dem Sturz der Taliban kommt es in Afghanistan zu keinem einzigen Selbstmordanschlag. Der erste solche Anschlag der Post-Taliban-Ära geschieht 2003, in dem Jahr sprengen sich insgesamt zwei Attentäter in die Luft. Einer davon – er sitzt am Steuer eines mit Sprengstoff präparierten Taxis – tötet im Juni 2003 vier Soldaten der Bundeswehr. 29 der deutschen Soldaten in dem Bus – sie sind auf dem Weg zum Flughafen und in die Heimat – werden verletzt. Im Jahr 2004 kommt es zu drei Selbstmordanschlägen. Danach steigen die Zahlen dramatisch an. 2005 zählen die Vereinten Nationen bereits 17 Männer, die im Glauben an den Dschihad und das ihnen versprochene Paradies ihr Leben opfern. Im Folgejahr nehmen die Selbstmordanschläge um mehr als das Sechsfache auf 123 zu, 17 weitere werden verhindert. 2007 steigt die Zahl um weitere 30 Prozent auf 160, weitere 68 Attentäter können die Behörden stoppen. Auch 2008 reißen die Selbstmordanschläge nicht ab. Die Anschläge werden immer hinterhältiger, und sie reißen immer mehr Menschen in den Tod.

Mahmoud betet vor dem Beginn seiner Selbstmordmission. Um 23 Uhr trägt er die Weste. Er setzt sich auf ein Motorrad hinter einen Fahrer, den er nicht kennt und der ihn vor die Residenz von Abdul Rasik Chan bringt. Der General der Grenzpolizei in Spin Boldak heiratet an diesem Abend. Mahmoud ist ausgerüstet mit einer Pistole, um sich den Weg zur Hochzeit freizuschießen, auf der er sich dann in die Luft sprengen soll. Der Motorradfahrer lässt Mahmoud absteigen und fährt davon. Im Vormonat sind fünf von Rasiks Männern ums Leben gekommen, als sich ein Selbstmordattentäter in Polizeiuniform an einem Checkpoint der Grenztruppen in Spin Boldak in die Luft sprengt. Die Taliban bekennen sich zu der Tat.

Mahmoud sagt, ihm sei erzählt worden, Rasik sei ein Ungläubiger. »Er bereitet dem Dschihad Probleme.« Ein Bild des Opfers sei ihm nicht gezeigt worden, das sei auch nicht nötig gewesen. »Mir wurde gesagt: ›Er ist der Bräutigam‹«. Als Mahmoud vom Motorrad steigt, ist die Hochzeit in vollem Gange. »Die Musik spielte«, erinnert er sich. Mit seiner Sprengstoffweste sei er auf das Haus zugelaufen, den Auslöserknopf habe er in seiner Hand in der Tasche gehabt. Ihm sei erzählt worden, dass auf der Hochzeit ausschließlich Ungläubige und Regierungsvertreter seien. Kurz bevor er das Haus mit der Feier erreicht, stoppt ein Wagen hinter ihm, darin sitzen Personenschützer Rasiks. »Allahu Akbar« (»Gott ist größer«), rufen die Sicherheitsbeamten, bevor sie Mahmoud auffordern, seine Hände in die Luft zu halten. Der Attentäter ist verwirrt. »Ich merkte, dass sie auch Muslime sind«, sagt Mahmoud. Der Moment der Unsicherheit reicht Rasiks Personenschützern, ihn zu überwältigen und ihm die Weste abzunehmen.

Mahmoud wird seiner Darstellung zufolge nach dem Mordversuch zu Rasik gebracht, mehrere Tage lang wird er danach im Haus des Grenzbeamten festgehalten. Irgendwann sei der General gekommen, habe ihm die Hand gereicht und Straffreiheit angeboten, sollte Mahmoud den Drahtzieher in Spin Boldak benennen. Mahmoud willigt ein, er sagt, er sei angesichts der Freundlichkeit des Generals »beschämt« gewesen. »Er war nett zu mir.« Der Pakistaner packt aus, der Hintermann in Spin Boldak wird wenige Tage später festgenommen. Doch da ist Mahmoud bereits dem berüchtigten Geheimdienst NDS in der Provinzhauptstadt Kandahar übergeben worden.

Statt des erhofften Paradieses erwartet Mahmoud nun die Hölle auf Erden. Im November 2007 sitzt er im Gefängnis des Geheimdienstes NDS, des National Directorate for Security, inmitten von Kabul. Mahmoud wird von Beamten in ein Büro in dem Gefängniskomplex gebracht. In dem Raum mit den grünen Wänden liegt ein abgewetzter roter Teppich, Mahmoud, der deutsche Besucher, ein Übersetzer und die NDS-Begleiter nehmen auf einer Sofagruppe Platz. Der braune Bezug mit roten und blauen Blümchen ist durchgesessen. Ein verstaubter Couchtisch steht in der Mitte. Auf dem Schreibtisch in der Ecke sind neben blauen und gelben Pastikblumen zwei Telefone, eines davon ist schwarz und alt, es hat keine Tasten, sondern eine Wählscheibe. In zwei Panzerschränken mit dunklen Rostflecken werden

Akten aufbewahrt. Ein Geheimdienstmitarbeiter drückt seine Zigarettenkippe während des Gesprächs mit Mahmoud an einem Fensterrahmen aus.

Über seinem blauen Gewand trägt der Gefangene ein helles kariertes Tuch, das auch seinen Kopf bedeckt, als er in den Raum kommt. Einer der Geheimdienstmitarbeiter in dem Zimmer befiehlt ihm, sein Gesicht freizulegen. Mahmoud gehorcht, man sieht seine kurzen dunklen Haare und seinen schwarzen Bart. Er erzählt die Geschichte, wie er fast den General und sich selber in die Luft gesprengt hätte. Mahmoud sitzt mit verschränkten Armen und gebeugtem Rücken auf dem Sofa, meistens blickt er auf den Boden.

Ob er nicht daran gedacht habe, dass er bei der Hochzeit auch Frauen und Kinder töten würde, was der Koran schließlich verbiete? Mahmoud fährt sich nachdenklich mit seinen dünnen Fingern durch den schwarzen Bart, bevor er ausweichend antwortet. Wieder betont er, ihm sei gesagt worden, alle auf der Hochzeit seien ungläubige Regierungsvertreter. »Wenn ich reingekommen wäre und Frauen und Kinder gesehen hätte, hätte ich mich nicht in die Luft gesprengt«, beteuert er dann.

Er selber habe ursprünglich gehofft, durch die Tat zum Schahid, zum Märtyrer zu werden und damit Eingang ins Paradies zu finden. Dort, glaubt er, hätten dann »engelsgleiche Frauen« auf ihn gewartet. Was er sich nach dem Tod sonst noch erhofft habe, weiß er nicht zu beantworten. »Ich habe das Paradies nicht selber geschaffen. Wenn Du eines Tages dahin kommst, wirst Du es selber sehen«, sagt er dem Besucher. Es ist das einzige Mal, dass Mahmoud aufschaut und lächelt.

Nein, seine Mutter hätte wohl keinen Stolz empfunden, wenn er bei seiner tödlichen Mission Erfolg gehabt hätte, sagt Mahmoud. »Sie wäre traurig über die Nachricht gewesen.« Ob seine Mutter wisse, dass er nicht in Sindh den Koran studiere, sondern im Gefängnis sitze? Das Fernsehen habe kürzlich Bilder von ihm, dem gescheiterten Attentäter, ausgestrahlt, sagt einer der Geheimdienstmitarbeiter, vielleicht habe die Mutter sie ja gesehen. »Sie hat keinen Strom«, sagt Mahmoud.

Während Mahmoud spricht, filmt einer der Geheimdienstmitarbeiter. Eine Videokamera hält Aussagen des gescheiterten Selbstmordattentäters fest, der noch nicht verurteilt ist. Manche der Aufnahmen sollen später dem Staatsfernsehen übergeben werden. Der junge Mann mit der Kamera ist einer der Geheimdienstler, die abgestellt worden sind, um den Besucher bei dem Treffen zu begleiten. Der NDS genießt unter den meisten Afghanen keinen guten Ruf, was auch mit seiner brutalen Vorgängerorganisation unter den Kommunisten – damals abschätzig »afghanischer KGB« genannt – zusammenhängt.

Der NDS-Mitarbeiter sagt, noch nicht einmal seine Frau wisse, wo er wirklich arbeite. Sie denke, sein Job sei »in irgendeiner Pressestelle«. Seine Pistole lässt der Geheimdienstler, dessen Hände zittern, wenn er sich Zigaretten anzündet, abends im Büro. Er erzählt, nach Feierabend besuche er Englischkurse, auch dort wisse niemand, was er tagsüber mache. Seinen Dienstausweis trägt er verborgen unter dem Unterhemd. Als der Wagen in der Hauptstadt abbiegt und an der Schranke vor dem NDS-Gefängnis stoppt, das kein Schild ankündigt, muss der junge Mann die Plastikkarte mühsam hervorkramen, damit das Auto passieren kann. Irgendwann, sagt er, möchte er Journalist werden.

Etwas später sitzt der NDS-Mitarbeiter in dem Raum mit Khalid Mahmoud. Der gescheiterte Selbstmordattentäter sagt, heute fühle er sich betrogen. Die Menschen, die er in die Luft habe sprengen sollen, seien entgegen aller Beteuerungen gläubige Muslime gewesen. Er weiß nicht einmal, im Namen welcher Gruppe er sein Leben eigentlich hätte lassen sollen. Seine Auftraggeber müssten wohl Beziehungen zu den Taliban haben, glaubt Mahmoud. Als er darauf zu sprechen kommt, dass ihm Straffreiheit versprochen wurde, würde er den Hintermann in Spin Boldak verraten, brechen die NDS-Mitarbeiter im Raum in höhnisches Gelächter aus. »Natürlich wurde ihm erzählt, dass er freigelassen wird«, sagt einer der Geheimdienstler in dem Büro. »Wenn in Deutschland jemand festgenommen würde, der einen Sprengstoffanschlag ausüben wollte und der danach einen Komplizen verrät, würde der dann freigelassen?« Mahmoud blickt zu Boden und verzieht keine Miene.

Der Besucher fragt Mahmoud, ob er ihn fotografieren dürfe. Sicher, sagen die Geheimdienstmitarbeiter. Mahmoud schweigt. Ob der Gast nicht ein Foto mit sich und einem gescheiterten Selbstmordattentäter haben wolle, fragt ein Geheimdienstler lachend. Der Besucher lehnt ab und fragt, ob er stattdessen Mahmouds Zelle fotografieren könne. Die Zellen seien tabu, heißt es, das Lachen erstirbt. Die NDS-Mitarbeiter sagen, dass in der nächsten Stunde ein Routinebesuch der Inspektoren vom Internationalen Komitee des Roten Kreuzes anstehe. Bis dahin wäre es gut, wenn die Interviews vorbei wären und der Journalist gehen würde. Mahmoud lässt sich nach dem Gespräch widerstandslos in seine Zelle bringen. Vorher sagt er noch, nach seiner Freilassung wolle er auf keinen Fall mehr im Dschihad kämpfen, sondern nach Hause zurückkehren. Im November 2007, zweieinhalb Monate nach seiner Festnahme, wartet Mahmoud noch auf ein Gerichtsverfahren. Auf was für ein Strafmaß die Geheimdienstler tippen würden? 15 bis 16 Jahre Gefängnis, schätzt einer von ihnen. Vorher werde Mahmoud wohl kaum freikommen.

Ein anderer Attentäter – er trägt eine Polizeiuniform – besteigt am 17. Juni 2007 in Kabul einen Bus mit Polizeikadetten und sprengt sich in die Luft. 24 Menschen sterben, viele weitere werden verletzt. Die Taliban bekennen sich zu der Tat. Hamida ist eine der Überlebenden des Anschlags. Noch im Winter 2007 hat sie Splitter in ihrem Körper. Die 20-Jährige geht in die neunte Klasse, unter dem Schulverbot der Taliban für Mädchen hat sie jahrelang den Unterricht verpasst, den sie nun nachholt. »Ich bin um sieben Uhr zur Bushaltestelle gegangen«, sagt sie umringt von ihren weiblichen Verwandten in dem Innenhof ihres Hauses. Als sie wenige Minuten später an der Haltestelle angekommen sei, habe sie gesehen, wie ein vermeintlicher Polizist in Uniform den Bus mit den Kadetten bestiegen habe. »Kurz danach knallte es, und es brannte«, sagt sie. »Ich stürzte zu Boden, ich weiß nicht, wie lange ich da lag, überall um mich herum war Feuer.« Die Familie hat die Explosion gehört, denkt aber, der Knall komme aus einer anderen Richtung. Hamida schleppt sich nach Hause, sie ist voller Blut. Als ihre Schwägerin Arifa Hamida durch das Fenster sieht, so sagt sie, »ist mir die Farbe aus dem Gesicht gewichen«.

An Hamidas linkem Mittelfinger glänzt ein goldener Ring in der Wintersonne, auch ihr Gewand ist goldfarben, ein Tuch verdeckt ihre dunklen Haare. Erst will die Mutter ihr verbieten, ohne Burka mit dem Besucher zu reden, nach dem Einspruch der anderen Frauen im Innenhof erlaubt sie es doch. »Erst merkst Du den Schmerz nicht«, sagt Hamida, sie fährt sich mit der Hand durchs Gesicht. Ihre Angehörigen bringen sie nach dem Anschlag ins Krankenhaus. Dort bleibt sie acht Tage. Viele ihrer Wunden werden zugenäht, ohne dass die Glassplitter, die die junge Frau im Kopf, in der Hand, im Bein und im Bauch hat, entfernt werden. »Sie mussten die Nähte danach wieder aufmachen, um das Glas rauszuholen.« Erst am Tag vor dem Interview im November 2007 sei ihr ein Splitter aus dem Bein entfernt worden, einige Tage zuvor einer aus dem Kopf. »Natürlich bin ich wütend«, sagt Hamida. »Sie haben Muslime umgebracht, unschuldige Menschen.« Ihre Schwägerin Arifa sagt, Hamida wolle immer noch nicht zurück zur Schule gehen. »Sie will keinen Bus mehr besteigen.«

Im November 2007 kommt es in der bislang relativ friedlichen Provinz Baghlan im Norden zu dem bis dahin schlimmsten Selbstmordanschlag in Afghanistan: Mindestens 64 Menschen werden getötet, darunter der Sprecher der Opposition, Sayed Mustafa Kazemi, als sich ein Attentäter bei der Einweihung einer mit deutscher Finanzhilfe wiederaufgebauten Zuckerfabrik in die Luft sprengt. Sechs der Opfer sind Kinder, die zu dem feierlichen Ereignis von ihrer Schule abgestellt worden sind und die Ehrengäste begrüßen sollen, als die lebende Bombe detoniert. Außer Kazemi sterben fünf weitere Parlamentarier, auch sie sind Mitglieder des Wirtschaftsausschusses. Deutsche Entwicklungshelfer sind in der Nähe und werden Zeugen der Bluttat, kommen aber mit dem Schock davon. Ein Vierteljahr später wird die Opferzahl von Baghlan bereits überboten. Am 17. Februar 2008 reißt ein Attentäter im Distrikt Arghandab in Kandahar nach UN-Angaben mindestens 67 Zivilisten und 13 afghanische Soldaten mit in den Tod, 90 weitere Menschen werden verletzt. Bereits am Tag danach sterben bei einem Selbstmordanschlag auf einen kanadischen ISAF-Konvoi im Distrikt Spin Boldak in Kandahar 35 afghanische Zivilisten. 28 Menschen, darunter drei kanadische Soldaten, werden verletzt.

»Selbstmordmissionen sind zu einem integralen Teil der Strategie der Taliban geworden«, stellen die Vereinten Nationen im Herbst 2007 fest. Ein westlicher Sicherheitsexperte in Kabul sagt bereits im Jahr zuvor: »Es scheint, dass besonders aus dem Irak viel gelernt wurde.« Die Anschläge haben eine verheerende psychologische Wirkung. Sie verunsichern nicht nur die Soldaten, sondern vor allem die lokale Bevölkerung. Sie vermitteln den Afghanen das Gefühl, dass weder die ausländischen Truppen noch die Regierung Karsai für ihre Sicherheit sorgen können und dass sie den menschlichen Bomben schutzlos ausgeliefert sind.

»Die Selbstmordanschläge senden eine Botschaft aus: Sie (die Taliban) können jemanden dazu bringen, sein Leben zu opfern«, sagt ein hochrangiger NDS-Offizier. Er sieht – ganz auf der Linie der Karsai-Regierung – die Quelle der Anschläge in Pakistan. 80 Prozent der Attentäter seien Pakistaner, sagt er, 20 Prozent seien Afghanen, die in Pakistan angeworben oder ausgebildet worden seien. Die Vereinten Nationen nennen in einer im September 2007 veröffentlichten Studie zwar keine Zahlen. Die UN stellen aber auch fest, dass Pakistan eine wichtige Quelle für Menschen und Material nicht nur für den Aufstand in Afghanistan selber, sondern besonders für Selbstmordanschläge bleibe. Der NDS-Offizier sagt, in pakistanischen Madrasas vor allem in den Stammesgebieten würden Jugendliche einer Gehirnwäsche unterzogen, um später als Selbstmordattentäter nach Afghanistan zu kommen. Die Internationale Gemeinschaft müsse die pakistanische Regierung dazu bringen, die Koranschulen zu kontrollieren. »Bis man die Quelle nicht zerstört hat, wird es nicht aufhören«, sagt der Offizier. Die Prediger würden die künftigen Attentäter mit Lügen aufhetzen. So würden sie etwa erzählen, ausländische Soldaten vergewaltigten muslimische Frauen in Afghanistan.

Ähnlich beschreibt es auch ein verhinderter Selbstmordattentäter, den der NDS im Gefängnis in Kabul im Anschluss an Khalid Mahmoud vorführt. Der 35-jährige Afghane Maulawi Habibullah betreibt nahe der nordwestpakistanischen Stadt Peshawar eine Apotheke mit Kräutermedizin und versucht sich als alternativer Heiler. Habibullah, er hat stechende dunkle Augen, hat zwar eine Madrasa in Pakistan besucht, aber das ist sechs Jahre her. Seit zehn Jahren schon lebt und arbeitet er in Pakistan, sagt er, seine Frau ist in seiner südostafghanischen Heimatprovinz Paktika, Kinder hat das Ehepaar nicht. Habibullah spricht von Familienproblemen, die er gehabt habe, ohne das näher ausführen zu wollen. Möglicherweise spielt er auf seine Kinderlosigkeit an.

Im Frühjahr 2007 beginnen Prediger in seinen Ort bei Peshawar einzusickern, zwei Männer sind besonders hartnäckig, immer wieder kommen sie in Habibullahs kleinen Laden und werben für den Dschihad. In Afghanistan, seiner Heimat, würden Amerikaner und Briten inzwischen Bordelle betreiben, junge Afghanen stünden am

Straßenrand und tränken Alkohol, erzählen sie ihm. »Ich bekam das Gefühl, es ist an der Zeit, in den Dschihad zu ziehen«, sagt Habibullah. Eines Tages ruft ein alter Bekannter namens Amin Jan aus Peshawar an und bittet um seine medizinischen Dienste. Als Habibullah ankommt, stellt sich heraus, dass Amin Jan die Dschihad-Hetzer in seine Apotheke geschickt hat, um ihn reif für den Kampf zu machen. Er habe Amin Jan gesagt, »mein Glaube ist stark«, aber er habe nur 20 Rupien – damals etwa 25 Euro-Cent – in der Tasche. Er wolle die Heilkräuter in seiner Apotheke verkaufen und dann in den Krieg ziehen. »Sorge Dich nicht um Geld«, habe Amin Jan gesagt. »Alles ist arrangiert.« Habibullah übernachtet bei dem Bekannten und ist am nächsten Morgen bereits auf dem Weg nach Afghanistan. Was mit der Apotheke geschehen sei? »Wenn ein Mensch bereit dazu ist, sich selber zu töten, dann denkt er nicht an seinen Laden oder seinen Besitz.« In Afghanistan wird der Wagen mit Habibullah an einem amerikanischen Checkpoint gestoppt. Der Afghane aus Pakistan hat zwar noch keine Sprengstoffweste an, die ihn verraten könnte, aber er hat keine Papiere dabei. Er wird festgenommen und verhört, und er gesteht alles.

Wie Khalid Mahmoud sagt auch Habibullah, er sei betrogen worden. An dem Checkpoint habe er gesehen, dass die Amerikaner afghanische Frauen mit Respekt behandelten. Bei seiner Festnahme mitten im Ramadan im Herbst 2007 sei ihm aufgefallen, dass die afghanischen Beamten wie alle guten Muslime fasteten. »Was sie (die Auftraggeber) uns erzählten, war alles falsch«, sagt Habibullah. Er sehe sich heute als Krimineller, der seine Strafe verbüßen müsse. Anders als Mahmoud blickt Habibullah seine Gesprächspartner an, er scherzt mit den Geheimdienstbeamten, den Wächtern seines Kerkers. Habibullah lächelt viel, während die rote Gebetskette stetig durch seine Finger gleitet. Als der NDS-Beamte mit der Kamera von ihm ein Statement für das Staatsfernsehen will, erklärt er sich ohne Umschweife dazu bereit. Habibullah gibt sich reumütig. Zum Abschied fragt der Übersetzer, wie Habibullah seinen Selbstmordanschlag für vereinbar mit dem Koran gehalten haben könne. »Wenn Muslime verzweifelt sind und von Ungläubigen unterdrückt werden, dann sind Selbstmordanschläge gerechtfertigt«, entfährt es Habibullah. Dann setzt er wieder sein Lächeln auf.

Was für den Dschihad gegen die Sowjets die Stinger gewesen seien, seien im Kampf gegen den Westen inzwischen die Selbstmordattentäter, sagt ein europäischer Experte im Winter 2007 in Kabul. Die von dem Amerikanern an die Mudschaheddin gelieferten infrarotgesteuerten Boden-Luft-Raketen haben damals die Lufthoheit der Roten Armee am Hindukusch ins Wanken gebracht, die bei ihren Operationen viel auf ihre gefürchteten Kampfhubschrauber gesetzt hat. Der UN-Sonderbeauftragte für Afghanistan, der Deutsche Tom Koenigs, nennt die Selbstmordanschläge im Vorwort zu einer im September 2007 veröffentlichten Studie »ein wahres Problem aus der Hölle«. Die Vereinten Nationen haben zuvor mit nahezu zwei Dutzend gescheiterten und inhaftierten Selbstmordattentätern gesprochen. Der Eindruck sei gewesen, dass es sich – wie bei Mahmoud und Habibullah – um reine Fußsoldaten gehandelt habe, heißt es in der Untersuchung. »Während Selbstmordattentäter anderswo in der Welt dazu neigen, nicht arm und ungebildet zu sein, scheinen die Angreifer in Afghanistan jung, ungebildet und oft aus den Madrasas auf der pakistanischen Seite der Grenze rekrutiert worden zu sein«, schreiben die UN. Die Motivationen seien vielfältig: etwa ein Gefühl der Besatzung, Wut über zivile Opfer und Angriffe auf das, was sie als ihre Ehre und Würde ansähen, bei Operationen ausländischer Militärs. Dringend notwendig sei daher, dem Eindruck entgegenzuwirken, die Ausländer seien Besatzer, fordern die UN. Zu ihren Vorschlägen gehört unter anderem, dass die internationalen Streitkräfte die Anzahl der zivilen Opfer reduzieren und daran arbeiten müssten, Würde und Ehre der Afghanen aufrechtzuerhalten – »um zu verhindern, dass eine wütende Bevölkerung sich freiwillig für den Dschihad meldet«.

Immer wieder kommt es vor, dass Soldaten der internationalen Truppen nach Selbstmordanschlägen panisch um sich schießen und Zivilisten treffen. Im Dezember 2006 wird eine ISAF-Patrouille in Kandahar-Stadt, wo vor allem Kanadier stationiert sind, zum Ziel eines Selbstmordattentäters. Zwei afghanische Zivilisten werden bei der Explosion getötet, drei ISAF-Soldaten verletzt. Danach, so sagt der Parlamentarier Chalid Paschtun, »haben die NATO-Kräfte damit begonnen, wahllos auf die Einheimischen zu feuern«. Mehrere Unbeteiligte seien erschossen worden. Nach solchen Vorfällen werden nicht die Taliban kritisiert, sondern die Soldaten – selbst von Abgeordneten wie Paschtun. Die NATO-Truppen »behandeln jeden als Terroristen«, sagt er.

Die Aufständischen erzielen mit Selbstmordanschlägen nicht nur den von ihnen gewünschten psychologischen Effekt ohne große eigene Verluste, diese Form des Anschlags ist aus ihrer Sicht auch billig und praktisch. Die Produktion einer Sprengstoffweste kostet nicht viel, wird der Anschlag mit einem Auto verübt, ist das Fahrzeug noch abzuschreiben, vielleicht bekommen die Hinterbliebenen außerdem eine Entschädigung. Anders als für andere Attentäter muss kein Fluchtplan erdacht werden, der Angreifer kann – wenn er Erfolg hat und stirbt – keine Komplizen mehr im Verhör verraten. Die lebenden Bomben sind in der Bevölkerung kaum zu erkennen und schwer zu stoppen, sind sie einmal in Marsch gesetzt. Gegen Selbstmordattentäter gebe es keinen hundertprozentigen Schutz, sagt auch Bundesverteidigungsminister Franz Josef Jung (CDU) nach dem Anschlag auf die Bundeswehr in Kundus im Mai 2007. Die UN schreiben in ihrer Studie, der Anschlag in Kundus habe die Menschen dazu gezwungen, Märkte zu meiden, und die Bewegungsfreiheit eingeschränkt. »Angst vor Selbstmordanschlägen bedeutet, dass Eltern ihre Kinder zu Hause lassen und Erwachsene Einkommensmöglichkeiten und den Zugang zu wichtigen öffentlichen Diensten verlieren.« Die Vereinten Nationen kritisieren besonders, dass die Taliban auch Kinder auf die tödlichen Missionen schicken.

Mansur Dadullah, der seinem Bruder Mullah Dadullah nach dessen Tod für einige Monate als »Militärchef« der Taliban nachfolgt, sagt dem britischen Channel 4 in einem im Juli 2007 an einem unbekannten Ort aufgezeichneten Interview: »Ja, wir wollen Kindern eine militärische Ausbildung geben.« Sie müssten auf den Kampf gegen »Invasoren und Ungläubige« vorbereitet werden. »Wir wollen Kinder dazu nutzen, Ungläubige und Spione zu enthaupten, damit sie tapfer werden.« Channel 4 zeigt in dem Beitrag einen Jungen, der nach Angaben des Senders sechs Jahre alt ist und zum Selbstmordattentäter ausgebildet werden soll. Die ISAF teilt im Juni 2007 mit, die Taliban hätten in der südostafghanischen Provinz Ghasni versucht, einen ebenfalls Sechsjährigen namens Dschuma als menschliche Bombe einzusetzen. »Sie brachten Sprengstoff an dem sechs Jahre alten Jungen an und sagten ihm, er solle auf die afghanische Polizei oder Armee zugehen und den Knopf drücken«, zitiert die ISAF am

24. Juni Hauptmann Michael P. Comier. »Glücklicherweise hat der Junge nicht verstanden und fragte patrouillierende Soldaten, warum er diese Weste anhabe.« Die ISAF verschickt danach ein Foto, wie das lächelnde Kind Süßigkeiten der Soldaten isst. Öffentlichkeitswirksam vergibt Karsai im Juli 2007 im Präsidentenpalast in Kabul einem 14 Jahre alten Jungen namens Rafikullah. Rafikullah ist nach Angaben der afghanischen Regierung in einer pakistanischen Madrasa auf eine Selbstmordmission gegen den Gouverneur der ostafghanischen Provinz Chost, Arsala Dschamal, vorbereitet worden. Der Jugendliche sagt, er habe den Auftrag nicht ausführen wollen, sei aber mit dem Tode bedroht worden. Im Juni 2007 wird er auf einem Motorrad in Chost festgenommen, als er die Sprengstoffweste bereits trägt.

Anders als der 14-Jährige wird der Attentäter, der sich am 31. August 2007 am militärischen Teil des Flughafens in Kabul in die Luft sprengt, nicht rechtzeitig gestoppt. Zum Ziel wird diesmal die Bundeswehr. Eine Überwachungskamera zeigt später, wie der Angriff verlaufen ist. Zwei leicht gepanzerte deutsche Jeeps vom Typ »Wolf« fahren kurz nach 7.30 Uhr morgens an der Schranke und den belgischen Wachsoldaten vorbei aus dem schwer gesicherten Bereich heraus. Ihnen kommt ein ziviles Fahrzeug entgegen, das Sekunden später den ersten deutschen Wagen an der Seite rammt. Experten vermuten, dass der Kontaktzünder in der Stoßstange des Attentäters nicht funktioniert hat. Die Deutschen wissen, was sie im Falle eines Unfalls zu tun haben. Bereits im November 2005 hat ein Attentäter einen Unfall mit einem Bundeswehr-Fahrzeug provoziert. Es ist eine tödliche Falle. Als die Soldaten aus dem sicheren Auto aussteigen, sprengt sich der Attentäter in die Luft. Ein Oberstleutnant, bis dahin das ranghöchste Opfer der Bundeswehr am Hindukusch, stirbt. Danach gilt für die ganze ISAF: Bei Unfällen wird auf jeden Fall weitergefahren.

Dass die Fahrer der beiden deutschen Autos, die gerade den Flughafen verlassen haben, den Befehl instinktiv beachten, rettet Oberfeldwebel Lars Seemann und den anderen Insassen in den Fahrzeugen vermutlich das Leben. Nachdem der Attentäter den ersten deutschen »Wolf« gerammt hat, sieht man auf der Kamera, wie afghanische Soldaten wegrennen – sie scheinen zu ahnen, was der vermeintliche Unfall bedeuten könnte. Zugleich rennen belgische Wachsoldaten des Flughafens durch eine Lücke in der Mauer hinaus, um nachzuschauen, was passiert ist. Der erste »Wolf« ist da bereits etwa 30 Meter weitergefahren, der zweite kurvt um den havarierten Wagen des Afghanen herum und gibt ebenfalls Gas. Er kommt einige Meter weit, dann betätigt der Attentäter nach dem Versagen des Kontaktzünders wohl einen zweiten Mechanismus. Der Wagen explodiert. Auf dem Video sieht man, wie die Druckwelle die Belgier durch die Lücke in der Mauer zurück ins Flughafengelände schleudert. Manche der ISAF-Soldaten werden verletzt. Die afghanischen Soldaten rennen nicht schnell genug, mindestens zwei von ihnen sterben. In den deutschen Autos, deren Fahrer geistesgegenwärtig reagiert haben, erleidet ein Soldat leichte Verbrennungen am Arm. Beide Fahrzeuge der Feldjäger werden stark beschädigt. Noch Tage später sieht man an der Stelle, wie die Detonation selbst den Stacheldraht, der der Druckwelle kaum Widerstand bietet, am Eingang des Flughafens verbogen hat. Verformte Stahlteile liegen am Checkpoint der Belgier an der Lücke in der Mauer herum.

»Ich habe erst an einen fingierten Unfall geglaubt«, sagt Seemann. »Ich habe überhaupt keine Vermutung gehabt, dass es sich um einen Selbstmordanschlag handeln könnte.« Die Detonation ist selbst in einem zivilen Flugzeug, das zu dem Zeitpunkt in Kabul auf den Start nach Neu Delhi wartet, noch zu spüren. »Der Flieger schüttelte sich einmal durch«, sagt ein deutscher Passagier. Oberfeldwebel Seemann erinnert sich: »Die Druckwelle hat die Menschen außerhalb der Autos von ihren Füßen gerissen.« Auf einmal ist eine Staubwolke um die Deutschen herum. »Na klar habe ich irgendwie ein bisschen Furcht gehabt«, sagt Seemann, seine Sorgen hätten aber seinen Kameraden gegolten. »Ich dachte an die Jungs, nichts anderes.« Zweifel an der Sinnhaftigkeit seines Einsatzes hat Seemann danach nicht. »Nur weil ein Idiot meint, sich in die Luft sprengen zu müssen, will ich nicht aus Afghanistan weg.«

»Der Basar ist eröffnet« – Geiselnahmen

Ghulam Haidar Nakschbandi

Adschmal Nakschbandi ist erst 25 Jahre alt, doch er hat schon einige Erfahrungen als Journalist gesammelt. Der junge Mann gehört zu jenen Afghanen, ohne die die meisten ausländischen Reporter am Hindukusch, die in aller Regel weder Dari noch Pashtu sprechen, weitgehend hilflos wären. Adschmal Nakschbandi und seine afghanischen Kollegen erfahren keinen oder wenig Ruhm, dabei leisten sie unentbehrliche Arbeit für die Artikel, Fernsehbeiträge oder Radiostücke, die im Westen gedruckt oder gesendet werden. Sie übersetzen für die Ausländer, sie organisieren Autos, Fahrer und vor allem Termine. In ihren Handys und Notizbüchern sind wichtige Telefonnummern gespeichert, sie treiben kundige Gesprächspartner auf und sind gut vernetzt. Die afghanischen Reporter wissen meist, wo sich die Sicherheitslage wie verändert hat, wo man als ausländischer Journalist noch arbeiten und hinfahren kann – und wo man es besser bleiben lassen sollte. Manche von ihnen, darunter Adschmal, haben durch ihre Arbeit auch gute Kontakte zu den Taliban.

Im März reist Adschmal Nakschbandi zusammen mit dem Italiener Daniele Mastrogiacomo von der Zeitung *La Repubblica* erst nach Kandahar und dann in die Taliban-Hochburg Helmand. Adschmal hat schon oft mit dem 52-jährigen Italiener zusammengearbeitet, auch in Helmand ist er schon häufig gewesen, wie auch in anderen Krisenprovinzen im Süden und Osten des Landes. Für Mastrogiacomo hat Adschmal ein Interview mit einem Taliban-Kommandeur arrangiert. Auf dem Weg zu dem Treffen kommen sie einen Kilometer weit aus der Provinzhauptstadt Lashkar Gar heraus. Dann werden die beiden Journalisten gemeinsam mit ihrem Fahrer Sayed Agha am 5. März 2007 gestoppt – und von den Taliban entführt. Taliban-Sprecher Kari Jussif Ahmadi sagt später, der Italiener sei ein Spion der ausländischen Truppen, der sich als Journalist ausgebe. Der Führungsrat der Taliban werde über das Schicksal der Geiseln entscheiden. Bald stellt sich heraus, dass die beiden Reporter und ihr Fahrer ausgerechnet den Männern von Mullah Dadullah Akhund in die Hände gefallen sind, dem »Militärchef« der Rebellen.

Der etwa 40-jährige Mullah Dadullah gilt als brutal und gnadenlos. Schon in den achtziger Jahren sammelt er Kampferfahrung gegen die Sowjets. Später verliert er ein Bein, er trägt fortan eine Holzprothese, doch die Verletzung bricht seinen Kampfeswillen nicht. Seinen Ruf schafft er sich in der zweiten Hälfte der neunziger Jahre, damals zieht er mit Taliban-Truppen gegen die Nordallianz ins Feld. Kämpfer der Nordallianz, so berichten westliche Journalisten von den Gefechten damals, seien desertiert, wenn sie gehört hätten, dass Mullah Dadullah an der Spitze ihrer Gegner steht. 1998 lässt der Kommandeur ein Massaker an Hasara verüben, die der schiitischen Minderheit in Afghanistan angehören. Dabei geht er so grausam vor, dass es offenbar selbst Taliban-Chef Mullah Omar zu viel wird. Er enthebt Mullah Dadullah des Kommandos – zumindest vorübergehend. Schon ein Jahr später steht Mullah Dadullah für die Taliban wieder auf dem Schlachtfeld.

Nach der US-geführten Invasion wird Mullah Dadullah im nordafghanischen Kundus von Kämpfern der Nordallianz eingekesselt. Angeblich, so geht die Heldenlegende, lehnt er es ab, sich zu ergeben, und schlägt sich durch die feindlichen Reihen bis nach Pakistan durch. Eine weniger heroische Variante der Flucht besagt, Mullah Dadullah habe seine Truppen im Stich gelassen und sich mit Schmiergeld bei einem Anführer der Nordallianz freies Geleit erkauft. In den Jahren nach dem Sturz des Taliban-Regimes wird Mullah Dadullah eine zentrale Gestalt der wieder erstarkten Aufständischen. Mullah Omar ernennt ihn im Jahr 2003 zum Mitglied des zehnköpfigen Führungsrates der Rebellen. Nach pakistanischen Medienberichten beginnt Mullah Dadullah in seiner südwestpakistanischen Heimatprovinz Belutschistan im selben Jahr eine Rekrutierungskampagne für den Dschihad in Afghanistan. Im Jahr 2005 soll Mullah Dadullah nach Südafghanistan zurückgekehrt sein, um den Kampf dort zu leiten. In einem Interview prahlt er: »Wir werden den Juden und Christen eine schändliche Niederlage bereiten.«

Adschmal Nakschbandis Eltern ahnen nicht, dass ihr Sohn in der Gewalt des »blutrünstigen Top-Kommandeurs der Taliban« ist – so beschreibt das US-Magazin *Newsweek* im Juli 2006 Mullah Dadullah. Um seine Familie in Sicherheit zu wiegen, hat der frisch verheiratete Adschmal erzählt, er führe mit Mastrogiacomo ins westafghanische Herat. Dort ist die Sicherheitslage entspannter als im Süden. Als Gerüchte über die Entführung Mastrogiacomos die Runde machen, klingelt das Telefon im Haus der Nakschbandis in Kabul. Ein Freund ist am Apparat, er sagt, Adschmal sei mit Mastrogiacomo nicht nach Herat, sondern nach Helmand gefahren. »Ich habe ihm so oft gesagt, er soll nicht in diese Gegend gehen«, sagt Adschmals Vater Ghulam Haidar Nakschbandi. Trotzdem sei er nicht wirklich beunruhigt gewesen. »Da Daniele (Mastrogiacomo) bei ihm war, war ich sicher, er würde freigelassen werden und zurückkommen.« Adschmals jüngerer Bruder Munir sagt, Adschmal sei schon häufig in Helmand gewesen und habe dort auch Taliban-Kommandeure gekannt. »Als ich einen der Taliban-Sprecher anrief, sagte der, wir kennen Adschmal, er ist ein Muslim, wir haben kein Problem mit ihm.«

Die Taliban fordern für die Freilassung Mastrogiacomos die Entlassung von fünf hochrangigen Aufständischen aus afghanischer Haft, darunter ist auch Mullah Dadullahs jüngerer Bruder Mansur Dadullah. Ein Video der Aufständischen, das am 16. März aufgenommen worden sein soll, verleiht der Forderung Nachdruck. Das Band zeigt, wie die drei Geiseln irgendwo in der Wüste Südafghanistans auf dem Boden sitzen. Ihre Augen sind mit roten Tüchern verbunden. Im Hintergrund sind mehrere Pickups zu sehen, das bevorzugte Transportmittel der Taliban. Adschmal und Mastrogiacomo sitzen von der Kamera aus gesehen links, etwas entfernt auf der rechten Seite sitzt der Fahrer Sayed Agha. Die Geiseln sind von vermummten Männern mit Turbanen und Kalaschnikows umringt. Agha wird von zwei Männern auf die Seite gekippt, einer der Entführer schwingt einen Gegenstand, der wie eine Machete aussieht, dann setzt das im italienischen Fernsehen ausgestrahlte Band für die Dauer der Hinrichtung aus.

Mastrogiacomo erzählt später, er habe durch seine Augenbinde blicken können. »Ich richte mich auf und sehe, wie vier Jungen den Fahrer packen und sein Gesicht in den Sand bohren. Sie schneiden ihm die Kehle durch, und dann machen sie noch weiter. Sie schneiden ihm den Kopf ab. Er schafft es noch nicht einmal mehr zu röcheln. Sie wischen das Messer an seiner Tunika ab, binden den abgeschnittenen Kopf auf seinem Körper fest und werfen ihn in den Fluss. Sie lassen ihn wegtreiben.« Adschmal habe geweint. Am Ende des Taliban-Videos richtet Mastrogiacomo sichtlich aufgewühlt einen dramatischen Appell an die italienische Regierung, das Geiseldrama »bitte, bitte« schnell zu beenden.

Die Geiselnahme kommt für den italienischen Ministerpräsidenten Romano Prodi zu einem denkbar ungünstigen Zeitpunkt. Der Einsatz der zu dem Zeitpunkt knapp 2000 italienischen ISAF-Soldaten ist selbst innerhalb der Regierung in Rom hochgradig umstritten. Es ist unklar, ob der Senat einer Verlängerung des Engagements zustimmen wird. Prodi steht unter immensem Druck, ihm droht wegen der Entführung eine weitere Regierungskrise über Afghanistan. Der italienische Ministerpräsident gibt den Druck an Karsai weiter. Aus diplomatischen Kreisen heißt es, 26 Mal habe Prodi in den Tagen nach der Entführung beim afghanischen Präsidenten angerufen, um ihn zu drängen, den Forderungen der Taliban nachzugeben. Am 19. März, zwei Wochen nach der Entführung, ist Karsai in Berlin. »Wir sollten uns Erpressungen und Terror nicht beugen«, sagt er bei einer gemeinsamen Pressekonferenz mit Bundeskanzlerin Angela Merkel (CDU). Dabei hat Karsai zu dem Zeitpunkt schon nachgegeben, dem Druck des wichtigen Truppenstellers Italien hat er nicht standgehalten. Noch am selben Tag, einem Montag, wird nicht nur Mastrogiacomo freigelassen, sondern es kommen im Tausch gegen den Italiener auch fünf Taliban-Kämpfer frei. Am Tag darauf fliegt Mastrogiacomo zurück in seine Heimat. Adschmal aber bleibt in Geiselhaft. Der wahre Leidensweg seiner Familie beginnt erst jetzt.

Adschmals Vater Ghulam Haidar Nakschbandi ist ein Mann, der schon einiges durchlitten hat. In den neunziger Jahren, er arbeitet damals als Ingenieur bei der staatlichen afghanischen Fluglinie Ariana, reißt ihm eine Mine ein Bein weg. Sowjets, Mudschaheddin, Taliban – er hat sie alle überlebt. Als das Gespräch auf seinen Sohn Adschmal kommt, bricht dem 60-Jährigen im November 2007 die Stimme. Nach der Freilassung Mastrogiacomos habe die Familie wieder Kontakt zu den Taliban gehabt, sagt der Vater. Die Rebellen fordern für das Leben seines Sohnes die Freilassung von zwei weiteren Taliban-Kämpfern. Adschmal selber lassen die Taliban beim Vater anrufen, sein Sohn bittet ihn, sich für den Austausch einzusetzen – sonst würde er nicht freigelassen werden. »Ich fragte ihn, ob ich kommen solle«, sagt der Vater. »Er antwortete, höre mir nur zu, was ich sage.« Nachdem sein Sohn die Forderung der Taliban übermittelt habe, hätten die Rebellen die Verbindung unterbrochen. »Ich konnte mich nicht einmal verabschieden.«

Diesmal will sich Karsai nicht beugen. Nach der Freilassung Mastrogiacomos sagt der Präsident, ein solcher Handel werde nicht noch einmal wiederholt – für niemanden und für kein Land. Mastrogiacomo appelliert aus Italien heraus über die britische BBC an Mullah Dadullah, Adschmal freizulassen. Adschmals Vater wendet sich an die Medien und an Abgeordnete, er wird selber bei Karsai vorstellig und spricht mit dem italienischen Botschafter in Kabul. Der Botschafter habe ihm gesagt, man setze sich für Adschmal nach Kräften ein und sei bereit, jedes geforderte Lösegeld zu zahlen. Man sei aber nicht in der Lage, für Adschmal bei Karsai die Freilassung von Taliban durchzusetzen. Ghulam Haidar Nakschbandi macht der Regierung in Rom keinen Vorwurf. »Ihr Job war, ihren Staatsbürger freizubekommen. Mein Sohn lag in der Verantwortung meiner Regierung.«

Munir sagt, die Taliban hätten ihm in einem Telefonat nach Mastrogiacomos Freilassung versichert, sein Bruder werde in jedem Fall freigelassen, er sei schließlich unschuldig. Dann setzen die Taliban der Regierung trotzdem eine Frist: Am Sonntag, dem 8. April, müssten die Bedingungen der Aufständischen erfüllt sein, sonst werde Nakschbandi um 15 Uhr hingerichtet, verkünden sie. Wieder ruft der 23-jährige Munir bei einem Taliban-Sprecher an, er fleht darum, das Leben seines älteren Bruders zu verschonen. Der Sprecher, so Munir, habe gesagt, er werde noch einmal mit Mullah Dadullah reden. Da die Nakschbandis eine muslimische Familie seien, werde man das Ultimatum um einen Tag aufschieben. Doch noch am Sonntag verbreiten die Taliban die Nachricht, Adschmal sei geköpft worden. Die Nakschbandis erfahren in den Fernsehnachrichten davon. »Ich habe den Taliban-Sprecher dann noch mal angerufen«, sagt Munir. Dieser habe ihm Adschmals Tod bestätigt. Um 14.30 Uhr – noch eine halbe Stunde vor Ablauf der Frist – »haben wir bei ihm die Scharia angewandt und ihn getötet«, habe der Sprecher gesagt. Auf die Frage, worin Adschmals Verbrechen gegen die Scharia bestanden habe, hätten die Taliban nicht geantwortet, sagt der Vater.

Wieder über die Medien erfährt die Familie, wo die Taliban die Leiche Adschmals in Helmand hinterlegt haben. Er habe die Regierung gefragt, ob sie zumindest die sterblichen Überreste seines Sohnes nach Kabul überführen werde, oder ob er auch das selber erledigen solle, sagt der Vater. Die Behörden bringen die Leiche nach Kabul.

Bald darauf wird Adschmal nahe des Hauses der Familie beerdigt. Hinter einer mehrspurigen Straße führt ein Pfad über Treppen einen steilen Hügel hinauf, durch schmale Gassen, vorbei an armseligen Lehmhütten erreicht man nach einigen Minuten das Plateau, auf dem Adschmal begraben wurde. Der Vater mit seiner Beinprothese bewältigt den holprigen Weg oft. Eine grüne Kuppel schmückt das Grabmal des »Märtyrers Adschmal Nakschbandi«, die Decke ist an der Innenseite mit goldenen Sternen geschmückt. Der Tote habe immer ein offenes Herz besonders für Menschen in Not gehabt, steht an der Tafel am Kopfende des Grabes. An den Säulen der Kuppel haben Afghanen aus der Umgebung bunte Tücher angebracht, um ihre Wünsche Wirklichkeit werden zu lassen. Da Adschmal Nakschbandi als Unschuldiger zum Märtyrer geworden sei, so erklärt ein Afghane an dem Grab, sei er Gott besonders nahe.

Das gerahmte Bild, das der Vater von Adschmal aufbewahrt, zeigt einen selbstbewussten jungen Mann im westlichen Anzug. Das andere Foto, das Ghulam Haidar Nakschbandi vorzeigt, ist ein Bild seines Sohnes nach 30 Tagen Geiselhaft, das die Taliban verbreitet haben. Adschmal ist abgemagert und trägt afghanische Kleidung, er sieht verzweifelt aus. Das gerahmte Foto aus glücklichen Zeiten muss Adschmals Bruder Munir auf Bitten seines Vaters erst ins Wohnzimmer bringen, wo nichts an den Toten erinnert. »Wir verstecken das Bild wegen der Mutter«, sagt der Vater. Sie sei wegen des Mordes an ihrem Jungen krank geworden, selbst zwei Operationen am Herzen hätten nichts bewirkt, obwohl sie für die Behandlung »den ganzen Weg nach Indien« geflogen sei. Immer noch sei die Mutter bettlägerig. Immer noch weine sie jeden Tag um Adschmal.

Mullah Dadullah wird gut einen Monat nach dem Mord an Adschmal bei einem Angriff ausländischer Truppen in Südafghanistan getötet. Die Regierung der Provinz Kandahar stellt die Leiche öffentlich zur Schau, der Provinzgouverneur findet auch nach dem Tod des Taliban-Kommandeurs nur hasserfüllte Worte. »Er war eine wilde Bestie, die kein Menschenleben verschont hat«, sagt Assadullah Chalid. Kurz darauf wird Mullah Dadullahs Bruder Mansur Dadullah zum neuen Militärchef der Taliban. Der 35-Jährige ist wie gefordert im Tausch gegen Mastrogiacomo freigelassen worden. Nachdem er seinen getöteten Bruder ersetzt hat, sagt er dem britischen Channel 4 im Juli 2007 nach einer Übersetzung des Senders: »Ich befehle all meinen Mudschaheddin, Ausländer jeglicher Art zu entführen, wo immer sie sie finden mögen.« Geiselnahmen zur Freipressung von Taliban-Kämpfern aus der Haft seien »eine sehr erfolgreiche Politik«. Anfang 2008 wird Mansur Dadullah nahe der afghanischen Grenze im Südwesten Pakistans wieder gefangen genommen.

Zwar freue er sich über den Tod Mullah Dadullahs, sagt Ghulam Haidar Nakschbandi. »Aber was nützt uns das?« Für den Mord an seinem Sohn macht der Vater ohnehin nicht in erster Linie die Taliban verantwortlich, sondern die afghanische Regierung. »Sie konnte fünf Menschen für Mastrogiacomo freilassen, aber nicht zwei für meinen Sohn.« Karsai habe sich um Adschmals Schicksal nicht gekümmert. »Der Präsident hat meinen Sohn getötet«, sagt Ghulam Haidar Nakschbandi sechs Monate nach dem Mord. Die Regierung habe die Taliban nicht einmal kontaktiert, um über Adschmals Leben zu verhandeln.

Unter Afghanen sorgt das Verhalten der Regierung in Kabul – die bereit ist, für das Leben eines Ausländers Opfer zu bringen, nicht aber für das eines Einheimischen – für helle Empörung. Dass die Taliban die afghanische Regierung durch die Geiselnahme Mastrogiacomos öffentlich in die Knie zwingen konnten, lässt Ausländer in den Augen der Aufständischen, aber auch krimineller Gruppen in einem ganz neuen Licht erscheinen – nämlich als wertvolle Ware. Auch im Westen wird das Einlenken Karsais als katastrophal kritisiert. Zwar sind bereits in den Jahren zuvor neben Dutzenden, wenn nicht Hunderten Afghanen auch Ausländer am Hindukusch verschleppt worden, doch erst 2007 erfahren Entführungen von Westlern dort Hochkonjunktur. Wenige Tage nach dem Austausch der Taliban-Gefangenen gegen Mastrogiacomo sagt ein westlicher Sicherheitsexperte: »Da wurde der Basar eröffnet.«

Tatsächlich verschleppen die Taliban keine drei Wochen nach der Freilassung des Italieners wieder Ausländer. Am 5. April verkündet Taliban-Sprecher Ahmadi, die »Mudschaheddin« der Aufständischen hätten eine Frau und einen Mann aus Frankreich sowie drei Afghanen gefangen genommen. Céline Cordelier, Eric Damfreville und ihre einheimischen Kollegen arbeiten für die französische Hilfsorganisation Terre d'enfance. Diesmal fordern die Aufständischen ultimativ den Abzug der zu dem Zeitpunkt rund 1000 französischen Soldaten aus Afghanistan im Tausch gegen das Leben der Ausländer. Erneut scheint es, als hätten die Taliban den Zeitpunkt der Entführung gut abgepasst: Sie fällt mitten in den französischen Präsidentschaftswahlkampf.

Unter dem Druck der Geiselnahme lassen sich französische Spitzenpolitiker zu Aussagen hinreißen, die fast darauf hindeuten, Paris könnte den Forderungen der Rebellen nachgeben. Frankreich habe nicht die »Berufung, langfristig in einem besetzten Land zu sein«, sagt der damalige Außenminister Philippe Douste-Blazy kurz vor Ablauf eines der Ultimaten. Dabei versteht sich die ISAF ausdrücklich nicht als Besatzungsmacht, sie ist offiziell auf Bitten der gewählten afghanischen Regierung im Land. Präsidentschaftskandidat Nicolas Sarkozy sagt, der langfristige Einsatz französischer Truppen in Afghanistan sei »nicht entscheidend«.

Am 28. April entlassen die Taliban daraufhin Céline Cordelier aus der Geiselhaft, nach Angaben der Rebellen bedingungslos. »Die Taliban sind friedliebende Menschen« und respektierten Frauen, heißt es in einem Schreiben, das die Aufständischen der Französin mitgeben.

Die Europäer sollten sich überlegen, warum sie Opfer für die Politik der US-Regierung brächten. Man erwarte nun, dass Frankreich seine Truppen abziehe. Obwohl es dazu nicht kommt, lassen die Taliban am 11. Mai auch Eric Damfreville und wenige Tage später die drei entführten Afghanen unversehrt frei. Sarkozy gewinnt die Wahl, später sagt er nach dem Tod eines französischen Soldaten in Afghanistan: »Ich bin mehr denn je entschlossen, den Kampf gegen den Terrorismus fortzusetzen.« Ob für die Freilassung der Geiseln Lösegeld gezahlt worden ist, bleibt offen.

Im Sommer 2007 wird erstmals ein Deutscher zum Opfer einer Geiselnahme am Hindukusch, doch diesmal stecken nicht die Taliban dahinter. Norbert W. ist einer jener deutschen Bauunternehmer, die ihr Glück in Kabul versuchen. Noch im Mai 2005 schwärmt der damals 43-Jährige in seiner Villa in Kabul von den Möglichkeiten für Geschäftsleute in Afghanistan. »Hier liegt das Gold auf der Straße. Und das nicht gramm-, sondern blöckeweise«, sagt er. »Man muss es nur sehen.« Afghanistan biete »fantastische Aussichten«. Allerdings nicht für Norbert W., wie sich später herausstellt.

Im Auswärtigen Amt gilt Norbert W. ab dem 28. Juni 2007 als vermisst. Der Gouverneur der Provinz Farah, Ghulom Muhyuddin Baluch, sagt dagegen, noch zwei oder drei Tage später habe man den ausländischen Reisenden in einer Polizeistation übernachten lassen, um ihm Schutz zu gewähren. Böse Zungen in Kabul sagen, Norbert W. habe seine Entführung möglicherweise zunächst vorgetäuscht, um mit Lösegeld seine Schulden zu bezahlen, sei später dann aber wirklich Entführern in die Hände gefallen. Anfang Juli jedenfalls ist klar, dass Norbert W. im Bezirk Delaram zwischen den Provinzen Nimros und Farah im Südwesten des Landes gemeinsam mit seinem Übersetzer tatsächlich verschleppt wurde. Sicherheitsexperten schätzen Delaram als »hoch riskant« ein.

Ungewöhnlicherweise gibt Gouverneur Baluch noch während der laufenden Entführung freimütig die Forderung der Kidnapper bekannt: 40 000 Dollar wollen sie für die Freilassung von Norbert W., was verglichen mit anderen Geiselnahmen von Ausländern sehr wenig erscheint. Zwar macht Baluch die Taliban für die Geiselnahme verantwortlich, doch tatsächlich, so heißt es später in gut unterrichteten Kreisen in Kabul, seien frühere Geschäftspartner von Norbert W. für die Tat verantwortlich. 40 000 Dollar sei die Summe, die er ihnen noch geschuldet habe. Die Bundesregierung zahlt nicht, sondern nimmt den Kompagnon von Norbert W. in die Pflicht. Er treibt das Geld auf. Am 5. Juli werden Norbert W. und sein Übersetzer in Südwestafghanistan der ISAF übergeben. Der Bauunternehmer wird unmittelbar nach seiner Freilassung in die Heimat ausgeflogen. Die Entführer können sich an den eingetriebenen Schulden nicht lange erfreuen. Sie werden später ermordet aufgefunden. Die 40 000 Dollar verschwinden spurlos.

13 Tage nach der Freilassung von Norbert W. werden wieder zwei Deutsche in Afghanistan entführt, wieder sind es Bauingenieure. Rudolf Blechschmidt und Rüdiger Diedrich sind mit dem afghanischen Bauunternehmer Ischak Nursai unterwegs zu einem Staudammprojekt in der zentralafghanischen Provinz Wardak, als sie am 18. Juli zusammen mit Nursai und fünf weiteren Afghanen verschleppt werden. Hinter der Geiselnahme steckt Mullah Nisamuddin, er ist ein Krimineller, aber zugleich auch Chef der örtlichen Taliban. Allerdings operiert er anscheinend weitgehend unabhängig vom harten Kern der Aufständischen von Mullah Omar. Die Entführung der Ausländer scheint eher Zufall zu sein und eigentlich Nursai zu gelten, dem Bruder des Vizepräsidenten des afghanischen Parlaments. Stämme in der Region sollen verstimmt darüber sein, dass der mächtige Nursai-Clan sich das lukrative Staudammprojekt gesichert hat.

Die Deutschen und die Afghanen werden zu einem Gewaltmarsch in die Berge im Grenzgebiet zur Nachbarprovinz Ghasni gezwungen, Diedrich kollabiert unter der Anstrengung. Die Entführer schießen auf den wehrlosen Deutschen. Eine Obduktion ergibt später, dass der 44-Jährige zwar zunächst einen Kreislaufzusammenbruch hat, aber letztlich durch die beiden Kugeln stirbt, die auf ihn abgefeuert werden. Nursai kommt bald danach frei. Es heißt, sein Clan habe zuvor einen Angehörigen von Mullah Nisamuddin in seine Gewalt gebracht. Dem Chef der Geiselnehmer sei beschieden worden, sein Verwandter werde mit exakt derselben Gastfreundschaft behandelt wie Nursai.

Der 62 Jahre alte Blechschmidt, der unter Bluthochdruck leidet, wird in rund 3 000 Meter Höhe in einem Höhlensystem festgehalten. Der Ort ist bald auch der Bundesregierung bekannt, die Tornado-Aufklärer der Bundeswehr haben gestochen scharfe Bilder geschossen.

Zu dem Versteck auf dem Berg führt nur eine einzige Straße, an deren Rand ummauerte Gehöfte stehen. Ein Überraschungsangriff mit Bodentruppen ist ausgeschlossen, eine militärische Lösung kommt für die Bundesregierung nicht infrage und ist politisch auch nicht durchsetzbar. Die Gefahr, dass Blechschmidt dabei ums Leben kommt, ist zu groß. Berlin setzt auf ein friedliches Ende der Geiselkrise. Die zähen Verhandlungen beginnen, erschwert werden sie von lokalen Rivalitäten und Stammesstrukturen. Kein Stamm will dem anderen einen Verhandlungserfolg gönnen, jeder möchte von der Geiselnahme profitieren. Immer wieder wechseln die Vermittler.

Die Taliban haben sich schon kurz nach der Geiselnahme eingeschaltet. Sie fordern den Abzug der deutschen Truppen und die Freilassung radikalislamischer Kämpfer aus afghanischer Haft. Kanzlerin Merkel lehnt das ab. Mullah Nisamuddin nutzt die Verbindungen der Taliban zwar offenbar, um Videos von Blechschmidt an die Öffentlichkeit zu bringen, wo dieser unter vorgehaltener Waffe an die Bundesregierung appellieren muss, die Bundeswehr abzuziehen. Doch Berlin weiß zu dem Zeitpunkt bereits, dass es Nisamuddin nicht um Politik, sondern um Geld geht.

Die Bundesregierung will ihrer zumindest nach außen stets vertretenen Linie treu bleiben und nicht zahlen, um potenzielle Geiselnehmer nicht noch weiter zu ermutigen. Die Familie Blechschmidts versucht, Lösegeld aufzutreiben. Berlin bemüht sich, den Entführern zu vermitteln, dass die Familie nur über begrenzte Möglichkeiten verfügt, und besteht darauf, dass es in jedem Fall zu einer »Paketlösung« kommen muss: Das heißt, dass für das Lösegeld nicht nur Blechschmidt, sondern auch die fünf Afghanen freigelassen werden müssen. Ein Debakel wie bei Mastrogiacomo und Adschmal möchte Berlin auf jeden Fall verhindern. Die Bundesregierung will später nicht erklären müssen, man habe zwar den Deutschen gerettet, für die Afghanen aber leider nichts unternehmen können. Die Entführer legen sich schließlich auf eine Summe fest, die, so heißt es, ungefähr dem Kaufpreis einer mittleren Eigentumswohnung in Deutschland entspreche.

Mehrfach scheint der Durchbruch zum Greifen nahe – immer wieder scheitert die Freilassung Blechschmidts dann doch. Am 26. September scheint schließlich alles glattzulaufen. Vertreter der Geiselnehmer in Kabul haben das Lösegeld bereits in Empfang genommen. Zwei Autos des Internationalen Komitees vom Roten Kreuz (IKRK) mit zwei Mitarbeitern aus Afghanistan, einem aus Mazedonien und einem aus Birma sind aus Kabul nach Wardak gekommen, um die Geisel in Empfang zu nehmen. Die zwei IKRK-Geländewagen fahren im Konvoi mit den Entführern, die Blechschmidt und die afghanischen Geiseln bei sich haben, vom Versteck auf dem Berg hinunter zum Übergabepunkt. Nur 800 Meter trennen Blechschmidt noch von den Sicherheitsbeamten, die ihn in Empfang nehmen sollen, dann drehen die Geiselnehmer wieder ab und rasen davon. Die Behörden in Kabul haben die Kuriere der Entführer mit dem Lösegeld festgenommen, in letzter Minute hat die Nachricht davon die Geiselnehmer erreicht. Mullah Nisamuddin ist erbost. Die Übergabe platzt.

Und nicht nur das. Die IKRK-Mitarbeiter machen sich noch am selben Abend auf den Rückweg nach Kabul. Sie kommen nur wenige Kilometer weit, dann werden ihre klar gekennzeichneten Wagen entgegen aller Gepflogenheiten von Taliban gestoppt und die Insassen festgehalten. Auch die Aufständischen respektieren für gewöhnlich das Rote Kreuz. Taliban-Sprecher Sabiullah Mudschahid sagt, örtliche Rebellen hätten die IKRK-Mitarbeiter aus Ärger über den geplatzten Deal um Blechschmidt in ihre Gewalt gebracht. Nach drei Tagen kommen die internationalen Helfer wieder frei, fast entschuldigend klingt es, als Mudschahid von einem »Missverständnis« spricht. Die Taliban, so betont der Sprecher, respektierten die Arbeit des Roten Kreuzes.

Zwei weitere Wochen vergehen nach dem gescheiterten Deal, dann kommt Blechschmidt am 10. Oktober doch endlich frei – nach 85 Tagen Geiselhaft. Der Austausch findet diesmal statt, ohne dass die afghanischen Sicherheitskräfte dazwischenfunken. Blechschmidt wird nach Deutschland geflogen. Mit seiner Freilassung endet die bis dato längste Geiselnahme in Afghanistan. Mullah Nisamuddin wird Anfang Juli 2008 – knapp ein Jahr nach der Entführung – bei einem Gefecht mit US-geführten Koalitionstruppen in Wardak getötet.

Während der fast dreimonatigen Krise um Blechschmidt spielt sich ein weiteres Geiseldrama am Hindukusch ab. Einen Tag nach der Entführung von Blechschmidt und Diedrich sind 23 Südkoreaner in einem Bus auf der Schnellstraße von Kabul nach Kandahar unterwegs. Die Mitglieder einer Freikirche, die am Hindukusch humanitäre Arbeit leisten wollen, fahren ohne jeglichen Schutz über eine der gefährlichsten Straßen Afghanistans. In Ghasni, der Nachbarprovinz von Wardak, wo zu dem Zeitpunkt die Deutschen festgehalten werden, wird das Fahrzeug der Koreaner von den Taliban gestoppt. Die Aufständischen verschleppen die Asiaten. Die Taliban fordern den Rückzug der etwa 200 südkoreanischen Soldaten aus Afghanistan, die dort im Rahmen der Operation Enduring Freedom eingesetzt sind – und deren Abzug schon längst zuvor von Seoul zum Ende des Jahres 2007 beschlossen worden ist. Sie verlangen außerdem – wie im Fall Mastrogiacomo – die Freilassung inhaftierter Gesinnungsgenossen aus afghanischer Haft. Karsai lehnt das strikt ab.

Die Taliban erschießen zunächst Bae Hyung Kyu, den 42-jährigen Prediger der Gruppe. Wenige Tage später ermorden sie den 29-jährigen Shim Sung Min. Die Regierung in Seoul fürchtet ein Massaker an ihren Landsleuten und reagiert hilflos. Drei Wochen nach Beginn der Geiselkrise nimmt sie direkte Verhandlungen mit den Taliban auf. Durch diesen international heftig kritisierten und zuvor nie dagewesenen Vorstoß wertet Seoul die geächteten Extremisten zu Gesprächspartnern auf, ihren gewaltsamen Methoden verleiht sie Legitimität. Kurz darauf entlassen die Taliban zwei erkrankte Frauen »bedingungslos« aus der Geiselhaft. Taliban-Sprecher Ahmadi nennt das – nach dem Mord an den zwei Südkoreanern zuvor – eine »Geste des guten Willens«.

Ende August einigen sich die Unterhändler aus Seoul und die Taliban. Am 30. August wird die letzte Gruppe der Geiseln dem Roten Kreuz übergeben. Die Regierung in Seoul teilt mit, neben dem Abzug der 200 Soldaten zum Jahresende habe man zugesagt, keine christlichen Missionare mehr nach Afghanistan reisen zu lassen. Südkorea bestreitet Lösegeldzahlungen, doch das gilt in Kabul als nicht glaubwürdig. Aus gut informierten Kreisen in der afghanischen Hauptstadt heißt es, im Tausch gegen das Leben der Geiseln habe Seoul die Kriegskasse der Taliban mit etwa 20 Millionen Dollar gefüllt.

Geiselnahmen von Ausländern in Afghanistan kommen immer mehr in Mode. Als Seoul noch mit den Taliban verhandelt und Blechschmidt noch in der Gewalt seiner Entführer ist, schlägt in Kabul eine kriminelle Bande zu. Das Ziel: wieder eine Deutsche. Christina Meier arbeitet für die christliche Hilfsorganisation ora International in der afghanischen Hauptstadt. Gemeinsam mit ihrem Mann isst die

31-Jährige am 18. August im Bar.B.Q Tonight Café zu Mittag. Das Restaurant ist ein einfacher afghanischer Grillimbiss, hinter einer offenen Theke links neben dem Eingang wird das Essen zubereitet. Nur vier Holztische stehen auf dem braunen Teppichboden, hinten links sitzen die schwangere Deutsche und ihr Ehemann. Der Imbiss liegt an einer belebten Straße, der Innenraum ist durch die großen Fenster leicht einsehbar. Sicherheitsvorkehrungen wie bewaffnete Wachmänner, Mauern oder Stacheldraht, wie sie bei großen Restaurants mit internationaler Kundschaft in Kabul üblich sind, gibt es nicht.

Die blonde Ausländerin, so sagen Anwohner, habe in dem Viertel Karte Char gewohnt, in dem auch der Imbiss liegt. Der Gemischtwarenhändler Siauddin, ein Nachbar des Restaurants, erzählt, die Deutsche sei jeden Tag die Straße entlanggegangen. Sie habe zwar immer ein Kopftuch getragen, doch sei sie als Ausländerin trotzdem aufgefallen. Dem Immobilienmakler Basir Rostamsada, der ein Büro um die Ecke unterhält, sticht die Deutsche auch ins Auge. Sie sei in dem Viertel abends öfter mit einer ausländischen Freundin spazieren gegangen, sagt Rostamsada.»Ich habe meinem Sohn gesagt, das ist für beide gefährlich.« Meier sagt er das nicht.

Auch in dem Bar.B.Q Tonight Café soll Meier häufiger gegessen haben. Sicherheitsexperten warnen vor solchen Routinen, die es Entführern leicht machen, ihrem Opfer aufzulauern. Auch gibt es angesichts der immer schlechteren Sicherheitslage im Sommer 2007 nur noch wenige Ausländer, die in Kabul spazieren gehen. Mitarbeiter von Hilfsorganisationen fahren in der Regel nur noch mit dem Auto, manche sogar in gepanzerten Fahrzeugen. Sie arbeiten meist hinter stacheldrahtbewehrten Mauern, vor den Metalltoren stehen Wachmänner mit Kalaschnikows.

Am Samstagmittag, dem 18. August, genau einen Monat nach der Entführung von Blechschmidt und Diedrich, stürmen vier bewaffnete Männer in das Bar.B.Q Tonight Café und zerren Meier in einen blauen Toyota Corolla. Eine zufällig vorbeikommende Polizeipatrouille wird auf den Tumult aufmerksam und nimmt die Verfolgung auf. Die Beamten schießen, doch sie treffen den Falschen. Ein unbeteiligter Taxifahrer stirbt, während den Geiselnehmern mit ihrem Opfer die Flucht gelingt. Die Polizei baut Checkpoints an den Ausfallstraßen aus Kabul auf. Die Beamten fordern verschleierte Frauen auf, sie auf Dari oder Paschtu anzusprechen. Haben sie Zweifel daran, dass es sich um Afghaninnen handelt, müssen die Frauen die Burka heben – fast undenkbar in Afghanistan. Doch die Regierung in Kabul kann jetzt neben den Südkoreanern und Blechschmidt nicht noch eine weitere Geiselkrise gebrauchen.

Am Tag darauf wird dem afghanischen Fernsehsender Tolo TV ein Videoband zugespielt, in dem Meier gezeigt wird und sich identifiziert. Ein vermummter Entführer sagt in dem Video, seine Gruppe gehöre nicht zu den Taliban. Man fordere die Freilassung »unschuldiger Gefangener« aus afghanischer Haft. Nach Angaben des afghanischen Innenministeriums verlangen die Geiselnehmer dagegen eine Million Dollar Lösegeld.

Meier habe es ihren Entführern durch ihr leichtsinniges Verhalten leicht gemacht, sagt ein Entwicklungshelfer einer staatlichen deutschen Organisation. »So viele Risiken zu produzieren ist fatal. Wenn so etwas passiert wie die Entführung jetzt, dann gerät die gesamte Entwicklungszusammenarbeit in Gefahr, weil die Zentralen in Deutschland davon ausgehen, dass es hier zu gefährlich für uns ist.« Die Hilfsorganisation ora International, für die Meier gearbeitet hat, habe »einen anderen Ansatz«, sagt ein anderer deutscher Helfer. »Die leben hier mit den Menschen. Das ist sympathisch, aber wenn einem einer etwas will, dann ist es auch gefährlich.«

Nach eineinhalb Tagen, in der Nacht zu Montag, stürmen die afghanische Polizei und der Geheimdienst NDS das Versteck der Geiselnehmer. Meier wird unverletzt befreit und kurz darauf mit der Bundeswehr nach Deutschland ausgeflogen. Außenminister Frank-Walter Steinmeier (SPD) dankt nach der Befreiung den afghanischen Sicherheitskräften und ausdrücklich auch den Norwegern. Der Dank an Norwegen sorgt für einige Verwirrung, schließlich haben die Afghanen die Deutsche alleine befreit, das Auswärtige Amt bietet später auch auf Nachfrage keine wirkliche Erklärung dafür. Tatsächlich ist vorgesehen gewesen, dass norwegische Sondereinsatzkräfte der ISAF in der Nacht zu Montag an der Befreiung von Meier mitwirken, sie halten sich dazu bereit. Was Steinmeier wenige Stunden danach noch nicht weiß: Die Afghanen fordern die norwegische Spezialeinheit gar nicht an. Vielleicht wollen die einheimischen Sicherheitskräfte beweisen, dass sie zumindest diese Geiselkrise alleine lösen können.

Danach machen in Kabul Gerüchte die Runde, der afghanische Geheimdienst NDS selber könnte hinter der Entführung gesteckt haben, um mit der schnellen Befreiung von Meier inmitten der Dramen um Blechschmidt und um die Südkoreaner einen Erfolg zu präsentieren. Auf Bildern nach der Erstürmung des Verstecks glaubt ein westlicher Geheimdienstmitarbeiter, unter den Geiselnehmern einen Afghanen wiederzuerkennen, der bei ihm schon im Büro gesessen habe – als Kontaktmann zum NDS.

»Staatsfeind Nummer eins« – Drogen

Ghulam Rasul

Ghulam Rasul stehen die Tränen in den Augen. In seiner Faust hält der dünne Bauer drei leblose Mohnpflanzen, die er eben vom Boden aufgelesen hat. Ihre grünen Kapseln sind noch geschlossen und nicht angeritzt. Nie ist aus ihnen jener zähflüssige weiße Saft ausgetreten, der sonst behutsam abgeschabt und getrocknet wird. Bevor die Pflanzen ihre rosa-weißen Blüten hätten entwickeln können, ist die Drogenpolizei gekommen. Die Beamten haben das Feld des 62-Jährigen kurzerhand abgeholzt. Mit dem Traktor seien sie knapp eine Woche zuvor anmarschiert, sagt der Bauer im Mai 2006, und zeigt auf das Land. Man sieht, dass die Polizisten keine Gnade haben walten lassen.

Kurz vor der Erntezeit liegt der umgepflügte Acker in der glühenden Sonne Nordafghanistans brach.

Das bereitet Rasul vor allem deshalb Sorgen, weil er eine neunköpfige Familie zu versorgen hat. Das Feld im Dorf Schinkai nahe dem Bundeswehr-Standort Masar-i-Scharif ist nicht seines, er bestellt es nur. Rasuls Einkommen ist abhängig von dem, was der Grundbesitzer mit den darauf angebauten Pflanzen erzielt. Natürlich habe die Regierung vor dem Anbau von Mohn gewarnt und mit Konsequenzen gedroht, doch er habe gar keine Alternative gehabt, sagt Rasul. Zwar wird er nun Baumwolle anbauen, aber das wird nur einen Bruchteil des Erlöses abwerfen. »Es wird nicht genug für die Familie sein«, sagt der Bauer mit dem zerfurchten Gesicht und dem ergrauten Bart. Als Beweis dafür, dass das Geld selbst mit dem Mohnanbau der vergangenen drei Jahre nicht gereicht hat, zeigt er auf die zerrissenen Plastikschuhe an seinen Füßen. Er sei kein mächtiger Warlord, der sein Feld mit Einfluss, Schmiergeld oder auch mit Waffengewalt verteidigen könne, sagt Rasul. Er ist dabei so aufgeregt, dass ihm sein schwarzer Turban ins Gesicht rutscht. Neben ihm blühen die Felder anderer Grundbesitzer, sie hat die Drogenpolizei nicht angetastet. »Wir sind arm und haben viele Kinder«, sagt der Bauer. Die jüngsten müssten noch zur Schule gehen, »sie haben keine Kleidung, keine Bücher und keine Stifte«. Er verstehe die Regierung nicht. »Sie zerstört unser Feld, aber sie fragt nicht danach, was wir eigentlich brauchen.«

Das etwa einen halben Hektar große Feld, das Rasul hätte bestellen sollen, gehört Abdul Hamid. Ein alter Mann auf einem Esel weist den beiden deutschen Besuchern den Weg entlang des Bewässerungskanals, an dem Kinder spielen und in den Bäumen klettern, zu dem Lehmbau des Landbesitzers. Hamid ist der Kopf einer Familie mit 15 Kindern und 30 Enkeln, mit denen Allah ihn gesegnet habe, sagt der 55-Jährige. Er und andere Familienangehörige nehmen mit den Besuchern auf den Matten Platz, die in dem kargen Raum auf dem Boden liegen. Tee wird serviert, Süßigkeiten werden gereicht. Fliegen summen, Hamid klagt. Wie er die Familie ernähren solle, wisse er nun auch nicht mehr, sagt der Landbesitzer. »Ein Jahreseinkommen ist weg, und wir haben keine Entschädigung bekommen«, sagt er. Nach seiner Rückkehr aus dem Exil in Pakistan habe er mühsam sein Haus in Schinkai wieder aufgebaut. »Nach und nach haben wir angefangen, Schlafmohn anzubauen. Wir haben das gemacht, um überleben zu können.« Natürlich wisse er, dass Drogenanbau schlecht, illegal und mit islamischen Tugenden nicht vereinbar sei. »Aber unsere Kinder haben Hunger – was sollen wir denn tun? Sollen wir sie umbringen?« Weder die Regierung noch Hilfsorganisationen hätten sich um die Familie gekümmert. Es seien doch nicht die kleinen Bauern, deren Felder abgeholzt würden, die mit den Drogen das große Geld machten, sagt Hamid. Einige der Großen im Geschäft säßen nun im Parlament in Kabul oder in anderen wichtigen Ämtern.

Zu den Großen im Geschäft gehört auch Amir Mohammad nicht. Er sattelt im Frühjahr 2004 um, gut zwei Jahre sind seit dem Sturz des Taliban-Regimes vergangen. Statt Weizen beginnt der 35-Jährige, nahe dem Bundeswehr-Standort im nordafghanischen Kundus auf dem gepachteten halben Hektar Land Schlafmohn anzubauen. Er wisse, dass das, was er macht, »gefährlich für Menschen« sei, räumt Mohammad ein. Erfahrung mit der Pflanze hat er nicht. Ein Wanderarbeiter aus Badakhshan, einer für den Mohnanbau bekannten Provinz im entlegenen Nordosten, hilft beim Anbau. Auf dem fruchtbaren Boden kauernd, inspiziert er vorsichtig und mit geübten Fingern die jungen grünen Pflanzen, die im März erst eine Handbreit hoch gewachsen sind. Seine Expertise ist gefragt und bares Geld wert. Mohammad und der Wanderarbeiter teilen sich, was der Landbesitzer ihnen nach Abzug seines Anteils überlässt.

Das Feld ist von der Straße aus gut einsehbar, doch Mohammad hat keine Furcht. Für die korrupte Polizei hat er nur ein müdes Lächeln übrig, der Regierung in Kabul wirft auch er vor, den Bauern keine Alternative zu bieten. »Wenn sie den Mohn zerstören will, soll sie stattdessen doch kommen und uns gleich alle töten«, sagt Mohammad. Er rate der Regierung, den Kampf gegen die Drogenbauern gar nicht erst aufzunehmen. Auch vor den deutschen ISAF-Soldaten, die die Gegend patrouillieren, habe er keine Angst, sagt er selbstsicher. »Sie werden uns keine Probleme machen.« Tatsächlich könnten die nur etwa zehn Kilometer entfernt stationierten deutschen ISAF-Soldaten wenig ausrichten, selbst wenn sie wollten. Bis heute ist der Schutztruppe der direkte Anti-Drogen-Kampf untersagt. Sie patrouilliert neben Schlafmohnfeldern, ohne selber einzugreifen. Dabei wächst neben den ISAF-Truppen das Kapital, das die Kriegskasse der Feinde füllt – die der Taliban.

Mohammad profitiert vom Wiederaufbau. Direkt neben seinem Mohnfeld verläuft ein Bewässerungskanal, den nach seiner Aussage eine deutsche Hilfsorganisation für sein Dorf hat graben lassen. In dem Ort, so sagen die Bewohner damals, sei vor 2004 nie Schlafmohn angebaut worden. Die Not treibe sie dazu, betonen Drogenbauern hier wie in Masar-i-Scharif und anderswo im Land. »Die Menschen haben Hunger«, sagt Mohammad. »Wir müssen unsere Familien ernähren.« Asis Gul, der Besitzer des halben Hektars, den Mohammad und der Wanderarbeiter gemeinsam bestellen, sagt: »Wir haben gar keine andere Wahl.« Sollte sich die wirtschaftliche Lage nicht bessern, so der 56 Jahre alte Vater von zehn Kindern, »werden weitere Bauern unserem Beispiel folgen«.

Was Nordafghanistan angeht, behält Gul unrecht. In Kundus ist der Schlafmohnanbau im Jahr 2007 nach Angaben der Vereinten Nationen auf nahe Null zurückgegangen, fast überall im vergleichsweise ruhigen Norden hat er deutlich abgenommen. Das gehört zu den wenigen guten Nachrichten, die der Chef des UN-Büros für Drogen und Kriminalität (UNODC), Antonio Maria Costa, im August 2007 bei der Vorstellung seines Jahresberichtes zu Afghanistan zu verkünden hat. Ansonsten ist Costas Botschaft eine eindringliche Warnung. Denn im unruhigen Süden und Osten haben sich Guls Worte tatsächlich bewahrheitet.

Afghanistan hat fast ein Monopol auf den Stoff, aus dem Heroin gewonnen wird, das sich Süchtige in Berlin, London, Madrid – und immer mehr auch am Hindukusch – in ihre Venen spritzen. Das unabhängige Internationale Drogenkontrollgremium INCB, das mit UNODC zusammenarbeitet, teilt im März 2008 mit, fast alles Heroin auf den illegalen Drogenmärkten in Europa stamme aus Afghanistan. Das Land am Hindukusch zeichnet 2007 laut UNODC für 93 Prozent der globalen Produktion von Rohopium verantwortlich, die verglichen mit dem Vorjahr um mehr als ein Drittel auf das Rekordmaß von 8200 Tonnen zugenommen hat. Das Heroin aus der afghanischen Mohnernte 2007, so schätzt UNODC, habe das Potenzial, 100 000 Süchtige direkt oder indirekt das Leben zu kosten. »Seit China im 19. Jahrhundert hat kein anderes Land Betäubungsmittel in so tödlichem Ausmaß produziert«, schreibt Costa im Vorwort des UNODC-Jahresberichtes 2007. Im 19. Jahrhundert hatte China 15-mal mehr Einwohner als Afghanistan heute. Bei einer Konferenz von

Vertretern der Internationalen Gemeinschaft und der afghanischen Regierung in Tokio sagt Costa im Februar 2008: »Während Analysten endlos darüber debattieren, wie bei Sicherheit, Entwicklung, dem Kampf gegen Drogen und guter Regierungsführung die Prioritäten gesetzt werden sollen, wird die afghanische Opiumsituation äußerst ernst und gefährlich.« Der UNODC-Chef nennt die Drogen Afghanistans »Staatsfeind Nummer eins«. Costas Appelle sind nicht die ersten Weckrufe für die Staatengemeinschaft, die der Wiederbelebung des Drogenanbaus am Hindukusch seit dem Sturz der Taliban mehr oder weniger hilflos gegenübersteht.

Für das Taliban-Regime sind Drogen die einzige bedeutende Devisenquelle gewesen. Trotzdem verbietet Taliban-Führer Mullah Omar den Schlafmohnanbau – allerdings nicht den Export von Rohopium – im Juli 2000 als unislamisch. Im Folgejahr – in dem es im Herbst zum US-geführten Angriff auf das Taliban-Regime kommt – nimmt die Opiumproduktion von 3500 Tonnen auf rund ein Siebtel davon ab. Ob wirklich religiöse oder andere hehre Motive hinter Mullah Omars Schachzug stehen, wird heute bezweifelt. Die Speicher in Afghanistan sollen damals voll mit Rohopium gewesen sein, der Preis ist vor dem Verbot wegen des Überangebots in den Keller gerutscht. Nach Mullah Omars Anordnung steigt der Preis in Afghanistan – und damit auch auf dem weltweiten Schwarzmarkt – nach UNODC-Angaben um ein Vielfaches. Das wäre auch den Taliban zugute gekommen, wären sie denn noch an der Macht gewesen.

Als die Preise wieder anziehen, ist Mullah Omar schon geflohen, seine Regierung ist gestürzt. Nach dem Ende des Regimes konzentriert sich die Internationale Gemeinschaft auf den Kampf gegen die verbliebenen Taliban, auf den Wiederaufbau und auf die Unterstützung der jungen Übergangsregierung unter Präsident Karsai. Die Drogen geraten aus dem Blickfeld, andere Probleme wirken drängender.

Dabei nimmt die Anbaufläche bereits 2002 wieder von 8 000 Hektar im Vorjahr auf 74 000 Hektar zu. Fünf Jahre später blüht die todbringende Pflanze auf 193 000 Hektar – rund 80 Prozent der Fläche des Saarlands. Die Produktion von Rohopium verzwanzigfacht sich kurz nach dem Einmarsch der internationalen Truppen in Afghanistan beinahe. Sind es 2001 noch 185 Tonnen, steigt die Zahl schon im Jahr darauf auf 3 400 Tonnen an. 2007 wächst in Afghanistan viel mehr Mohn als selbst in jenen Jahren, in denen die Taliban den Anbau noch erlaubt haben. Der Exportwert der Drogen liegt 2007 bei 3,1 Milliarden Dollar – das ist fast die Hälfte des afghanischen Bruttosozialprodukts von 6,7 Milliarden Dollar in dem Jahr. Der Schlafmohnanbau scheint sich auf dem hohen Niveau erst mal zu stabilisieren. »Der Opiumanbau mag einen Spitzenwert erreicht haben, aber die Menge wird auch 2008 immer noch schockierend hoch sein«, sagt Costa. Was voraussichtlich weiter zunehmen werde, sei der Anbau von Cannabis, aus dem Haschisch und Marihuana gewonnen werden. Afghanistan, so heißt es im UNODC-Winterbericht 2007/2008, sei inzwischen auch der weltgrößte Cannabis-Lieferant geworden.

Der nach der ersten demokratischen Wahl frisch vereidigte Präsident Karsai nennt den Mohnanbau im Dezember 2004 die größte Bedrohung für die junge Demokratie. »Schlafmohnanbau ist gefährlicher als die Invasion der Sowjetunion«, sagt Karsai. »Er ist gefährlicher als interne Kämpfe im Land, als die Taliban und als der Terrorismus.« Der Präsident ruft zur Wiederbelebung des einst gegen die Sowjets geführten Dschihad auf, nur soll der Heilige Krieg jetzt gegen Drogen gerichtet sein. Karsais Appell findet bei seinen Landsleuten kaum Widerhall. Bereits im Mai 2003 hat seine Übergangsregierung eine »nationale Drogenkontrollstrategie« beschlossen. Das Ziel: den Drogenanbau bis 2007 um 70 Prozent zu reduzieren und ihn bis 2012 völlig auszumerzen. Stattdessen wird die Opiumproduktion zwischen 2003 und 2007 mehr als verdoppelt.

Bereits im August 2003, weniger als zwei Jahre nach dem Sturz der Taliban, warnt der Außenminister der afghanischen Übergangsregierung, Abdullah Abdullah: »Der Kampf gegen die Drogen ist beinahe so wichtig wie der gegen den Terrorismus geworden.« Der Drogenanbau könne zur größten Gefahr für das neue Afghanistan werden. »Die Welt muss handeln, bevor es zu spät ist.« Mit Blick auf Länder wie Deutschland, in denen Heroin konsumiert wird, warnt Abdullah: »Wenn sie uns heute nicht mit adäquaten Maßnahmen helfen, diese Bedrohung zu bekämpfen, werden sie in drei, vier Jahren das Vielfache dafür bezahlen müssen.« In der Hand der Internationalen Gemeinschaft liege es, ob Afghanistan zu einem »Drogenstaat wie manche Länder in Südamerika« werde.

Inzwischen werden die südamerikanischen Drogenstaaten von Afghanistan in den Schatten gestellt. Alleine aus der südafghanischen Provinz und Taliban-Hochburg Helmand kommt im Jahr 2007 rund die Hälfte der gesamten afghanischen Opiumernte. Mit seinen nur rund 2,5 Millionen Einwohnern produziert dieses Fleckchen Erde mehr Drogen als berüchtigte Narko-Staaten wie Kolumbien, die ein Vielfaches an Bevölkerung haben. Nicht nur die Taliban profitieren vom Drogenhandel, regionale Machthaber, korrupte Beamte und gewöhnliche Kriminelle kassieren ebenso mit. Drogen sind auch nicht die einzige Einkommensquelle der Aufständischen, die aus dem Ausland unterstützt werden und etwa mit kriminellen Methoden wie Entführungen Gelder erpressen. Dass aber zwischen den Taliban und den Drogenproduzenten enge Verbindungen bestehen, daran herrscht schon lange kein Zweifel mehr. Die Rebellen kassieren bei dem tödlichen Geschäft mit – und das nicht zu knapp. Zwischen 20 und 40 Prozent des radikalislamischen Aufstandes werde durch Drogengelder finanziert, sagt ISAF-Kommandeur Dan McNeill im Juli 2007. »Ich habe Kollegen in den Vereinten Nationen, die meinen, dass meine Schätzung zu niedrig ist, dass es bis zu 60 Prozent oder mehr sein könnten.« Die Taliban hätten damit begonnen, aus der Drogenwirtschaft Gelder für »Waffen, Logistik und die Bezahlung ihrer Kämpfer« zu ziehen, warnt auch UNODC-Chef Costa im Sommer 2007. Im Gegenzug können die Drogenbosse im rechtsfreien Raum ungestört operieren. Im Februar 2008 berichtet UNODC, mehr als drei Viertel des afghanischen Opiums würden in Gegenden angebaut, über die die Regierung keine Kontrolle habe. Costa sagt: »Opium ist eine massive Einkommensquelle für die Taliban.« Die Aufständischen erhöben bei den Opiumbauern eine Steuer von rund zehn Prozent und würden damit 2008 fast 100 Millionen Dollar einnehmen. Weitere Einkünfte bescherten den Rebellen der Betrieb von Heroinlaboren und der Export der tödlichen Ware.

In seiner Resolution zur Verlängerung des ISAF-Mandats äußert der UN-Sicherheitsrat im Herbst 2007 nicht nur seine Sorge über die »zunehmenden gewalttätigen und terroristischen Aktivitäten« der Taliban, von El Kaida und von illegal bewaffneten Banden – sondern auch seine Besorgnis über solche Gruppen, »die in Drogenhandel verwickelt sind«. Trotz der immer dringlicheren Warnungen kann die ISAF nicht effektiv gegen Drogenproduzenten vorgehen. Der Auftrag der ISAF, den ihr die Politik vorgibt, verbietet den Soldaten alles, was über eine unterstützende Rolle hinausgeht. Der Westen befürchtet, eine neue Front in dem ohnehin schon schwierigen Kampf gegen die radikalislamischen Rebellen zu eröffnen. Mächtige Drogenbarone pflegen oft gute Beziehungen zu Regierenden in Afghanistan. Andere Drogenprofiteure sitzen selber in wichtigen Ämtern. Sie alle will man nicht gegen die ISAF aufbringen.

Strafverfolgung durch die afghanischen Gerichte brauchen diejenigen, die Drogengeschäften nachgehen, kaum zu befürchten: Im ganzen Jahr 2007 hat es in Afghanistan kein einziges Strafverfahren gegen einen profilierten Drogenbaron gegeben. Weiten Teilen der Justiz wird nachgesagt, korrupt zu sein. Afghanen beklagen sich darüber, dass Richter Urteile im Sinne des Meistbietenden fällen. Sicherheitsexperten in Berlin sprechen im November 2007 über große Probleme beim Aufbau der Justiz, für den die Italiener verantwortlich gezeichnet haben, bevor die EU die Schlüsselrolle übernommen hat. Im Afghanistan-Konzept der Bundesregierung heißt es im September 2007: »Die Strafverfolgung als eine wesentliche Säule effektiver Drogenbekämpfung ist bislang wegen der Schwäche der Strafverfolgungs- und Justizbehörden, verbunden mit einem hohen Maß an Korruptionsanfälligkeit, unzureichend. Ein weiteres Hindernis für die Bekämpfung der Drogenkriminalität ist vielen Quellen zufolge die Verstrickung afghanischer Funktionsträger in das Drogengeschäft.« In dem Papier steht außerdem: »Eine funktionierende Justiz bestimmt wesentlich darüber, wie die Menschen ihren Staat in der alltäglichen Lebenspraxis erfahren. Bislang hat die Internationale Gemeinschaft diesem Bereich zu wenig Aufmerksamkeit gewidmet. Die bisherigen Ergebnisse sind unbefriedigend, mit negativen Auswirkungen auf die wirtschaftliche, soziale und gesellschaftliche Entwicklung ebenso wie auf die Sicherheitslage.«

Die NATO nennt zwar Hilfe für das Anti-Drogen-Programm der afghanischen Regierung eine der »Haupt-Unterstützungsaufgaben« der ISAF. Doch macht das Bündnis auch klar, was es alles nicht tun wird: »Die ISAF ist weder direkt beteiligt an der Rodung von Mohnanbaufeldern, noch nimmt sie an der Zerstörung von Aufbereitungsanlagen oder an irgendeiner militärischen Handlung gegen Drogenproduzenten teil«, heißt es in einem Merkblatt des Bündnisses vom Oktober 2007. Auf Anfrage der Regierung in Kabul gebe die ISAF Informationen weiter. Die Schutztruppe bilde afghanische Sicherheitskräfte aus und helfe diesen, sollten sie bei Anti-Drogen-Operationen in Notsituationen geraten. Sie betreibe zudem Öffentlichkeitsarbeit. Nicht immer ist die afghanische Regierung zufrieden damit, wie die ISAF den letztgenannten Punkt umsetzt: Ausgerechnet in Helmand, dem globalen Drogenproduzenten Nummer eins, sichert die Schutztruppe den Bauern im Jahr 2007 über Radio und Flugblätter zu, Schlafmohnfelder nicht anzugreifen – da man wisse, »dass die Menschen kein anderes Einkommen haben«. Nach Kritik der Regierung zieht die ISAF diese Zusicherung zurück.

Schon seit langem wächst auch innerhalb der NATO die Sorge darüber, ob eine Strategie, die das Drogenproblem aus Angst um die Sicherheit der Soldaten weitgehend ignoriert, letztlich nicht kontraproduktiv wirkt. Der damalige ISAF-Kommandeur Götz Gliemeroth spricht sich bereits im Winter 2003 für einen groß angelegten Einsatz gegen die Drogenproduktion aus. »Eine solche Gesamtoperation wird natürlich auch in Kauf nehmen müssen, dass es zu Auseinandersetzungen kommt«, sagt der deutsche NATO-General. Entscheidend sei, »so früh wie möglich« mit einer konzertierten Aktion gegen den Mohnanbau vorzugehen. Anders werde man dieses langfristig größte Übel des Landes nicht überkommen. Die Reaktion Berlins auch auf ähnliche Forderungen der afghanischen Regierung folgt prompt: »Vorstellungen in Kabul, dass wir uns gegen den Drogenanbau engagieren sollen, akzeptiert die Bundesregierung nicht«, sagt Verteidigungsminister Peter Struck (SPD). »Die Verwicklung in Kämpfe mit Drogenhändlern wäre sehr gefährlich. Die Dealer sind von äußerster Brutalität. Schon zum Schutz unserer Soldaten muss das untersagt werden.«

Selbst die Bundesregierung räumt in ihrem Afghanistan-Konzept vom September 2007 ein, die Drogenproblematik bleibe »eine der größten Herausforderungen für den Wiederaufbau Afghanistans«. Trotzdem ist etwa den seit April 2007 in Afghanistan stationierten deutschen Tornado-Jets die Aufklärung von Mohnfeldern untersagt, obwohl diese Missionen für die Besatzungen nicht gefährlicher als Aufklärungsflüge gegen Taliban-Stellungen wären. Bei der Bundeswehr heißt es, nur wenn Mohnanbaufelder zufällig auf Bildern eines Tornado-Einsatzes mit einem anderen Aufklärungsziel zu sehen sein sollten, könnten sie den afghanischen Behörden gemeldet werden.

Die Bundeswehr hat einen sogenannten »Red Card Holder« im ISAF-Hauptquartier. Er entscheidet, ob ein Auftrag für die Tornados vom Mandat gedeckt ist oder nicht. Einer Anfrage zur Aufklärung von Drogenfeldern müsste der deutsche Offizier in der Operationszentrale in Kabul die Rote Karte zeigen. Bereits im Oktober 2003 sichert die Bundesregierung dem Bundestag in einer Protokollerklärung zu, »dass die Drogenbekämpfung nicht im Mandat des Bundeswehreinsatzes enthalten ist«. In dem vom Parlament in Berlin am 21. September 2005 beschlossenen und auf dieser Grundlage jährlich wieder verlängerten Mandat heißt es: »Die Verantwortung für die Drogenbekämpfung liegt bei der afghanischen Regierung, sie ist nicht Auftrag des Bundeswehreinsatzes in Afghanistan.« In der Anlage zum Mandat findet sich ein Bericht der Bundesregierung, er trägt den Titel »Deutscher Beitrag zur Drogenbekämpfung in Afghanistan«. Zwar räumt der Bericht ein: »Die anhaltende Dynamik des Drogenproblems besitzt das negative Potenzial, alle in Afghanistan seit 2001 erzielten Fortschritte infrage zu stellen.« Trotzdem heißt es später im Text: »An den bisher für unser Anti-Drogen-Engagement in Afghanistan geltenden bewährten Parametern – insbesondere den Mandatsbeschränkungen für unsere Soldaten – wird festgehalten.« Die Bundesregierung setzt unter anderem auf den Aufbau der afghanischen Polizei, der aber unter deutscher Führung nur mühsam vorankommt. In dem Bericht steht weiter: »Der NATO-Operationsplan legt fest, dass ISAF keine gezielten militärischen Aktionen gegen Drogenproduzenten und -transporteure vornimmt, sofern nicht zur Selbstverteidigung oder zum Schutz der Truppe erforderlich. Die ISAF-Unterstützung von Drogenbekämpfungsmaßnahmen erfolgt dabei stets zur Unterstützung der afghanischen Drogenbekämpfungsstrategie.« Doch auf der Suche nach einer wirksamen Strategie sind die Regierung in Kabul und die Internationale Gemeinschaft noch heute.

Gescheitert ist das Konzept Großbritanniens – der ausländischen Führungsnation im Anti-Drogen-Kampf –, Bauern für die Stilllegung von Mohnfeldern zu bezahlen. Nachdem die Briten gezahlt haben, bauen die Landwirte in der nächsten Saison in noch größerem Umfang Schlafmohn an, in der Hoffnung auf noch höhere Entschädigungszahlungen. Die Idee der Briten wird still und leise wieder zu den Akten gelegt. Seitdem wird mit mehr oder weniger unkoordinierten Aktionen versucht, des Problems Herr zu werden. Immer wieder ist diskutiert worden, Anbauflächen aus Flugzeugen heraus heimlich mit Pflanzengift zu besprühen, gerüchteweise sollen die US-Streitkräfte das schon versucht haben, Beweise gibt es keine. Zwar werden Mohnfelder umgepflügt und Heroinlabore von afghanischen Sicherheitskräften und US-geführten Koalitionstruppen angegriffen – die Koalitionstruppen unterliegen den Mandatsbeschränkungen der ISAF nicht, sind aber zahlenmäßig deutlich kleiner als die Schutztruppe. Auch mancher Drogenmarkt im Süden wird gewaltsam aufgelöst. Hilfsorganisationen versuchen sich zudem an Alternativangeboten für die Bauern. Ein durchschlagender Erfolg bleibt aber aus.

Eine umfassende Strategie mahnt im Frühjahr 2007 auch der verzweifelte Gouverneur der südafghanischen Provinz Urusgan an, wo der Mohnanbau im Vorjahr drastisch zugenommen hat. Abdul Hakim Munib beklagt, auf der einen Seite übe die Bevölkerung Druck auf ihn aus, die Felder nicht anzutasten. Auf der anderen Seite drängten ihn die Regierung und die Internationale Gemeinschaft, Schlafmohn zu vernichten – ohne den Bauern Alternativen oder eine Entschädigung zu bieten. Während die niederländischen ISAF-Soldaten in Urusgan 2007 neben blühenden Mohnfeldern Patrouille fahren, gehen afghanische Drogenpolizisten – entsandt von der Zentralregierung und unterstützt von Spezialkräften der US-Armee – gegen den Anbau vor. Sie holzen Felder ab, und sie geraten unter Beschuss. Nur Glück ist es zu verdanken, dass niemand getötet wird. In anderen Landesteilen haben die Sicherheitskräfte keinen Schutzengel: 15 afghanische Polizisten – und vier Bauern – kommen 2007 bei Anti-Drogen-Operationen ums Leben. In ganz Afghanistan werden in dem Jahr rund 19 000 Hektar gerodet, also nur rund zehn Prozent der gesamten Anbaufläche. Die Aktionen sind vor allem symbolisch: Den Drogenbauern soll signalisiert werden, dass sie sich trotz des kaum funktionierenden Justizapparats und trotz einer extrem dünnen Polizeipräsenz nicht sicher fühlen können.

Die Rodungen »haben nicht zu einer effizienten Reduzierung des Anbaus in den meisten Provinzen geführt« und würden nicht ausreichen, um vom Anbau im Folgejahr abzuhalten, heißt es im UNODC-Bericht zu Afghanistan 2007. Bereits die Kampagne von 2006 »hatte auf nationaler Ebene keine signifikante Auswirkung auf den Anbau« im Folgejahr. Fast zwei Drittel der Dörfer, in denen Mohnfelder vernichtet worden seien, hätten sich trotzdem wieder für den Schlafmohnanbau entschieden. Noch im Jahr 2005 sagen in einer UN-Umfrage 70 Prozent jener Bauern, die ihren Mohnanbau reduziert oder gestoppt haben, dies sei aus Angst davor geschehen, dass die Behörden die Felder umpflügen könnten. Zwei Jahre später sind es noch 16 Prozent. Von den Bauern, die nie Opium angebaut haben, sagen 2007 gerade einmal 0,4 Prozent, sie verzichteten aus Angst vor der Rodung ihrer Felder darauf. Die meisten nennen als Grund, der Anbau sei unislamisch.

Mangelnde Infrastruktur, trotz der Milliardenhilfen des Westens noch allgegenwärtig, ist einer der Gründe für den Mohnanbau. In ländlichen Gebieten gibt es wenige geteerte Straßen, ein Auto oder gar einen Lastwagen besitzt so gut wie kein Bauer. Weizen oder Melonen müssen meist mit Eselskarren über holprige Pisten auf weit entfernte Märkte gebracht werden – in der Hoffnung, dass die Ware dort einen guten Preis erzielt und nicht schon auf dem Weg verdirbt. Viel einfacher ist das beim Schlafmohn. »Ein Geschäftsmann wird vorbeikommen und die Ernte aufkaufen«, sagt der eingangs erwähnte Mohnbauer Amir Mohammad. Die Drogenbosse liefern das Saatgut und vergeben Darlehen, und sie holen einige Monate später das Endprodukt ab. Wohin das Opium dann geschmuggelt werde, wisse er nicht, sagt Mohammad. Dass es nicht schwierig ist, den Stoff – der zunehmend in Afghanistan selber zu Heroin verarbeitet wird – außer Landes zu bringen, bestätigt ein westlicher Geheimdienstmitarbeiter. Nur einige tausend Dollar, sagt er im Winter 2003, würde es kosten, dass die Grenzer an den Übergängen zu den GUS-Republiken im Norden für ein paar Stunden die Augen schlössen.

Das Argument der meisten Drogenbauern, Armut treibe sie zum Anbau der todbringenden Pflanze, stimmt für die großen Anbaugebiete im Süden nur begrenzt. Dort gibt es fruchtbare Böden, auch andere Produkte könnten angebaut werden, ohne dass die Familien Hunger leiden müssten. Doch Weizen bringt pro Hektar nur etwa ein Zehntel von Schlafmohn. Wegen des enormen Profits sind die im Westen viel beschworenen legalen Alternativen, die man dem Mohn entgegensetzen müsse, wenig attraktiv. »Um denselben Gewinn zu erzielen, müssten die Bauern schon Gold anbauen«, sagt ein Experte. Den Bauern droht vor allem in jenen Gebieten, in denen die Taliban starken Einfluss oder ganz die Kontrolle haben, so gut wie keine Strafverfolgung. Laut UNODC ist 2007 jeder siebte Afghane in den Mohnanbau verwickelt. Relativ viel Gewinn bei vergleichsweise wenig Risiko – das ist der Beweggrund für immer mehr Bauern, dem illegalen Geschäft nachzugehen. Angesichts des Profits tritt für sie die Tatsache, dass sie gegen islamische Werte verstoßen, in den Hintergrund. Schließlich haben sogar die Taliban, die selbst ernannten Gotteskrieger, mit diesem Widerspruch kein Problem mehr.

Drogenbosse und Rebellen haben ein gemeinsames Interesse, das dem der ISAF diametral entgegenläuft: Sie wollen ein instabiles Afghanistan. Doch auch käufliche Regierungs- oder Behördenvertreter profitieren vom Mohnanbau. Ein Gouverneur einer der südlichen Provinzen habe die Vernichtung von Mohnfeldern zwar durchaus vorangetrieben, so erzählen dort stationierte ausländische Militärs – allerdings nur, wenn es seine Konkurrenten im Drogengeschäft betroffen habe. Den Bauern habe der Gouverneur angeboten, in der nächsten Saison für ihn und unter seinem Schutz Schlafmohn anzubauen. Costa beklagt, vor allem würden Felder armer Bauern umgepflügt, nicht aber die der Drogenbarone. Das sei oft das Ergebnis »korrupter Abmachungen« zwischen Landbesitzern, Dorfältesten und der Polizei.

Die befürchtete Spaltung des Landes entlang des Hindukusch in einen unruhigen Süden und einen vergleichsweise stabilen Norden zeichnet sich auch im Drogenbereich ab. Im großen Teilen des Nordens greift der Wiederaufbau, Straßen werden geteert, Bewässerungssysteme gegraben. Bauern können hoffen, dass sie auch ohne Opium eine Perspektive haben. Die von der Zentralregierung eingesetzten Gouverneure haben inzwischen – anders als im Süden – auch außerhalb ihrer Provinzhauptstädte Macht, die Polizei hat mehr Durchsetzungskraft. Verglichen mit dem Vorjahr nimmt der Mohnanbau im Jahr 2007 im Norden um mehr als drei Viertel ab, auch wenn Opiumhandel, Transitverkehr und die Verarbeitung zu Heroin weiter stattfinden. Alle Provinzen dort verzeichnen einen Rückgang, in manchen wird der Anbau ganz eingestellt. Costa warnt im Februar 2008: »Afghanistan wird zu einem geteilten Land, mit klaren Drogen- und Aufstands-Schlachtlinien.«

Doch selbst in Gegenden, in denen der Anbau abnimmt, ist die Gefahr nicht dauerhaft gebannt. Sollten die früheren Drogenbauern das

Gefühl haben, dass die Sicherheitslage sich wieder verschlechtert und der Mohnanbau weniger riskant wird, dass ihr Verzicht nicht belohnt wird und sie vom Wiederaufbau nicht dauerhaft profitieren, dann droht die Rückkehr zu alten Gepflogenheiten. Im Osten Afghanistans sind dafür bereits Beispiele zu sehen: Die Provinz Nangarhar etwa, einst berüchtigt für den Opiumanbau, ist 2005 praktisch frei von dem Übel gewesen. Wichtige Stämme im Süden der Provinz entschließen sich dann aber dazu, das Anbauverbot wieder zu missachten. Im Jahr 2007 wird die Mohnanbaufläche dort nur noch von der in Helmand übertroffen.

Ohne gezielten Wiederaufbau und wirkungsvolle Sanktionen wird das Problem schwierig in den Griff zu bekommen sein, davon sind Experten überzeugt. UNODC-Chef Costa fordert im Herbst 2007 ein ganzes Bündel an Maßnahmen gegen die wachsende Gefahr. Landwirte müssten für ihren Verzicht auf Mohnanbau belohnt werden – aber anders, als es die Briten mit Kompensationzahlungen an die Bauern versucht haben. Proportional zum Abbau der Mohnanbauflächen müsse die Wiederaufbauhilfe für die entsprechende Region zunehmen. Schulen, Krankenhäuser und andere Infrastruktur sollten dort dann schnell gebaut werden, damit die Belohnung greifbar wird. Das Umpflügen der Äcker solle verstärkt werden und müsse nicht nur Kleinbauern, sondern auch die Drogenbosse im Süden treffen. Diese dürften für die Justiz nicht mehr immun sein. Drogenbarone, die Kontakte zu Taliban oder El Kaida hätten, müssten von der Internationalen Gemeinschaft auf die Terrorliste der Vereinten Nationen gesetzt werden, damit ihr Eigentum beschlagnahmt und ihnen ihre Reisefreiheit genommen werde. Die Regierung in Kabul müsse aufhören, Korruption zu tolerieren.

Und schließlich fordert Costa von der NATO mehr Engagement, auch im Eigeninteresse des Bündnisses. Die ISAF müsse Heroinlabore zerstören, Opiummärkte schließen, Drogenkonvois beschlagnahmen und gegen Händler vorgehen – also all das, was die NATO ausschließt. Solange die afghanischen Sicherheitskräfte zu schwach sind, wird der Kampf gegen den Mohnanbau ohne die ISAF kaum zu gewinnen sein. Das Argument, Soldaten seien sicherer, wenn sie nicht gegen die Drogen vorgingen, stellen Experten infrage. Sie glauben, dass die Truppen langfristig eher stärker gefährdet seien, wenn sie diese Finanzquelle der Taliban nicht zum Versiegen bringen. Die

Situation sei düster, aber noch nicht hoffnungslos, schreibt Costa im Jahr sechs nach dem Sturz der Taliban. Er warnt vor dem »historischen Fehler«, Afghanistan unter der doppelten Bedrohung des Terrorismus und der Drogen zusammenbrechen zu lassen.

»Kommt und nehmt teil an den Wahlen« – Gespräche mit den Taliban?

Mullah Abdul Salam Rocketi

Die Bundeswehr-Tornados stehen am 1. April 2007 noch auf dem Jägerhorst im schleswig-holsteinischen Jagel. Nach langen quälenden Diskussionen im Bundestag werden die Besatzungen am Tag danach in die Jets steigen und zu ihrer Mission an den Hindukusch starten. Eines ihrer Ziele ist das Aufklären von Taliban-Stellungen für die Internationale Schutztruppe ISAF. Während die Besatzungen ihren letzten Tag in der Heimat verbringen, ist SPD-Chef Kurt Beck zu Besuch in Kabul. Dort bringt er einen Vorschlag ins Gespräch, der die Afghanistan-Diskussion sofort wieder hochkochen lässt: Beck hält eine neue Afghanistan-Friedenskonferenz für möglich, vielleicht wieder in Deutschland – und vielleicht unter Einbeziehung gemäßigter Taliban.

Nach seiner Rückkehr bekräftigt der SPD-Chef, es gehe um Kräfte, die an einer möglichen Aussöhnung interessiert seien. »Wer Menschen ermordet, ist kein Verhandlungspartner.« Beck erfährt bei Parteifreunden und im SPD-geführten Außenministerium in Berlin grundsätzliche Unterstützung. Verbale Prügel bezieht er dagegen vom Koalitionspartner in der Heimat und von der Regierung in Afghanistan. »Die Vorstellung, die radikalislamischen Taliban nach Deutschland einzuladen, ist abstrus«, sagt CDU-Generalsekretär Ronald Pofalla. Auch der afghanische Außenminister Rangin Dadfar Spanta, der lange in Deutschland gelebt hat, übt herbe Kritik an dem rheinland-pfälzischen Ministerpräsidenten Beck. Spanta sagt: »Als militärische und politische Kraft sehe ich keine moderaten und nicht-moderaten Taliban.« Eine solche Klassifizierung »ist eine Erfindung von denjenigen, die von Afghanistan keine Ahnung haben«. Becks Idee sei vergleichbar mit einem Vorschlag aus Kabul, in Rheinland-Pfalz eine Koalition mit einer »moderaten NPD« einzugehen.

Kein halbes Jahr später sagt allerdings selbst der Nationale Sicherheitsberater Karsais, Salmai Rassul, man müsse innerhalb der Taliban unterscheiden. Es gebe »Hardcore«-Aufständische, die dem Terrornetz El Kaida nahestünden. Ein Teil der Taliban sehe aber, dass sie den »falschen Krieg« kämpften. Sie seien offen für Gespräche. Der afghanische Parlamentarier Mullah Abdul Salam Rocketi war früher Kommandeur bei den Taliban, seinen Namen verdankt er seinem zielsicheren Umgang mit Raketen, auch er wirbt für Verhandlungen mit den Aufständischen. Rocketi betont im September 2007: »Es gibt moderate Taliban.« Der UN-Sondergesandte in Afghanistan, Tom Koenigs, sagt im selben Monat: »Die Taliban allesamt als Terroristen in eine große Kiste zu werfen ist natürlich Unfug.« Die Taliban setzten sich aus verschiedensten Gruppen zusammen. »Das, was sie zur Gewalt bringt oder zum Aufstand, sind sehr unterschiedliche Klagen. Die kann man natürlich ansprechen.« Die Frage sei, ob es Afghanistan gelingen werde, »dieser Bewegung mindestens in ihrem integrierbaren Teil entgegenzukommen und dann den Teil, der nur auf Gewalt und fundamentalistische Ideologie setzt, zu isolieren«. Grundlage für Gespräche müsse aber die afghanische Verfassung sein. Wer die Verfassung akzeptiere, »der muss für alle Verhandlungen willkommen sein«.

In diplomatischen Kreisen in Kabul heißt es Ende 2007, strukturierte Gespräche oder gar ein Verhandlungsziel gebe es nicht. Erste Kontakte zu Taliban-Vertretern soll die Regierung in Kabul aber schon im Jahr vor Becks Vorschlag aufgenommen haben. Experten in der Region sehen in Gesprächen mit moderaten Taliban einen möglichen Ausweg aus der verfahrenen Lage am Hindukusch. Ernste Verhandlungen könnten die Taliban spalten, sagt ein Experte im pakistanischen Peschawar nahe der Grenze zu Afghanistan bereits im März 2007. Der paschtunische Wissenschaftler fordert, mit allen zu sprechen, die bereit dazu seien. Die Hardliner müssten dann bekämpft und »vernichtet« werden. Ein deutscher Afghanistan-Kenner in Kabul sagt kurz nach dem Beck-Vorstoß: »Man kann Afghanistan ohne die Beteiligung extrem konservativer Kräfte nicht befrieden. Die gehören nun mal dazu.« Die Geisteshaltung der Taliban möge dem Westen, nicht aber vielen Paschtunen fremd sein. »Wir werden nicht darum herumkommen, irgendwann auch mit diesen Kräften zu reden.« Sollten moderate Taliban irgendwann tatsächlich an der Macht in Kabul beteiligt werden, »wäre die Regierung deutlich fundamentalistischer. Sie würde aber möglicherweise auch die Mehrheit der Afghanen besser widerspiegeln, was sie jetzt nicht tut.« Verhandlungen kämen in der jetzigen Lage zwar einer »Bankrotterklärung« der Staatengemeinschaft gleich. Diese habe in den vergangenen Jahren aber auch »extrem viele Fehler« gemacht.

Manche Experten halten es im Nachhinein für falsch, die Taliban bei der ersten Afghanistan-Konferenz im Dezember 2001 auf dem Petersberg bei Bonn und bei den Folgetreffen nicht integriert zu haben. »Das wäre klug und sinnvoll gewesen«, sagt ein deutscher Experte im März 2008. »Es hätte durchaus geeignete Gesprächspartner gegeben.« Damals hätte man noch aus einer Position der Stärke verhandeln können. Der Westen hätte als Sieger Größe gegenüber dem gestürzten Regime zeigen können. Inzwischen wirkten Gesprächsangebote an die wiedererstarkten Taliban, als seien sie aus Verzweiflung heraus geboren. Auch Beck sagt im April 2007 zur Begründung seines Vorschlags, Ziel der möglichen Gespräche mit moderaten Kräften unter den Taliban sei, den Süden Afghanistans zu stabilisieren. »Es droht die Hoffnung verloren zu gehen, und das wäre das Schlimmste.«

Die Taliban selber melden sich am 10. September 2007 zu Wort. Kurz vor dem sechsten Jahrestag der Anschläge von New York und

Washington, die das Ende ihres Regimes eingeleitet haben, bekunden sie Gesprächsbereitschaft. »Die Taliban haben Verhandlungen und Freundschaft niemals abgelehnt«, behauptet Rebellensprecher Ahmadi. In Wahrheit haben die Aufständischen in den Jahren zuvor Verhandlungen mit der Regierung Karsai ausgeschlossen, solange ausländische Truppen auf afghanischem Boden stünden. Ahmadi betont nun, im Interesse der nationalen Souveränität, der islamischen Werte und für ein Ende des Blutvergießens seien die Taliban »bereit zu Gesprächen«.

Sicherheitsberater Rassul sagt zwei Tage später, die Taliban hätten als einzige Bedingung für Verhandlungen gestellt, von der UN-Liste terroristischer Vereinigungen gestrichen zu werden. Einen Abzug der internationalen Truppen hätten die Rebellen nicht mehr zur Voraussetzung gemacht. Die Regierung wiederum sei auf der Basis der Verfassung zu Verhandlungen bereit. Man werde die Taliban aber nicht als politische oder militärische Einheit anerkennen, »die alles neu diskutieren will, was wir in den vergangenen sechs Jahren erreicht haben«.

Unter westlichen Experten in Kabul herrscht »eine gewisse Ratlosigkeit« über den angeblichen Friedenswillen der Taliban – und tiefes Misstrauen. Möglicherweise gehe es den Rebellen darum, Zwist unter den Mitgliedern der Internationalen Gemeinschaft zu säen, heißt es. Manche von ihnen lehnen Verhandlungen mit »Terroristen« ab. Andere befürworten Gespräche in der Hoffnung, die Eskalation der Gewalt beenden zu können. Ein deutscher Afghanistan-Kenner spricht von dem »schwachen Versuch der Rebellen, sich über Gespräche zumindest etwas Legitimität zu verschaffen«. Erst wenige Wochen zuvor haben die Taliban in der Geiselkrise um die entführten Südkoreaner durch die direkten Verhandlungen, die die Regierung in Seoul mit ihnen aufnahm, eine Aufwertung erfahren. Solche »erfolgreichen Gespräche«, sagt Ahmadi nun, könnten die Rebellen auch mit der Regierung in Kabul führen. Zur Glaubwürdigkeit der Taliban trägt nicht bei, dass Ahmadi bereits kurz darauf die nächste Offensive der Rebellen ankündigt. »Nasrat« , Erfolg, solle die Operation heißen, sagt er, und am 13. September 2007 beginnen – dem ersten Tag des muslimischen Fastenmonats Ramadan. Der UN-Sondersandte Koenigs sagt: »Wie ernst die Taliban das jetzt meinen, dass sie verhandeln wollen, das ist die Frage.«

Dass es den Taliban nicht ernst ist, stellt sich schnell heraus. Am 29. September sterben bei einem der bis dahin schwersten Selbstmordanschläge in Kabul fast 30 Menschen, die meisten der Opfer sind afghanische Soldaten. Die Taliban bekennen sich zu der Tat. Noch am selben Tag erklärt sich Karsai zu persönlichen Verhandlungen mit den Taliban bereit und stellt den Aufständischen bei Gewaltverzicht eine Regierungsbeteiligung in Aussicht. »Kommt und nehmt teil an den Wahlen«, sagt der Präsident. »Wenn die Menschen Euch wählen und Ihr Regierungsmacht wollt, seid Ihr willkommen.« Doch die Taliban fallen auf ihre alten Positionen zurück. Rebellensprecher Ahmadi sagt am Tag nach Karsais Angebot: »Solange es der afghanischen Regierung an eigener Autorität und Planung mangelt und solange ausländische Truppen in Afghanistan sind, sind wir zu Gesprächen nicht bereit.« Einen Abzug der internationalen Streitkräfte aber lehnt die afghanische Regierung strikt ab – wohl wissend um die Konsequenzen. Die Fronten bleiben verhärtet. Doch mit ihrem vermeintlichen Gesprächsangebot haben es die Taliban ein weiteres Mal in die internationalen Schlagzeilen geschafft.

»Zeremonienmeister des Terrors« – Propaganda

Abdul Latif Hakimi

Anders als andere Pressesprecher hat Kari Jussif Ahmadi weder eine Adresse noch ein Büro, in dem man ihn besuchen könnte. Ihm genügen für seine Arbeit neben dem Internet ein Satellitentelefon und ein Handy. Ahmadi ist der Name, den die Taliban einem ihrer Sprecher gegeben haben, der Einfachheit halber soll er auch hier so genannt werden. In Wirklichkeit verstecken sich hinter dem Fantasienamen mindestens drei verschiedene Aufständische, über die außer ihrer Stimmen nichts bekannt ist. Ahmadi kann mit einem Anruf die Schlagzeilen der Weltpresse erobern. Manchmal hinterlässt er durch kurzes Anklingeln einen »Missed Call«, einen verpassten Anruf, bei Journalisten. Ahmadi weiß: Die Reporter werden zurückrufen, vor allem dann, wenn gerade eine Geiselkrise schwelt oder ein schwerer Anschlag bekannt geworden ist. Dass Ahmadi für die Taliban von Mullah Omar spricht, daran herrschen kaum Zweifel. Er ist in der

Propagandaabteilung zuständig für den unruhigen Süden, den Südwesten und den Westen Afghanistans. Für die anderen Landesteile spricht Sabiullah Mudschahid. Anders als bei Ahmadi – die Aufständischen hinter diesem Namen sprechen in verschiedenen Dialekten und mit unterschiedlichen Stimmen – scheint die Stimme Mudschahids allerdings stets gleich zu klingen.

Die Taliban haben die Bedeutung der Medien für ihren Kampf erkannt – und sie haben gemerkt, wie sie vor allem über internationale Nachrichtenagenturen Einfluss auf die Meinung bei den Truppenstellernationen nehmen können. Nach einem schweren Anschlag genügt ein Bekenneranruf bei AP, Reuters, AFP oder dpa, und wenige Minuten später liest fast die ganze Welt den Standpunkt der Aufständischen. Oftmals sind die Statements der Taliban schneller erhältlich als die der afghanischen Regierung, oftmals sind Ahmadi und Co. leichter zu erreichen als die Sprecher des Innen- oder Verteidigungsministeriums in Kabul. Zum Verdruss der ausländischen Truppen, der Regierung in Kabul und der westlichen Regierungen sind die Taliban bei ihrer Öffentlichkeitsarbeit in den vergangenen Jahren immer professioneller geworden.

Dabei herrscht nach dem Sturz des Taliban-Regimes eine ganze Zeit lang Funkstille. Als die Rebellen den Schock ihrer Niederlage verdaut haben, beginnt der damalige Taliban-Sprecher Abdul Latif Hakimi im Jahr 2004, ausländischen Medien Telefoninterviews zu geben. Die Aufständischen lesen schon damals offenbar über Kontaktmänner die Ticker von Nachrichtenagenturen mit, oft sind sie gut informiert. Hakimi beschwert sich in mindestens einem Telefonat persönlich bei einem Journalisten, weil die Berichterstattung aus seiner Sicht zu negativ ausfällt. Die Telefonnummern der Sprecher sind nicht nur Reportern, sondern auch Geheimdiensten bekannt. Es ist nicht schwer, die Telefone, wenn sie angeschaltet sind, zu orten und abzuhören. »Wir wissen genau, wann ihr mit denen redet«, sagt ein US-Offizier Anfang 2007 einem deutschen Journalisten. Die Festnahme eines Sprechers dürfte die Taliban-Propaganda aber kaum zum Verstummen bringen. Unter dem Namen Ahmadi würde dann wohl ein anderer Aufständischer die Aufgabe übernehmen. Dass der Job trotzdem gefährlich sein kann, wissen die Sprecher. Hakimi und andere ihrer einstigen Kollegen sitzen in Haft. Ahmadi (beziehungsweise die Männer hinter dem Namen) verbreitet Taliban-Propaganda mindestens seit dem Jahr 2005 – offenbar ungestört.

Die Taliban genießen ihre neue Medienmacht, im April 2005 bedauern sie sogar den Tod von Papst Johannes Paul II. »Auch wenn andere Anhänger (des Christentums) einen Kreuzzug gegen den Islam begonnen haben, verdient der Einsatz des Papstes für den Weltfrieden Lob«, verkünden die Rebellen. Der Aufbau der Taliban-Propaganda ist zu der Zeit in vollem Gange. Eine mobile Station beginnt 2005, die »Stimme der Scharia«, den alten Taliban-Radiosender, vorübergehend wieder auszustrahlen. Ungefähr zur selben Zeit entdecken die einst so fortschrittsfeindlichen Bilderstürmer das Internet für ihre Zwecke. Zeitweise wird die Homepage des »Islamischen Emirats Afghanistan« von der pakistanischen Islamisten-Hochburg Peshawar aus betrieben, manchmal von einem Provider im ostpakistanischen Lahore. »Stimme des Dschihad« heißt der Taliban-Auftritt im World Wide Web. Die Seite verbreitet neben angeblichen Frontnachrichten auch Beschlüsse des Führungsrats der Taliban und sonstige Propaganda der Aufständischen. Im Laufe der Zeit beginnen die Taliban auf der Homepage, aber auch in Telefonaten von ihren Kämpfern als Mudschaheddin zu sprechen. Möglicherweise hoffen sie, damit die Basis ihrer potenziellen Anhänger verbreitern zu können. Der Begriff ist in Afghanistan positiv besetzt. Dabei haben sich als Mudschaheddin nicht nur die Kämpfer gegen die sowjetischen Besatzer, sondern auch die der Nordallianz bezeichnet – die Feinde der Taliban.

Die »Stimme des Dschihad« zieht regelmäßig um im Internet, vermutlich immer dann, wenn Gegner der Taliban wieder auf deren jüngste Internetadresse gestoßen sind. Nach jeder virtuellen Attacke ist die Homepage für eine kurze Zeit vom Netz, bis sie unter leicht geänderter Adresse und etwas verändertem Erscheinungsbild bei einem anderen Provider doch wieder auftaucht. Im Winter 2007 flackert rechts oben auf dem Bildschirm neben dem Banner der »Stimme des Dschihad« zeitweise die Werbung eines Investmentfonds, in der ein umzäuntes Schwein, ein Sparschwein, immer dicker und größer wird.

Den Taliban kann die westliche Reklame gleich sein, sie wissen, dass Besucher ihrer Seite dafür kaum ein Auge haben werden, sondern nach Informationen und Stellungnahmen suchen – selbst wenn die Inhalte der Seite zweifelhaft sind. Denn das sind die auf der

»Stimme des Dschihad« in Paschtu, Dari, Urdu, Arabisch und Englisch verbreiteten Meldungen fast immer. Opferzahlen bei den eigenen Kämpfern werden verschwiegen oder untertrieben, die Verluste der Feinde sind überzogen oder erlogen. Am 10. November 2007 etwa sprengt sich ein Selbstmordattentäter in seinem Fahrzeug an einem Polizei-Checkpoint in Kundus-Stadt in die Luft. Nach Angaben der afghanischen Polizei sterben der Attentäter und ein Zivilist. Polizisten sagen, ein Bundeswehr-Konvoi sei in der Nähe gewesen. Ein Sprecher des Einsatzführungskommandos in Potsdam betont dagegen, die Bundeswehr habe sich nicht in der Umgebung aufgehalten. Worin sich das Einsatzführungskommando und die afghanischen Behörden trotz dieses Widerspruchs einig sind: Kein Deutscher ist bei dem Selbstmordattentat zu Schaden gekommen.

Auf der »Stimme des Dschihad« klingt der Anschlag trotzdem ganz anders: In einem »Märtyrerangriff« gegen einen Konvoi der »deutschen militärischen Besatzungsterroristen« in Kundus seien zwei Fahrzeuge der Bundeswehr zerstört und acht »Feinde des Islam« getötet worden, heißt es auf der Internetseite. Danach hätten die Deutschen das Feuer auf Zivilisten eröffnet und mehrere Unbeteiligte verletzt. Die ausländischen Soldaten seien christliche Ungläubige, gegen die es zu kämpfen gelte.

Hätten die Taliban mit ihrer Darstellung des Anschlags gegen die Bundeswehr recht gehabt, wäre das in Deutschland schnell bekannt geworden. Es ist eines von vielen Beispielen, bei denen die Angaben der Taliban mit der Wirklichkeit nicht übereinstimmen. Das Problem für Journalisten: Zumindest ein Teil der Taliban-Propaganda könnte wahr sein. Oftmals stimmt etwa die Tatsache, dass es einen Anschlag gab – wie auch im Fall des Anschlags gegen deutsche Polizisten in Kabul im August 2007. Manchmal kennen die Taliban Minuten nach einer Explosion so viele (richtige) Details, dass die Täterschaft der Aufständischen zumindest als wahrscheinlich angenommen werden muss. Gelegentlich räumen Ahmadi und Mudschahid – fast wie richtige Pressesprecher – dagegen ein, dass sie sich über Anschläge oder Entführungen erst kundig machen müssen, weil sie selber noch nichts wissen. Sie bekennen sich im Namen der Taliban längst nicht zu jeder Gewalttat.

Makabre Berühmtheit in Deutschland erlangen Ahmadi und Co. im Sommer 2007, nach der Entführung der beiden deutschen Bauingenieure Rudolf Blechschmidt und Rüdiger Diedrich. Am Vormittag des 18. Juli, einem Freitag, sagt der örtlich zuständige Sprecher Mudschahid auf Nachfrage, ihm sei nicht bekannt, dass Deutsche von den Taliban festgehalten würden. Wenige Stunden später, kurz nach 14 Uhr afghanischer Zeit, droht Ahmadi damit, die Bauingenieure würden getötet, sollte die Bundeswehr nicht aus Afghanistan abziehen und sollten nicht alle Taliban-Kämpfer aus afghanischer Haft entlassen werden. Zwei Stunden später ruft Ahmadi erneut bei der Deutschen Presse-Agentur (dpa) an. Ahmadi setzt Berlin eine Frist: Die Forderungen müssten bis zum nächsten Tag um 12 Uhr afghanischer Zeit erfüllt werden. Dass das nicht möglich ist, ist zweifelsohne auch Ahmadi bekannt. Er sagt, sollte sich die Bundesregierung bis zu dem Zeitpunkt mit den Taliban in Verbindung setzen, könne das Ultimatum verlängert werden. Bundeskanzlerin Angela Merkel (CDU) weist die Forderungen zurück.

Schon zum Zeitpunkt von Ahmadis ersten Anrufen herrschen in der Bundesregierung – und bei Experten in Afghanistan – erhebliche Zweifel darüber, ob sich die beiden Deutschen wirklich in der Gewalt der straff organisierten Taliban von Mullah Omar befinden, für die Ahmadi spricht. Trotzdem gelingt es Ahmadi, den Nervenkrieg um das Leben der Deutschen über die Medien weiter anzuheizen. Minuten vor Ablauf des Ultimatums meldet er sich erneut und kritisiert, dass Berlin keinen Kontakt aufgenommen habe. Um 12.36 Uhr afghanischer Zeit an diesem Samstag ruft er wieder an und verkündet, eine der beiden deutschen Geiseln sei eine halbe Stunde zuvor erschossen worden. Ganz Deutschland ist entsetzt, doch es kommt noch schlimmer. Er gibt der Bundesregierung ganze 24 weitere Minuten, um den Forderungen der Taliban doch noch nachzukommen.

Ahmadi setzt die Bundesregierung unter großen Druck. Der Mord der ersten Geisel ist als Eilmeldung in Deutschland und der ganzen Welt verbreitet worden, nun muss Berlin eigentlich reagieren, um das Leben des zweiten Deutschen zu retten. Doch da begeht Ahmadi aus Sicht der Taliban einen großen strategischen Fehler. Um 13.51 Uhr afghanischer Zeit meldet er sich erneut per Telefon, um mitzuteilen, die zweite Geisel sei eine halbe Stunde zuvor ebenfalls erschossen worden. Rüdiger Diedrich – das wird noch an diesem Samstag bestätigt – ist tatsächlich tot. Doch Rudolf Blechschmidt, auch das wird schnell klar, lebt noch.

Die Taliban büßen ein gutes Stück ihrer ohnehin schwachen Glaubwürdigkeit durch Ahmadis Falschaussage ein. Zudem geben sie ohne Not alle Verhandlungstrümpfe aus der Hand. Mit einer lebendigen Geisel hätten sich vielleicht noch Forderungen stellen lassen, mit zwei toten Deutschen nicht mehr. Doch der Taliban-Sprecher gibt nicht auf. Zwei Tage nachdem er persönlich Blechschmidt für tot erklärt hat, räumt Ahmadi selber ein, dass der Deutsche noch am Leben ist. Es habe sich um ein Kommunikationsproblem zwischen den Rebellen vor Ort und dem Führungsrat der Taliban gehandelt. Bei diesem Anruf zeigt Ahmadi, dass die Taliban sich offenbar selbst mit den Besonderheiten des deutschen Systems auskennen: Er wendet sich mit seiner Forderung nach einem Truppenabzug ausdrücklich nicht an die Bundesregierung, sondern an das Parlament, den Bundestag – selbst im fernen Afghanistan scheint Ahmadi zu wissen, wer in Deutschland über die Entsendung der Bundeswehr entscheidet.

Außenamtssprecher Martin Jäger nennt die Taliban in diesen Tagen »Zeremonienmeister des Terrors«. Er warnt vor der Propaganda, mit der die Rebellen gezielt versuchten, Verunsicherung zu schaffen. »Man muss sich vorstellen: Da sitzt ein Mann mit Bart und Mobiltelefon im afghanisch-pakistanischen Grenzgebiet und schafft es, mit wenigen Anrufen am Samstagvormittag ganz Deutschland in Aufregung zu versetzen.« Das gelingt den Taliban in diesem Sommer 2007 nicht nur in Deutschland, sondern auch in Südkorea. Die Rebellen nutzen das Interesse internationaler Medien, um nach der Übergabe einer südkoreanischen Geiselgruppe an das Rote Kreuz trotz des Protestes der afghanischen Regierung eine regelrechte Pressekonferenz in Ghasni abzuhalten – als wären sie tatsächlich ein legitimer Verhandlungspartner gewesen.

Wenn auch nicht mutwillig wie die Aufständischen, so verbreitet dennoch auch die ISAF falsche Informationen. Die Schutztruppe versichert im Herbst 2007 in ihrer Zeitung *Stimme der Freiheit*, die in einer Auflage von 390 000 Exemplaren für die afghanische Öffentlichkeit gedruckt wird, die ISAF investiere viel in die Qualität ihrer Nachrichten und Mitteilungen. »Es gibt nichts, was die Tore der ISAF verlässt, das nicht mehrfach doppelt geprüft wurde. Deshalb sind Informationen der ISAF vertrauenswürdig«, heißt es in dem Blatt. Informationen müssten genau sein, »denn wenn sie es nicht sind, wissen wir, dass das bald herausgefunden wird«. In derselben Ausgabe versichert ISAF-Kommandeur Dan McNeill, die Sicherheitslage in Afghanistan verschlechtere sich nicht.

Die Schutztruppe prüft vor Veröffentlichung ihrer Pressemitteilung 2007-598 am 16. August 2007 zu Kämpfen in Ostafghanistan nicht nach, was genau geschehen ist, als ihre polnischen Soldaten nach Überzeugung der Staatsanwaltschaft in Posen ohne Not ein Dorf beschießen und mindestens sechs Zivilisten töten. Die ISAF spricht in der Mitteilung von Selbstverteidigung ihrer Truppen nach einem Taliban-Angriff. Sie glaubt der Darstellung der Soldaten unbesehen, die in ihrer Heimat später wegen Kriegsverbrechen angeklagt werden, sich in Afghanistan aber noch als Helden gerieren: Bei der »hochriskanten« Rettung von einheimischen Verwundeten seien die ISAF-Kräfte und die lokale Bevölkerung weiterhin von »Taliban-Extremisten« bedroht worden, meldet die Schutztruppe am selben Tag. »Im Bestreben danach, Freiheit von Unterdrückung und den Gefahren der Taliban-Extremisten zu bringen, arbeiten ISAF-Einheiten in der Gegend ständig mit der einheimischen Bevölkerung zusammen«, wird ISAF-Sprecherin Claudia Foss in der Mitteilung zitiert. »Dies ist ein weiteres Beispiel dafür, wie Taliban-Extremisten weiterhin den Kampf in die örtlichen Gemeinden tragen und dabei unschuldige Afghanen gefährden.« Die Posener Staatsanwaltschaft teilt später mit, beim Verhör in Polen hätten die beschuldigten Soldaten eingeräumt, dass sie die von der ISAF verbreitete Version erfunden hätten. Die ISAF widerspricht nicht.

Manchmal sitzt die ISAF schlechte Nachrichten auch aus. Zu dem Totenschädel-Skandal der deutschen Soldaten im Herbst 2006 veröffentlicht die Schutztruppe keine einzige Mitteilung. Das Bundesverteidigungsministerium wiederum untersagt deutschen Soldaten in Afghanistan nach der Veröffentlichung der Fotos in der *Bild-Zeitung*, sich vor Journalisten zu äußern. Die einzige Ausnahme: Von Presseoffizieren handverlesene Soldaten dürfen Fragen nach der zivil-militärischen Zusammenarbeit, also der Entwicklungshilfe der Truppe, beantworten. Dabei berichten die deutschen Korrespondenten in der Region fast durchweg, dass es sich bei denjenigen, die die abstoßenden Fotos gemacht haben, um Einzelfälle handele, welche die gute Arbeit der Bundeswehr am Hindukusch nicht infrage stellen könnten. Deutsche Offiziere bemängeln eine »Informationsblockade« durch Berlin. Auch im ISAF-Hauptquartier in Kabul empfindet man den deutschen Umgang mit den Medien als unglücklich. Journalisten aus Angst vor schlechter Presse abzuweisen, meint ein britischer Offizier, sei schlicht dumm – schließlich fänden dann auch positive Nachrichten keine Verbreitung mehr.

Doch nicht nur Militärs am Hindukusch müssen schon seit langem vorsichtig damit sein, was sie öffentlich sagen. Den Vetretern staatlicher deutscher Hilfsorganisationen geht es oft kaum anders. Ihre Zentralen wissen, was Aussagen zu Afghanistan – vor allem kritische – zu Hause für einen Aufruhr auslösen können. Ein deutscher Helfer in Afghanistan spricht im November 2007 von einem »Maulkorb«, den er und seine Kollegen von den Chefs in Deutschland im Umgang mit Medienvertretern aus der Heimat angelegt bekommen hätten. »Das ist leider die Realität«, sagt er resigniert. Er glaube, das Sprechverbot sei ein Fehler. Schließlich hätten auch die Deutschen zu Hause das Recht zu erfahren, wie es wirklich aussehe am Hindukusch.

»Pakistan will uns zu Sklaven machen« – der Einfluss des Nachbarn

Abdul Rashid Ghazi

In Hamid Guls Residenz in der pakistanischen Garnisonsstadt Rawalpindi liegt eines der Bruchstücke jenes Grenzwalles, dessen Fall das Ende des Ostblocks besiegelte. »Berliner Mauer 1989«, steht auf der Plakette des kleinen Betonteiles, »präsentiert vom Bundesnachrichtendienst mit tiefstem Respekt für Generalleutnant Hamid Gul, der half, den ersten Stoß zu versetzen.« Gul, der einen gepflegten Schnäuzer trägt und den ein Professor aus Peshawar wegen seiner islamistischen Gesinnung als »Mullah ohne Bart« bezeichnet, hat von

1987 bis 1989 den berüchtigten pakistanischen Geheimdienst Inter-Services Intelligence (ISI) geleitet. Damals hat er zu den mächtigsten Männern Pakistans gehört. Er hat zur Niederlage der Roten Armee in Afghanistan beigetragen, deren Abzug die Sowjetunion demoralisierte und als Anfang des Niedergangs der Weltmacht gilt. Viele Afghanen argumentieren noch heute, dass ihr verlustreicher Kampf gegen die kommunistischen Besatzer den Deutschen letztlich die friedliche Wiedervereinigung beschert hat.

Im Stellvertreterkrieg gegen die Sowjets in Afghanistan ist der ISI der wichtigste Verbündete des US-Geheimdienstes CIA. Die Regierung in Islamabad befürchtet, nach der Besetzung Afghanistans könnte die Rote Armee weiter in Richtung der Warmwasserhäfen im Arabischen Meer vorrücken – und versuchen, auch Pakistan zu erobern. Der ISI fördert beim Widerstand gegen die Sowjettruppen in allererster Linie radikale islamische Paschtunen-Gruppen, die Amerikaner nehmen es hin. Ohnehin bindet Islamabad die USA längst nicht in alle Entscheidungen ein, obwohl Pakistan kräftige Finanzhilfen der Amerikaner kassiert. Osama bin Laden kann damals damit beginnen, im nordwestpakistanischen Peshawar und in Afghanistan El Kaida aufzubauen.

Die Regierung in Islamabad wird nach der Machtübernahme der Taliban zu deren wichtigstem Unterstützer. Doch nach den Anschlägen vom 11. September 2001 vollzieht der pakistanische Präsident und Militärmachthaber Pervez Musharraf eine Kehrtwende, lässt die Taliban fallen und stellt sich im Anti-Terror-Krieg an die Seite der USA. Freiwillig geschieht das nicht. Fünf Jahre später sagt Musharraf, die US-Regierung habe ihm damals gedroht, sein Land »in die Steinzeit« zu bomben, sollte er nicht kooperieren. Washington dementiert eine solche Drohung.

Auch die zahlreichen anderen Nachbarländer, etwa der Iran, haben früher versucht, in ihrem Sinne auf Afghanistan einzuwirken, und sie tun das noch heute. Keiner der Nachbarn hat aber stärkeren Einfluss auf die Entwicklung in Afghanistan als Pakistan. Dass aktive oder ehemalige Angehörige des ISI, der im Ruf steht, eigenmächtig zu handeln, den Taliban auch heute noch tatkräftig unter die Arme greifen und so den Kampf der westlichen Truppen am Hindukusch unterminieren, dieser Vorwurf wird vor allem in Kabul immer wieder laut. Mindestens verbal unterstützt auch Ex-ISI-Chef Gul die Taliban.

Nachdem die USA Afghanistan nach dem Abzug der Sowjets im Stich gelassen haben, hat er sich von Washington abgewandt. Auch der BND dürfte inzwischen trotz des Erinnerungsstückes aus der Berliner Mauer nicht mehr zu seinen Freunden gehören.

»Die Amerikaner werden in Afghanistan und im Irak besiegt«, sagt Gul im März 2007. »Sie werden gehen.« Gul tut die Vorwürfe, der ISI helfe den Aufständischen im Nachbarland, als Gerücht ab. Die Generationen bei den Taliban hätten gewechselt, der ISI habe keine Kontakte mehr zu den Rebellen, sagt der Ex-Geheimdienstchef. In Pakistan gebe es möglicherweise Unterstützung für die Taliban, diese komme aber nicht von Regierungsseite. »Die Unterstützung ist nicht verantwortlich für den Ärger, den die Amerikaner in Afghanistan haben.«

Die Amerikaner müssten Afghanistan verlassen, fordert Gul, der Bin Laden auch heute noch einen »Freiheitskämpfer« nennt. Selbstmordanschläge bezeichnet Gul, der bei der Regierung in Ungnade gefallen ist, aber immer noch Einfluss in Pakistan hat, als die »Waffe des armen Mannes«. Afghanistan hält er für ein besetztes Land. Der frühere ISI-Chef betont: »Der bewaffnete Kampf der Taliban ist absolut legitim.«

Das sieht Sayed Arifin nicht anders. Er ist der Direktor einer kleinen Madrasa mit etwa 250 Schülern in Peshawar, der unruhigen Stadt nahe der afghanischen Grenze im Nordwesten Pakistans. Arifin hat auf einem Sitzkissen auf dem grünen Teppich in dem Raum Platz genommen, in dem er Besucher empfängt. An der Wand hängen ein Bild von Mekka und eines von Medina. In Saudi-Arabien ist Arifin ausgebildet worden. An den Vorhangstangen in dem kargen Raum sind keine Gardinen angebracht, um die Lichtschalter herum breitet sich Schimmel aus. Eine Neonröhre glimmt über einem leeren Bücherregal, an der Wand hängt eine Uhr, die an irgendeinem Tag um Viertel vor acht stehengeblieben ist. Arifin nimmt sich Zeit für die Besucher aus Deutschland. Auf der linken Seite des Geistlichen sitzt ein finster dreinblickender Mann mit schwarzem Bart und getönter Brille, der die Gäste immer wieder mit einem Fotohandy knipst. Ein Polizist auf einem Stuhl ist eingedöst.

Auf einem Sitzkissen auf der rechten Seite Arifins hat sich ein Vertreter der Universität Peshawar niedergelassen, er hat die Besucher zu der Koranschule geführt. Ihm ist der Unmut über den Verlauf, den das Gespräch bei Tee und Wasser nimmt, anzumerken. Spätestens beim Thema Selbstmordanschläge versucht der Universitätsbeamte, Arifin zu bremsen, und fällt ihm auf Paschtu ins Wort – doch der Geistliche, der fließend Englisch spricht, hat sich in Fahrt geredet.

»Selbstmordanschläge in Afghanistan sind gerechtfertigt, weil die USA Afghanistan angegriffen haben und der Aggressor sind«, sagt Arifin im Frühjahr 2007. Im Kampf für die Freiheit ihres Landes hätten die Aufständischen das Recht auf solche Anschläge. Er unterstütze die Taliban, weil es unter ihrem Regime weniger Tote und Unheil gegeben habe als heute. Der Westen spreche immer nur über die Fehler, die die Taliban während ihrer Herrschaft begangen hätten – etwa die Zerstörung der Buddha-Statuen von Bamian oder die Schließung von Mädchenschulen. Letzteres, meint Arifin, sei nur aus Mangel an Finanzen geschehen. »Sie haben so viel Gutes gemacht, von dem Ihr nie redet.« An positiven Beispielen aus der Zeit unter den Taliban mangelt es dem Geistlichen nicht: »Frieden wurde in Afghanistan verbreitet, Frauen waren sicher, Häuser waren sicher, Geld war sicher.« Zwar bilde er seine Schüler nicht an der Waffe aus, aber »ich unterstütze den bewaffneten Kampf gegen die Amerikaner in Afghanistan moralisch«.

Er verurteile, was am 11. September 2001 geschehen sei, sagt Arifin zum Erstaunen der Zuhörer – um dann allerdings eine These zu verbreiten, der nicht nur andere Geistliche und zahlreiche einfache Pakistaner, sondern selbst manche Universitätsprofessoren in Peshawar anhängen: dass nämlich Osama bin Laden nicht der Drahtzieher der Anschläge in New York und Washington gewesen sei. Je nachdem, welcher Verschwörungstheorie in Pakistan man folgen mag, gelten die jüdische Lobby in den USA, der israelische Geheimdienst Mossad oder gar die Regierung in Washington selber als verantwortlich – alle Beschuldigten eint diesen Ansichten zufolge, dass sie Feinde der Muslime sind. Arifin hat seine eigene Theorie präzisiert: Er meint, Hintermänner in Europa und Amerika hätten Muslime für die Tat angeheuert, um den Islam zu diskreditieren und damit zu verhindern, dass sich die Religion auch im Westen weiter ausbreite. Der Geistliche glaubt, diese angebliche Strategie sei zum Scheitern verurteilt, er sagt der Staatengemeinschaft in Afghanistan eine Niederlage voraus. Jeder Afghane sei gegen die ausländischen Truppen, betont er. Nicht nur jene Männer, die nach muslimischer Sitte einen Vollbart trügen, seien dem Westen feindlich gesinnt, »sogar die Glattrasierten sind mit ihrem Herzen nicht bei Euch«. Sollten die ausländischen Truppen weiter in Afghanistan bleiben, werde der Krieg eskalieren, glaubt Arifin. »Jeder Muslim ist ein Taliban.«

Das stimmt weder in Afghanistan noch in Pakistan. Trotzdem lehnen große Teile auch der pakistanischen Bevölkerung die Präsenz der ausländischen Truppen in Afghanistan ab. Und nicht nur in kleinen Koranschulen im abgelegenen und ohnehin fundamentalistisch geprägten Nordwesten Pakistans wird für den Dschihad geworben. Abdul Rashid Ghazi predigt – zumindest bis zu seinem Tod im Juli 2007 – mitten in der Hauptstadt Islamabad, nur einen Fußmarsch vom Regierungsviertel entfernt, den Heiligen Krieg. Offen fordert der mächtige Geistliche die Regierung des bekennenden Anti-Terror-Kämpfers und US-Alliierten Pervez Musharraf heraus. Ghazi ist der Vizechef der Madrasa an der Lal Masjid, der Roten Moschee, hier studieren 4500 männliche und 6500 weibliche Koranschüler. Die Lal Masjid sitzt Präsident Musharraf wie ein Stachel im Fleisch.

Vor dem Eisentor, das den großen Komplex von der Außenwelt und dem Zugriff der Staatsmacht abriegelt, halten bärtige Anhänger Ghazis Wache. Sie wollen den deutschen Journalisten, der im März 2007 einen Termin mit Ghazi hat, zunächst abweisen. Erst nach Rücksprache mit Ghazi per Handy öffnet sich das Tor, dahinter steht ein Vermummter in Kampfmontur und mit Kalaschnikow im Arm. Der junge Mann gehört zur Leibgarde Ghazis und seines älteren Bruders, des Madrasa-Chefs Maulana Abdul Aziz Ghazi. Ein Koranschüler führt den Besucher durch enge verwinkelte Gänge in dem Komplex, an jeder Ecke stehen vermummte Bewaffnete, deren Augen misstrauisch blicken. Dann ist das bescheidene Büro Abdul Rashid Ghazis erreicht, der Geistliche grüßt, er sitzt lächelnd im Schneidersitz auf einem schwarzen Ledersofa. Unter einer gestickten roten Gebetskappe quellen ergraute Locken hervor, ein Rauschebart umrahmt das Gesicht des 1964 geborenen Pakistaners, der viel älter als Anfang vierzig wirkt. Braune Augen hinter einer goldenen Brille blicken den Besucher freundlich an. Doch Ghazis Worte passen nicht zu seinem harmlosen Auftreten. Bedächtig und in fließendem Englisch spricht er von der Notwendigkeit, die ausländischen Truppen mit Gewalt aus Afghanistan zu vertreiben. Der Geistliche ist überzeugt, dass nur eine Wiederkehr des Taliban-Regimes eine Lösung für Afghanistan sein kann. Zwischen Geschichten vom Heiligen Krieg und vom Märtyrertod stellt der in weiße traditionelle Tracht gekleidete Prediger seinen kleinen Sohn vor, der schüchtern ins Büro schaut und dem Gast aus dem Westen die Hand schüttelt.

Die ausländischen Truppen hätten nach den Anschlägen vom 11. September 2001 kein Recht gehabt, in Afghanistan einzumarschieren, meint Ghazi. Er ist 1998 im südafghanischen Kandahar mit Osama bin Laden zusammengekommen, er nennt den El-Kaida-Chef »unseren Helden«. Seine Männer unterhielten Kontakt zu den Taliban und zu El Kaida, Mullah Omar und Bin Laden seien am Leben und führten ihre Organisationen weiterhin, sagt Ghazi im März 2007. Der Kampf wäre aber auch dann nicht vorüber, würden die beiden tatsächlich eines Tages gefasst oder getötet. »In unserem Dschihad sind Personen nicht wichtig«, betont der Geistliche. »Ein anderer würde ihre Stelle einnehmen.«

Diese Austauschbarkeit und vor allem diese Gleichgültigkeit gegenüber dem Tode, die radikale Muslime oft an den Tag legen, sind es auch, die Ghazi von der Aussichtslosigkeit des Kampfes der westlichen Truppen in Afghanistan überzeugen. »Sie werden niemals Erfolg haben«, sagt der Prediger. Stattdessen drohe ihnen das Schicksal der Roten Armee. Ghazi meint, alle Mittel seien recht, um den »Aggressor« zu stoppen – auch, den eigenen Körper zur Bombe zu machen. Rhetorisch fragt Ghazi, wie viele der ausländischen Soldaten wohl willens seien, einen Selbstmordanschlag gegen die Taliban zu verüben – kein Einziger, antwortet er sich selbst. Die Rebellen dagegen hätten »Hunderte und Tausende« Selbstmordattentäter, die voller Enthusiasmus ihr Leben geben und die Moral der fremden Soldaten zermürben würden. »Uns bedeutet dieses Leben nichts«, sagt Ghazi. »Es wird eine Menge Opfer auf unserer Seite geben, kein Zweifel. Aber am Ende werden sie (die ausländischen Truppen) abziehen.« Auch gegen Bundeswehr-Soldaten seien Selbstmordanschläge »natürlich gerechtfertigt« – schließlich stünden die Deutschen am Hindukusch an der Seite der USA. Der Hass auf die Amerikaner und ihre Alliierten wachse ständig. Die Truppen in Afghanistan »können uns nicht besiegen«, sagt der radikale Geistliche. Die Soldaten seien zwar hochgerüstet, aber »Technologie lässt einen nicht gewinnen – dafür braucht man Enthusiasmus, und der ist auf der Seite der Muslime«.

Diesen aus westlicher Sicht verheerenden Enthusiasmus vermitteln Ghazi und sein Bruder auch ihren Koranschülern. Nach dem gewaltsamen Tod ihres Vaters in der Moschee Ende der neunziger Jahre übernehmen die beiden Geschwister die Jamia Faridia für Jungen und die Jamia Hafsa für Mädchen. Ganze Generationen junger Mujaheddin haben sie seitdem herangezogen. Seine Koranschulen lehrten »den gesamten Islam«, betont Ghazi, nicht nur den Dschihad. Der Heilige Krieg sei aber »ein wichtiger Pfeiler« dieser Lehren, die er den Schülern vermittele. »Wir bringen ihnen das Konzept des Dschihad bei, nicht, wie man kämpft.« Im Klartext heißt das: Die Schüler werden in der Madrasa nicht an der Waffe ausgebildet, aber im Geiste auf den Kampf in Afghanistan vorbereitet. Ghazi betont, er ermutige die jungen Männer, nach ihrer Ausbildung »zu gehen und zu kämpfen«.

Dass die von Ghazi und seinem Bruder indoktrinierten jungen Muslime bereit zum Kampf, bereit zur Gewalt sind, das beweisen sie nicht nur in Afghanistan, sondern auch in der Nachbarschaft der Roten Moschee in Islamabad. Schülerinnen besetzen Anfang 2007 als Protest gegen den Abriss von Moscheen in der Hauptstadt eine Bibliothek, Schüler verschleppten angebliche Prostituierte in die Koranschulen, um sie umzuerziehen, auch Polizisten werden vorübergehend gekidnappt. Besitzer von Videotheken und Musikläden werden in Taliban-Manier aufgefordert zu schließen. Die Führung der Koranschulen setzt ein Scharia-Gericht ein und droht offen mit Selbstmordanschlägen, sollte die Regierung es schließen wollen. Ghazi fordert, das islamische Rechtssystem im ganzen Land verbindlich zu machen. Er setzt auf Eskalation.

Musharraf, der einen moderaten Islam propagiert, auf die Unterstützung Washingtons angewiesen ist und sein Land als zuverlässigen Partner im Kampf gegen Terrorismus präsentiert, hat den mächtigen Predigern der Roten Moschee lange hilflos zugeschaut. Doch im Sommer 2007 reicht es dem Präsidenten, der schon lange um seine Glaubwürdigkeit und um sein Image im Westen fürchten muss. Am 3. Juli brechen »die vermutlich schwersten und blutigsten« Straßenschlachten – so die pakistanische Zeitung *Dawn* – in der Geschichte Islamabads aus. Koranschüler greifen einen neu errichteten Checkpoint der Polizei bei der Roten Moschee an, paramilitärische Sicherheitskräfte schlagen zurück. Binnen kurzer Zeit beschießen sich

Sicherheitskräfte und Koranschüler mit automatischen Waffen, zahlreiche Menschen sterben, darunter auch Zivilisten, die mitten in der Hauptstadt ins Kreuzfeuer geraten. Die Regierung verhängt eine Ausgangssperre um die Gegend der Roten Moschee, sie setzt den Koranschülern und militanten Muslimen, die sich dort verschanzt haben, eine Frist, die später mehrfach verlängert wird. Manche Extremisten strecken die Waffen, doch viele von ihnen harren weiter aus. Die Armee riegelt die Rote Moschee ab und versucht, die Fanatiker auszuhungern, die nach Angaben der Regierung zahlreiche Geiseln, darunter auch Frauen und Kinder, in ihrer Gewalt haben. Immer wieder kommt es zu Gefechten. Auf dem Innenhof der Madrasa, so erzählen Koranschüler während der Belagerung am Telefon, verwesen die Leichen der im Kampf getöteten Islamisten.

Ghazi verhandelt bald nach Beginn der Belagerung über freies Geleit, doch die Regierung lehnt ab. Der Prediger sagt anschließend: »Wir werden das Märtyrertum akzeptieren, aber wir werden nicht aufgeben.« Sein älterer Bruder scheint für den Märtyrertod noch nicht bereit, er wird während der Belagerung der Moschee von den Sicherheitskräften gefasst, als er unter einer Burka versteckt fliehen möchte. Am Tag nach seiner Festnahme wird der Fanatiker gedemütigt im Staatsfernsehen vorgeführt, wo er seine Koranschüler zur Kapitulation auffordert – möglicherweise nicht ganz freiwillig, nachdem er eine Nacht in Polizeigewahrsam verbracht hat. Hunderte Extremisten folgen der Aufforderung nicht. Sie schreiben ihre Testamente, auch Ghazi verfasst seinen letzten Willen. »Wir vertrauen fest auf Gott, dass unser Blut zu einer (islamischen) Revolution im Land führen wird«, heißt es darin. Vom 9. auf den 10. Juli 2007 verhandelt eine Delegation muslimischer Geistlicher bis weit nach Mitternacht mit Ghazi und mit der Regierung, um ein Blutbad abzuwenden. Der gemäßigte Geistliche Mufti Mohammad Naeem aus Karachi gehört der Delegation an. Er sagt Monate später, Ghazi habe einer Lösung zugestimmt gehabt, wonach er entgegen seiner markigen Worte doch zur Aufgabe bereit gewesen wäre, allerdings wieder nur unter der Bedingung, freies Geleit zugesichert zu bekommen. Musharraf persönlich habe das erneut abgelehnt, kritisiert Naeem, und damit eine friedliche Lösung verhindert.

Der im Volk immer unbeliebtere Präsident und Militärmachthaber befiehlt nach einer Woche Belagerung den Sturm auf das Gotteshaus.

Mit der »Operation Stille« sollen Ghazi und seine Fanatiker endgültig zum Schweigen gebracht werden. Die Gegend im Herzen der Hauptstadt wird zum Schlachtfeld. »Wir werden sterben, aber das Volk wird Rache nehmen an den Machthabern«, sagt Ghazi zu Beginn des Angriffs noch per Telefon. Raum für Raum kämpfen sich die Soldaten in dem verwinkelten Komplex vor. »Es gibt hartnäckigen Widerstand«, sagt Armeesprecher Waheed Arshad viele Stunden nach Beginn der schweren Gefechte. Die »gut ausgebildeten Terroristen« setzen Maschinengewehre und Granaten ein. Doch letztlich siegt die übermächtige Armee. Am Abend des 10. Juli meldet das Innenministerium den Tod Ghazis. Am Tag darauf erklärt das Militär den Koranschulenkomplex als eingenommen. Die Regierung wertet die Operation als Erfolg. Nach offiziellen pakistanischen Angaben sind bei den Kämpfen um die Rote Moschee rund 100 Menschen getötet worden, die meisten davon Extremisten. Schockierte Augenzeugen, die kurz nach dem Sturm der Armee auf das Gotteshaus am Ort der Gefechte gewesen sind, ihren Namen aus Angst aber nicht gedruckt sehen wollen, sprechen dagegen von Hunderten Leichen, die sie gesehen hätten. Für Journalisten und andere unabhängige Beobachter bleibt die Moschee abgeriegelt, bis die Toten weggeschafft sind.

Zwar demonstrieren nach der Niederlage der Extremisten Zehntausende Menschen in Pakistan gegen Musharrafs gewaltsames Vorgehen, doch es gibt auch Stimmen, die sagen, die Regierung habe Ghazis Provokationen nicht länger dulden können. Die von Ghazi erträumte islamische Revolution im Land bleibt zwar aus, die Sicherheitslage verschlechtert sich aber trotzdem. Aus Protest gegen den Sturm auf die Rote Moschee kündigen Taliban-nahe Extremisten im halbautonomen Stammesgebiet an der Grenze zu Afghanistan ein Waffenstillstandsabkommen mit der Regierung auf. Besonders in den Stammesgebieten, aber auch in anderen Landesteilen und in den Metropolen Pakistans nehmen Selbstmord- und andere Anschläge dramatisch zu, die im Jahr 2007 mehr als 1 000 Menschen das Leben kosten. In der Grenzregion werden Hunderte pakistanische Soldaten von Extremisten entführt, erschossen, in die Luft gesprengt oder geköpft. Die Armee schlägt zurück und tötet ihrerseits Hunderte Anhänger militanter Gruppen.

Als einer der schärfsten Gegner Islamabads profiliert sich in der Nordwest-Grenzprovinz der Extremistenführer Baitullah Mehsud,

Chef der Tehrik-e-Taliban Pakistan, der Taliban-Bewegung Pakistans. Die halbautonomen Stammesgebiete an der afghanischen Grenze, in denen Mehsud operiert, sind schon lange vor den Kämpfen um die Rote Moschee zum verhältnismäßig sicheren Rückzugsraum von El-Kaida-Anhängern und Taliban-Kämpfern geworden. Auf beiden Seiten der Grenze leben Paschtunen, aus denen die Taliban-Bewegung einst hervorgegangen ist. Die ausländischen Truppen in Afghanistan werden in der erzkonservativen Region fast durchweg als Besatzer gesehen. Die Aufständischen greifen von dort aus Ziele in Afghanistan an und ziehen sich dann wieder auf die pakistanische Seite der Grenze zurück – außerhalb der Reichweite der ausländischen und afghanischen Truppen. Doch auch die pakistanische Armee und die Regierung in Islamabad haben über die unwegsame Gegend kaum Kontrolle. Experten warnen vor der fortschreitenden »Talibanisierung« der in sieben Regionen unterteilten Stammesgebiete, die selbst die britische Kolonialmacht nie unter ihre Kontrolle zwingen konnte. Das US-Magazin *Time* beschreibt das Grenzgebiet auf der nordwestpakistanischen Seite im März 2007 als »Talibanistan« und als »nächstes Schlachtfeld im Kampf gegen den Terrorismus«. Die Taliban rücken 2008 immer näher an Peshawar heran. Mitte des Jahres wird in Pakistan erstmals über die zuvor undenkbare Möglichkeit spekuliert, die Hauptstadt der Nordwest-Grenzprovinz könnte an die Aufständischen fallen.

Hinter dem Schlagbaum am Rande Peshawars beginnen die Stammesgebiete. Pakistans Gesetze gelten nur auf der Straße zum Khyber-Pass und zum Grenzübergang Torkham. Neben dem Asphalt herrscht Stammesrecht, bewaffnete Clans haben das Sagen. Männer gehen hier so selbstverständlich mit einer Kalaschnikow aus dem Haus wie andernorts mit einem Regenschirm. Abseits der Straße liegt der Waffenladen von Awal Chan Jamrad, wo jeder einkaufen darf, der genug Geld hat. Ausländische Kalaschnikows bietet Jamrad ab umgerechnet 360 Euro an. Ein lokal gefertigtes Maschinengewehr gibt es für 200 Euro, es kommt aus den Waffenschmieden in Dara Adam Khel im Stammesgebiet, wo alles nachgebaut wird, was schießen und töten kann. Über Dara Adam Khel haben im Sommer 2008 die Taliban weitgehend die Kontrolle.

Nicht nur aus ideologischen Gründen haben die Taliban immer mehr Zulauf. Zehntausende junge Paschtunen in den Stammesgebieten sind arbeits- und perspektivlos, sie stellen ein gigantisches Heer potenzieller Kämpfer. Die Taliban bieten ihnen eine vermeintlich heilige Aufgabe – und ein Einkommen. Unbehelligt nach Afghanistan und wieder nach Pakistan zu gelangen, ist für die Rekruten kaum ein Problem. Die pakistanische Armee räumt ein, dass sie die 2 560 Kilometer lange Grenze, die sich durchs Gebirge schlängelt, selbst mit den nach ihren Angaben dort stationierten 80 000 Soldaten nicht abriegeln kann. Der pakistanische Brigadegeneral Muhammad Tariq Jilani betont im März 2007 aber auch, diese 80 000 Soldaten seien ein Vielfaches der afghanischen Grenzposten. Pakistan habe 400 Soldaten in der Region im Kampf mit Rebellen verloren. »Wir haben die größten Verluste erlitten.« US-Verteidigungsminister Robert Gates sagt bei einem Pakistan-Besuch im Februar 2007: »Wenn wir nicht besorgt über die Vorgänge entlang der Grenze wären, wäre ich nicht hier.«

Die Angriffe der Rebellen aus Pakistan heraus sorgen für anhaltende Spannungen zwischen Kabul und Islamabad. Selbst US-Präsident George W. Bush scheitert im September 2006 daran, ein Ende der Eiszeit herbeizuführen. Karsai und Musharraf weigern sich in Washington, sich auch nur die Hand zu geben. Karsai wirft Musharraf immer wieder vor, er gehe nicht hart genug gegen die grenzüberschreitenden Terroristen vor. Der afghanische Präsident macht die Regierung in Islamabad für das Wiedererstarken der Taliban und die immer schlechtere Sicherheitslage in Afghanistan verantwortlich. Seiner Ansicht nach will Pakistan Afghanistan instabil halten, um weiter Einfluss dort ausüben zu können. »Pakistan hat die Hoffnung nicht aufgegeben, uns zu Sklaven zu machen«, sagt ein aufgebrachter Karsai im Dezember 2006 in Kandahar. »Diese Tyrannei gegen unser Volk geht nicht von der Nation Pakistan, sondern von der Regierung Pakistans aus.« Musharraf, der immer wieder auf die großen Opfer seiner Armee im Anti-Terror-Kampf verweist, nennt die Vorwürfe »Unsinn«. Er kontert, der Aufstand beim Nachbarn sei hausgemacht. »Diejenigen, die nichts gegen Terrorismus unternehmen, wie Karsai, kritisieren diejenigen wie uns, die kämpfen«, entfährt es Musharraf im April 2007 – wenige Tage vor einem Krisentreffen mit Karsai unter Vermittlung der Türkei. Der Gipfel in Ankara führt nicht zum Erfolg. Zwar wird in der »Ankara-Erklärung« die »gute Nachbarschaft« der beiden Länder beschworen. Doch dass davon kaum eine Rede sein kann, wird kurz nach dem Treffen deutlich, als die heftigsten Kämpfe zwischen der afghanischen und der pakistanischen Armee an der Grenze seit Jahren ausbrechen. Mehrere Soldaten und Zivilisten sterben. Beide Seiten beschuldigen sich gegenseitig, die Zusammenstöße provoziert zu haben. Ende Mai 2007 schließlich treffen sich auf Einladung der G8 unter deutscher Präsidentschaft die Außenminister Afghanistans und Pakistans, Rangin Dadfar Spanta und Khurshid Kasuri, in Deutschland. In einer gemeinsamen »Erklärung von Potsdam« bekräftigen beide »das Engagement ihrer Regierungen, die Zusammenarbeit und den Dialog ihrer Länder und Regierungen auf allen Ebenen zu verstärken«.

Nach dem Ministertreffen flaut der öffentliche Schlagabtausch zwischen den Nachbarn zwar deutlich ab – aber nur vorübergehend. Karsai droht Pakistan im Juni 2008 – die Taliban haben kurz zuvor das Gefängnis von Kandahar gestürmt – offen mit einem militärischen Angriff. »Aus Selbstverteidigung« habe Afghanistan das Recht, Taliban-Führer auf pakistanischem Boden zu attackieren, sagt der Präsident bei einer Pressekonferenz in Kabul. »Unsere Geduld läuft aus, Tausende Menschen (Aufständische) werden in unser Land geschickt, unsere Häuser werden niedergebrannt, unsere Schulen werden niedergebrannt.« Das Außenministerium in Islamabad teilt daraufhin mit: »Pakistan wird seine territoriale Souveränität verteidigen.« Afghanistan könne auf der afghanischen Seite der Grenze gegen Terroristen vorgehen. Auf der pakistanischen Seite seien dafür ausschließlich pakistanische Sicherheitskräfte zuständig. Islamabad hoffe, dass die alten Schuldzuweisungen der Kabuler Regierung nicht schon wieder begönnen. Doch der Vorwurf der afghanischen Seite, der Terror habe seine Wurzeln in Pakistan, bleibt bis heute bestehen.

Ein Offizier des afghanischen Geheimdienstes NDS sagt bereits im November 2007: »Wir mischen uns nicht (in pakistanische Angelegenheiten) ein, wir erwarten dasselbe Verhalten von unserem Nachbarn.« Der NDS geht nicht nur davon aus, dass in Pakistan Taliban rekrutiert und Selbstmordattentäter für Afghanistan ausgebildet werden. Er ist auch überzeugt davon, dass der Führungsrat der Taliban in der südwestpakistanischen Stadt Quetta sitzt. »Daran gibt es keine Zweifel«, sagt der Offizier. Westliche Experten neigen zumindest zu der Vermutung, der Führungsrat könnte seinen Sitz in Quetta haben. Sollte das stimmen, würde es die Frage aufwerfen, ob der ISI tatsächlich nichts von der Existenz von Taliban-Anführern in der Stadt wissen könnte.

Nicht nur in Kabul, auch im Westen werden immer wieder Zweifel am pakistanischen Anti-Terror-Kampf laut. Entweder, so heißt es, sei die Regierung in Islamabad nicht willens, die Taliban-Unterstützer im Land zu stoppen, oder aber sie sei nicht dazu in der Lage. Einig sind sich westliche Experten auf beiden Seiten der Grenze, dass der Aufstand in Afghanistan aus Pakistan heraus unterstützt wird. Belege dafür, wie weit die Hilfe reicht und von wem sie kommt – ob also tatsächlich der ISI involviert ist –, gibt es nicht. Zumindest aber, sagt ein Diplomat in der pakistanischen Hauptstadt im März 2007, betreibe Islamabad eine »Politik des aktiven Wegschauens«. Auffällig erscheint, dass Musharraf oftmals spektakuläre Festnahmen von Extremisten verkündet oder Militäroperationen gegen militante Gruppen befiehlt, bevor er westliche Gäste in Islamabad empfängt. Keine Ausnahme bildet da der erste Besuch von US-Präsident George W. Bush im März 2006 in Pakistan. Drei Tage vor Bushs Ankunft – und am selben Tag, an dem der US-Präsident bei einem Überraschungsbesuch in Kabul sagt, er werde mit Musharraf das Problem des grenzüberschreitenden Terrors ansprechen – töten Hunderte Soldaten bei einer Anti-Terror-Offensive im Stammesgebiet mindestens 25 mutmaßliche Extremisten. Die von Kampfhubschraubern unterstützten Truppen zerstören außerdem eines der von den Afghanen kritisierten Ausbildungslager an der Grenze. Trotzdem sind bei dem Treffen Bushs und Musharrafs nicht nur aus der Militärkapelle in Islamabad, die *Star Spangled Banner* spielt, Misstöne herauszuhören. Die strategische Partnerschaft beider Länder »beginnt mit enger Zusammenarbeit im Kampf gegen den Terrorismus«, betont der US-Präsident. Fast schon drohend fügt Bush, dessen Regierung Pakistan seit Beginn des Anti-Terror-Kampfes mit Milliarden Dollar unterstützt hat, hinzu: »Musharraf versteht, was auf dem Spiel steht, und er versteht die Verantwortung.«

Viele Pakistaner, und darunter sind längst nicht nur Islamisten, kritisieren die Nähe Musharrafs zu den USA. Sie halten ihren Präsidenten, der sich 1999 unblutig an die Regierung geputscht hat und seine Macht mit fragwürdigen Mitteln verteidigt, für eine Marionette Washingtons, die noch dazu diktatorische Züge trägt. Die Menschen sind frustriert darüber, dass ihre Armee auf Landsleute und Glaubensbrüder schießt. Vor allem aber fürchten sie sich vor der zunehmenden Gewalt im Land. Musharrafs Anti-Terror-Kampf und sein selbstherrliches Regieren haben Pakistan nicht sicherer gemacht, im Gegenteil. »Recht und Ordnung haben sich sehr bedeutend verschlechtert«, meint der Analyst und Sicherheitsexperte Ikram Sehgal im Februar 2008 in Karachi. »Wir leben in Angst und Ungewissheit.« Der gemäßigte Geistliche Mufti Mohammad Naeem in Karachi sagt, der Krieg gegen den Terrorismus habe die Militanz der radikalen Gruppen verstärkt. Die Regierung verwehre den Menschen besonders in den Stammesgebieten Entwicklung und ihre Grundrechte, was diese auf die Seite der Extremisten treibe. Die Extremisten gewaltsam zu bekämpfen werde zu keiner Lösung führen – nötig seien Gespräche. Der Sturm auf die Rote Moschee sei ein schwerer Fehler gewesen, meint Naeem, der damals zwischen den Koranschülern und der Regierung verhandelt hat, im Februar 2008. »Die jüngste Welle des Terrors ist ein Ergebnis des falschen Schrittes, den Musharraf unternommen hat. Musharraf hat der Nation die Selbstmordanschläge beschert, die haram (nach dem islamischen Glauben verboten) sind.« Auch enge Musharraf-Vertraute wie Sheikh Rashid Ahmed, der unter dem Präsidenten als Informations- und Eisenbahnminister gedient hat, stellen später infrage, ob das gewaltsame Vorgehen gegen die Besetzer der Roten Moschee in Islamabad eine gute Idee gewesen ist. Kurz nach dem Erdrutschsieg der Opposition über die Musharraf-Partei Muslim-Liga (Quaid) bei der Parlamentswahl am 18. Februar sagt der verbitterte Sheikh Rashid: »Das Lal-Masjid-Thema ist der wichtigste Grund für unsere Niederlage.«

Allerdings haben bei der Wahl auch die Islamisten drastische Stimmeneinbußen hinnehmen müssen. Die Menschen machen sie für die Anschläge der Extremisten mitverantwortlich, die das Land in Angst und Schrecken versetzen. Dass viele Pakistaner genug von Terror und Gewalt haben, zeigt sich in Umfragen: So sind die Sympathiewerte für Osama bin Laden deutlich gesunken. Einer repräsentativen Befragung des unabhängigen Instituts »Terror Free Tomorrow« mit Sitz in Washington zufolge hat aber trotzdem auch im Januar 2008 noch fast jeder vierte Pakistaner (23,5 Prozent) eine positive Meinung über den El-Kaida-Chef. Damit hat bin Laden eine mehr als doppelt so breite Basis wie US-Präsident Bush, der nur bei 11,5 Prozent der Befragten Unterstützung genießt. Eine klare Meinung haben die Pakistaner auch zum US-geführten Kampf gegen den Terrorismus – der nur bei 23,7 Prozent der Befragten Zustimmung erfährt und den mit 57,7 Prozent deutlich mehr als die Hälfte der Befragten ablehnen.

Je mehr der Eindruck entstehe, der Westen sei in Afghanistan Besatzer, desto mehr treibe das die Menschen auch in Pakistan und besonders in den Stammesgebieten den Extremisten in die Arme, sagt ein westlicher Diplomat im März 2007 in Islamabad. »Die amerikanische Politik schafft immer mehr Taliban-Anhänger.« In Kabul nennt ein anderer Diplomat die Lage in Pakistan »höchst besorgniserregend«. Die pakistanische Region westlich des Flusses Indus und dort wiederum vor allem die Stammesgebiete seien »mit das größte Sicherheitsrisiko für Europa« – Anschläge könnten von dort aus nicht nur nach Afghanistan, sondern auch in den Westen exportiert werden, sagt er im Frühjahr 2007. Südafghanistan werde so lange nicht zur Ruhe kommen, wie die Stammesgebiete eine »Brutstätte« für Extremisten blieben. »Wer Frieden und Stabilität in Afghanistan will, der muss zur Kenntnis nehmen, dass die Lösung auch in Pakistan liegt.«

Das militärische Experiment

»Eine Scharade der Solidarität« – die Zerreißprobe der NATO

Britischer Chinook-Hubschrauber startet in Musa Kala

Die Bordschützen an den Maschinengewehren hinten und an den Seiten des Hubschraubers beobachten die Umgebung genau. Unter dem britischen Chinook-Helikopter erstreckt sich die karge Wüstenlandschaft Helmands, einer der unsichersten Provinzen Afghanistans. Autoreifen haben Spuren im braungelben Sand hinterlassen, es ist ungewiss, ob sie von Armeefahrzeugen oder von Pickups der Taliban stammen. Der Helikopter ist ein ohrenbetäubend lautes Ziel. Dass die zweirotorigen klobigen Chinooks nicht besonders schwer zu treffen sind, haben die Taliban mit mehreren Abschüssen bewiesen. Doch der britische Hubschrauber, der eine halbe Stunde zuvor im ISAF-Camp Bastion gestartet ist, setzt unbeschadet zur Landung in Musa Kala an – jenem Ort in Helmand, dessen Name 2007 viele Monate lang symbolisch für das Wiedererstarken der Taliban gestanden hat. Lila Rauch markiert den improvisierten Landeplatz in der Wüste vor dem Eingang zur Stadt. Die Besatzung schießt Flares ab, Leuchtgeschosse, die mit lautem Knall abseits des Hubschraubers detonieren und Hitze entwickeln, sie sollen im Falle eines Angriffs Raketen ablenken. In einer Wolke aus Sand setzt der Chinook auf, die mit Splitterschutzwesten und Stahlhelmen ausgestatteten Passagiere an Bord beeilen sich, über die offene Heckklappe herauszukommen. Der Pilot lässt die beiden Rotoren laufen, kaum sind alle Passagiere draußen, verlässt der Hubschrauber die Gefahrenzone wieder. Er gewinnt an Höhe und schwebt davon in Richtung Süden.

Die Schutztruppe fliegt am 15. Dezember 2007 eine kleine Gruppe Journalisten nach Musa Kala, vier Tage zuvor haben Soldaten die Hauptstadt des gleichnamigen Distriktes in einem Kraftakt von den Taliban zurückerobert. Immer noch sind vereinzelte Taliban in Musa Kala und Umgebung aktiv. Kurz vor der Landung des Hubschraubers sind Raketen nahe der Stadt eingeschlagen, ohne Schaden anzurichten. Am Tag nach dem Journalistenbesuch werden vier Aufständische, die sich in der Stadt versteckt haben, von Soldaten aufgespürt und erschossen. Die Eroberung Musa Kalas ist die bis dahin größte ISAF-Operation ausländischer und afghanischer Truppen. Offiziell steht sie unter Führung der Afghanen, was das Kräfteverhältnis nicht widerspiegelt: 1 500 Soldaten der jungen Nationalarmee nehmen teil, außerdem gehen 3 000 meist britische ISAF-Soldaten und Einheiten der US-geführten Koalitionstruppen in dem gottverlassenen Flecken Erde in Stellung. Nach Schätzungen haben sich in der Rebellenhochburg zwischen 800 und 2 000 Taliban-Kämpfer verschanzt. Die Operation zur Rückeroberung beginnt am 7. Dezember. Koalitionstruppen zerstören Stellungen der Taliban aus der Luft mit Präzisionsangriffen, Bodentruppen rücken auf die Stadt vor. Die Taliban leisten in Kleingruppen mit einem halben Dutzend Kämpfern und größeren Verbänden mit bis zu 50 Rebellen Widerstand. Die Aufständischen seien gut ausgerüstet, manche von ihnen auch gut ausgebildet gewesen, sagt der britische Kommandeur der Task Force Helmand, Brigadegeneral Andrew Mackay. Nicht nur Afghanen hätten auf Seiten der

Taliban gekämpft, auch Araber, Tschetschenen und Pakistaner seien bei den Gefechten getötet worden.

Die Rebellen haben gegen die viel stärkere Streitmacht keine Chance. Die Truppen kesseln Musa Kala nicht ganz ein, sie lassen den Taliban einen Fluchtkorridor, um zu verhindern, dass die Aufständischen die Stadt in einer ausweglosen Lage dem Erdboden gleichmachen. Der Plan geht auf, immer mehr Rebellen fliehen aus Musa Kala. Nach Angaben des afghanischen Verteidigungsministeriums werden Hunderte Taliban getötet, verwundet oder gefangen genommen, General Mackay sagt nur, »viele« Gegner seien bei der Operation ums Leben gekommen. Ein Brite und ein Amerikaner sterben bei den Kämpfen, die afghanischen Truppen haben keine Verluste zu beklagen. Zwei Zivilisten werden bei den Gefechten getötet, dass nicht mehr Unbeteiligte ihr Leben gelassen haben, wertet Mackay als »großen Erfolg«. Teil des Plans sei gewesen, zivile Opfer zu vermeiden, deshalb auch das langsame und behutsame Vordringen der Truppen. »Wir hätten Musa Kala zertrümmern können«, sagt der General. Dann hätten die Truppen die Taliban zwar viel schneller aus der Stadt vertrieben, aber auch die Bevölkerung gegen sich aufgebracht. »Damit hätten wir nichts erreicht.«

Am Dienstag, dem 11. Dezember 2007, einen Tag nach dem Besuch des britischen Premierministers Gordon Brown bei Truppen in Helmand und bei Präsident Hamid Karsai in Kabul, verkündet die ISAF, Musa Kala sei zurückerobert worden. Die lokale Bevölkerung habe die Vertreibung der Taliban »enthusiastisch begrüßt«. Taliban-Sprecher Kari Jussif Ahmadi bestätigt, die Aufständischen hätten sich aus Musa Kala zurückgezogen, er droht zugleich Angriffe gegen die Truppen an und fordert Zivilisten auf, sich zum eigenen Schutz von den Soldaten fernzuhalten. Helmands Gouverneur Asadullah Wafa verkündet am Tag nach der Einnahme der Stadt stolz, erstmals hätten afghanische Truppen wieder die Nationalflagge in Musa Kala gehisst. Zehn Monate lang hat davor das weiße Banner der Rebellen über der Stadt geweht.

Musa Kala steht beispielhaft für die Probleme der ISAF in Südafghanistan, die drohen, für die gesamte NATO zu einer Zerreißprobe zu werden. Die Geschichte der ISAF beginnt am 20. Dezember 2001. In der Resolution 1386 ruft der UN-Sicherheitsrat die Mitgliedstaaten dazu auf, sich an einer neuen Internationalen Schutztruppe in Afghanistan, der International Security Assistancy Force (ISAF), zu beteiligen. Nach Großbritannien, der Türkei und einem deutsch-niederländischen Kommando übernimmt am 11. August 2003 die NATO die Führung der Schutztruppe. Am 13. Oktober desselben Jahres erweitern die Vereinten Nationen das Mandat der ISAF, die bis dahin nur in Kabul und Umgebung eingesetzt ist, auf das ganze Land – viel zu spät, wie Kritiker meinen. Außerhalb der Hauptstadtregion operieren bis zu diesem Zeitpunkt nur die Koalitionstruppen unter US-Befehl. Damals hat die ISAF 5 500 Soldaten unter Waffen, Deutschland stellt ein knappes Drittel davon. Die Koalition, die kein UN-Mandat hat, setzt etwa 14 000 Soldaten in Afghanistan ein. Insgesamt haben die Kommandeure der internationalen Streitkräfte damals nicht einmal die Hälfte der Soldaten zur Verfügung, die sie Ende 2007, zum Zeitpunkt der Rückeroberung Musa Kalas, im Land haben werden. Je stärker die Taliban werden, desto mehr stocken die Truppensteller die Zahl der Soldaten über die Jahre hinweg auf – aber es scheint, als seien sie immer einen Schritt hinter den Rebellen. Die internationalen Truppen kompensieren ihren Mangel an Soldaten am Boden zumindest teilweise mit Schlägen aus der Luft. Das »Center for Strategic and International Studies« (CSIS) berichtet unter Berufung auf die US-Armee, 2004 seien in Afghanistan 86 Luftangriffe geflogen worden – nicht einmal ein Drittel der Anzahl solcher Angriffe im Irak. Zwei Jahre später seien Ziele im Irak 229-mal aus der Luft angegriffen worden, in Afghanistan dagegen 1 770-mal. Angriffe mit Kampfhubschraubern seien dabei nicht berücksichtigt. Bei Luftangriffen werden immer wieder auch Zivilisten getötet.

Die wenigen tausend US-Soldaten, die in den beim Wiederaufbau vernachlässigten Paschtunengebieten in Südafghanistan in den ersten Jahren nach dem Sturz der Taliban eingesetzt sind, können dem Erstarken der Aufständischen dort kaum genug entgegensetzen. Dass die USA nicht schon damals mehr Soldaten in Afghanistan stationieren, um den alarmierenden Tendenzen Einhalt zu gebieten, dürfte neben einer falschen Lageeinschätzung vor allem dem Irak-Krieg geschuldet gewesen sein. US-Präsident George W. Bush ruft im Juni 2004 den »ersten Sieg im Krieg gegen den Terror« aus, er spricht von Afghanistan, obwohl schon zu diesem Zeitpunkt absehbar ist, dass die Taliban nicht geschlagen sind. Im Irak sind gleichzeitig große Teile der US-Streitkräfte gebunden, selbst die mächtige amerikanische Armee stößt an ihre Grenzen. Andere Bündnispartner vergrößern zwar ihre Kontingente in Afghanistan, doch sie tun das immer widerwilliger – und nach Ansicht der Militärs wie auch der Vereinten Nationen vor allem nicht ausreichend. Auf den NATO-Gipfeln wird um Soldaten und um Material wie Hubschrauber gefeilscht. Ein westlicher Diplomat sagt bereits Ende 2006, die Treffen seien zu reinen Truppenstellerkonferenzen verkommen. »Warum sind wir fünf Jahre nach dem Fall der Taliban in der Situation, dass wir da wieder Krieg führen? Wir brauchen massive politische Anstrengungen.« Die dringend benötigten kritischen Bestandsaufnahmen und Strategiedebatten fänden aber nicht statt. Beim NATO-Gipfel in Bukarest im April 2008, fast vier Jahre nach seiner eigenen Siegesmeldung, warnt US-Präsident Bush: »Wir dürfen Afghanistan nicht verlieren, koste es, was es wolle.«

In einem Bericht an den Streitkräfteausschuss des US-Repräsentantenhauses schreibt Anthony H. Cordesman vom »Center for Strategic and International Studies« in Washington im Januar 2008: »Wenn wir gewinnen sollen, dann brauchen wir eine Strategie, einen Plan, und Ressourcen, die die Probleme, denen wir jetzt gegenüberstehen, korrigieren können.« Ohne einen klaren Plan und langfristige Mittel sei das Wort Strategie »wenig mehr als gut gemeinter Quatsch«. Der Krieg am Hindukusch sei nicht verloren. Derzeit aber »gewinnen die USA und NATO/ISAF in Afghanistan nicht«. Cordesman geht davon aus, dass der »Zermürbungskrieg« noch bis zu 15 Jahre lang dauern könne – und dass der »Feind« gewinnen könne, wenn es ihm gelinge, die NATO und die afghanische Regierung zu überdauern.

Die Taliban versuchen, die steigende Zahl der internationalen Soldaten in Afghanistan als eine wachsende Streitmacht ungläubiger Besatzer darzustellen. Je mehr fremde Truppen im Land sind, desto mehr sind sie für die Afghanen auch sichtbar. Mitte 2008 ist die Zahl der ausländischen Soldaten in Afghanistan auf mehr als 65 000 gestiegen, über die Hälfte davon sind Amerikaner. Die USA stellen nicht nur die überwältigende Mehrheit der etwa 13 000 Koalitionstruppen, sondern auch das größte Kontingent in der mehr als 52 000 Soldaten aus 40 Nationen umfassenden ISAF, gefolgt von den Briten und den Deutschen. Die Taliban verfügen nur über einen Bruchteil der Kampfkraft. Doch die Rebellen sind flexibel und mobil, sie sind nicht an Infrastruktur gebunden und müssen diese auch nicht unterhalten.

Ganz anders sieht das bei den ausländischen Truppen aus. Ihre zahlenmäßige Überlegenheit trügt. Längst nicht alle Soldaten stehen Gewehr bei Fuß, um gegen die Taliban ins Feld zu ziehen. So wird etwa geschätzt, dass rund 80 Prozent der deutschen Soldaten die Camps nach der Ankunft in Afghanistan und bis zur Fahrt zurück zum Flughafen vier Monate später nicht verlassen. Sie kümmern sich um die Logistik, organisieren Nachschub, reparieren Fahrzeuge, warten Hubschrauber oder verwalten ihre Kameraden – kurz, sie halten den Betrieb aufrecht.

Ein Vergleich, den die ISAF gerne anführt, ist der zum Kosovo: Würde man die internationale Truppenpräsenz dort auf die Fläche und die Bevölkerungszahl Afghanistans übertragen, müssten der ISAF-Hochrechnung zufolge rund 800 000 Soldaten am Hindukusch eingesetzt werden. Realistischerweise, so schätzen Militärexperten, würde in Afghanistan etwas mehr als ein Viertel dieser Anzahl Soldaten benötigt, inklusive der afghanischen Sicherheitskräfte, die sich aber noch im Aufbau befinden. Dass auch gut 200 000 Soldaten ein hehrer Wunsch bleiben werden, ist allen Beteiligten klar. Bei großen Truppenstellern wächst der Widerstand in der Bevölkerung gegen den Einsatz, Forderungen nach einem Abzug nehmen zu, eine massive Aufstockung der Kontingente ist in Staaten wie Kanada politisch nicht durchsetzbar. Die ISAF beklagt immer wieder, sie habe zwar ausreichend Soldaten, um die Taliban aus Gegenden zu vertreiben, in die die Rebellen einsickern. Doch fehle ihr die Truppenstärke, um die Regionen dann auch zu halten. Die afghanischen Sicherheitskräfte alleine sind dazu oft ebenfalls nicht in der Lage. Die Folge: Die ISAF zieht sich nach Gefechten oft wieder aus dem Kampfgebiet zurück, die Taliban kehren bald darauf wieder.

Die Situation wird dadurch erschwert, dass der ISAF-Kommandeur längst nicht alle seine Truppen dorthin schicken kann, wo sie militärisch sinnvoll wären. Die sogenannten nationalen Vorbehalte (»Caveats«), die Einsatzbeschränkungen der jeweiligen Truppensteller, regeln, wo und wie die Soldaten eingesetzt werden dürfen. Im Afghanistan-Bericht von UN-Generalsekretär Ban Ki Moon heißt es im März 2008, die Wirksamkeit der ISAF werde »durch unzureichende

Truppenstärken und durch nationale Vorbehalte behindert, die die Funktionen mancher Truppen einschränken«. Diese Einsatzbeschränkungen sorgen für viel Missstimmung unter den Verbündeten. »Die ISAF wäre ohne ›Caveats‹ effektiver«, sagt der NATO-Botschafter Daan Everts im November 2007. »Sie könnte die Arbeit effizienter, schneller und sicherer erledigen. Es ist keine Hilfe, dass manche Länder Beschränkungen für den Einsatz haben. Wir verstehen es, aber das heißt nicht, dass wir es begrüßen. In einer perfekten Welt sollte der ISAF-Kommandeur in der Lage sein, (Soldaten) an jedem Ort und zu jeder Zeit zu stationieren.« Cordesman vom CSIS meint, der Afghanistan-Einsatz und die mangelnde Truppenstärke seien keine Prüfung der NATO, sondern der Mitgliedsstaaten. Cordesman hat früher dem Internationalen Stab der NATO angehört und übt herbe Kritik an den Einsatzbeschränkungen mancher Truppensteller. Es sei leicht, innenpolitischen Erwägungen Priorität zu geben, sich auf moralische Überlegenheit zu berufen und sich dann »in Sicherheit zu verstecken«, schreibt Cordesman. »Das Endergebnis aber ist, dass die größte Bedrohung für die NATO/ISAF nicht die Taliban sind, sondern die nationalen Anführer der ›zur Seite tretenden‹ und der ›Caveat‹-Länder.«

Ins Fadenkreuz geraten bei der Diskussion die Deutschen. Dabei bekommt die Bundesregierung in den ersten Jahren nach dem Sturz der Taliban viel Beifall von den Verbündeten. Lange stellt die Bundeswehr in der ISAF das größte Kontingent, von Februar bis August 2003 führt Deutschland gemeinsam mit den Niederlanden die Schutztruppe. Als danach die NATO das Kommando übernimmt, ist der erste Befehlshaber wieder ein deutscher General. Zwar sperrt sich die Bundesregierung zunächst gegen die von der afghanischen Regierung und den Vereinten Nationen geforderte Ausdehnung der ISAF über Kabul und Umgebung hinaus. So sagt etwa Verteidigungsminister Peter Struck (SPD) im September 2002: »In Kabul ist es schon lebensgefährlich genug.« Mit diesen Bedenken setzt sich Berlin allerdings nicht durch. Die Vereinten Nationen weiten das Mandat der Schutztruppe im Herbst 2003 schließlich doch auf ganz Afghanistan aus – fast zwei Jahre nach dem Sturz der Taliban. Die Bundeswehr leistet anschließend Pionierarbeit. Die Deutschen wagen sich als erste ISAF-Nation aus der Hauptstadt heraus. Elf Tage nach der UN-Entscheidung stimmt der Bundestag am 24. Oktober dem Einsatz der Bundeswehr in Kundus zu, noch am selben Tag machen sich die Soldaten auf den Weg. Die Übernahme des zivil-militärischen Wiederaufbauteams (PRT) von den Koalitionstruppen durch die NATO zum Jahreswechsel markiert den ersten Schritt der Ausweitung des ISAF-Einsatzes auf das ganze Land. Den Russen, deren ausgebrannte Panzer neben den Straßen Afghanistans bis heute von der vernichtenden Niederlage der Roten Armee zeugen, schwant Böses. »Es wäre dumm, daran zu zweifeln, dass sich die internationalen Friedenstruppen im afghanischen Krieg verzetteln werden«, schreibt die Moskauer Tageszeitung *Kommersant* zur Ausdehnung der ISAF. »Natürlich werden sie immer tiefer im Konflikt versinken. Auch die Sowjettruppen stürmten zunächst Kabul. Als sie sich dann über die afghanischen Städte ausbreiteten, zog sich der Krieg über zehn Jahre hin. Die Entwicklung ist bekannt.«

Am 1. Juni 2006 übernimmt Deutschland in Masar-i-Scharif das Regionalkommando Nord der ISAF. Bis dahin ist die Schutztruppe auch im Westen präsent, wo Italien die Führungsnation wird. Abgeschlossen wird die ISAF-Ausdehnung auf das ganze Land mit der Übernahme des Oberbefehls für Ostafghanistan von den Koalitionstruppen am 5. Oktober 2006. Im Osten sind und bleiben die Amerikaner, bislang gehören sie der Koalition an, nun sind große Teile der US-Streitkräfte am Hindukusch der ISAF unterstellt. Doch noch vor der Ausdehnung in den Osten kommt der kritischste Schritt: Die ISAF wagt sich in den Süden, vor allem die Briten, Kanadier und Niederländer stellen dafür Truppen. Mit 8 000 Soldaten beginnt am 31. Juli 2006 der Einsatz der ISAF, die bis dahin eine Friedens- und keine Kampftruppe gewesen ist, im Unruhegebiet.

Vor der Kommandoübergabe an die ISAF versuchen die Koalitionstruppen mit ihrer bis dahin größten Offensive seit dem Sturz der Taliban, den Rebellen in Südafghanistan eine vernichtende Niederlage beizubringen. Mehr als 10 000 Soldaten werfen sie bei der Operation »Mountain Thrust« (Vorstoß in die Berge) ab Mitte Mai in die Schlacht. Über 900 Menschen sterben, die meisten der Toten sind Aufständische, doch auch mehr als 35 ausländische Soldaten kosten die schweren Gefechte in den zweieinhalb Monaten das Leben. Nach Medienberichten werden außerdem Zivilisten getötet. Alarmiert durch das Blutbad im Süden seines Landes fordert Präsident Karsai Ende Juni 2006 einen Strategiewechsel. »Die Internationale Gemeinschaft muss die Art, in der dieser Krieg gegen den Terrorismus geführt wird, überdenken«, sagt er. Auch der frühere Botschafter des Taliban-Regimes in Pakistan, Mullah Abdul Salam Saif, glaubt nicht an einen Erfolg von Offensiven wie »Mountain Thrust«. »Die Taliban werden niemals militärisch besiegt werden«, sagt er im Mai 2006 in seinem Haus in Kabul, in dem er seit seiner Entlassung aus dem US-Gefangenenlager Guantánamo Bay unter Arrest steht. »Sie werden sich nicht ergeben.« Stattdessen schlössen sich immer mehr vom Westen enttäuschte Afghanen den Rebellen an. Tatsächlich scheint es, als hätten die Aufständischen einen nie versiegenden Nachschub an Kämpfern und Waffen. Tausende Taliban werden von den Sicherheitskräften getötet, etliche Waffenlager ausgehoben. Sicherer wird das Land dadurch nicht.

Die ersten Briten und Kanadier werden bereits kurz vor der ISAF-Kommandoübernahme im Süden stationiert. Sie nehmen gemeinsam mit amerikanischen und afghanischen Soldaten an der US-Operation »Mountain Thrust« teil und wechseln Ende Juli unter den ISAF-Oberbefehl. Als die britischen Truppen im Juni in den Süden verlegt werden, äußert der damalige britische Verteidigungsminister John Reid die Hoffnung, die Soldaten könnten irgendwann Afghanistan wieder verlassen, »ohne dass ein Schuss abgefeuert wurde«. Diese Fehleinschätzung wird Reid später oft vorgehalten werden. NATO-Generalsekretär Jaap de Hoop Scheffer ist schon eher Realist: Er nennt den Einsatz im Süden »eine der herausfordendsten Aufgaben« in der Geschichte des Bündnisses. Bei der feierlichen Kommandoübergabe an die ISAF auf der Militärbasis Kandahar zeigt sich der Befehlshaber der Koalitionstruppen, Karl Eikenberry, am 31. Juli 2006 siegessicher. »Der Feind wird im südlichen Afghanistan scheitern«, sagt der US-General, »so, wie er überall in diesem Land scheitern wird.« Die Taliban geben sich nicht weniger selbstbewusst als Eikenberry, sie werten die Übergabe der Verantwortung an die NATO als Sieg gegen die Amerikaner. »Weil die US-Streitkräfte unter starkem Druck im Süden waren, sind sie geflohen und haben die Last auf die Schultern der NATO gelegt«, sagt Taliban-Sprecher Ahmadi. Die NATO habe mit der Ausdehnung in den Süden einen »großen Fehler« begangen. Die Aufständischen würden den »Krieg« in der Region auch gegen die ISAF fortführen. Die Taliban lassen ihren Worten umgehend Taten folgen.

Bereits am Tag nach der Kommandoübernahme werden im Norden Helmands gleich drei Briten getötet, Rebellen beschießen die Patrouille nach Angaben des Verteidigungsministeriums in London mit Panzerfäusten und schweren Maschinengewehren. Ahmadi sagt, die Rebellen hätten die Patrouille im Distrikt Musa Kala angegriffen. ISAF-Kommandeur David Richards betont, die Mission werde trotz des Vorfalles unverändert fortgesetzt. Die Aufständischen seien nur eine kleine Minderheit, die »unseren Erfolg letzten Endes nicht verhindern wird«. Doch diese Minderheit macht den mächtigen ISAF-Streitkräften im Süden schwer zu schaffen.

Vom ursprünglichen ISAF-Konzept, bereits befriedete Gebiete zu stabilisieren, bleibt wenig übrig. Die Schutztruppe, die angetreten ist, mehr Gewicht auf den Wiederaufbau im Süden zu legen, ist im selben Guerillakrieg gefangen wie zuvor die Koalitionstruppen. Freude über die verfahrene Lage im Süden herrscht bei den Taliban und bei El Kaida. »Dieser Sommer, Allah sei dank, verbrennt die Kreuzritter in Afghanistan mit seinen Flammen, wie sie zuvor vom Anführer der Gläubigen, Mullah Mohammad Omar, gewarnt worden waren«, sagte El-Kaida-Vize Eiman al-Sawahiri in einer Videobotschaft zum fünften Jahrestag der Anschläge vom 11. September 2001. Er droht den Briten, »dass Doktor Brydon diesmal nicht nach Indien zurückkehrt, weil seine Leiche den Hunden in Afghanistan zum Fraß vorgeworfen werden wird«. Der Armeearzt William Brydon ging in die Geschichte ein, weil ihm im Jahr 1842 bei Kämpfen mit Stammesangehörigen in Afghanistan die Flucht gelang – laut der Legende als einzigem Briten einer verheerend geschlagenen Streitmacht von 4500 Mann.

Nach der Kommandoübernahme im Süden liefern sich NATO-Soldaten erstmals seit der Gründung des Bündnisses 1949 konventionelle Gefechte mit feindlichen Kämpfern. Zwar tragen die Soldaten den Kampf in Südafghanistan immer wieder zu den Rebellen. Doch auch die Taliban greifen an, obwohl die Truppen ihnen militärisch weit überlegen sind. In manchen Fällen, sagen Sicherheitsexperten, versuchten »menschliche Wellen« mit Hunderten bewaffneten Aufständischen, Außenposten zu stürmen – ohne Rücksicht auf eigene Verluste. Im Sommer 2007 etwa rennen die Taliban wie in blinder Wut immer wieder gegen den Außenposten »Anaconda« der Koalitionstruppen in Urusgan an, die sich nach dem dritten Angriff in fünf Tagen genötigt fühlt, in einer Pressemitteilung zu versichern, den Taliban werde die Einnahme der Stellung nicht gelingen. »Wir sind bereit dazu, alle Taliban zu töten oder festzunehmen, die naiv genug sind zu glauben, sie können unsere Basis erfolgreich angreifen«, sagt eine Armeesprecherin. Tatsächlich gehen die Rebellen aus den Gefechten gegen die hochgerüsteten Ausländer immer wieder als Verlierer hervor. Alleine bei den Kämpfen um »Anaconda« sterben Dutzende Aufständische. Bei anderen Gefechten gehen die Opferzahlen der Taliban in den dreistelligen Bereich, während es ihnen selber kaum gelingt, den ausländischen Truppen schwere Verluste zuzufügen. Doch die Zahl der offenen Angriffe der Aufständischen nimmt ab. ISAF-Sprecher Carlos Branco sagt, 2007 seien 45 Angriffe der Rebellen auf die insgesamt knapp 400 Distrikthauptstädte registriert worden, die Hälfte der Zahl des Vorjahres. Nach der Eroberung Musa Kalas seien noch »weniger als fünf« Distrikthauptstädte unter der Kontrolle der Taliban.

Dass die offenen Angriffe der Aufständischen im Jahr 2007 nachlassen, heißt nicht, dass die Gewalt abebbt. Die Taliban ziehen sich auf das zurück, was Militärs »asymmetrische Kriegsführung« nennen. Gemeint sind Anschläge und Angriffe aus dem Hinterhalt, die weniger verlustreich für die Taliban, nicht aber für die ausländischen Truppen sind. Der unabhängige private Internetdienst »iCasualties.org« hat es sich zur Aufgabe gemacht, jene Soldaten der internationalen Missionen in Afghanistan und im Irak zu erfassen, die dort ihr Leben lassen. Dieser Zählung zufolge bewegt sich die Anzahl der in Afghanistan getöteten ausländischen Soldaten, deren Todesursache iCasualties.org als »hostile« (feindlich) einschätzt, von 2002 bis einschließlich 2004 in jedem dieser Jahre etwa um die 25 herum – nicht mit eingerechnet sind Soldaten, die durch versehentlichen Beschuss der eigenen Truppen sterben. 2005 verdreifacht sich diese Zahl fast, über 70 internationale Soldaten kommen ums Leben. Im Jahr darauf – dem der Kommandoübernahme durch die ISAF im Süden – steigt die Zahl auf mehr als 130 an. 2007 nimmt sie erneut um über ein Drittel zu: Rund 180 ausländische Soldaten sterben in dem bis dato blutigsten Jahr seit dem Sturz der Taliban durch feindliche Einwirkung. Im Mai 2008 kommen in Afghanistan erstmals mehr ausländische Soldaten ums Leben als im Irak.

Die Opfer sind unter den Truppenstellern sehr unterschiedlich verteilt. Die Hauptlast tragen – neben den Amerikanern, die auch nach der Kommandoübergabe an die ISAF mit einer reduzierten Anzahl von Koalitionstruppen in Südafghanistan bleiben – die Briten in Helmand und die Kanadier in Kandahar. Alleine in den ersten eineinhalb Jahren nach der Kommandoübernahme verlieren beide Nationen jeweils rund 50 Soldaten bei Kämpfen und Anschlägen. Während die britische Öffentlichkeit an Verluste unter den eigenen Truppen vor allem aus dem Irak-Krieg – wo deren Opferzahl zwischen Anfang August 2006 und Ende 2007 ungefähr gleich hoch wie in Afghanistan ist – seit Jahren gewöhnt ist, sind die Kanadier geschockt: Seit dem Korea-Krieg mehr als ein halbes Jahrhundert zuvor haben sie ihre Truppen nicht mehr in einen so verlustreichen Kampfeinsatz geschickt. Mit der Zahl der Toten wächst in Kanada die der Gegner des Engagements. Zugleich nimmt dort und anderswo die Anzahl derer zu, die mit dem Finger auf andere große Verbündete wie Deutschland, Frankreich oder Italien zeigen, die weitaus weniger Opfer erleiden. In dem Zeitraum, in dem Briten und Kanadier im Süden zusammen rund 100 Tote zu beklagen haben, sterben in Nordafghanistan drei Bundeswehr-Soldaten gewaltsam.

Kaum einen Monat nach Beginn des ISAF-Einsatzes im Süden werden Überlegungen des Bündnisses bekannt, auch die Bundeswehr dort anzufordern. Im Bundestagsmandat heißt es: »Deutsche Streitkräfte werden in den ISAF-Regionen Kabul und Nord eingesetzt. Darüber hinaus könnten sie in der ISAF-Region West sowie im Zuge der weiteren ISAF-Ausdehnung in anderen Regionen für zeitlich und im Umfang begrenzte Unterstützungsmaßnahmen eingesetzt werden, sofern diese Unterstützungsmaßnahmen zur Erfüllung des ISAF-Gesamtauftrags unabweisbar sind.« Tatsächlich werden immer wieder einzelne Leistungen der Bundeswehr von der ISAF angefordert. Bundeswehr-Fernmelder werden in Kandahar eingesetzt, sie bleiben aber im Camp am Flughafen, den auch deutsche Transall-Transportflugzeuge ansteuern. Ein gepanzerter deutscher Dingo-Lautsprecherwagen mit zwei Mann Besatzung – angeblich auch das eine »zur Erfüllung des ISAF-Gesamtauftrags unabweisbare Unterstützungsmaßnahme« – kommt im Sommer 2007 außerhalb des Camps in Kandahar zum Einsatz. Doch ein langfristiges Engagement mit Kampftruppen, das die Briten, die Kanadier oder auch die Niederländer entlasten und das Risiko auf mehrere breite Schultern verteilen würde, schließt die Bundesregierung aus. Sie verweist stattdessen auf das Engagement Deutschlands im Norden des Landes – und darauf, dass Aufteilung und Verantwortlichkeit der Nationen in Afghanistan eindeutig geregelt seien. NATO-Generalsekretär Jaap de Hoop Scheffer sagt im März 2008 auf der Kommandeurstagung der Bundeswehr in Berlin dagegen, es könne keine »Arbeitsteilung« in Afghanistan geben, bei der die einen kämpften und die anderen sich auf »Konfliktnachsorge« konzentrierten. Das Land lasse sich nicht in Zuständigkeitsbereiche aufteilen, sondern werde »als Ganzes gewonnen oder als Ganzes verloren«.

Das Argument, auch die Standorte der Bundeswehr im Norden seien gefährlich, lassen diejenigen, die die Deutschen in die Pflicht nehmen wollen, nicht gelten. Zwar ist auch Nordafghanistan nicht sicher – aber eben doch wesentlich sicherer als der Süden. Der Chef des Stabes bei der ISAF und höchstrangige deutsche General in Afghanistan, Bruno Kasdorf, sagt Ende 2007, die Bundeswehr habe kurz zuvor bei der ISAF-Operation »Harekate Yolo II« im Nordwesten Afghanistans doch bewiesen, dass sie gegen die Taliban vorgehe. Deutsche Truppen hätten dabei afghanische Sicherheitskräfte unterstützt und seien »aktiv mit dabei« gewesen. Den Verbündeten im Süden, die für ihr Engagement einen hohen Blutzoll zahlen, dürfte das als Beweis für die deutsche Solidarität nicht ausreichen. Verluste hat die Bundeswehr bei der Operation im Nordwesten nicht zu beklagen. Mehrere Aufständische sterben bei den Kämpfen. Ob sie von den federführenden afghanischen Truppen des 209. Korps, von den Norwegern der »Schnellen Eingreiftruppe« (QRF) oder aber auch von deutschen Soldaten getötet werden, bleibt unbekannt. Als das am nordafghanischen Bundeswehr-Standort Masar-i-Scharif beheimatete 209. Korps zuvor in Südafghanistan eingesetzt wird, müssen die deutschen Militärausbilder ihre einheimischen Kameraden alleine in den Kampf ziehen lassen. Ihnen wird wegen der Gefahrenlage untersagt, die Truppe zu begleiten.

Großbritannien fordert im Dezember 2007 eine »fairere Verteilung der Lasten innerhalb der NATO-Länder«. Immerhin sind zu diesem Zeitpunkt mehr als ein Drittel der ISAF-Staaten in Bataillonsstärke mit mehr als 500 Soldaten in Afghanistan präsent. Als sich im schottischen Edinburgh Vertreter der acht Nationen treffen, die im Süden Afghanistans Truppen stellen, sagt der britische Verteidigungsminister Des Browne, diese fairere Lastenverteilung sei »besonders für die schwierigeren Teile des Landes« vonnöten. US-Verteidigungsminister Robert Gates kritisiert am selben Tag in der britischen BBC, viele NATO-Verbündete würden sich nicht mit vollem Einsatz am Kampf gegen die Taliban beteiligen. Auf die Frage, ob er vom Einsatz Deutschlands enttäuscht sei, verweist Gates auf das relativ ruhige Einsatzgebiet der Bundeswehr im Norden. »Die Deutschen sind mit einer beachtlichen Präsenz in Afghanistan vertreten«, sagt der Minister. »Sie sind in einem Gebiet, in dem es nicht viel Gewalt gibt.« Bei einem Besuch in Kabul hat Gates zehn Tage zuvor betont, er wolle Druck auf die »europäischen Alliierten ausüben, ihre Anstrengungen nochmals zu verdoppeln«. Vor dem Streitkräfteausschuss des Repräsentantenhauses in Washington spricht der Minister kurz darauf von der »Frustration« über den seiner Meinung nach unzureichenden Beitrag der Verbündeten bei der Bereitstellung von Truppen, Ausbildern und Helikoptern. »Ich bin nicht bereit, die NATO in Afghanistan aus der Verantwortung zu nehmen.«

Experten befürchten, dass die Rebellen Soldaten aus den Staaten, in denen der Einsatz besonders umstritten ist, gezielt angreifen könnten, um den Widerstand in der Heimat gegen das Engagement anzuheizen. Im ISAF-Hauptquartier in Kabul heißt es im Juni 2007, die Aufständischen verfolgten das Ziel, »einen Stein aus der NATO herauszubrechen« und das Bündnis zu spalten. Einer der Wackelkandidaten ist Kanada. Das Parlament in Ottawa verlängert den innenpolitisch heftig umstrittenen Einsatz der Truppen in Südafghanistan im März 2008 zwar bis zum Jahr 2011. Ausdrückliche Bedingung ist aber, dass die rund 2 500 vor allem in Kandahar eingesetzten kanadischen Soldaten von anderen NATO-Partnern mit mindestens 1 000 Soldaten unterstützt werden. Die Niederlande beschließen Ende 2007 nach Verlusten im südafghanischen Urusgan, ihr Kontingent dort zu verringern. Von Sommer 2010 an sollen die Soldaten dann ganz aus Urusgan abziehen. Er habe den anderen NATO-Staaten mitgeteilt, »dass wir im August 2010 weggehen«, zitiert die niederländische Nachrichtenagentur ANP Außenminister Maxime Verhagen Anfang Dezember 2007. »Es liegt in der Verantwortung der NATO, dann einen Nachfolger zu finden.« Seine Regierung habe auf »mehr Solidarität« bei den anderen Mitgliedsstaaten gehofft, als man neue Partner für Urusgan gesucht habe. Sollte sich die Lage in Urusgan bis 2010 nicht verbessern, wird sich kaum ein anderer NATO-Staat darum reißen, die Lücke zu schließen, die die Niederländer in der Provinz hinterlassen werden. Der Afghanistan-Einsatz setzt die Königliche Niederländische Armee unter einige Belastung, in ihr dienen insgesamt nur etwas mehr als 60 000 Männer und Frauen. Trotzdem ist sie immerhin der sechstgrößte Truppensteller in der ISAF. 1 650 Soldaten hat die verhältnismäßig kleine Streitkraft Anfang 2008 am Hindukusch stationiert. Das ISAF-Kontingent der vier Mal so großen Bundeswehr ist zu dem Zeitpunkt nur etwas mehr als doppelt so stark. Der UN-Sondergesandte Tom Koenigs nennt es im September 2007 »absurd«, dass die Bundeswehr mit ihren insgesamt knapp 245 000 Soldaten sage, sie sei mit dem Afghanistan-Einsatz »leicht überbeansprucht«.

In Deutschland sorgt ein möglicher Einsatz im Süden des Landes für hitzige Debatten. Auf einmal scheint es, als könnten die Bundeswehr-Soldaten, die nach dem Verständnis der allermeisten Deutschen ursprünglich auf eine Friedensmission nach Afghanistan geschickt worden sind, in einen Krieg verwickelt werden. Dass die deutschen Soldaten für den Kampf im Süden gut genug ausgebildet und ausgerüstet wären, daran zweifelt kaum einer der Militärs am Hindukusch. Deutsche Offiziere räumen in Hintergrundgesprächen ein, dass ein Einsatz der Bundeswehr mit ihren Fähigkeiten im Süden militärisch und aus Gründen der Bündnissolidarität sinnvoll wäre.

Der frühere Generalinspekteur der Bundeswehr, Klaus Naumann, schreibt im September 2007 in einem Gastkommentar für die *Financial Times Deutschland*, militärisch stehe die NATO in Afghanistan wohl kaum vor einer Niederlage. Politisch aber könnten Nadelstiche wie die Weigerung von NATO-Staaten, einige wenige Hubschrauber für Kandahar bereitzustellen, oder »die nur schwer verständliche Weigerung Deutschlands, mehr als nur punktuelle Hilfe im Süden zu leisten, zum Scheitern des mächtigsten Bündnisses der Welt führen«. Naumann spricht sich für eine weitgehende Aufhebung auch der deutschen »Caveats« aus. Von den nominell zu dem Zeitpunkt mehr als 40 000 ISAF-Soldaten könne der Kommandeur in der Schutztruppe nur 5 000 so einsetzen, wie es die Lage verlange. »Die Politik gibt ihm den Auftrag zu siegen, legt ihm aber politische Fesseln an und macht ihn dafür verantwortlich, dass er keinen Erfolg hat.«

Theoretisch würden sich für die Bundeswehr unter den Truppenstellern im Süden die Niederländer als natürliche Partner anbieten.

Mit ihnen haben die Deutschen in der Vergangenheit nicht nur in Europa eng kooperiert, sondern im Jahr 2003 auch schon in der gemeinsamen Führung der Schutztruppe in Afghanistan gute Erfahrungen gemacht. Der vorsichtige niederländische Ansatz kommt dem deutschen am nächsten. Die Niederländer haben seit ihrem Einsatz im Süden zwar mehr Opfer zu beklagen als die Bundeswehr in demselben Zeitraum, aber doch deutlich weniger als andere große Truppensteller im Kampfgebiet. Sechs niederländische Soldaten sterben dort bis Ende 2007 gewaltsam. Erst im April 2007 wird der erste Niederländer in Helmand getötet, fünf weitere kommen im Laufe des Jahres in Urusgan bei Kämpfen und Anschlägen ums Leben. Die Niederländer würden sich die Bundeswehr als Partner in Urusgan wünschen. Ein niederländischer General auf Besuch im Stützpunkt Kamp Holland am Rande der Provinzhauptstadt Tarin Kowt sagt im Mai 2007: »Wenn die Deutschen kämen, das wäre super.« Doch die Deutschen werden aller Voraussicht nach nicht kommen. Politisch ist ein langfristiger Einsatz der Bundeswehr im Kampfgebiet kaum durchsetzbar. In Umfragen spricht sich eine deutliche Mehrheit der Deutschen dagegen aus.

Verbündete im Süden fühlen sich von den Deutschen im Stich gelassen. Bis zum Fall der Mauer habe man schließlich auch an der innerdeutschen Grenze gestanden, argumentieren enttäuschte Kanadier. Am Hindukusch, fragen sie, solle diese Solidarität plötzlich nicht mehr gelten? Der seriöse britische *Guardian* schreibt im Herbst 2006 in einem verbitterten Kommentar, Länder wie Deutschland hätten »Truppen nicht zum Kämpfen nach Afghanistan geschickt, sondern um eine Scharade der Solidarität zu spielen.« Die britische Boulevardpresse, um Objektivität kaum bemüht, lässt kein gutes Haar an der Bundeswehr. »Deutsche spielen, während unsere Jungs kämpfen«, meldet die *Sun* im Dezember 2007 »exklusiv«. Der Artikel zeigt ein Foto, das die Zeitung aus dem Feldlager in Masar-i-Scharif »erhalten« hat und auf dem deutsche Soldaten sich die Freizeit mit Tischfußball vertreiben. Dass ein solcher Kicker etwa auch bei den kampferprobten Niederländern im Kamp Holland steht, verschweigt der Bericht über die »Drückeberger«, in dem es heißt: »Während zahlenmäßig unterlegene Briten es ausfechten, bleiben die 3 200 deutschen Soldaten im sicheren fernen Norden des Landes.« Die *Sun* zitiert einen ungenannten »NATO-Insider in Kabul« mit den Worten:

»Jeder weiß, wie nutzlos die Deutschen für die Anstrengungen hier sind.« So lückenhaft der Artikel recherchiert worden ist, seine Wirkung verfehlt er nicht. Es sei typisch deutsch, schreibt ein britischer Ex-Soldat in einem Leserbrief, die anderen die »Drecksarbeit« machen zu lassen.

Wie schwer diese von dem Leserbriefschreiber so genannte Drecksarbeit ist, zeigt sich in Musa Kala. Noch unter den US-geführten Koalitionstruppen sind die Stadt und ihre Umgebung mit von der ISAF grob geschätzt knapp 50 000 Bewohnern schwer umkämpft. Im Februar 2006 töten die Taliban bei einem Angriff auf Musa Kala den Gouverneur des gleichnamigen Distriktes, Mullah Abdul Kudus. Die Gefechte hören nach der Übergabe der Verantwortung an die ISAF nicht auf. Immer wieder wird Musa Kala von den Taliban attackiert, Dänen und Soldaten der britischen Armee bemannen in der Distrikthauptstadt einen Außenposten. Die Dänen ziehen einen Monat nach der Kommandoübernahme ab. Ihr gewerkschaftlicher Soldatenverband kritisiert, die Soldaten seien zum Aufbau einer Zivilgesellschaft nach Musa Kala geschickt worden. Was sie stattdessen vorgefunden hätten, sei »reiner Krieg« gewesen – auf den sie nicht vorbereitet worden seien. Der dänische Verteidigungsminister Søren Gade weist die Kritik zurück und sagt, die Soldaten seien nur zum »Durchatmen« an einen anderen Ort geschickt worden.

Die Briten bleiben auf dem einsamen Außenposten. Sie werden immer wieder von den Taliban angegriffen und wehren sich erbittert. Für die Aussage ihres damaligen Verteidigungsministers Reid, er hoffe, bis zu einem Abzug der Truppen aus Afghanistan werde kein einziger Schuss abgefeuert werden, haben die Soldaten Zehntausende Kugeln später wohl nur noch ein müdes Lächeln übrig. Reids Amtsnachfolger Des Browne räumt ein, Großbritannien und die NATO hätten die Stärke der Taliban im Süden unterschätzt. »Wir müssen akzeptieren, dass es sogar schwerer geworden ist, als wir erwartet hatten«, sagt Browne. Der britische Premierminister Tony Blair appelliert im November 2006 bei einem Überraschungsbesuch bei den Truppen an deren Kampfeswillen. Manchmal sei der Kampf »der einzige Weg zur Friedenssicherung«, sagt Blair in Helmand. »Hier, in diesem außergewöhnlichen Stück Wüste, wird die Zukunft der Weltsicherheit im frühen 21. Jahrhundert entschieden.« Britische Zeitungen berichten vor Blairs Besuch unter Berufung auf Militärs, die Soldaten in Südafghanistan seien »am Rande der Erschöpfung«.

Im besonders heftig umkämpften Musa Kala scheint eine ungewöhnliche Lösung der Probleme plötzlich greifbar nahe. Stammesälteste bieten an, eine Art Waffenstillstandsabkommen zwischen den Taliban und der ISAF zu vermitteln – ohne dass die beiden Feinde Vertragsparteien sein müssen. Mit dem Abkommen wird die Sicherheit der Stadt in die Verantwortung der Stammesälteren gelegt, im Gegenzug sollen die Briten abziehen. Kritiker, die den Stammesälteren misstrauen, sagen, die ISAF könnte die Verantwortung für die Sicherheit dann gleich direkt an die Taliban übertragen. Der umstrittene Vertrag verpflichtet den Ältestenrat nach Angaben des Afghanistan-Experten Thomas Ruttig von der Stiftung Wissenschaft und Politik unter anderem dazu, unter der Nationalflagge zu arbeiten. Der Rat muss demnach außerdem »sein Bestes« tun, um den Bestimmungen der afghanischen Verfassung zu folgen und »Sicherheit und Gesetz« aufrechtzuerhalten, sowie Bewaffneten den Zutritt nach Musa Kala verwehren. Trotz Kritik von amerikanischer Seite kommt das Abkommen mit Unterstützung der ISAF und der afghanischen Regierung zustande.

Anfang September 2006 unterzeichnen Stammesälteste aus Musa-Kala-Stadt und Umgebung sowie der damalige Provinzgouverneur Helmands, Mohammad Daud, den Vertrag. Die gebeutelten Briten verlassen Musa Kala kurz danach – nicht einmal eineinhalb Monate nach der Kommandoübernahme der ISAF im Süden ziehen ihre Soldaten sich aus der Stadt zurück. »Die geänderte Herangehensweise des britischen Generals (und damaligen ISAF-Kommandeurs) Richards beruhte auf der Erkenntnis, dass die vorhandenen ISAF-Truppen nicht ausreichten, um die wichtigsten Distriktzentren dauerhaft zu halten«, schreibt Ruttig im Februar 2007. »Der Mangel an Truppen war auch der Grund für die bekannten Forderungen an Deutschland und andere NATO-Staaten, zusätzliche Truppen für Südafghanistan bereitzustellen.«

Nach der Unterzeichnung des Abkommens werden über vier Monate hinweg keine Kämpfe aus Musa Kala gemeldet. Doch dann fliegt die ISAF Ende Januar einen Luftangriff auf einen »Kommandoposten« der Taliban in dem Distrikt, nach Angaben der Schutztruppe aber außerhalb des Bereichs, für den das Abkommen gilt. Die Taliban sehen das anders und marschieren Anfang Februar in Musa-Kala-Stadt ein. Die Rebellen holen die afghanische Nationalflagge ein, hissen ihr weißes Banner und übernehmen die Kontrolle über die Distrikthauptstadt und ihre Umgebung. Die ISAF wirft den Aufständischen nun ihrerseits vor, »mehr als vier Monate des Friedens« in Musa Kala beendet zu haben. »Die Behauptung der Taliban, dass die ISAF das Abkommen gebrochen hat, ist völlig falsch«, sagt ein ISAF-Sprecher. Am 4. Februar tötet die Schutztruppe bei einem erneuten Luftangriff im Distrikt Musa Kala den Taliban-Kommandeur Abdul Ghafour, den sie für einen der maßgeblichen Drahtzieher beim Einmarsch der Rebellen in die Stadt hält. Spätestens jetzt ist das Abkommen hinfällig. Am selben Tag übernimmt der US-General Dan McNeill das ISAF-Kommando von dem Briten David Richards.

Richards kündigt bei der Übergabezeremonie in Kabul eine Frühjahrsoffensive gegen die Taliban an und sagt: »Wir haben bewiesen, dass die NATO die Taliban militärisch besiegen kann und wird.« Sein amerikanischer Amtsnachfolger betont: »Wir werden unseren Posten und unsere Mission nicht aufgeben, bis die Arbeit erledigt ist.« Markig fügt der Irak-Veteran McNeill hinzu: »Wir werden keinen gefallenen Kameraden zurücklassen.« Mehr als fünf Jahre nach Beginn des Afghanistan-Einsatzes steht mit McNeill erstmals ein US-General an der Spitze der Schutztruppe. Der Afghanistan-Experte Ruttig schreibt, es könne nicht ausgeschlossen werden, dass es sich bei dem ISAF-Luftangriff kurz vor dem Kommandowechsel »um eine gezielte Provokation« gehandelt habe, um das von den USA stets kritisierte Musa-Kala-Protokoll auszuhebeln und im Norden Helmands »freies Schussfeld« zu schaffen.

Mit dem Ende des Abkommens scheitert der Versuch einer friedlichen Konfliktlösung in Afghanistan. Zehn Monate lang steckt Musa Kala nach dem Einmarsch der Taliban wie ein Stachel im Fleisch der afghanischen Regierung und der ausländischen Militärs. Die Aufständischen richten eine eigene »Justiz« ein, die wenigen Nachrichten, die aus Musa Kala dringen, erinnern fatal an jene aus Afghanistan unter dem Taliban-Regime. Rebellensprecher Ahmadi sagt im April 2007, die Aufständischen hätten drei Männer festgenommen, die für die afghanische Regierung und die britischen Truppen spioniert hätten. Sie seien von einem »Gericht« der Taliban schuldig gesprochen, zum Tode verurteilt und zur Abschreckung in der Stadtmitte gehängt worden. Bereits im August 2006 richten die Taliban im damals umkämpften Distrikt Musa Kala nach Angaben der Provinzregierung eine 70 Jahre alte Frau und ihren 13-jährigen Enkel hin – auch unter Spionagevorwürfen. Der Sprecher der Provinzregierung, Hadschi Mohayoddin Chan, sagt, anderen Dorfbewohnern hätten die Rebellen die gleiche Strafe angedroht, sollten sie die Regierung oder die ausländischen Truppen unterstützen.

Nachdem die Taliban im Dezember 2007 gewaltsam aus Musa Kala vertrieben worden sind, setzen die Truppen, die afghanische Regierung und die Internationale Gemeinschaft alles daran, dass die Aufständischen nicht wieder zurückkehren können. Britische Soldaten und Bagger füllen »Hescos« mit Sand, die knapp mannshohen, mit Stoff ummantelten Drahtkörbe sollen gegen Splitter schützen und eine Mauer um das künftige Hauptquartier der afghanischen Sicherheitskräfte am Stadtrand bilden. Etwas außerhalb der Stadt soll der kleinere Außenposten der britischen Truppen entstehen – die Briten wollen klarmachen, wer in Musa Kala offiziell das Heft in der Hand hat: nicht die ausländischen Soldaten, sondern die Sicherheitskräfte der afghanischen Regierung. Für die Journalisten, die die NATO eingeflogen hat, stellen die britischen und afghanischen Soldaten zur Schau, was sie nach der Flucht der Taliban in Musa Kala gefunden haben: mechanische Kontaktzünder und elektronische Auslöser für Sprengfallen, Granaten und improvisierte Bomben – mit Sprengstoff gefüllte Druckkochtöpfe – sind auf dem Boden ausgebreitet. Opium und Heroin haben die Truppen ebenfalls beschlagnahmt, auch Laboreinrichtungen in Drogenküchen haben sie ihren Angaben zufolge nach dem Abzug der Taliban entdeckt. Nirgendwo auf der Welt wird mehr Schlafmohn angebaut als in Helmand.

An dem minarettförmigen Turm in der Stadtmitte, an dem die Taliban ihre Gegner aufgehängt haben, weht wieder die afghanische Flagge, sie überragt alle Gebäude in der Stadt und ist weithin sichtbar. In der Einkaufsstraße, die zu dem Platz im Stadtzentrum führt, zeugen Einschusslöcher an den Häuserwänden von den heftigen Kämpfen der Vergangenheit. Panzerfahrzeuge der Schutztruppe mit Maschinengewehrschützen haben an wichtigen Punkten Stellung bezogen, überall sind Soldaten. Vor den Geschäften sind die Rollläden niedergelassen, Menschen sind kaum zu sehen. Die vereinzelten Afghanen auf der Straße grüßen nur verhalten zurück. Vier Tage nach dem Einmarsch der Truppen gleicht Musa Kala einer Geisterstadt. Die meisten Zivilisten, die geflohen sind, trauen dem brüchigen Frieden noch nicht. Am Tag zuvor seien nur fünf Familien zurückgekehrt, sagt ein Sprecher der britischen Task Force Helmand. Unter den Rückkehrern sind viele junge Männer im kampffähigen Alter. Ob sie vor wenigen Tagen noch auf der Seite der Taliban auf die Truppen geschossen haben, wissen die Briten nicht. Zwar kontrollieren die Soldaten an Checkpoints am Stadteingang die Daten derjenigen, die zurückkehren, doch das ist mehr Symbolik denn Prävention. Natürlich habe man keine Unterlagen zum Abgleich darüber, wer von den Rückkehrern früher wirklich in Musa Kala gelebt habe, räumt der Armeesprecher ein. Solange die Männer keine Waffe trügen, sagt ein anderer Offizier, könne man sie nicht an der Rückkehr hindern. »Es ist sehr schwer zu erkennen, wer ein Taliban ist.«

Die Briten haben aus früheren Fehlern gelernt. Nach dem Kampf um die Stadt soll nun sofort der um die »Köpfe und Herzen« beginnen. Für die ISAF und die afghanische Regierung ist das ein Rennen gegen die Zeit. Dass die Taliban Musa Kala nicht verloren geben werden, steht für den britischen Kommandeur Mackay außer Frage. »Sie werden versuchen, hier wieder einzudringen«, sagt er. »Wichtig ist, dass die Bevölkerung das nicht zulässt.« Die ausländischen Truppen und die Regierung würden von den Menschen in Musa Kala danach beurteilt werden, ob sie ihre Versprechen hielten. Während man die Eroberung geplant habe, habe man bereits den Wiederaufbau Musa Kalas vorbereitet.

Als Erstes soll die Moschee im Stadtzentrum wieder errichtet werden. Sie wurde, was die ISAF auf Nachfrage zögerlich einräumt, im Jahr 2006 bei einem Luftangriff der ausländischen Truppen zerstört. Entschuldigend heißt es, Taliban-Kämpfer hätten sich darin verschanzt gehabt. Von dem Gotteshaus ist Ende 2007 nur noch das Fundament übrig, Gläubige haben auf dem nackten Beton ihre Gebetsmatten ausgerollt, davor steht ein britischer Soldat mit Schnellfeuergewehr. Nach der Moschee sollen eine Schule und eine Klinik entstehen, ein Stück Straße soll asphaltiert werden. Auch das Gebäude der Distriktverwaltung – das wiederum die Taliban dem Erdboden gleichgemacht haben – soll wieder aufgebaut werden. Für die Dauer der Bauarbeiten sollen nach Angaben des Kommandeurs der afghanischen Armee in Helmand, General Mohayuddin Ghori, täglich

1 500 Arbeiter aus der verarmten Region eingestellt werden. Jeder von ihnen, sagt Ghori, solle 1 000 Afghanis (etwa 20 Dollar) Tagelohn erhalten – für afghanische Maßstäbe wäre das ein fast fürstliches Entgelt. Der General, der zwischen der zerstörten Moschee und den Trümmern der einstigen Distriktverwaltung steht, ruft einen Bewohner Musa Kalas zu sich, der den Auflauf der Militärs und Journalisten beobachtet. »Was ist Dein größter Wunsch?«, fragt der Offizier den Mann barsch. »Mein größter Wunsch ist Frieden und Sicherheit in Afghanistan«, antwortet der Zivilist vorsichtig. Der General lächelt. Ihm gefällt die Antwort.

Auch Abdul Dschabar wünscht sich Frieden, der 22-Jährige gehört zu den wenigen Gemüsehändlern, die auf dem Markt neben dem Turm im Stadtzentrum ihre Stände wieder geöffnet haben. Ob er der NATO vertrauen und die ISAF Sicherheit nach Musa Kala bringen könne, weiß der junge Mann mit dem schwarzen Bart noch nicht. »Das werden wir in der Zukunft sehen«, sagt er. Während der zehnmonatigen Taliban-Herrschaft sei Musa Kala jedenfalls sicher und stabil gewesen. Die Aufständischen hätten nicht nur ihre Gegner, sondern auch Diebe öffentlich gehängt – was der Händler begrüßt. »Für uns ist Sicherheit wichtig. Wer immer sie uns bringt, den werden wir unterstützen«, sagt Dschabar. »Ich kann nicht sagen, dass die Taliban schlechte Menschen waren.«

Feldimpressionen – Amerikaner, Holländer und Deutsche

Briefe nach Hause – Pause bei einer amerikanischen Kampfpatrouille

»Lass uns die bösen Jungs fangen gehen«

Nach langen Stunden in der Wüste der südafghanischen Provinz Kandahar scheint die Forward Operating Base (FOB) Tiger für die amerikanische Kampfpatrouille greifbar nah. Nur noch wenige Kilometer sind es bis zum geschützten Außenposten, doch plötzlich rennen Dorfbewohner auf die Straße, sie warnen den Konvoi, dass einige Meter vor den Fahrzeugen eine Mine liege. Sie sagen, ein Kind habe gesehen, wie der Sprengsatz von einem Mann auf einem roten Motorrad und mit rotem Bart erst vor kurzem vergraben worden sei. Nach Mullah Abdul Karim, einem Taliban-Kämpfer mit einem roten Honda-Motorrad und einem roten Bart, suchen die Truppen seit dem Vortag. Karim steht im Ruf, immer wieder Sprengsätze auf den Straßen in der Region zu vergraben. Die Soldaten nehmen das durchaus persönlich: Erst vor wenigen Tagen hat auf ihrem Weg bereits eine Panzermine gelegen, auch damals haben Dorfbewohner die Soldaten gewarnt. »Wäre die Mine direkt unter einem unserer Humvees explodiert, hätte kaum jemand darin überlebt«, sagt Stabsfeldwebel Steven Stankovich.

Ein Metallstück, das ein Kontaktzünder sein könnte, ist nun in der Erde einige Meter vor den vier Humvees eingegraben. Die Humvees sind die leicht gepanzerten Fahrzeuge der US-Truppen, sie sehen aus wie eine Metall gewordene Bedrohung auf Rädern. Die Fahrzeuge wirken gedrungen, sie sind lang und flach, mit ihren wippenden Antennen erinnern sie ein wenig an große graue Käfer mit überlangen Fühlern. Vier Sitze bieten sie, zwischen denen alles Mögliche verstaut wird, was auf der Patrouille benötigt wird, zur Hand sein soll oder nicht an der Karosserie festgebunden werden kann: Eine Eisbox mit Getränken, Fertignahrung, Rucksäcke liegen in den engen Freiräumen. In der Mitte steht ein Soldat, dessen Oberkörper aus dem Schützenstand auf dem Dach ragt. Auf jedem Dach ist ein schweres Maschinengewehr montiert, das sich rundum schwenken lässt.

Trotz aller Waffengewalt kann das Green Platoon, der Grüne Zug, wegen der Minenbedrohung auf dem Weg erst mal nicht weiterfahren. Der Zugführer, der 27 Jahre alte Leutnant Ethan Olberding, flucht, er fordert Hubschrauber an, um den Täter auf der Flucht ausfindig zu machen. Zwei Helikopter kommen binnen weniger Minuten aus der nahen US-Basis bei Kandahar-Stadt, sie drehen einige Runden, doch die Piloten finden keinen Minenleger mehr und fliegen zurück. Einer der 14 Soldaten des Green Platoon robbt auf dem Boden in die Nähe der mutmaßlichen Mine und versucht vorsichtig, sie mit der Hand freizuschaufeln, doch das wird auch ihm irgendwann zu brenzlig. Den potenziellen Sprengsatz ungesichert auf der Straße lassen will Olberding nicht. Die Bombenräumer aber werden noch ihre Zeit brauchen, bis sie ankommen. Die Besatzungen der Humvees sind zum Warten und Nichtstun verdammt, sie steigen aus, rauchen und trinken Softdrinks. Für die Dorfbewohner sind die Soldaten im Sommer 2004 noch eine Attraktion. Besonders Kinder stehen um die Humvees herum, lächeln und lassen sich fotografieren. Die ausländischen Truppen sind noch nicht sehr lange im Land. Im Süden sind zu dem Zeitpunkt nur rund 5 000 Amerikaner, man sieht sie selten.

Olberdings Einheit ist erst vor kurzem aus Hawaii gekommen. Viel weiter weg kann man von der Wüste Afghanistans, in der die Männer nun operieren, nicht entfernt sein, egal, was man zum Maßstab nimmt: Kultur, Klima, Natur oder Zeitzonen. Die 14 Soldaten sind noch nie in einem Kriegsgebiet gewesen, Irak droht ihnen später noch, der Jüngste der Mannschaft ist erst 18 Jahre alt. Kampftraining haben die Männer auf Hawaii bekommen, sie zeigen voller Stolz Fotos, auf denen sie sich aus Helikoptern abseilen. Auf die kulturelle Vorbereitung scheint weniger Wert gelegt worden zu sein. In dem Dorf im Norden der Provinz Kandahar, wo die Soldaten des Green Platoon umringt von Einheimischen auf die Minenräumer warten, ruft der Muezzin zum Gebet. »Allahu akbar«, schallt es vom Minarett auf Arabisch über die hügelige Landschaft. Lässig an den Humvee gelehnt, äfft ein junger Feldwebel unbedacht den Muezzin nach.

Stunden später stellt sich heraus, dass der angebliche Zünder in der Erde vor den Humvees eine Attrappe ist, die die US-Soldaten aufhalten sollte. Erst am Abend kommen sie in dem Außenposten Tiger mitten im Nichts an, müde und erschöpft. Die letzten Tage sind voller Ereignisse, voller Anspannung und fast ohne Schlaf gewesen. Noch vor Sonnenaufgang sind die Soldaten zwei Tage zuvor aus ihrer Basis am Flughafen nahe Kandahar-Stadt ausgerückt, sie haben Fertignahrung und Pulver dabei, das die vielen Liter Wasser, die sie in der Gluthitze trinken werden, etwas interessanter schmecken lassen und der Austrocking vorbeugen soll. Zunächst geht es durch Kandahar-Stadt, aus Angst vor Angreifern nehmen die Soldaten auf den Humvees die Autos der sichtlich verängstigten Afghanen ins Visier, die hinter ihnen fahren. Wenige Kilometer rollt der Konvoi in die Wüste hinein bis zum ersten Stopp. Die Soldaten steigen aus und zünden sich Zigaretten an. Die Schützen auf den Dächern der Humvees entsichern die schweren Waffen. Mit ohrenbetäubendem Krach jagt eine Kugel nach der nächsten aus den Läufen, die Geschosse schlagen auf einem Hügel ein, die Sandwolken sind noch aus der Distanz zu erkennen. Ein Test der Waffen und eine »Show of Force«, eine Demonstration der Stärke, soll das sein. Feinden in Hörweite wollen die Amerikaner zeigen, wer besser ausgerüstet ist. Anderen Afghanen könnte sich der Eindruck aufdrängen, die Truppen kämen nicht als Freunde.

Wenige Stunden später treffen die Soldaten auf die afghanische Miliz, die das Platoon in den nächsten Tagen bei der Patrouille durch die Region begleiten soll. In dem heruntergekommenen Gebäude an einer Durchgangsstraße macht sich einer der afghanischen Kämpfer an einer alten Panzerfaust zu schaffen, andere Milizionäre dösen und hören Radio. Die Amerikaner haben sie mit schwarzen Armeehosen, schwarzen Hemden und schwarzen Stiefeln ausgestattet. Trotz ihrer Uniformen wirkt die Miliz wie eine zusammengewürfelte Bande von Straßenräubern. Tatsächlich kann nur darüber spekuliert werden, ob sich die Männer an Recht und Gesetz der jungen afghanischen Regierung halten, wenn die Amerikaner nicht bei ihnen sind. Mit ihrer geringen Truppenstärke können die amerikanischen Soldaten nur gelegentlich auf Patrouillen vorbeikommen. Von dem, was davor und danach geschieht, erfahren sie längst nicht alles. Lastwagenfahrer berichten von illegalen Checkpoints und Wegezoll in der Region.

Ihre alten Kalaschnikows haben die Milizionäre mit roter Folie beklebt oder mit Plüschbommeln verschönert. »Sie gestalten ihre Waffen gerne individuell«, flüstert ein US-Soldat, als die Männer für ein Erinnerungsfoto grimmige Minen aufsetzen. »My Kid's Club« heißt die Westenmarke der meisten Milizionäre, »mein Kinderclub«, wie rot auf schwarz zu lesen steht. Die meisten der Kämpfer allerdings können weder lesen noch schreiben, Englisch sprechen sie sowieso nicht, die Gespräche laufen mühselig über einen Übersetzer. Trotz aller Sprachschwierigkeiten sind die Milizionäre für die US-Soldaten oft die wichtigste Informationsquelle.

Milizenchef Muhammad Nabi hat einen Tipp bekommen, der den Jagdinstinkt bei Zugführer Olberding weckt. Olberding hat sich nach den Anschlägen vom 11. September 2001 aus seinem zivilen Job in den USA heraus freiwillig bei der Army gemeldet. Er habe das Gefühl gehabt, das sei seine Pflicht gewesen. »Es wird leider immer mehr vergessen, was damals passiert ist«, sagt Olberding. »Ich will dafür sorgen, dass so etwas nie wieder passiert.« Die Sehnen am Hals des durchtrainierten Leutnants spannen sich an, als er den Dolmetscher Nabis Worte übersetzen hört. Ein Informant habe verraten, dass der mutmaßliche Minenleger Karim sich in einem Dorf rund zwei Fahrstunden entfernt verstecke, sagt der Milizenchef. Olberding ruft seine Männer zusammen.

In wenigen Minuten wird die Operation durchgesprochen. »Wenn er versucht zu fliehen, dann gebraucht alle notwendigen Mittel, um ihn zu stoppen«, befiehlt Olberding seinen Soldaten. Sie sind euphorisch, trotz der fast schlaflosen Nacht zuvor, in der sie in einem trockenen Flussbett nach Karim gesucht haben. Nach einem Gerücht, der Taliban-Kämpfer könnte das Flussbett abseits der Straßen nutzen, haben sie dem Aufständischen dort auflauern wollen. Nach Stunden des Wartens zeigt sich in den Nachtsichtgeräten zwar kein Motorrad, aber immerhin ein einzelner Lastwagen. Die Männer springen aus der Deckung und rennen ins Flussbett. Der verängstigte Lkw-Fahrer sieht schreiende Schwerbewaffnete aus dem Nichts heraus in seinen Weg laufen. Statt zu stoppen, gibt er Gas. Die Soldaten springen im letzten Moment zur Seite. Sie schießen nicht. Gedemütigt und frustriert packen sie zusammen und fahren zur Forward Operating Base Tiger zurück.

Jetzt, nach dem Hinweis des Milizenchefs, brennen sie auf eine neue Chance. Stabsfeldwebel Stankovich, mit 32 Jahren der Älteste des Zuges, mahnt die Soldaten zur Vorsicht. »Ob wir ihn bekommen oder nicht – ich will, dass ihr alle heute Nacht lebendig zurückkommt.« Als der Konvoi losfährt, ruft Daniel Rivera am Steuer einer der Humvees: »Lass uns die bösen Jungs fangen gehen.« Doch die Soldaten mit den coolen Sprüchen und den dunkeln Sonnenbrillen sind nicht wirklich die harten Kerle, die sie nach außen hin geben wollen. Manche haben Bilder ihrer Liebsten an die Schützenstände der Humvees oder die Innenseiten der Fahrzeugtüren geklebt. Voller Stolz zeigen sie Fotos ihrer Freundin, ihrer Frau oder ihrer Kinder. Im Sonnenuntergang schreiben sie Briefe nach Hause. Einer der Soldaten verfasst in seiner Freizeit Gedichte. Alle vermissen sie Amerika.

Er selber sei in Armut in Brooklyn aufgewachsen, sagt der 25 Jahre alte Rivera einmal, als er bei einer kurzen Pause bettelnden afghanischen Kindern Süßigkeiten gibt. »Verglichen mit denen hier geht es mir heute wirklich gut.« Dabei ist das Leben von Rivera und den anderen Soldaten des Platoons kaum beneidenswert: Rund eine Woche sind sie im Kampfeinsatz in der Wüste unterwegs, dann tanken sie bei »leichtem Dienst« für wenige Tage in der US-Basis am Flughafen Kandahar auf, bevor es wieder auf Patrouille geht. Es ist ein Wechsel zwischen zwei Welten, wie sie unterschiedlicher kaum sein können. Mit dem Afghanistan, durch das Olberdings Männer patrouillieren, haben die großen Stützpunkte wie der am Flughafen Kandahar nichts zu tun – sie sind ein Stück Amerika mitten in Afghanistan.

Bagram, die wichtigste US-Basis, liegt nördlich von Kabul, dort leben Tausende Soldaten. Einmal die Woche gibt es abends Hummer, wie alles hier werden die Schalentiere eingeflogen, auch sonst herrscht von Schweinebraten über Hühnerbrustfilet kein Mangel an Auswahl. Wer vom Soldatenessen trotzdem genug hat, kann sich bei Burger King anstellen, dem ersten US-Schnellrestaurant in Afghanistan, das im Sommer 2004 aufgemacht hat. Wer weder Hamburger noch Hummer mag, wählt im »Food Court« zwischen Thai-Essen und Pizza. Der Coffee-Shop neben dem Friseursalon hat 15 Kaffeesorten im Angebot. Vor dem Café schlagen junge Soldaten rauchend die Zeit tot und reden über Waffen. »So ein Maschinengewehr hätte ich zu Hause gerne auf meinem Pickup«, sagt einer von ihnen. Kameraden am Nebentisch reden lieber davon, wie lange sie noch in der Armee bleiben müssen – wessen Verpflichtungszeit schneller abläuft, hat gewonnen.

Während Olberdings Männer sich draußen ebenso wenig wie Afghanen um Verkehrsregeln scheren müssen, bekommen Soldaten in Bagram einen Strafzettel von der Militärpolizei, wenn sie schneller als 25 Stundenkilometer fahren. Panzerfahrzeuge halten am Zebrastreifen auf dem Disney Drive, der Hauptstraße, die durch den Stützpunkt führt und nach einem getöteten Soldaten benannt ist. Jogger auf dem Disney Drive tragen auch tagsüber Reflektoren, wer des Laufens müde ist, kann sich im Soldaten-Einkaufsmarkt, dem sogenannten PX, ein Fahrrad kaufen – mit dem passenden Sturzhelm, und nur gegen harte Dollar. In der riesigen Halle gibt es Süßigkeiten aus der Heimat, Militärbedarf, Zigaretten und alles andere, was man im Soldatenalltag brauchen könnte.

Rote T-Shirts mit dem Aufdruck »Anti Terrorist Task Force« hängen in der Bekleidungsabteilung. Bei den DVDs stehen eine Sonderausgabe des Films *Pearl Harbour* zum 60. Jahrestag des japanischen

Angriffs ebenso wie *Behind Enemy Lines*, in dem ein abgeschossener US-Pilot von Kameraden aus Feindesgebiet gerettet wird. In dem spärlich bestückten Bücherregal liegt *Super Hawks – Strike Force Alpha*. In dem Buch ziehen US-Truppen gegen einen Übeltäter in der muslimischen Welt zu Felde – »zusammengehalten durch einen einzigen Kriegsschrei: Erinnert Euch an die Twin Towers«, so steht es auf dem Klappentext. Wer nicht lesen oder fernschauen will, kann zwischen Freizeitangeboten wie Bibelkurs, Latino-Tanz, Volleyball und Gewichtheben wählen. Ein Leutnant, der schon im Irak gekämpft hat und dann in Bagram stationiert worden ist, sagt im Sommer 2004: »Manchmal fällt es schwer zu glauben, dass man hier im Kriegsgebiet ist.«

Olberdings Platoon fällt das angesichts der ständigen Bedrohung und der Entbehrungen auf den Patrouillen nicht sehr schwer. Als Luxus gilt für sie schon, alle paar Tage auf einem der trostlosen Außenposten wie der FOB Tiger stoppen zu dürfen. In der kleinen Zeltstadt bekommen die Soldaten warmes Essen und kalte Cola, sie können duschen und auf Feldbetten übernachten. Wenn sie außerhalb des Lagers in der Wüste unterwegs sind, müssen sie von Fertignahrung und Wasser leben, auf den Humvees oder dem Boden schlafen und nachts abwechselnd Wache schieben. Ihre Notdurft verrichten sie auf dem Sand und vergraben sie dann mit einer Schaufel. Ein Jahr dauert ihr Afghanistan-Einsatz, erst vier Monate sind um. »Es ist weniger die Frage, ob etwas passiert«, sagt einer der Soldaten. »Es ist eher die Frage, wann.«

In der Siedlung, in der der Taliban-Kämpfer Karim vermutet wird, ist die Spannung nicht nur unter den Soldaten, sondern auch unter den Dorfbewohnern zu spüren. Die Bauern blicken erschreckt auf die Humvees und die martialisch aussehenden Ausländer in ihren schusssicheren Westen. Die Schützen auf den Humvees, die um das Dorf herum Position bezogen haben, haben Befehl zu schießen, sollte jemand fliehen. Neben einer Strohhütte steht ein rotes Motorrad mit roter Decke, wie es auch der Taliban-Kämpfer benutzen soll. Angeblich gehört es einem der Dorfbewohner. »Lass mich raten«, sagt Stankovich, »niemand hier weiß von irgendwas.« So ist es: Keiner der Dorfbewohner will Karim je gesehen haben. »Sie lügen«, sagt Milizenchef Nabi.

Olberding durchkämmt mit einigen Soldaten den Obstgarten, wo Karim nach Angaben des Informanten sein Lager haben soll. Als das keinen Erfolg bringt, befiehlt der Leutnant Hausdurchsuchungen. Inständig bittet ein Afghane den Zugführer durch den Übersetzer, die Truppen wegen der unverschleierten Frauen in seinem Haus nicht ohne Vorwarnung eindringen zu lassen. Die Soldaten sind schon unterwegs. Im letzten Moment stoppen sie vor den Lehmmauern des Gehöfts. Die Frauen verhüllen ihre Gesichter und fliehen in eine dunkle Ecke im Hof. Die Amerikaner finden nichts. Olberding probiert danach, den irritierten Dorfälteren den größeren Sinn des Einsatzes zu erklären. »Wir sind da, um Euch ein besseres Leben zu sichern«, sagt er. »Eure Feinde wollen das verhindern.« Es ist nicht klar, wen die Dorfälteren in diesem Moment für den Feind halten.

»In jedem Fall war die Aktion eine weitere Geduldsprobe«, sagt Olberding, bevor er den Konvoi mit den verschwitzten Soldaten, in deren Gesichter sich Staub und Dreck eingegraben haben, zurück zum Außenposten Tiger in Marsch setzt. Nach dem Reinigen der Waffen bekommen sie dort kalte Softdrinks und Steaks, all das wurde in den verlassenen Flecken Wüste in Kandahar geschafft. Eine willkommene Abwechslung zu den »Meals Ready to Eat«, kurz MRE, den Beuteln mit Fertignahrung, aus denen sich die Truppen in der Wüste ernähren.

Nach dem Essen legen sich die meisten Soldaten hin, nur manche von ihnen nehmen sich eines der Feldbetten unter einer Zeltplane. Rivera – der junge Mann aus Brooklyn – schläft auf dem Kiesboden in seiner Uniform, er bettet sein Haupt auf seinen Stahlhelm. Die im Dunkeln wenige hundert Meter weiter startenden und landenden Hubschrauber wecken ihn nicht, er ist viel zu erschöpft. Einer der Feldwebel ist noch wach, er zeigt Fotos seiner Freundin, auch sie ist bei der Armee. Vor kurzem haben sich beide auf einem Auslandseinsatz auf derselben Basis getroffen, das ist ein Grund zu feiern gewesen. Der Unteroffizier hat Musik dabei. Er und seine Kameraden hören Lieder wie den »Taliban-Song« des amerikanischen Country-Stars Toby Keith, der ein glühender Verfechter der Einsätze in Afghanistan und im Irak ist. Keith hält Afghanen für Kamelhirten, die in Höhlen hausen und nur auf den US-Einmarsch gewartet haben, und das singt er auch. Der Country-Song endet so: »Wir verabschieden uns von den Taliban und zeigen ihnen den Finger.«

Maximus

»Schlagt hart zu, wenn es notwendig ist«

Der Beweis, dass die Niederländer hart zuschlagen können, ist in einem mit Tarnnetz verhängten Schuppen versteckt und heißt Maximus. Maximus ist aus deutscher Produktion, mehrere Tonnen schwer und potenziell tödlich. Die Soldaten, die die Panzerhaubitze bedienen, sind in ständiger Bereitschaft. Wenn sie alarmiert werden, werfen sie den Motor des grauen Ungetüms an, starten den Bordcomputer und geben Gas. Dann rollt Maximus dröhnend aus seinem Schuppen, auf dem Weg zur Abschussposition auf einem Hügel wirbeln die Ketten Sandwolken auf. Mehrere hundert Meter entfernt bezieht Maximus Stellung und richtet die gewaltige Kanone auf die Gegner aus, die von der Bedrohung nichts ahnen können. 40 Kilometer weit kann die Panzerhaubitze schießen. Wen die schweren Granaten treffen, dem gnade Gott. Wenn die Soldaten feuern, dann bebt das Lager. Die mit weißer Farbe auf den Lauf gemalten Granatensymbole zählen die Abschüsse. Das Lager hat schon oft gebebt.

Maximus ist nur eine der Waffen, auf deren Schutz die Soldaten draußen zählen können. Im Kamp Holland, der niederländischen Basis in der südafghanischen Provinz Urusgan, die vor allem von Paschtunen bevölkert ist, stehen außerdem Apache-Hubschrauber. In der Basis Kandahar, wenige Flugminuten entfernt, sind niederländische F-16-Kampfflugzeuge stationiert. Nicht nur, aber auch auf den Schutz von Maximus, Apache und F-16 verlassen sich die Soldaten, die sich an diesem Abend im Mai 2007 im Kamp Holland auf ihre Patrouille in den nächsten Tagen vorbereiten. Sie sollen in ein Tal vorstoßen, das unter Kontrolle der Taliban ist. »Die Bedrohung ist hoch«, sagt einer der Männer, er spricht von Sprengfallen, Autobomben und Selbstmordattentätern, mit denen man rechnen müsse. Kurz zuvor hat sich ein Taliban-Kämpfer in der Provinzhauptstadt Tarin Kowt, an deren Rand das niederländische Camp liegt, in die Luft gejagt. Trotz der bedrohlichen Lage ist die Stimmung bei der Vorbesprechung in dem schwülen Raum entspannt, manchmal ausgelassen, die Soldaten scherzen – wohl auch deshalb, weil zu diesem Zeitpunkt noch keiner ihrer Kameraden in Urusgan gewaltsam ums Leben gekommen ist. Ein Soldat spricht von den »Lucky Dutch«, den glücklichen Niederländern.

»Schlagt hart zu, wenn es notwendig ist«, sagt der Patrouillenführer. »Danach heißt es aber wieder: lächeln und winken.« Hart zuschlagen dürfen seine Männer nur, wenn sie sicher sind, dass keine Zivilisten in die Schusslinie geraten können – eher ziehen die Holländer sich unter Beschuss zurück, als Unbeteiligte zu gefährden. Der Erfolg der Strategie: Anders als Briten, Amerikaner und Kanadier in Südafghanistan haben die Niederländer in den ersten neun Monaten ihres Einsatzes keine Zivilisten getötet. Das Manko: der Vorwurf der Feigheit. Angelsächsische Bündnispartner, die im Süden Dutzende Soldaten verloren haben, sprechen von einem Erholungsgebiet der Taliban in Urusgan. Auch Sympathisanten der Aufständischen, von denen es reichlich in Urusgan gibt, spotten. »Die niederländische Armee kämpft nicht gegen die Taliban«, sagt Qudratullah. Der Händler betreibt einen kleinen Gemischtwarenladen in Tarin Kowt. »Das ist eine schwache Armee, die sich nicht aufs Schlachtfeld traut.« Die Taliban dagegen gingen mutig ins Gefecht.

Der Lehrer Abdul Sahir gehört nicht zu den Freunden der Taliban. Trotzdem ist er ein Kritiker der Niederländer. Er sitzt in einem kleinen Laden in Tarin Kowt mit Bekannten zusammen, sie trinken Tee. Eigentlich kommt Sahir nicht aus Tarin Kowt, lieber würde er nach Hause gehen – doch das wäre lebensgefährlich. Von den Taliban sei er aus seinem Dorf in der Region Mehrabad wenige Kilometer von Tarin Kowt vertrieben worden, sagt der Lehrer. Eines Tages habe er einen der »Night Letters«, einen Drohbrief der Taliban, an seiner Tür gefunden. »Arbeite nicht mit der Regierung oder mit den ausländischen Truppen, oder wir werden dich töten«, habe in dem Schreiben gestanden. Er habe sich entschlossen, seinen Beruf an der staatlichen Schule in Tarin Kowt nicht aufzugeben – und habe deswegen mit seiner Familie in die Provinzhauptstadt ziehen müssen. »Ich kann nicht zurück in mein Dorf«, sagt Sahir verbittert. »Selbst meine Verwandten müssen mich heimlich besuchen.« Er versteht nicht, warum die niederländischen ISAF-Soldaten Mehrabad nicht zurückerobert haben. »Unsere Stammesältesten haben die ISAF gebeten, uns zu helfen. Die ISAF kam, wurde beschossen und zog wieder ab«, sagt der Lehrer enttäuscht. Im Kamp Holland heißt es, dass eine Rückeroberung Mehrabads zu diesem Zeitpunkt zu gefährlich für die eigenen Truppen sei. »Wir machen, so viel wir können«, sagt der Kommandeur in Urusgan, der niederländische Oberst Hans van Griensven. »Niemand hat je gesagt, dass es leicht werden würde.«

Feldwebel Geroen Post kommandiert das erste Panzerfahrzeug, das an diesem Tag den Konvoi in die Distrikthauptstadt Chora etwa 40 Kilometer nördlich von Tarin Kowt anführt. Im Distrikt Chora haben sich die Taliban und die niederländischen Soldaten kurz zuvor schwere Gefechte geliefert. Einer der Gründe, warum er hier sei, sei »ein bisschen etwas Gutes zu tun für das afghanische Volk«, sagt der 31-Jährige. Bei seinem letzten Aufenthalt in Chora ist Post beschossen worden. Man suche trotzdem das Gespräch mit der Bevölkerung, sagt er. »Als Erstes sagen wir den Menschen, dass wir keine Amerikaner sind.« Dass auch die Niederländer nicht bei allen Paschtunen in der Gegend beliebt sind, ist ihm bewusst. Oftmals rufe das Lächeln und

Winken der Soldaten bei Afghanen keine Reaktion hervor, sagt der Feldwebel. »Wir lächeln und winken trotzdem.«

Der Weg nach Chora führt über die »Allee der Sprengfallen«, die die Niederländer nach zahlreichen Bombenfunden so genannt haben. Wegen der Gefährdung wird die vielleicht zwei Kilometer lange Strecke minutiös abgesucht, bevor ein Konvoi sie befährt. Die gepanzerten Fahrzeuge halten vor dem kritischen Streckenabschnitt, Soldaten steigen ab. Links und rechts von der Piste ist dichter Bewuchs, Bäume stehen dort, an anderen Stellen sind hohe Lehmmauern, die Gehöfte umgeben. Überall könnten Sprengsätze platziert sein. Die Soldaten durchsuchen jedes Gebüsch und jedes mögliche Versteck. In der Zwischenzeit wird der Verkehr der Afghanen gestoppt, kein Fahrzeug, auch kein Fahrrad darf sich mehr bewegen. Soldaten legen ihre Waffen auf die Fahrer an. Sie könnten versuchen, eine Autobombe zu zünden. Die zur Untätigkeit verdammten Afghanen, die sich plötzlich mit Gewehrläufen konfrontiert sehen, blicken hasserfüllt.

Der Konvoi nimmt nicht die direkte Route nach Chora durch das Tal – das ist im Mai 2007 unter Kontrolle der Taliban. Stattdessen fahren die Soldaten den Umweg über die Wüste, die Berge vom Rebellengebiet trennen. Auf einem der Bergkämme blitzt es, die Holländer meinen, es handele sich möglicherweise um einen Taliban-Späher mit Fernglas, in dessen Linsen die Sonne reflektiert. Der mutmaßliche Aufständische kann nicht wissen, dass die Holländer ihre Einsatzregeln vor kurzem geändert haben. Seit einigen Tagen ist ihnen erlaubt, Späher zu erschießen. Der Konvoi stoppt, Scharfschützen machen sich bereit. Doch von einem Taliban-Kämpfer ist auf dem Berg nichts mehr auszumachen. »Sie wissen genau, wo wir sind«, sagt Feldwebel Post. »Sie sind überall auf diesen Hügeln.«

Und möglicherweise nicht nur auf den Hügeln. Afghanen auf einem Pickup blicken die Soldaten feindlich an, die Männer tragen schwarze Turbane – wie die Taliban, aber wie auch zahlreiche andere Paschtunen, die nicht den Rebellen angehören. »Jeder hier könnte Freund oder Feind sein«, sagt Post. Alle entgegenkommenden Fahrzeuge auf der Wüstenpiste müssen daher anhalten, bis die Holländer vorbeigefahren sind. Die Soldaten wollen vermeiden, von einem Selbstmordattentäter gerammt zu werden. Der Schütze auf dem Dach von Posts Panzerfahrzeug gibt den afghanischen Fahrern

Handsignale. Ein Wagen stoppt zunächst nicht, die Kommandozentrale hat per Funk schon den Beschuss freigegeben – dann hält der Fahrer im letzten Moment an. Die erste Salve hätte sein Auto getroffen. Wäre er trotzdem weitergefahren, wäre er selber das nächste Ziel gewesen.

Nach etwa fünf Stunden kommt der Nachschubkonvoi in Chora an. Feldwebel Post wird die nächsten Tage in dem gottverlassenen Ort verbringen, es ist nicht seine erste Tour dorthin. Aus der letzten hat er einen Mörserangriff der Rebellen in Erinnerung. »Sie haben sehr präzise gezielt«, sagt Post – aber niemanden getroffen. Chora ist ein Unruhenest. Im Frühjahr 2007 haben die Taliban einen Polizeiposten am Rande der Distrikthauptstadt besetzt. Die Holländer fliegen Luftangriffe, Bodentruppen rücken an, in drei Tage langen Gefechten erobern die Niederländer die Stellung zurück. Kein Holländer sei gestorben, aber Dutzende Taliban hätten die Gefechte mit ihrem Leben bezahlt, heißt es bei den Soldaten. Nach diesem Überfall der Taliban stationieren die Niederländer, die zuvor nur auf Patrouillen vorbeigekommen sind, Truppen in Chora. Dauerhaft bleiben sollen sie aber nicht, heißt es im Mai 2007, denn dafür hätten die Holländer nicht genug Soldaten.

Die Unterkunft der niederländischen Soldaten in dem Außenposten ist provisorisch, die Männer und Frauen hausen unter erbärmlichen Bedingungen auf dem Gelände der Distriktverwaltung und auf einem Grundstück daneben. Ihre Zelte bieten keinen Schutz gegen Mörserangriffe. Ein Donnerbalken liegt über einer Tonne, deren Inhalt regelmäßig verbrannt wird. Eine mit Wasser gefüllte Plastiktüte, aus der ein Schlauch ragt, dient als eine Art Dusche. Gegessen wird Fertignahrung aus Tüten. Einer der Soldaten ist krank geworden, ärztliche Versorgung gibt es hier nicht. Ihm geht es so schlecht, dass er nicht mit einem der gepanzerten Sanitätsfahrzeuge ins gut ausgestattete Kamp Holland gebracht werden kann. Die Soldaten fordern einen Hubschrauber an.

Hauptmann Larry, so möchte er genannt werden, befehligt die Truppen in Chora. Sein Kommandostand ist ein Panzerfahrzeug, das neben dem Haus der Distriktverwaltung parkt. Der Hauptmann nimmt für einige Minuten auf einem Campingstuhl vor dem Panzer Platz. Er hat die Rückeroberung des Polizeipostens aus der Gewalt der Taliban angeführt, seine Soldaten haben dabei an der Seite afghanischer Polizisten gekämpft. Larry sagt, er sei von dem Kampfesmut der einheimischen Sicherheitskräfte beeindruckt gewesen. Problematisch sei allerdings, dass viele Polizisten ihre Uniformen verkauft hätten – aus Geldnot, weil sie lange kein Gehalt bekommen haben, oder aus Angst, von Taliban als Staatsdiener identifiziert zu werden. Zur Unterscheidung zwischen Freund und Feind hätten die Niederländer die Polizisten gebeten, sich rot-weiße Baustellenbänder um den Oberarm zu binden. Das aber hätten viele der afghanischen Sicherheitskräfte schnell wieder vergessen. Der Besonnenheit seiner Truppen sei es zu verdanken, sagt der Hauptmann, dass noch kein Polizist irrtümlich erschossen worden ist.

Chora sei ein Durchgangspunkt für Opium und daher wichtig für die Taliban, sagt der junge Offizier. Im Jahr zuvor hätten die Rebellen die Distrikthauptstadt und den Sitz der Verwaltung, vor dem nun Larrys Panzer steht, für einige Tage in ihre Gewalt gebracht. »Es ist eine wichtige Aussage, wenn die Taliban ihre Flagge über diesem Gebäude hissen können«, sagt Larry, der das unbedingt verhindern will. An einen offenen Angriff glaubt der Hauptmann nicht. Die Taliban wären »sehr dumm«, die übermächtigen Niederländer direkt zu attackieren, sagt er. Sorgen machten den Truppen aber auch in Chora Sprengfallen und Selbstmordattentäter. Trotz der Bedrohung habe man sich entschlossen, sich nicht einzuigeln, sondern in engem Kontakt mit den Afghanen im Ort zu bleiben, sagt der Hauptmann – auch wenn unter ihnen Attentäter sein könnten. Das Gespräch mit den Einheimischen diene schließlich auch dem Selbstschutz. Derzeit scheine die lokale Bevölkerung freundlich gesinnt. »Jetzt winken und lächeln sie uns zu«, sagt Larry. »Ich weiß allerdings nicht, ob sie nach unserem Abzug nicht der anderen Seite zuwinken und zulächeln werden.«

Doch zu einem Abzug kommt es so schnell nicht. Die Taliban kehren zurück. Anders als Larry gedacht hat wagen sie den offenen Angriff. Am 10. Juni 2007 hätten rund 1000 Taliban-Kämpfer den Distrikt Chora umstellt gehabt, gibt van Griensven im Juli bei einer gemeinsamen Untersuchung der Vereinten Nationen und der afghanischen Menschenrechtskommission zu Protokoll. Am Morgen des 16. Juni seien die feindlichen Kräfte eingerückt und hätten mehrere Polizeiposten angegriffen. An zwei Checkpoints seien die Polizisten getötet worden oder desertiert. Am Abend seien die ISAF-Truppen und

40 afghanische Soldaten umzingelt gewesen. Polizisten, die zur Verstärkung durch das Innenministerium nach Urusgan geschickt worden seien, hätten sich geweigert, ins Kampfgebiet in Chora zu gehen. Die Rebellen haben zu dem Zeitpunkt bereits mehrere Dörfer in dem Distrikt eingenommen. Van Griensven wirft dem »Gouverneur von Urusgan, den afghanischen Polizeikräften und der Regierung Afghanistans generell« mangelnde Unterstützung jener Afghanen vor, die zu dem Zeitpunkt in Chora Widerstand gegen die Taliban geleistet haben.

Die ISAF fürchtet am Abend des 16. Juni, der ganze Distrikt könne an die Aufständischen fallen. Van Griensven entschließt sich, nicht aufzugeben, sondern die bereits an die Rebellen gefallenen Gebiete zurückzuerobern – nun heißt es nicht mehr Lächeln und Winken, sondern nur noch hart zuschlagen. Die Bodentruppen werden verstärkt und kämpfen. Die niederländischen F-16-Kampfflugzeuge aus Kandahar heben ab und werfen Bomben. Die Panzerhaubitze Maximus feuert Artilleriegeschosse aus Tarin Kowt nach Chora. Nicht immer werden Aufständische getroffen. In dem Untersuchungsbericht der UN und der Menschenrechtskommission heißt es, der Fall werfe »echte Fragen« über die Zielgenauigkeit der ISAF auf. Von den vermutlich zwischen 60 und 70 getöteten Unbeteiligten gingen die meisten auf das Konto der Schutztruppe. In dem Bericht werden aber auch Augenzeugen zitiert, die den Taliban während der Kämpfe Massaker an der Zivilbevölkerung vorwerfen. Die Untersuchung kommt zu dem Schluss, dass die Taliban Kriegsverbrechen in Chora begangen haben. Die ISAF sei bei den Gefechten dagegen nicht für schwerwiegende Menschenrechtsverletzungen verantwortlich gewesen. Die Kämpfe werden später die »Schlacht um Chora« genannt. Das Glück der »Lucky Dutch« in Urusgan wendet sich. Alleine zwischen Juni und September 2007 sterben fünf Niederländer in der Provinz bei Anschlägen und Angriffen der Taliban.

Oliver L.

»Ich hoffe, dass wir Freunde gefunden haben«

Kommodore Thorsten Poschwatta steht in dem kargen Briefingraum im deutschen Camp Marmal bei Masar-i-Scharif, an die Wand hat er Daten über den Tornado-Einsatz projiziert. Der drahtige Pilot und Geschwaderführer hat selber am Steuer eines der Aufklärungsjets gesessen, als diese im Frühjahr 2007 vom Fliegerhorst Jagel nach Nordafghanistan geflogen sind. Kritiker sehen in dem Einsatz eine direkte Beteiligung Deutschlands am Krieg. Ihre Befürchtung: Die Bundeswehr-Tornados könnten Ziele identifizieren, die dann von den Amerikanern und anderen Bündnispartnern bombardiert würden, und diese Bomben könnten auch Zivilisten treffen. Poschwatta klingt fast entschuldigend, wenn er darüber spricht, dass die sechs Tornados tatsächlich Stellungen der Taliban aufklären. »Das ist natürlich auch irgendwo ein Ziel«, sagt der Kommodore. Er fügt aber schnell hinzu: »Vieles ist halt nicht immer nur die Suche nach den Taliban.« Als müsse er sich dafür rechtfertigen, dass die Jets unter seinem Kommando für die NATO die Rückzugsgebiete der Aufständischen fotografieren, sagt er dann: »Wir reden ja nicht von den Guten, sondern tatsächlich von denen, die die ISAF-Operation und den Wiederaufbau im Land stören wollen.« Außerdem diene das verbesserte Lagebild gerade dazu, zivile Opfer zu vermeiden. Zu einem schnellen Angriff auf Taliban-Stellungen seien die Aufklärungsergebnisse zudem gar nicht geeignet, weil die Flugzeuge nicht in Echtzeit übermitteln. Nach der Landung müssen die Filme erst entwickelt und die Bilder von der Bodenstation ausgewertet werden.

Selbst westliche Mitarbeiter der Vereinten Nationen in Kabul, die nicht im Ruf stehen, Kriegstreiber zu sein, schütteln in privater Runde den Kopf darüber, dass die Truppe die Feindaufklärung öffentlich verteidigen muss. Unter der Hand räumt die Bundeswehr ein, dass es sich bei dem Einsatz natürlich um »Kampfunterstützung« handele. Auch bei der NATO – die die Arbeit von Poschwattas Geschwader ausdrücklich lobt – heißt es, die Tornados würden besonders für die Feindaufklärung gebraucht, nicht etwa dafür, den Wiederaufbau zu dokumentieren. Ihre Hilfe zum Wiederaufbau macht die Bundeswehr allerdings wesentlich lieber zum Thema als ihren Beitrag zum Kampf gegen die Taliban. »Dass wir hier beim Wiederaufbau erheblich unterstützen«, das betont auch Poschwatta. Wie zum Beweis wirft er mit seinem Laptop und dem Beamer Luftaufnahmen von einem Einsatz an die Wand, bei dem die Tornados an einem Fluss einen geeigneten Ort für den Bau einer Brücke gesucht haben – im Auftrag einer Hilfsorganisation.

Poschwatta ist nicht nur Chef der Tornado-Piloten, der Flugzeugtechniker und der Luftbildauswerter, zu seinem Trupp gehören auch die Objektschützer. Die Soldaten sichern das Camp Marmal, sie fahren und gehen Patrouillen. Der Geschwaderführer begleitet seine Soldaten immer wieder persönlich. Diesmal – es ist September 2007 – geht es in den Ort Ghandaki. Seinen Männern will der Oberst zeigen, dass er einer der Ihren ist. Einen Teil der Strecke setzt sich der Pilot selber ans Lenkrad des Wolfs, eines für die Bundeswehr umgebauten Mercedes-Jeeps, der Fahrer nimmt hinten Platz. Hier, in der Umgebung des Feldlagers in der Provinz Balch, fahren die Soldaten noch ungepanzerte Wölfe. In den umliegenden Provinzen, besonders in Kundus, hat sich die Sicherheitslage bereits deutlich verschärft. Das Gebiet um das deutsche Camp Marmal, das nach dem nahen Gebirgszug benannt worden ist und wenige Kilometer von Masar-i-Scharif entfernt liegt, gilt dagegen als relativ unproblematisch.

Von mehreren nahen Dörfern aus könnte das Lager, könnten die Tornados oder andere Flugzeuge angegriffen werden, die Bedrohungen reichen von Raketen über Mörser bis hin zu Fliegerfäusten wie den gefürchteten Stinger. »Warum ist in den letzten Monaten nichts passiert? Weil wir draußen sind, weil wir präsent sind«, sagt der Chef der Objektschützer, Oberstleutnant Armin S. Das Konzept: Die Bundeswehr setzt sogenannte Dorffeldwebel wie Oliver L. ein. Sie sind verantwortlich für den Kontakt zu Dorfältern und deren feste Ansprechpartner bei Sorgen und Nöten – oder, so die Hoffnung der Bundeswehr, wenn sich Fremde in der Gegend herumtreiben, die möglicherweise Böses im Schilde führen.

Die Wölfe der Objektschützer machen sich auf den Weg vom Camp Marmal ins nahe Gebirge. Jeder Gegenverkehr, jeder Mensch am Straßenrand wird von dem ersten Fahrzeug an die hinteren Jeeps gefunkt, die dann zurückfallen – auch wenn es in der Gegend nicht sehr wahrscheinlich ist, könnte es sich um Angreifer handeln. Die für die Wüste tarnfarben lackierten Wölfe fahren unbehelligt durch ein ausgetrocknetes Flussbett, dann geht es nach links auf eine Piste, die Berge hoch. An der rechten Seite des Weges geht es bedrohlich steil nach unten. Etwa eineinhalb Stunden brauchen die Fahrzeuge für die zwölf Kilometer lange Strecke. Sie halten kurz vor Ghandaki. Aus sicherer Entfernung lassen Hauptfeldwebel L. und seine Männer den Blick über das Dorf schweifen. »Hier ist ja gar keiner«, sagt Oliver L., »das macht mich ein bisschen stutzig.« Wenn draußen keine Frauen und Kinder zu sehen sind, kann das auch ein Zeichen für einen bevorstehenden Taliban-Angriff sein. Doch dann zeigen sich die ersten Bewohner, die Patrouille fährt in den Ort hinein.

Die deutschen Soldaten suchen den engen Kontakt mit der Bevölkerung. Der Kontakt »dient dem eigenen Schutz«, sagt Poschwatta. Das Bild der Deutschen und das der ISAF werde dadurch verbessert. Poschwatta erinnert sich daran, wie er das erste Mal nach Ghandaki fuhr. »Ich habe gedacht, das sieht ja aus wie vor 2 000 Jahren.« An dem 230-Seelen-Dorf ist der Wiederaufbau weitgehend vorbeigegangen. Die nächste Schule ist in Masar-i-Scharif, noch hinter dem Bundeswehr-Lager. Die Kinder müssen dorthin laufen, wenn sie denn zur Schule gehen.»Und mein Sohn zu Hause beklagt sich über eineinhalb Kilometer Schulweg«, sagt ein Soldat.

In Ghandaki gibt es weder Strom noch fließend Wasser, aber inzwischen einen neuen Brunnen. Die Bundeswehr hat eine afghanische Firma dafür bezahlt, ihn gemeinsam mit den Dorfbewohnern zu bohren. Oliver L. blickt in das schwarze Loch im Sandboden, irgendwo dort unten soll Wasser sein. Prüfen kann er das nicht. Einen Eimer und ein Seil habe die Baufirma nicht geliefert, sagt einer der Dorfälteren dem Soldaten. Im Schatten des Wellblechdaches über dem Brunnen verspricht Dorffeldwebel L., dass die Bewohner Ghandakis beides bald bekommen werden. Das Dach ruht auf zwei Pfeilern. Einer ist in den afghanischen Landesfarben Schwarz, Rot, Grün angemalt, der andere schwarz-rot-gold, ein Symbol dafür, dass es nicht nur Krieg gibt in Afghanistan und die ausländischen Truppen auch Helfer sind. Man sei im Dorf sehr glücklich über den Brunnen, sagt einer der Dorfälteren, die anderen Männer mit den weißen Bärten um ihn herum nicken bedächtig. »Ich bedanke mich.« Nach den freundlichen Worten stellen sich die deutschen Soldaten und die Dorfälteren einträchtig um den Brunnen, für das Erinnerungsfoto.

Der Dorffeldwebel tritt den Afghanen mit viel Respekt gegenüber. Als ihn einer der Dorfälteren »Oliver« nennt, freut sich der 37-jährige Familienvater aus Norddeutschland, dass der Afghane sich den ungewohnten Namen gemerkt hat. Die Einheimischen und die fremden Soldaten sitzen in der kargen Moschee zusammen und reden über die Lage in der kleinen Welt Ghandakis. Die Afghanen klagen, die Männer im Ort hätten keine Arbeit. Feldwebel L. will zusehen, ob einige im Camp als Tagelöhner beschäftigt werden können. »Haben wir etwas zu beachten, wenn wir uns während (des Fastenmonats) Ramadan in der Gegend bewegen?«, fragt er dann. »Kommen Sie, wann immer Sie wollen«, lautet die Antwort, die nicht auf Feindseligkeit schließen lässt. Man werde noch oft wiederkommen, lässt Oliver L. den Dorfälteren zum Schluss des Besuches durch den Dolmetscher versichern. Und er fügt hinzu:»Ich hoffe, dass wir gute Freunde hier gefunden haben.«

Um diese Freundschaften zu gewinnen, geben sich die Deutschen möglichst wenig kriegerisch. Oliver L. und die anderen Soldaten tragen keinen Stahlhelm. Beim Treffen mit den Dorfälteren in der Moschee lassen die Deutschen zwar ihre staubigen Stiefel an, was den afghanischen Sitten widerspricht und als respektlos gilt, was Angehörige anderer Truppenstellernationen allerdings auch nicht anders halten. Die schusssicheren Westen ziehen die Bundeswehr-Soldaten in dem Gotteshaus aus. Schon seit Beginn des Einsatzes am Hindukusch verfolgt die Bundeswehr das Prinzip der Volksnähe. Der deutsche ISAF-General Walter Spindler meint im Jahr 2004: »Die Bevölkerung merkt, dass wir hier sind, um zu helfen – nicht, um ihnen ein System aufzuzwingen.« Deutsche Soldaten nehmen beim Gespräch mit Afghanen in der Regel trotz des gleißenden Lichts am Hindukusch ihre Sonnenbrillen ab, der Lauf ihrer Waffe hängt nach unten.

So ist es auch bei einer Patrouille in Kabul vor der Präsidentschaftswahl im Herbst 2004. Gerade ist die Sonne aufgegangen, noch sind vor allem Ziegen unterwegs, die im Unrat nach Futter suchen. Die Soldaten sind aus ihren Fahrzeugen ausgestiegen und auf den schmalen Gassen abseits der Hauptstraße zu Fuß unterwegs. Die Kinder Kabuls – damals noch eine verhältnismäßig sichere Stadt – haben vor ihnen keine Angst. Verschmitzt strecken sie den Deutschen ihre kleinen Hände entgegen, die Soldaten schlagen lächelnd ein. Dass die Deutschen zu Fuß unterwegs sind, macht sie angreifbar. »Aber wir wollen zeigen, dass wir nicht nur mit unseren Autos die Straßen verstopfen, sondern uns für die Leute interessieren«, sagt Oberleutnant Thomas H., während er versucht, seine Schritte um den Müll in der engen Gasse herumzulenken. Das dafür in Kauf genommene Risiko macht sich bezahlt, die Soldaten sind beliebt. »Ganz selten kommt mal eine negative Geste«, sagt der Oberleutnant. »Sobald die Menschen erkennen, dass man Deutscher ist, hat man schon gewonnen.« Oft werde man zum Tee eingeladen, sagt Oberfeldwebel Enrico E. »Die Leute suchen das Gespräch. Und sie bedanken sich tausend Mal, dass wir hier sind.«

»Ein klares Missverständnis« – die verschiedenen Ansätze

Bundeswehr-Tornado auf dem Flugplatz in Masar-i-Scharif

Wenn Afghanen von »Besatzern« sprechen, nennen sie oft im selben Atemzug die US-Streitkräfte. Anders ist das bei der Bundeswehr, sie ist in weiten Teilen der Bevölkerung populär. Keine westliche Nation genießt mehr Sympathien am Hindukusch als Deutschland. Die Afghanen haben bis heute nicht vergessen, dass die Bundesrepublik und damals auch die DDR schon in lange vergangenen Zeiten viel Entwicklungshilfe für ihr Land geleistet haben. »Die Deutschen haben ein gutes Image«, sagt der Vorsitzende des Verteidigungsausschusses und Parlamentsabgeordnete aus Kandahar, Nurulhak Olomi, ein NATO-Kritiker und Ex-Kommunist. »Die Afghanen mögen sie lieber als die Soldaten anderer Nationen.« Die Bundeswehr also eine volksnahe Truppe, die Amerikaner schießwütige Cowboys, die Niederländer irgendwo dazwischen? Zumindest die beiden Extreme stimmen nur eingeschränkt. Wer von den den bösen Amerikanern und den guten Deutschen spricht, macht es sich wohl zu einfach.

Auch mehr als sechs Jahre nach Beginn des Einsatzes ist kein einziger Fall öffentlich geworden, in dem ein Afghane – ob Feind oder Zivilist – von einem deutschen Soldaten getötet worden wäre. Dass die Waffen bei den deutschen ISAF-Soldaten meist schweigen, hat vor allem mit dem Einsatzgebiet der Truppe in Nordafghanistan zu tun. Zwar werden Teile der Region immer unsicherer. Verglichen mit Südafghanistan, wo die meisten ausländischen Soldaten sterben, ist die Gegend aber immer noch deutlich ruhiger. Die Bundeswehr hat in den ersten sechs Jahren des Einsatzes 26 Soldaten am Hindukusch verloren, darunter sind auch Unfallopfer. In derselben Zeit sind dort über 450 US-Soldaten gestorben – das sind weit mehr als die Toten aller anderen Truppensteller am Hindukusch zusammengenommen. Auch wenn das US-Kontingent weit größer als das der Bundeswehr ist: Amerikanische Soldaten tragen ein deutlich höheres Risiko als ihre deutschen Kameraden, die Heimat nie wiederzusehen.

Die US-Soldaten – manche von ihnen haben zuvor bereits im Irak gekämpft – sind in der Regel ein Jahr am Hindukusch stationiert, dreimal so lange wie die Deutschen. Die Amerikaner werden an einigen Standorten zeitweise täglich angegriffen. Die ständige Bedrohung macht sie nervös. Ein deutscher Offizier in Kabul sagt im Sommer 2003, der Unterschied zur »Cowboy-Manier« der US-Truppen sei, dass Bundeswehr-Soldaten im Zweifel eher nicht schießen würden – um zu verhindern, dass sie vielleicht einen Unschuldigen statt einen potenziellen Attentäter treffen. Die Amerikaner stehen im Ruf, erst die Tür einzutreten, dann zu klopfen. Das ist in vielen Fällen übertrieben, doch auch einer der seltenen kritischen US-Soldaten beschreibt seine martialisch auftretenden und ausgerüsteten Kameraden im Jahr 2004 hinter vorgehaltener Hand als »Robocops«. Mit dem Schnellfeuergewehr im Anschlag und der verspiegelten Sonnenbrille vor den Augen werde es nie gelingen, die Distanz zur verunsicherten Bevölkerung zu überwinden, sagt er im Sommer 2004 in Kandahar.

Zu ihrem Image als Besatzer tragen Vorfälle wie solche bei, wenn Amerikaner sich in Kabul unberechtigt die Vorfahrt nehmen, indem sie afghanische Zivilisten mit angelegter Waffe zum Anhalten zwingen. Immer wieder geraten auch die Gefängnisse auf US-Basen in Afghanistan in die Kritik. Menschenrechtler werfen den Amerikanern vor, dort zu foltern. Die US-Soldaten stehen zudem im Ruf, unter allen Truppenstellern am wenigsten Rücksicht auf religiöse oder kulturelle Gefühle zu nehmen. Absicht steckt dabei wohl selten dahinter. Oft sind es Unbedachtheiten. Manchmal ist es guter Wille, der das Gegenteil des Erwünschten bewirkt. So werfen US-Truppen im Jahr 2007 in der ostafghanischen Provinz Chost Fußbälle für Kinder ab, auf einigen von ihnen ist die saudi-arabische Flagge abgebildet. Teil der Flagge ist das muslimische Glaubensbekenntnis – das kein Afghane mit Füßen treten würde. Islamisten instrumentalisieren den Vorfall für ihre Zwecke, Afghanen demonstrieren, die US-Truppen entschuldigen sich.

Das Bild der Bundeswehr wird durch den Skandal um die Totenschädel getrübt, doch Entsetzen darüber herrscht vor allem in Deutschland. Im Herbst 2006 gelangen in der Bundesrepublik zuerst in der *Bild-Zeitung*, dann auch in anderen Medien Fotos an die Öffentlichkeit, auf denen deutsche Soldaten nahe Kabul mit sterblichen Überresten in teils obszönen Posen zu sehen sind. Seit Beginn des Einsatzes haben bis dahin bereits mehr als 20 000 deutsche Soldaten Dienst in Afghanistan geleistet. Eine Handvoll von ihnen droht nun, den Ruf der Truppe aufs Spiel zu setzen. Doch am Hindukusch werden die Fotos so gut wie gar nicht wahrgenommen. Die *Bild-Zeitung* stellt die Fotos nicht ins Internet. Die Veröffentlichung fällt an den Anfang einer ganzen Reihe von Feiertagen in Afghanistan, an denen dort keine Zeitungen erscheinen. Im Radio, dem wichtigsten Medium, wird der Skandal zwar erwähnt, hält sich aber nicht lange in den Nachrichten. Die befürchteten Proteste und Demonstrationen bleiben aus. Aus der afghanischen Regierung heißt es schnell, das Thema sei wieder erledigt. Ausnahmen bestätigten nur die Regel – nämlich jene Regel, dass die Bundeswehr gute Arbeit leiste.

Selbst Afghanen, die selber Zeuge der makabren Fotoshootings geworden sind, reagieren gelassen. Mohammad Schoaib ist ein 18-jähriger Schüler, auf der Erde um ihn herum liegen die Überreste etlicher Toter, seine Familie wohnt nahe Schina bei Kabul auf dem Knochenfeld. Niemand weiß, wer die Toten auf dem Knochenfeld sind oder welcher Religion sie angehörten. Es mag sich um sowjetische Soldaten handeln oder um Afghanen, die im Bürgerkrieg ums Leben kamen – oder auch um Menschen, deren Leichen schon viel früher an dem entlegenen Ort verscharrt wurden. »Viele deutsche ISAF-Soldaten kamen hierher und machten Fotos von sich mit den Knochen«, sagt Schoaib im November 2006. Früher sei die Bundeswehr hier regelmäßig Patrouille gefahren. Er sei sicherlich enttäuscht über den unsensiblen Umgang mit den Toten, Ärger über die Bundeswehr oder gar die Deutschen insgesamt verspüre er aber keinen.

Vor dem Winter 2006 wird das Knochenfeld von den Afghanen als Kies- und Lehmgrube genutzt. Kinder weisen unbekümmert den Weg dorthin. Shoaib hockt im Gespräch auf dem Boden. Während er redet, sammelt er gedankenverloren Knochen auf und schleudert sie von sich. Einer der Knochen fällt neben ein Schädelteil, in dessen Kiefer noch ein Zahn steckt. Wenige Meter entfernt fahren Bulldozer, die Kies für den Straßenbau abtragen. Auch auf dem Knochenfeld hätten die Maschinen zunächst gearbeitet, sagt Vorarbeiter Nadschib. Nachdem immer mehr sterbliche Überreste gefunden worden seien, sei die Baustelle verlagert worden. Nach Feierabend würden die Arbeiter versuchen, mit Baggern Erde auf die Toten zu schaufeln – es seien aber zu viele Knochen, um das ganze Feld zu bewältigen. An eine würdige Beerdigung auf einem Friedhof denkt keiner der Afghanen.

Auch Entwicklungshelfer, die dem militärischen Einsatz oft kritisch gegenüberstehen, stellen der Bundeswehr trotz des Skandals ein gutes Zeugnis aus. Joachim Bönisch, Projektmanager der Deutschen Welthungerhilfe in Kundus und nach eigenem Bekunden ein »kritischer Beobachter« des Bundeswehr-Engagements, sagt im Herbst 2006: »Der Umgang der Soldaten mit der Bevölkerung ist respektvoll.« Nur wenige Prozent der Afghanen im Norden, wo die Bundeswehr ihren Einsatzschwerpunkt hat, seien gegen die deutsche Präsenz. »Ich habe schon das Gefühl, dass der Rest der Bevölkerung hinter dem Einsatz steht.« Die Bundeswehr gehe anders vor als die Amerikaner. »Und sie wird von den Afghanen auch anders wahrgenommen.« Mit Blick auf den Folterskandal der US-Truppen im Irak sagt ein westlicher Diplomat zu den Totenschädel-Fotos: »Das ist kein Abu Ghraib.« Die Vorgänge in dem Gefängnis im Irak, aber auch das umstrittene US-Gefangenenlager Guantánamo Bay auf Kuba, in das viele Häftlinge aus Afghanistan gebracht worden sind, haben dem Image der USA am Hindukusch Schaden zugefügt.

Bei aller Kritik an den Amerikanern müsse aber man auch anerkennen, dass die US-Truppen die »Drecksarbeit« in Afghanistan erledigten, sagt ein deutscher Experte in Kabul. Kritiker der Deutschen verspotten die Bundeswehr als eine Art bewaffnetes Technisches Hilfswerk, das von der Bundesregierung aus dem Krieg herausgehalten wird. Während die Bundesregierung sich beharrlich weigert, Soldaten dauerhaft in den gefährlichen Süden zu verlegen und die Bundeswehr dort aktiv am Kampf gegen die Taliban zu beteiligen, gehen besonders die US-Truppen resolut gegen die Aufständischen vor – zu resolut, meinen manche. In Deutschland gerät im Laufe der Zeit immer mehr der Anti-Terror-Einsatz der US-geführten Koalitionstruppen der Operation Enduring Freedom (OEF) in Afghanistan in die Kritik. An ihr kann sich die Bundeswehr mit bis zu 100 Soldaten des Kommandos Spezialkräfte (KSK) beteiligen, dessen Einsätze geheim sind. Von 2005 bis zur Mandatsverlängerung am 15. November 2007 sind zwar nach Angaben des Verteidigungsministeriums in Berlin überhaupt keine deutschen KSK-Soldaten mehr unter OEF am Hindukusch gewesen. Trotzdem wird das Bundestagsmandat heftig diskutiert. Im November 2007 stimmen nicht nur Abgeordnete der Linkspartei und der Grünen sowie zwei Unionsabgeordnete, sondern auch 42 SPD-Parlamentarier gegen eine Verlängerung – trotz eines Beschlusses des SPD-Parteitags für eine Fortsetzung.

Die als Reaktion auf die Anschläge vom 11. September 2001 von den USA ins Leben gerufene Operation Enduring Freedom hat – anders als die ISAF – kein UN-Mandat. Die Koalitionstruppen werden im Anti-Terror-Kampf eingesetzt. Ziel der ISAF ist es, die afghanische Regierung dabei zu unterstützen, ein sicheres Umfeld zu schaffen, in dem Wiederaufbau möglich ist. Die ISAF darf zwar »alle zur Erfüllung ihres Mandats notwendigen Maßnahmen« ergreifen, ein eigenständiges Mandat zur Terrorbekämpfung hat die Schutztruppe aber nicht. Die Grünen argumentieren im November 2007, OEF drohe, die Erfolge der NATO-geführten ISAF zunichte zu machen. Bundesverteidigungsminister Franz Josef Jung (CDU) sagt im Mai 2007, der Anti-Terror-Kampf und die Operation Enduring Freedom seien zwar weiter notwendig. »Aber wir müssen auch in diesem Bereich angemessen und verhältnismäßig reagieren.« Die OEF-Koalitionstruppen

– die nicht nur kämpfen, sondern sich auch wesentlich stärker als die Europäer beim Aufbau von afghanischer Polizei und Armee engagieren – werden für Kritiker des Militäreinsatzes zum Sinnbild eines falschen Vorgehens der Amerikaner.

Die Bundesregierung besteht auf einer klaren Trennung zwischen ISAF und OEF. Doch das hält selbst die NATO, die die ISAF führt, nicht für sinnvoll. »Es gibt Überschneidungen und Zusammenarbeit zwischen OEF und ISAF. Jeder, der für eine strikte Trennung beider Missionen ist, verkennt die Realität«, sagt der oberste zivile NATO-Vertreter in Afghanistan, Botschafter Daan Everts, im November 2007. »Auf dem Schlachtfeld ist es unrealistisch, dass ISAF und OEF nicht kommunizieren.« Tatsächlich sind beide Missionen – die die Amerikaner am liebsten ganz zusammenlegen würden – im Laufe der Jahre immer stärker miteinander verschmolzen. Der Unterschied zwischen OEF und ISAF wird fast nur noch in europäischen Hauptstädten wie Berlin gemacht. Für viele Soldaten besonders aus den USA, vor allem aber für Afghanen, ist er kaum noch erkennbar. Im Februar 2007 wird der amerikanische NATO-General Dan McNeill Kommandeur der Schutztruppe, er hat früher bei der Operation Enduring Freedom in Afghanistan gedient. Damit werden ISAF und Koalitionstruppen beide von Amerikanern geführt. Seit die ISAF im Oktober 2006 auch Verantwortung für den Osten und damit für ganz Afghanistan übernommen hat, stehen die meisten US-Soldaten am Hindukusch unter ISAF-Befehl. In der ISAF stellen Amerikaner das mit Abstand größte Kontingent. Bei einer Pressekonferenz im November 2007 im ISAF-Hauptquartier fällt US-Offizieren aus Ostafghanistan die Antwort auf die Frage schwer, ob sie gerade für die ISAF oder für die Koalitionstruppen sprechen. Sie stehen zu dem Zeitpunkt unter dem Befehl von US-General David Rodriguez, der nicht nur die Combined Joint Task Force 82 von OEF führt, sondern zugleich ISAF-Kommandeur im Regionalkommando Ost ist.

Offiziell geht die ISAF gegen die von der NATO so deklarierten »Aufständischen und Umstürzler« wie die Taliban vor. Da sie die Stabilität Afghanistans gefährden, sind nach NATO-Auffassung auch »offensive Kampfoperationen« vom Mandat gedeckt. Auftrag von OEF ist weiterhin der Kampf gegen den internationalen Terrorismus, also etwa gegen El Kaida. Kritiker fragen, wie Soldaten im Gefecht den Unterschied erkennen sollen. Auch der EU-Sonderbeauftragte in

Kabul, Francesc Vendrell, ist im Frühjahr 2007 »über diese Unterscheidung ein wenig verdutzt«. Vendrell sagt, wenn die Klassifizierung heißen solle, die Taliban seien keine Terroristen, dann sei das »ein klares Missverständnis«. Ein ISAF-Offizier in Kabul, der zuvor unter OEF gedient hat, räumt im Februar 2007 ein, dass die Unterscheidung den politischen Umständen geschuldet sei: In NATO-Staaten wie Deutschland sei ein ISAF-Engagement der Öffentlichkeit eher vermittelbar als eine Beteiligung am Anti-Terror-Kampf der Operation Enduring Freedom. In der Realität sei der Unterschied, meint der Offizier ironisch, »klar wie Schlamm«.

Für Afghanen ist im besten Falle noch eine Unterscheidung der ausländischen Soldaten nach Nationalitäten möglich, aber nicht nach den verschiedenen Missionen. Die ISAF führt im Süden ebenso Krieg wie die Koalitionstruppen, die dort weiterhin eingesetzt sind. Die Schutztruppe ist nicht anders als auch OEF für den Tod von Zivilisten verantwortlich. Bei Luftangriffen, die gleichermaßen von ISAF und von Koalitionstruppen geflogen werden, können Afghanen nicht einmal ahnen, wer die Bomben über ihnen gerade abwirft. Die Flugzeuge etwa der USA oder Großbritanniens und ihre Besatzungen fliegen je nach aktueller Anforderung für ISAF oder OEF. Teilweise, so heißt es bei der ISAF, wechseln die Jets mehrfach am Tag das Mandat, unter dem sie starten. Deutsche KSK-Soldaten mögen zwischen 2005 und 2007 nicht als OEF-Truppen am Hindukusch gewesen sein. Doch das bedeutet nicht, dass sie nicht unter ISAF-Kommando eingesetzt worden sein könnten.

Dass zumindest in Teilen der deutschen Öffentlichkeit noch der Eindruck vorherrscht, die ISAF sei eine friedliche Wiederaufbautruppe, die Soldaten von OEF seien dagegen rücksichtslose Terroristenjäger, spiegelt sich in der Diskussion um die Entsendung der Tornado-Aufklärer wider. In dem vom Bundestag im März 2007 beschlossenen Mandat für die Jets, die ausschließlich unter ISAF-Kommando fliegen, heißt es: »Der ISAF-Operationsplan sieht eine restriktive Übermittlung von Aufklärungsergebnissen an OEF vor. Die Übermittlung erfolgt nur, wenn dies zur erfolgreichen Durchführung der ISAF-Operation oder für die Sicherheit von ISAF-Kräften erforderlich ist.« Sogar auf den von den Tornados aufgenommenen Fotos wird ausdrücklich vermerkt, dass die Bilder nur für den ISAF-Gebrauch sind. Dass OEF die Aufklärungsdaten, die auf einem internen

Computersystem der ISAF abrufbar sind, möglicherweise doch auch für eigene Zwecke nutzt, will allerdings nicht einmal der deutsche Geschwaderführer endgültig ausschließen. »Ein Doppelhutträger kommt da (in das interne ISAF-Computersystem) sicherlich rein«, sagt Oberst Thorsten Poschwatta im September 2007 in Masar-i-Scharif. Was Offiziere, die wie US-General Rodriguez Funktionen bei ISAF und OEF haben, mit den Bildern machen, »das kann ich hier natürlich nicht mehr nachvollziehen«.

Die Linke kritisiert vor der Verlängerung des erstmals gemeinsamen Mandats für die ISAF und die Tornados im Oktober 2007: »Durch den Tornado-Einsatz beteiligt sich die Bundeswehr direkt am Krieg.« Doch genau diesem Eindruck einer deutschen Kriegsbeteiligung will die Bundesregierung unbedingt entgegenwirken – schon das Wort »Krieg« bringt im Zusammenhang mit Afghanistan kaum ein Kabinettsmitglied über die Lippen. Wie sensibel die deutsche Öffentlichkeit auf dieses Thema reagiert, zeigt sich nicht zuletzt an der heftigen Diskussion über die Quick Reaction Force (QRF), die in Masar-i-Scharif stationierte »Schnelle Eingreiftruppe« für Nordafghanistan. Die QRF wird von Norwegen geführt, bis die Bundeswehr sie am 1. Juli 2008 mit rund 200 Soldaten übernimmt. Kritiker des Einsatzes befürchten, dass die Bundeswehr sich nach der Entsendung der Tornados nun noch tiefer in den eskalierenden Konflikt hineinziehen lässt. Dass die Bundesregierung wenige Tage vor der Übernahme der Eingreiftruppe verkündet, die Obergrenze der deutschen Soldaten im Bundestags-Mandat um 1 000 auf 4 500 erhöhen zu wollen, verstärkt diese Ängste noch.

Der norwegische QRF-Kommandeur, Oberstleutnant Kjell Inge Bækken, sagt im Februar 2008, mit der Übernahme der Eingreiftruppe müssten die Deutschen sich aufs Töten einstellen. »Wenn es notwendig ist, müssen sie darauf vorbereitet sein, Leben zu nehmen.« Dass die Aussage, Bundeswehr-Soldaten müssten gegebenenfalls Feinde erschießen, in Deutschland für Schlagzeilen sorgen kann, verwundert Verbündete aus anderen Staaten. »Natürlich sind wir hier nicht auf einer Mission zu töten«, sagt ein NATO-Offizier. »Aber ich finde es sonderbar, dass sich die deutsche Öffentlichkeit so sehr auf den Fakt konzentriert, dass Soldaten riskieren, Leben zu nehmen und Kameraden zu verlieren. Das ist eine Tatsache, die Soldaten, Politiker und die Öffentlichkeit im Kopf haben sollten, und ein

Risiko, dessen sich alle bewusst sein sollten, wenn Soldaten an Orte wie Afghanistan geschickt werden.« Bækken sagt, aus seiner persönlichen Sicht sei die Diskussion in Deutschland über die QRF zwar wichtig, aber »überhitzt«. Bei der NATO heißt es, der Streit sei »völlig überzogen«. Dass sich nicht nur die Norweger der QRF, sondern auch deutsche ISAF-Soldaten bereits im Herbst 2007 an der ISAF-Operation »Harekate Yolo II« zur Vertreibung von Taliban-Kämpfern aus dem Nordwesten Afghanistans beteiligt haben, wird erst durch Medienberichte bekannt. Ob Deutsche bei der Operation mehr als Unterstützungsaufgaben wahrgenommen, also aktiv gekämpft und möglicherweise Taliban getötet haben, bleibt im Dunkeln.

Kurz vor der Bundestagsentscheidung über die Entsendung der Tornados informiert sich Verteidigungsminister Jung bei einem Besuch in Kabul im Februar 2007 über die Lage im Land. Als er von Journalisten auf eine von der ISAF geplante und von der Schutztruppe auch öffentlich angekündigte Offensive gegen die Taliban angesprochen wird, reagiert er unwirsch. Die Taliban ihrerseits hätten eine Frühjahrsoffensive angekündigt, erwidert Jung, und die gelte es zu verhindern. Ein Mitarbeiter Jungs räumt kurz darauf hinter vorgehaltener Hand ein, der Minister wolle kriegerische Sprache im Zusammenhang mit der ISAF vermeiden. Gleich mehrfach diktiert Jung den Journalisten in Kabul bei seinem Besuch in die Blöcke, die Tornados sollten dem Schutz dienen. Die NATO müsse angesichts der drohenden Gewaltwelle der Taliban »abwehrbereit« sein.

Abwehren ja, angreifen nein – angesichts der eskalierenden Gewalt am Hindukusch ist der Druck auf die Bundesregierung besonders aus den USA gewachsen, diese Grundhaltung zu überdenken. Dabei sind sich Deutsche und Amerikaner im Grundprinzip einig: Ohne Sicherheit kann es keinen Wiederaufbau geben und ohne Wiederaufbau keine Sicherheit. Die Deutschen betonen lieber den zweiten Aspekt. Die Amerikaner versuchen, Sicherheit mit Waffengewalt zu schaffen – ohne Rücksicht auch auf eigene Verluste. Die Bundeswehr setzt dagegen Fußpatrouillen aus, wenn sie angegriffen wird.

Eine der Hauptaufgaben der US-Truppen in Afghanistan sei weiterhin, »Terroristen zu töten und zu fangen und den Aufstand zu neutralisieren«, sagte der US-General John P. Abizaid im März 2006 – martialische Worte, die aus dem Mund eines deutschen Generals kaum denkbar wären, in Amerika aber auf Zustimmung stoßen. Verglichen mit dem Irak hat das massive militärische Engagement in Afghanistan in der amerikanischen Bevölkerung weiterhin Rückhalt. Eine Debatte über einen Rückzug vom Hindukusch gibt es kaum, obwohl dort Hunderte amerikanische Soldaten bei Kämpfen, Anschlägen oder auch Unfällen ihr Leben gelassen haben. Amerikaner zu Hause wie auch die US-Soldaten in Afghanistan haben zu dem Einsatz einen anderen emotionalen Bezug als die Deutschen. »Das werdet ihr Europäer nie verstehen«, sagte ein US-Offizier in Kabul im Frühjahr 2007. »Für uns ist Afghanistan das Land, aus dem die Terroranschläge vom 11. September kamen. Wir werden hier nie weggehen.«

Die Niederländer versuchen, in Urusgan den Mittelweg zwischen dem deutschen und dem amerikanischen Ansatz zu gehen. Die Kritik, die Niederländer gingen zu behutsam gegen die Taliban vor, nennt der ISAF-Sprecher für Urusgan, Major Eric Jonkers, »kompletten Unsinn«. Auch der niederländische ISAF-Kommandeur für Urusgan, Oberst Hans van Griensven, will den Vorwurf nicht gelten lassen. »Wir hatten schwere Kämpfe, und wir haben sie gewonnen«, sagt er im Mai 2007. »Wir kämpfen wann immer nötig, wir vermeiden es wann immer möglich. Vielleicht schießen wir etwas weniger als andere Truppen.« Der Westen müsse die Herzen und Köpfe der Afghanen dadurch erobern, dass er ihnen eine bessere Zukunft biete. »Indem man Söhne tötet und Besitz zerstört, wird man das niemals erreichen.« Andere Truppensteller setzten da »vielleicht andere Akzente«, sagt der Oberst diplomatisch. »Wenn jemand auf uns schießt, dann zerstören wir nicht gleich das ganze Gehöft.« Die Menschen wüssten das zu schätzen. »Wir haben uns für dieses Konzept entschieden, weil wir glauben, dass es das beste Ergebnis bringt.«

»Bundeswehr raus aus Afghanistan« – die innenpolitische Debatte

Bundeskanzlerin Angela Merkel in Kabul

Zu Frederick Tawes' Zeiten ist die Welt in Kundus noch in Ordnung. Der Oberst ist der letzte amerikanische Leiter des zivil-militärischen Wiederaufbauteams in der nordafghanischen Stadt, es ist Herbst 2003, bald sollen die deutschen ISAF-Soldaten übernehmen. Die amerikanischen Truppen haben sich häuslich eingerichtet in dem gemieteten Gehöft mitten in der Stadt. Stolz präsentiert der Oberst den Obstgarten, bei dem er sich zur Erntezeit Aprikosen und Pfirsiche fürs Frühstück pflücken kann. Auf dem Gelände des Wiederaufbauteams, des Provincial Reconstruction Team (PRT), lässt sich Chloé von Soldaten streicheln. Sie haben die zugelaufene afghanische Promenadenmischung adoptiert. Der Hund mag Menschen in Uniform, Zivilisten bellt Chloé wütend an. Nach dem Abzug der Amerikaner werden sich Soldaten der Bundeswehr um das Tier kümmern, dann wird es Leberwurst zum Fressen geben. Tawes füttert Chloé mit selbst gebackenen Keksen.

Am Rande des PRT-Areals mit seinen Baracken und Häusern stehen Pferde in einem Stall, manchmal reiten die amerikanischen Soldaten auf ihnen Patrouillen durch die staubigen Straßen. Tawes ist seit knapp einem halben Jahr in Kundus, er freut sich auf die Deutschen und auf seinen anschließenden Strandurlaub mit der Familie in der Heimat. Der Reservist hat wenig gemein mit den US-Kriegern in den Unruhegebieten des Landes, er wirkt eher wie ein gutmütiger Onkel. »Ich halte mich fern davon, Menschen zu töten«, sagt er. »Wir tragen Waffen, aber wir tätscheln auch Kinder.« Am Anfang hätten die Frauen ihre Kinder vor den Amerikanern versteckt. Dann hätten sie begonnen, sie vorzuzeigen. Tawes' Soldaten erzählen, sie hätten in der Region noch kein einziges Mal ihre Waffe abfeuern müssen. Hauptmann Tom Goodrich sagt, es gebe Soldaten, denen sei in Kundus langweilig. »Viele von uns wollen lieber Action.« Angst müssten die Deutschen in Kundus nicht haben, sagt Tawes, während er durch seinen Obstgarten schlendert. »Die Sicherheitslage ist wahrscheinlich die beste in Afghanistan.«

Stefan Recker ist kein großer Freund des Militärs, und er ist ein Kritiker des Konzepts der zivil-militärischen Wiederaufbauteams, doch Tawes' Einschätzung der Lage teilt der technische Leiter der Welthungerhilfe-Projekte in Kundus. Kundus habe vor allem einen großen Standortvorteil, sagt Recker. »Die Sicherheit macht es attraktiv.« Bevor die Deutschen nach Kundus kommen, ist der Entwicklungshelfer lange Zeit der einzige Bundesbürger in dem unwirtlichen Flecken Erde. »Im Winter ist es irre kalt, im Frühling matschig, im Sommer zu heiß und im Herbst staubig«, sagt Recker. Es ist der Herbst 2003, und der Staub ist überall. Die Blätter der Bäume, die Pferdekutschen, ganz Kundus scheint mit einer grau-braunen Dreckschicht überzogen zu sein, dazu weht ein Sturm den Sand aus der umliegenden Wüste in die Stadt. Männer haben sich Tücher vors Gesicht gebunden. Die Frauen tragen ohnehin alle Burka, doch der feine Staub dürfte auch noch durch die Netze im Gesichtsfeld dringen, durch die sie ihre Außenwelt wahrnehmen. In Sachen Wiederaufbau gebe es viel zu tun in der Region, sagt Recker. »Die Straßen sind ein Riesenproblem.« Auf den vielen ungeteerten Wegen wirbeln Kutschen Staub auf, Autos und Lastwagen kommen nur langsam voran; Bauern brauchen lange, um den nächsten Markt zu erreichen. In weiten Teilen der Gegend gibt es keinen Strom, und die Versorgung mit Trinkwasser ist katastrophal. Viele Menschen müssen Wasser aus dreckigen Flüssen und Kanälen holen und erkranken daran.

Immerhin blüht der Handel in der Region, auf dem Markt in Kundus gibt es schon 2003 alles Mögliche zu kaufen. Händler bieten Tee aus Indien und Stoffe aus Pakistan an, Socken aus Turkmenistan und Seife aus Litauen liegen an den Ständen aus. Die Bonbons kommen aus dem Iran, die Zahnpasta – speziell für Raucher – aus China. An einem Stand gibt es Naturheilkräuter; flache runde Nüsse, zermalmt und mit Honig vermischt, beleben erschlaffte Liebeskräfte, das verspricht zumindest der alte Afghane, der das Aphrodisiakum gerne an den Mann bringen möchte. Wenige Meter weiter stehen Säcke mit getrockneten Schlafmohnkapseln. Sie sind an der Außenseite angeritzt worden, dort ist der weiße Saft ausgetreten, der später zu Rohopium verarbeitet worden ist. In der Zweitverwertung sollen die Kapseln, in Wasser gekocht, Husten lindern. Zwischen Lastkarren, vorbeitrabenden Eseln und Schafherden macht ein alter Mann mit einem rauchenden Gefäß die Runde: Die Dämpfe sollen, ein kleines Entgelt vorausgesetzt, gegen den bösen Blick schützen. Einen Schutzengel hätten auch die deutschen Soldaten gebrauchen können. Die Aussage von Tawes, die Deutschen müssten keine Angst in Kundus haben, ist damals richtig gewesen. Doch später wird die Sicherheitslage immer schlechter. Dabei stimmt der Beginn des Einsatzes – der erste der ISAF außerhalb Kabuls überhaupt – zunächst hoffnungsvoll.

Die ersten deutschen Soldaten treffen im Oktober 2003 in Kundus ein, zum Jahreswechsel übernimmt die Bundeswehr offiziell das PRT. Das zivil-militärische Wiederaufbauteam ist ein Prestigeprojekt der Bundesregierung. In der deutschen Variante werden PRT gleichwertig von einem Offizier der Bundeswehr und einem Diplomaten des Auswärtigen Amtes geführt, außerdem sind Vertreter des Bundesministeriums für wirtschaftliche Zusammenarbeit und Entwicklung und des Innenministeriums eingebunden. Soldaten sollen Sicherheit und Stabilität in die Region bringen und so die Arbeit ziviler Aufbauhelfer ermöglichen. Zwar wenden Kritiker damals ein, die Region sei ohnehin schon sicher, zusätzliche Soldaten würden anderswo dringender benötigt. Andere befürchten, durch die enge Kooperation mit dem Militär würden Hilfsorganisationen ihre Unabhängigkeit verlieren. Doch für die Region bedeutet das PRT bei aller Kritik trotzdem Verbesserungen. Mit der Truppe kommen staatliche deutsche Hilfsorganisationen wie die GTZ nach Kundus, in deren Sog folgen auch immer mehr nichtstaatliche Hilfswerke. Der Wiederaufbau geht zügiger als in vielen anderen Landesteilen voran, Straßen werden geteert, mehr Brunnen gebohrt, Jobs geschaffen. Die Afghanen in Kundus mögen die Deutschen und meinen, dass die ausländischen Soldaten zur Verbesserung der Sicherheitslage beitragen. »Wir können wieder mit offenen Türen in unseren Häusern schlafen«, sagt der 67 Jahre alte Geistliche Sayed Alam im April 2004. Auch der 28-jährige Ahmad Ali aus Kundus ist zufrieden, er nimmt an einem Entwaffnungsprogramm für Ex-Milizionäre teil und wird zum Schreiner ausgebildet. Der frühere Mudschaheddin sagt einige Wochen nach der Ankunft der Bundeswehr: »Wenn die ausländischen Soldaten nicht hier wären, hätten wir niemals unsere Waffen niedergelegt.« Kinder rennen den deutschen Soldaten hinterher, wenn die Bundeswehr an Pferdekarren vorbei über die staubigen Pisten fährt, die afghanischen Männer grüßen.

Nach dem Konzept der Bundesregierung sollte nicht nur zunehmende Sicherheit den Wiederaufbau beschleunigen, sondern der voranschreitende Wiederaufbau auch die Sicherheitslage verbessern. Doch obwohl die Aufbauarbeiten zügig vorangehen, wird die Lage in Kundus instabiler. Taliban-Kämpfer sickern in die Gegend ein und finden bei Paschtunen Unterschlupf. Ende des 19. Jahrhunderts haben sich Paschtunen freiwillig vom Süden in den Norden umsiedeln lassen. In den zwanziger Jahren des vergangenen Jahrhunderts hat dann König Amanullah Chan rebellische Paschtunenstämme zur Umsiedlung in den Norden gezwungen. Während des Regimes der Taliban ist Kundus die Hochburg der Gotteskrieger im Norden gewesen. Paschtunen stellen dort knapp ein Drittel der Bevölkerung, besonders die früheren Zwangsumsiedler gelten in der Region noch heute als benachteiligt. Viele Angehörige der Minderheit leben abseits von Straßen und am Rande von Bewässerungsgebieten. Vom Wiederaufbau profitieren sie nur eingeschränkt. Taliban-Kämpfer aus dem Süden fallen unter ihnen nicht auf. Während die Soldaten patrouillieren, bereiten sich die Angreifer vor. Die Bundeswehr wird zum Ziel.

Die ersten Deutschen in Kundus werden im September 2004 verwundet. In der ganzen Stadt sind die Explosionen zu hören, als die Geschosse einschlagen. Zwei 107-Millimeter-Raketen landen außerhalb des Feldlagers, eine aber trifft den ersten Stock eines Gebäudes im deutschen Camp. Ein Oberfeldwebel wird schwer verwundet nach Deutschland ausgeflogen. Zwei Schweizer und zwei deutsche Soldaten erleiden leichtere Verletzungen. Erst kurz zuvor hat Verteidigungsminister Struck bei einem Besuch in Kundus den Soldaten zum Abschied zugerufen: »Passen Sie auf sich auf, und kommen Sie mir gesund wieder.« Viele Afghanen in Kundus sind entsetzt. Er befürchte, »dass der Wiederaufbau stoppt, wenn die Deutschen hier wieder und wieder angegriffen werden«, sagt der Ziegeleibesitzer Sayed Daud. »Den Menschen in Kundus tut es leid, dass ausgerechnet diejenigen angegriffen werden, die hier helfen wollen.« Zwei Monate später werden drei deutsche Soldaten bei einer Patrouille in der Nähe des Flughafens von Kundus verletzt, als sie in eine Sprengfalle geraten.

Die Angriffe werden mit der Zeit schwerer und hinterhältiger. Auch in Kabul, Feisabad und Masar-i-Scharif, den anderen deutschen Standorten, wird die Bundeswehr zum Ziel. Doch nirgendwo in ihrem Einsatzgebiet im Norden eskaliert die Gewalt so sehr wie in der Region um Kundus. Im Juni 2005 verladen zwei Unteroffiziere aus dem PRT Kundus im nordöstlich gelegenen Ort Rustak das Waffenlager des Milizenchefs Piram Kul auf zwei Lastwagen. Der Warlord lässt sich entwaffnen, weil er sonst nicht bei der Parlamentswahl kandidieren darf. Es kommt zu einer ersten Explosion, dann, so sagen Augenzeugen, detoniert eine halbe Stunde lang Munition. Anwohner gehen in Deckung, Häuser stürzen ein. Die beiden Soldaten und sechs afghanische Zivilisten werden in Stücke gerissen. Zunächst geht das Bundesverteidigungsministerium von einem Unfall aus. Afghanische Sicherheitskräfte äußern schon damals Zweifel an der These. Anfang 2007 räumt das Ministerium in Berlin ein, die Detonation sei »mit sehr großer Wahrscheinlichkeit« doch auf eine präparierte Rakete zurückzuführen gewesen.

Andere Soldaten haben großes Glück. Im Juni 2006 gerät eine Patrouille in Kundus in einen Hinterhalt. Aufständische feuern eine Panzerfaustgranate auf ein Spähfahrzeug vom Typ Fennek ab. Das Geschoss – so erzählt ein deutscher Offizier später – trifft den Radkasten, dringt ins Fahrzeuginnere ein, fliegt quer durch die Kabine an den Männern vorbei und reißt auf der gegenüberliegenden Seite die Tür aus der Verankerung. Diese Seite können die Rebellen, die gleichzeitig mit Handfeuerwaffen auf den gepanzerten Fennek schießen, von ihrer Stellung aus nicht einsehen – ihnen bleibt somit verborgen, dass der Innenraum an der Fahrzeugflanke ohne Tür ungeschützt ist. Zwar werden drei Soldaten bei dem Angriff verletzt, aber keiner wird getötet. Die Zahl der Angriffe steigt, oftmals werden sie in Deutschland wenig beachtet, weil wie durch ein Wunder kein Soldat zu Schaden kommt. Zwischen November 2005 und Mai 2007 stirbt trotz mehrerer Anschläge kein deutscher Soldat einen gewaltsamen Tod am Hindukusch. Das öffentliche Interesse an Afghanistan und der gefährlichen Bundeswehr-Mission nimmt ab. Ein deutscher Soldat in Kabul sagt im Februar 2007, er habe den Eindruck, dass der Einsatz in der Heimat inzwischen kaum noch als etwas Besonderes gelte, sondern als Normalität hingenommen werde.

Aus dieser Normalität werden die Deutschen am 19. Mai 2007 gerissen. Drei Beamte der Wehrverwaltung in Deutschland haben sich zuvor freiwillig für einen befristeten Einsatz als Soldaten in Afghanistan gemeldet. An diesem Samstag fahren sie zusammen mit sechs Kameraden in einem gepanzerten Mannschaftstransporter auf einen Markt im Zentrum von Kundus, um dort einen Kühlschrank zu kaufen. Das Gerät soll nicht aufwendig aus der Heimat eingeflogen werden, der Profit soll lieber einem afghanischen Händler zugute kommen. Die Soldaten steigen aus, sie tragen Splitterschutzwesten. Doch gegen die Wucht der Sprengladung, die der Selbstmordattentäter direkt neben ihnen zündet, schützen auch die Westen nicht. Die drei Deutschen sterben auf ihrem befristeten Einsatz, auch acht afghanische Zivilisten reißt der Attentäter mit in den Tod.

Als die trauernden Familien der Beamten wenige Tage später vor den Särgen auf dem Flughafen Köln-Wahn stehen und die Militärkapelle *Ich hatt' einen Kameraden* anstimmt, hat die öffentliche Diskussion über den Einsatz bereits begonnen. Zwar ist die Mehrheit der Bundestagsabgeordneten – die den Einsatz der Truppe jeden Herbst im Namen des Volkes verlängert – auch nach dem Anschlag für eine Fortsetzung des militärischen Engagements. Doch diese Mehrheit spiegelt sich im Volk kaum noch wider. Während der Anschlag auf die Bundeswehr im Juni 2003, bei dem in Kabul vier Soldaten gestorben sind, keine ernsthafte Diskussion über einen Truppenabzug ausgelöst hat, sind die Zweifel am Sinn des Engagements knapp vier Jahre später deutlich gewachsen.

Dazu trägt nicht nur der Anschlag von Kundus bei. Die Deutschen am Hindukusch verfolgt nach elf Monaten ohne Todesopfer eine wahre Pechsträhne. Im Oktober 2006 sterben die Deutsche-Welle-Journalistin Karen Fischer und der Rundfunktechniker Christian Struwe. Das junge Pärchen zeltet neben einer Straße in Nordafghanistan. Entgegen aller Warnungen sind die beiden bereits im Jahr zuvor mit einem Zelt in Afghanistan unterwegs gewesen. Damals ist es gut gegangen, diesmal nicht. Unbekannte eröffnen in der Nacht das Feuer auf die Deutschen, die im Kugelhagel sterben. Im März 2007 wird dann Dieter Rübling, ein Mitarbeiter der Welthungerhilfe, erschossen. Er ist der erste deutsche Helfer, der seit dem Sturz der Taliban in Afghanistan getötet wird. Der Mord an dem Pärchen wird von manchen als Folge von Leichtsinn abgetan, der an dem Helfer als Einzelfall. Richtig aufgeschreckt wird die Öffentlichkeit erst vom Anschlag in Kundus, zu dem sich die Taliban bekennen. Zum Entsetzen in Deutschland tragen die Bilder von blutüberströmten deutschen Soldaten bei, die nach dem Anschlag von manchen Medien verbreitet werden.

Danach ist Afghanistan monatelang fast täglich Thema in den deutschen Nachrichten. Im August 2007 sterben drei deutsche Polizisten – Personenschützer des Botschafters Hans-Ulrich Seidt – in einer Sprengfalle in Kabul. In demselben Sommer werden erstmals Deutsche in Afghanistan entführt. Die erste Geisel kommt nach wenigen Tagen wieder frei. Kurz darauf kommt es im Juli zur nächsten Entführung, gleich zwei Deutsche werden verschleppt. Einer von ihnen wird kurz darauf erschossen, der zweite wird erst nach knapp drei Monaten aus der Geiselhaft entlassen. Wenige Tage nach dem Anschlag auf die Polizisten wird eine Bundesbürgerin aus einem Restaurant in der Hauptstadt entführt. Nach anderthalb Tagen wird die Mitarbeiterin einer Hilfsorganisation gewaltsam befreit.

Knapp drei Wochen nach dem Anschlag von Kundus besucht Bundesverteidigungsminister Franz Josef Jung (CDU) die deutschen Soldaten an den afghanischen Standorten. Er bemüht sich, die Erfolge in Afghanistan zu betonen. Auch die Sicherheit mache Fortschritte, sagt Jung in Kabul, bei dessen kurzen Fahrten durch die Hauptstadt Panzer den Konvoi schützen. Soldaten geben Anweisung, im Falle eines Angriffs im gesicherten Fahrzeug zu bleiben. Auf dem Rückweg zum Flughafen muss ein Teil der Delegation in Fahrzeuge umsteigen, die stärker gepanzert als die zunächst genutzten Wagen sind. Nach Angaben der Bundeswehr gibt es für eine der Straßen auf dem Weg eine »ernst zu nehmende Anschlagdrohung«. Jungs Besuch in Afghanistan ist nicht angekündigt worden – aus Sicherheitsgründen. In der ersten Hälfte der Legislaturperiode lässt sich Bundeskanzlerin Angela Merkel (CDU) gar nicht am Hindukusch blicken, obwohl das deutsche Engagement in Afghanistan im deutschen Wahlvolk immer kontroverser diskutiert wird.

Merkels Vorgänger Bundeskanzler Gerhard Schröder (SPD) ist zuletzt am 11. Oktober 2004 zu einem Besuch der deutschen Soldaten und des afghanischen Präsidenten Hamid Karsai am Hindukusch gewesen – zwei Tage nach der Präsidentschaftswahl. Der Kanzler und Karsai wirken fröhlich und entspannt, als sie unter den alten Bäumen im Garten des Präsidentenpalastes vor die Presse treten. Schröder hat allen Grund, gut gelaunt zu sein. Damals scheint es, als würden sich die internationalen Bemühungen auszahlen – und als könnte Afghanistan ein demokratisches Erfolgsprojekt werden. Karsai sagt bei seiner Vereidigung knapp zwei Monate nach dem Kanzlerbesuch: »Jetzt haben wir eine harte und dunkle Vergangenheit hinter uns gelassen, und heute öffnen wir ein neues Kapitel in unserer Geschichte.«

Merkel besucht erst am 3. November 2007 – gut drei Jahre nach Schröder – Afghanistan. Zu diesem Zeitpunkt sagen Karsais Kritiker bereits, der Präsident sei nicht einmal mehr der Bürgermeister Kabuls, als der er wegen seiner Machtlosigkeit außerhalb der Hauptstadt verspottet wird. Kabul wird immer häufiger von Selbstmordanschlägen erschüttert, der Präsident verlässt seinen zur Festung ausgebauten Palast kaum. Wenn er es doch tut, werden die Straßen, über die seine gepanzerte Kolonne fährt, abgeriegelt. Ganze Stadtteile versinken dann im Verkehrschaos.

Merkels Kabul-Besuch ist ein Indikator dafür, wie sich die Lage seit der Visite ihres Vorgängers sogar in der Hauptstadt gewandelt hat. Zwar hat schon Schröder in Kabul eine Splitterschutzweste getragen, und auch er hat sich vorrangig mit Hubschraubern durch die Stadt bewegt, um möglichen Anschlägen auf der Straße zu entgehen. Doch Schröders Reisepläne an den Hindukusch sind noch öffentlich angekündigt gewesen. Die seiner Nachfolgerin werden vorab wie ein Staatsgeheimnis behandelt – aus Angst vor Anschlägen. Noch 48 Stunden vor der Visite weiß nur eine Handvoll Menschen in Berlin, dass die Kanzlerin an den Hindukusch fliegen wird. Das Kanzleramt will den Besuch sofort absagen, sollte vorab etwas von den Plänen durchsickern.

Im Airbus »Konrad Adenauer« der Flugbereitschaft, der im letzten Moment bestellt wird, fliegt Merkel zum Bundeswehr-Standort Termes in Usbekistan, dort steigt sie mit den weniger als 20 Mitreisenden – darunter fünf Personenschützer – in eine Transall der Luftwaffe um. Die Kanzlerin sitzt im Cockpit hinter den Piloten, als die Maschine über die Gipfel des Hindukusch schwebt. Am Flughafen in Kabul muss sie eine schwere Splitterschutzweste anziehen, bevor sie ein deutscher Helikopter – eskortiert von zwei US-Kampfhubschraubern – zum ISAF-Hauptquartier bringt. Der Flug dauert wenige Minuten. Auf den kurzen Strecken, die sich Merkel mit gepanzerten Fahrzeugen vom Hauptquartier der Schutztruppe in den Präsidentenpalast und dann in die mit deutscher Hilfe wiederaufgebaute Amani-Oberschule bewegt, ist ziviler Verkehr von den Straßen verbannt. Die Umgebung um den Palast und die Schule ist weiträumig mit Schützenpanzern und Panzersperren, Stacheldraht und Soldaten abgeriegelt. Schwarz gekleidete Personenschützer des Bundeskriminalamts, die mit automatischen Waffen ausgerüstet sind, schirmen die Kanzlerin ab.

Dass scharfe Sicherheitsvorkehrungen bei Besuchen in Afghanistan nicht übertrieben sind, hat sich in den Monaten vor dem Merkel-Besuch gezeigt. Vor den Toren des US-Stützpunktes Bagram nördlich von Kabul verüben die Taliban im Februar 2007 einen Selbstmordanschlag, als der amerikanische Vizepräsident Dick Cheney in der Basis ist. Im Mai sprengt sich ein Selbstmordattentäter in der afghanischen Hauptstadt wenige Minuten nach dem Abflug von Bundesaußenminister Frank-Walter Steinmeier (SPD) in die Luft. Nachdem Merkel von Kabul aus zu den deutschen Soldaten nach Masar-i-Scharif geflogen ist, macht in der Delegation das Gerücht die Runde, in der Umgebung des Flughafens in der Hauptstadt sei ein Verdächtiger festgenommen worden. Die Polizei in Kabul dementiert. Merkel selbst hat ein deutsches Terroropfer in Afghanistan persönlich gekannt: Unter den drei im August 2007 in Kabul ermordeten Polizisten ist ein ehemaliger Personenschützer der Kanzlerin.

Nahe wie nie zuvor kommen die Taliban einer hochrangigen Politikerdelegation gut zwei Monate nach dem Merkel-Besuch. Das Anfang 2006 eröffnete Serena-Hotel im Herzen der Hauptstadt ist das einzige Fünf-Sterne- und das am schärfsten gesicherte Hotel in Afghanistan. Für viele westliche Ausländer, die in Kabul leben, ist das Serena in ihrer Freizeit ein friedlicher Zufluchtsort in der chaotischen und zunehmend unsicheren Stadt. Hier gibt es einen Pool, ein Fitnesscenter, Massage und gute Restaurants. Hier hat im Frühjahr 2007 auch schon SPD-Chef Kurt Beck übernachtet. Politiker, die länger als einen Tag bleiben und die Nacht nicht in den Stützpunkten ihrer Truppen verbringen, steigen in Kabul im Serena ab – wie am 14. Januar 2008 der norwegische Außenminister Jonas Gahr Store mit seiner Delegation.

Als Store an einem Treffen im Untergeschoss teilnimmt, stürmen mindestens drei Taliban-Kämpfer in einem bis dahin in Kabul beispiellosen koordinierten Terrorangriff das Hotel. Sie töten die Wachmänner an der Einfahrt, nach Angaben des afghanischen Geheimdienstes NDS sprengen sich zwei Attentäter im Vorhof zum Eingang in das Gebäude in die Luft, ein dritter eröffnet in der Lobby das Feuer. Der Augenzeuge Amanullah, der auf dem Parkplatz in einem Auto sitzt und von einer Kugel verletzt wird, spricht außerdem von fünf Angreifern in Polizeiuniformen, die noch nach dem Selbstmordkommando auf das Gelände gestürmt, das Feuer eröffnet und Handgranaten geworfen hätten. Unter den mindestens acht Toten ist auch der norwegische Journalist Carsten Thomassen, der den Minister begleitet hat. Store bleibt unverletzt, der 38-jährige Reporter stirbt an den Schusswunden, die er bei dem Angriff erlitten hat. Die Taliban bekennen sich zu der Tat und kündigen an, künftig gezielt Zivilisten und von Ausländern frequentierte Orte anzugreifen. Die Landesdirektorin des Institute for War and Peace Reporting, Jean MacKenzie, ist oft im Serena, sie nennt das Hotel »eine liebenswerte Oase inmitten der Finsternis und Schwermut« Kabuls. Nach dem Angriff schreibt sie in einem Beitrag in der *International Herald Tribune:* »Vielleicht ist Bagdad nicht so weit weg.« Aus Sicht der Taliban, die genau diesen Eindruck vermitteln wollen, ist der Angriff einer ihrer größten Erfolge. Der Angriff hat den Westlern in Kabul vor Augen geführt, dass sie sich selbst im Herzen der Hauptstadt an kaum einem Ort mehr sicher fühlen können – wie stark er auch geschützt sein mag. Er hat die Internationale Gemeinschaft viel tiefer getroffen als die Anschläge im entfernten Süden, die inzwischen zum Alltag gehören, ausländische Zivilisten aber kaum berühren. MacKenzie will sich der Gewalt nicht beugen, sie will ins Serena zurückkehren, »sobald das Blut aufgewischt und die Fenster repariert sind«. Andere werden wohl weniger Mut beweisen. Politiker dürften in absehbarer Zeit kaum noch im Serena absteigen. Vermutlich werden außerhalb der schwer gesicherten Militärcamps immer weniger von ihnen überhaupt noch in Afghanistan übernachten.

Auch Merkel vermeidet es, die Nacht in Afghanistan zu verbringen. Ihr Aufenthalt im November 2007 dauert – wie der ihres Amtsvorgängers gut drei Jahre zuvor – nur einige Stunden. Wie Schröder im Herbst 2004 tritt auch Merkel unter den Bäumen im Garten des Präsidentenpalastes mit Karsai vor die Presse. Diesmal ist die Stimmung nicht so ausgelassen wie kurz nach der Wahl, und es gibt auch wenig Grund dazu. Die Euphorie ist verflogen. Karsai verliert an Macht, Einfluss und Beliebtheit. Die Taliban sind nicht mehr die schwache Gruppierung, die sie einst waren. Sie sehe Fortschritte, sagt die Kanzlerin nach dem Gespräch mit dem Präsidenten, sie sehe aber auch Probleme. Ansonsten ähneln Merkels Aussagen denen Schröders und denen fast aller westlicher Spitzenpolitiker, die nach Afghanistan kommen und Karsai weitere Hilfe zusagen – die aber öffentlich kaum darauf eingehen, dass die Lage immer bedrohlicher wird. »Die Bundesrepublik unterstützt Afghanistan aus ganzem Herzen und mit aller Kraft«, sagt Merkel. Schröder hat gesagt: »Deutschland will diesen Prozess (der Demokratisierung und Stabilisierung Afghanistans) unterstützen und wird ihn unterstützen.« Karsai bedankt sich freundlich bei Merkel, wie er sich auch bei Schröder bedankt hat. Dann begleitet er die Kanzlerin zur nahen Amani-Oberschule.

Scharfschützen auf den Dächern sichern den Bereich um die Schule, in deren Aula afghanische Kinder für die Besucherin *Kommt ein Vogel geflogen* singen. Einige der Schülerinnen und Schüler haben früher in Deutschland gelebt. Ungezwungen scherzt Merkel mit den Kindern, sie geht auf sie ein und hört ihnen zu. Für einen kurzen Moment wirkt es, als könnte die Amani-Schule auch irgendwo in einer friedlichen Stadt in der Bundesrepublik stehen. Die Kanzlerin wünscht den Kindern, dass »ihr in eine Zukunft hineinwachst, in der ihr mehr Chancen, mehr Möglichkeiten habt, als die Generation vor Euch hatte«. Draußen wartet die gepanzerte Eskorte, die Merkel bald darauf wieder vorbei an den Straßensperren zum ISAF-Hauptquartier bringt. Auf dem Sportplatz kurz hinter dem Tor des Hauptquartiers steht ihr Helikopter bereit, die zwei amerikanischen Kampfhubschrauber, die die Kanzlerin eskortieren werden, kreisen über dem Gelände. Merkel trägt inzwischen wieder die Splitterschutzweste, sie geht auf den Hubschrauber am Boden zu, dann dreht sie noch mal kurz nach rechts ab. Deutsche Soldaten haben sie gebeten, mit ihnen für ein Erinnerungsfoto zu posieren. Merkel stellt sich in die Mitte, die sechs jungen Männer links und rechts von ihr schauen ebenso ernst in die Kamera wie die Kanzlerin. Dann begleiten sie der deutsche Botschafter, Hans-Ulrich Seidt, und General Bruno Kasdorf, der höchstrangige Bundeswehr-Offizier in Afghanistan, zum Hubschrauber. Merkel und die Delegation steigen ein, die Bordschützen gehen an die Waffen, die Piloten lassen das Triebwerk an. Am Flughafen steigt Merkel wieder in eine Transall um, die sie zum Truppenbesuch ins Bundeswehr-Feldlager in Masar-i-Scharif bringt. Am Abend reist sie mit dem Kanzler-Airbus von Termes zurück nach Berlin.

Merkels Besuch in Kabul hat gerade einmal fünf Stunden gedauert. Vom anderen Afghanistan – jenem außerhalb der Militärstützpunkte, des Präsidentenpalastes und der abgeriegelten und herausgeputzten Amani-Schule – hat sie nichts sehen können. Im Hubschrauber in Kabul und während des Transall-Fluges nach Masar-i-Scharif zündet ein automatischer Mechanismus Flares, Geschosse, die hitzesuchende Raketen ablenken sollen. Der Abwehrmechanismus ist hochsensibel und kann schon durch einen Lichtblitz am Boden ausgelöst werden, eine echte Gefährdung besteht wohl nicht. Für die Delegation an Bord sind die Flares trotzdem eine weitere Erinnerung daran, dass sie in einer Krisenregion untergewegs ist. Ein Mitreisender aus Berlin fühlt sich an einen »Besuch im Kriegsgebiet« erinnert.

Während die Zahl der Toten und der Entführungsfälle zunimmt, bleiben die Erfolgsmeldungen vom Hindukusch aus. Bundesverteidigungsminister Peter Struck (SPD) prägt 2002 den Satz, dass »unsere Sicherheit auch am Hindukusch verteidigt wird«. Im Bundestag fügt er am 20. Dezember 2002 hinzu: »Deutschland ist sicherer, wenn wir mit Verbündeten und Partnern den internationalen Terrorismus dort bekämpfen, wo er zu Hause ist, auch mit militärischen Mitteln.« Doch viele Bundesbürger sind inzwischen vom Gegenteil überzeugt. Sie befürchten, dass die Gefahr durch den Einsatz wächst und Deutschland gerade durch sein Engagement in Afghanistan zum Ziel von Terroristen wird. Nach dem Anschlag von Kundus sprechen sich in Umfragen weit mehr als die Hälfte der Befragten für einen schnellen Truppenabzug aus. Auch Bundestagsabgeordnete stellen Teile des Engagements – die Tornados und die deutsche Unterstützung für die Anti-Terror-Operation Enduring Freedom – oder gleich den ganzen Militäreinsatz inklusive der Beteiligung an der ISAF öffentlich infrage.

Für die schwindende Akzeptanz machen Experten wie Stephan Kinnemann Versäumnisse der Politik verantwortlich. »Wir sind in einer Legitimationskrise«, sagt Kinnemann, der von 2002 bis 2006 Wirtschaftsberater der Bundesregierung bei Karsai gewesen ist. »Die Bundesregierung tut viel zu wenig, um klarzumachen, warum wir da sind, was für Erfolge es gab, aber auch was für Misserfolge, und was der Plan dort ist.« Nötig sei eine »Blut-, Schweiß- und Tränenrede der Kanzlerin und der betroffenen Minister, in der sie öffentlich laut und drohend sagen: Es ist wenige Minuten vor zwölf.« Die Politik sei auch dringend gefordert, die öffentliche Wahrnehmung des militärischen Einsatzes am Hindukusch zu korrigieren. Aus Sicht der Bevölkerung sei die Bundeswehr dort immer noch eine »Wohlfühlarmee«, sagt Kinnemann Anfang 2008. »Die Bundesregierung hat es sträflich unterlassen, klarzumachen, dass Soldatsein eine gefährliche Tätigkeit ist – und dass Soldaten auch in Zinksärgen zurückkommen können.« Die Politiker schauten auf jene Wähler, die dem Einsatz skeptisch gegenüberstünden, wie das sprichwörtliche Kaninchen auf die Schlange. Abgeordnete der Union, der SPD und der Grünen, mit denen er gesprochen habe, zeigten wenig Elan, sich dem heiklen Thema im Wahlkreis zu stellen – und den Menschen zu erklären, warum das Engagement notwendig sei. Der ISAF-Kommandeur in Nordafghanistan, Bundeswehr-General Dieter Warnecke, sagt im September 2007: »Wenn wir jetzt aufgeben würden, dann hätten wir die Frage zu beantworten, wofür sind die Soldaten gestorben – die deutschen Soldaten und die vielen alliierten Soldaten, die im Süden und Osten täglich sterben.« Warnecke betont: »Unsere Politik ist damit aufgefordert, diesen Einsatz deutlich zu erklären, warum wir das hier tun, und sie muss auch aufzeigen, welchen Preis wir hier zahlen.«

An vorderster Front der Einsatzgegner in Deutschland kämpft Die Linke, sie meint, bei den ausländischen Truppen handele es sich nicht um Befreier, sondern um Besatzer. Der Krieg sei »politisch falsch und moralisch verwerflich«, heißt es in einem Flugblatt der Partei zur Bundestagsabstimmung über das Mandat im Herbst 2007. Deutschland sei Teil des Krieges. »Diese Wahrheit auszusprechen, scheut sich die Bundesregierung.« Die Linke versucht, die immer ablehnendere Haltung der Öffentlichkeit in Wählerstimmen umzumünzen, und setzt andere Bundestagsparteien damit unter Druck. »Eine Bevölkerungsmehrheit ist für den Abzug der Bundeswehr«, teilt die Partei unter der Überschrift »Bundeswehr raus aus Afghanistan« mit. »Die Linke wird im Deutschen Bundestag den sofortigen Abzug der Bundeswehr aus Afghanistan fordern.«

Linke-Fraktionschef Oskar Lafontaine versteigt sich kurz nach dem Anschlag von Kundus zu der Aussage, die Bundeswehr sei in Afghanistan selber mittelbar »in terroristische Aktivitäten verwickelt«. Nicht nur Jung ist darüber empört, der Verteidigungsminister wirft Lafontaine vor, er betreibe »das Geschäft der Taliban«. Der von der Linken geforderte Abzug »wäre genau das, was die Taliban erreichen wollen«, sagt Jung beim Truppenbesuch in Kundus knapp drei Wochen nach dem Anschlag immer wieder. »Wir müssen die Bürgerinnen und Bürger davon überzeugen, dass die Taliban keinen Erfolg haben dürfen.« Die Soldaten wüssten, dass es nicht richtig wäre abzuziehen. Ein deutscher Oberst im ISAF-Hauptquartier in Kabul, wo die Flaggen wegen der vielen Gefallenen der ISAF inzwischen fast durchgängig auf Halbmast wehen, ist über die Lafontaine-Äußerung entsetzt. Er empfinde es als »sehr schockierend, dass sich Parlamentarier hinstellen und uns mit Terroristen auf eine Stufe stellen«, sagt der Offizier im Juni 2007. Keiner seiner Kameraden habe sich darum gerissen, monatelang fern von Familie und Freunden einen oft lebensgefährlichen Dienst zu leisten. »Wir sind vom Parlament hier runtergeschickt worden.« Angesichts der Debatte über den Einsatzsinn frage er sich auch: »Was ist mit den Soldaten passiert, die wir hier schon verloren haben? War das alles wertlos?« Die Diskussion in der Heimat »trifft einen Soldaten schon ziemlich hart«. Ein Oberstleutnant der Bundeswehr sieht in der Debatte auch »eine Gefahr für deutsche Soldaten«. Die Diskussion über einen Abzug könnte die Rebellen zu weiteren Anschlägen auf die Truppe anfeuern, um den öffentlichen Druck auf die Bundesregierung zu erhöhen, befürchtet er im Juni 2007. Befürworter des Bundeswehr-Engagements wagen sich die Folgen kaum auszumalen, sollten Anschläge die deutsche Opferzahl weiter und weiter hochtreiben. Das könnte immer mehr Deutsche in der Heimat – und immer mehr Abgeordnete – dazu verleiten, ins Lager der Einsatzgegner zu wechseln. Ein deutscher Offizier in Nordafghanistan sagt nach dem Anschlag in Kundus: »Wir können es uns nicht leisten, weitere Leute zu verlieren. So einfach ist das.«

Die Bundeswehr setzt ihre Fußpatrouillen in Kundus nach den Anschlägen monatelang aus. Ein Grund dafür ist, dass die Provinzregierung die Truppe darum gebeten hat. Wegen der vielen zivilen Opfer bei dem Anschlag hätten die Afghanen in der Nähe der deutschen Soldaten nun Angst, sagt der Bundeswehr-Sprecher in Kundus, Oberstleutnant Günter Schellmann, im Juni 2007. »Die Taliban haben es geschafft, einen Keil zwischen die friedliche Bevölkerung und das Wiederaufbauteam zu treiben.« Die Bundeswehr werde ihre Fußpatrouillen wieder aufnehmen, »sobald sich die Sicherheitslage einigermaßen wieder stabilisiert«, sagt Jung im Juni 2007 in Kundus. Als der Bundestag im Herbst 2007 den Einsatz vor der Mandatsverlängerung debattiert, bewegen sich die Soldaten noch immer in gepanzerten Fahrzeugen und nicht zu Fuß durch die Stadt. Ein Offizier räumt unter der Hand ein, dass man vor der Mandatsverlängerung auf keinen Fall weitere Opfer riskieren wolle und die Fußpatrouillen auch deshalb gestoppt habe.

Für die Nähe zur Bevölkerung, die die Deutschen suchen, sind die Fußpatrouillen sehr hilfreich gewesen. Nach dem Anschlag von Kundus igelt sich die Truppe dort aber immer stärker ein, obwohl selbst Jung vor einer solchen Entwicklung gewarnt hat. Je mehr sich die Internationale Gemeinschaft in Afghanistan hinter Sandsäcke und in die Panzer zurückzieht, desto mehr Distanz baut sie zur Bevölkerung auf – das ist ganz im Sinne der Taliban. »Intensiver Kontakt schützt viel mehr als technische Ausrüstung«, sagt im Sommer 2007 ein

Landeskenner, der schon lange in Afghanistan arbeitet. »Kontakt zur Bevölkerung ist der Hauptschutz, den wir haben. Wenn wir von den Afghanen akzeptiert werden, bekommen wir immer wieder Hinweise darauf, ob bestimmte Aktionen wie Planungen für Anschläge in der Region laufen.« Nur bei engem Kontakt und mit persönlichen Gesprächen sähen sich die Afghanen als gleichberechtigte Partner akzeptiert. »Und nur dann übernehmen sie auch Verantwortung für unsere Sicherheit.« Die afghanische Gastfreundschaft gebiete es, zu schützen und zu warnen. Das gilt allerdings nur, wenn der Fremde auch als Gast akzeptiert ist. Wer am Hindukusch im Panzer vorfährt, riskiert, als Besatzer wahrgenommen zu werden – den es zu bekämpfen gilt.

Die Wiederaufbauarbeit, mit der die Bundeswehr die Bevölkerung für den Westen gewinnen will, wird in den Wochen nach dem Anschlag aus Sicherheitsgründen fast auf Null heruntergefahren. Nicht nur der Rückzug in die Kaserne frustriert die Soldaten. Noch Monate später sind die Hintermänner des Anschlags nicht gefasst – obwohl die Bundeswehr zu wissen glaubt, wer für die Tat verantwortlich ist. Das Problem: Die Bundeswehr hat kein Mandat dafür, selber aktiv zu werden, das ist den afghanischen Behörden vorbehalten. Diese aber glänzen durch Untätigkeit. Das sorgt für Unmut in der Truppe. »Wir hätten die Kräfte, uns zu wehren« und die Hintermänner festzusetzen, sagt Bundeswehr-Sprecher Schellmann drei Wochen nach dem Anschlag. »Aber wir dürfen es nicht tun.« Das betreffe nicht nur die Drahtzieher des Anschlags – es gebe auch Hinweise auf weitere Attentäter in der Region. »Es gibt Kräfte, von denen man weiß, dass sie offen oder verdeckt gegen ISAF vorgehen.« Unklar sei, ob die afghanischen Sicherheitskräfte nicht in der Lage oder nicht willens seien, etwas zu unternehmen. Ihre Untätigkeit »erstaunt uns natürlich«, sagt Schellmann. »Das ist für uns eine ganz schwierige Situation.« Auch Jung macht deutlich, dass die Kooperation der afghanischen Sicherheitskräfte nach dem Anschlag zu wünschen übrig gelassen habe. Er könne nur hoffen, »dass es alsbald gelingt, die Drahtzieher und Hintermänner dieses hinterhältigen Anschlages dingfest zu machen«, sagt er bei seinem Besuch in Kundus im Juni 2007. Doch nichts geschieht. Die Truppe brauche ein robusteres Mandat, das ihr ein härteres Vorgehen erlauben würde, fordert selbst ein deutscher

Entwicklungshelfer, der dem Militäreinsatz eigentlich kritisch gegenübersteht. »Über die Bundeswehr lacht man ja inzwischen.«

Die Machtlosigkeit belastet auch die Truppe. »Persönlich bin ich schon schweren Mutes, dass wir nicht irgendwas unternehmen können, obwohl wir wissen, dass Selbstmordattentäter da sind«, sagt Oberfeldwebel Christian G. in Kundus. Der 27-Jährige ist bei CIMIC, der Einheit für zivil-militärische Zusammenarbeit, und hilft beim Brückenbau und Brunnenbohren. Soldaten aus seiner Einheit sind bei dem Selbstmordanschlag verletzt worden. Seitdem habe sich die Arbeit wegen der unsicheren Lage »massiv verändert«, die CIMIC-Soldaten könnten kaum noch rausfahren, sagt er. »Das ist sehr schlecht.« Von der Gewalttat dürfe man sich aber nicht beirren lassen – schließlich seien die allermeisten Afghanen in der Region zufrieden mit der Bundeswehr-Arbeit. »Die Kameraden sagen: Jetzt erst recht.« Einer der Soldaten, der bei dem Anschlag drei Wochen zuvor verletzt und nach Deutschland ausgeflogen worden ist, habe vor kurzem bei seiner Einheit in Kundus angerufen. »Er hat uns gesagt: Macht weiter.«

»Ein Dreck hat sich positiv entwickelt« – der Aufbau der Sicherheitskräfte

Polizeiausbildung an der Polizeiakademie in Kabul mit deutschem Ausbilder

Der Aufbau kompetenter einheimischer Sicherheitskräfte, die Recht und Ordnung durchsetzen, statt Schmiergelder einzustreichen, ist eines der wichtigsten Ziele der Internationalen Gemeinschaft. Die Exit-Strategie der ausländischen Truppen, ihr Ausweg aus Afghanistan ohne Gesichtsverlust und Demütigung durch die Taliban, liegt darin, ihre Aufgaben irgendwann – und das heißt aus westlicher Sicht so schnell wie möglich – der afghanischen Armee und Polizei zu übergeben. Die fremden Soldaten könnten dann guten Gewissens in ihrer Anzahl reduziert und schließlich ganz zurück in ihre Heimat beordert werden. Die Afghanen wären selber für ihr Schicksal verantwortlich. Auch die afghanische Regierung wirbt um einen schnelleren Aufbau der eigenen Sicherheitskräfte. »Wir wollen diesen Krieg afghanisieren«, sagt der Nationale Sicherheitsberater von Präsident Hamid Karsai, Salmai Rassul, im September 2007 in Kabul. »Wir sollten an der Front stehen.« Rassul betont: »Für jeden Euro, den Sie für Ihre Soldaten ausgeben, können Sie hundertmal mehr afghanische Truppen trainieren und ihnen bessere Ausrüstung geben.«

Federführend bei der Ausbildung der Afghanischen Nationalarmee (ANA) sind die USA. Die NATO – und in deren Rahmen auch die Bundeswehr – übernimmt schrittweise mehr Verantwortung in dem Bereich. In dem Anfang 2006 in London zwischen der Internationalen Gemeinschaft und der afghanischen Regierung vereinbarten Afghanistan-Vertrag ist als eines der Entwicklungsziele festgelegt, eine 70 000 Mann starke afghanische Armee bis Ende 2010 aufzubauen. So lange garantieren in der Vereinbarung auch die ISAF und die US-geführten Koalitionstruppen ihre Anwesenheit im Land.

Wegen der immer schlechteren Sicherheitslage wird die Sollstärke der ANA im Jahr 2007 um 10 000 auf 80 000 Mann hochgesetzt. Im Januar 2008 berichtet der afghanische Verteidigungsminister Abdul Rahim Wardak dem auf der London-Konferenz ins Leben gerufenen »Gemeinsamen Koordinierungs- und Kontrollgremium« (JCMB) der afghanischen Regierung und der Internationalen Gemeinschaft von anhaltenden Ausrüstungsmängeln. Die Armee brauche knapp doppelt so viele Fahrzeuge wie vorhanden. Nur 40 Prozent der benötigten Funkgeräte und anderer Kommunikationsmittel stünden zur Verfügung. Die Soldaten verfügten nur über knapp 70 Prozent der benötigten Waffen, und die vorhandenen seien keine modernen Waffen nach NATO-Standard, sondern bei der Entwaffnung der Milizen eingesammelt worden, heißt es in dem Bericht Wardaks. Sein Sprecher, General Sahir Asimi, beklagt im August 2006, die Amerikaner bewegten sich in gepanzerten Fahrzeugen durch umkämpfte Gebiete, die afghanischen Soldaten in den Konvois säßen dagegen auf offenen Ladeflächen von Pickups. Wegen der schlechteren Ausstattung seien die Verluste unter den afghanischen Soldaten höher als die unter ihren ausländischen Waffenbrüdern. »Dabei haben wir einen gemeinsamen Feind«, sagt Asimi. Die Internationale Gemeinschaft habe die Aufständischen unterschätzt und den Aufbau der Armee zu langsam vorangetrieben.

Asimi sagt im März 2008, mehr als 60 000 Soldaten seien bereits ausgebildet worden, die Zielvorgabe werde ein Jahr später erreicht werden. Westliche Experten halten diese Angaben für überhöht. Noch im September 2007 heißt es im Afghanistan-Konzept der Bundesregierung: »Bislang wurden über 37 000 Soldaten ausgebildet, die einen zunehmend wichtigen Beitrag zur Verbesserung der Sicherheitslage leisten. Aufgrund von Desertionen und Ausbildungs- und Ausstattungsmängeln dürfte die tatsächliche Einsatzbereitschaft derzeit allerdings bei nur rund 16 000 Soldaten liegen.« Bei der ISAF wird die Zahl der ausgebildeten Soldaten im März 2008 auf 35 000 geschätzt, von denen rund 29 000 »tatsächlich verfügbar« seien. Über jene afghanischen Soldaten, die mit ausländischen Truppen in den Kampf ziehen, sprechen ISAF-Offiziere zu dem Zeitpunkt schon länger mit Respekt. Trotz aller Mängel wird die Ausbildung der Armee als erfolgreich bewertet – besonders im Vergleich zur Polizei.

Beim Polizeiaufbau übernimmt Deutschland im April 2002 die führende Rolle. Deutsche Beamte bilden in ein- bis dreijährigen Kursen mittlere sowie höhere Dienstgrade aus. Die USA schulen Streifenpolizisten, oftmals geschieht das in Schnellkursen von nur wenigen Wochen. Die Amerikaner setzen 2006 rund 600 Trainer ein, in demselben Jahr steigen ihre Ausgaben für die Polizeiausbildung nach US-Militärangaben auf 1,3 Milliarden Dollar. Deutschland investiert seit Beginn der Mission nach Angaben der Bundesregierung vom September 2007 »jährlich etwa zwölf Millionen Euro«, umgerechnet etwa 18 Millionen Dollar, und stellt rund 40 Beamte aus dem Bund und den Ländern ab. Ab April 2007 schickt das Bundesverteidigungsministerium zusätzlich 30 Feldjäger als Trainer nach Afghanistan, im Jahr darauf wird diese Zahl auf 45 erhöht. Aus der Polizei werden anders als bei der Bundeswehr nur Freiwillige an den Hindukusch entsandt, die angesichts der Gefahrenlage schwer zu finden sind. »Die freiwillige Beteiligung seitens der Bundes- und Länderpolizeien blieb hinter den Erwartungen zurück«, stellt die SPD-Bundestagsfraktion im Oktober 2007 in einem Afghanistan-Papier fest.

Der deutsche Einsatz gerät in die Kritik. Nach einem Afghanistan-Besuch nennt Anthony H. Cordesman vom »Center for Strategic and International Studies« (CSIS) die deutschen Bemühungen, einen Polizeiapparat aufzubauen, »eine Katastrophe«. Bei einer Anhörung im Ausschuss für Auswärtige Angelegenheiten des US-Repräsentantenhauses sagt er im Februar 2007, die Bundesrepublik habe versucht, eine konventionelle Polizeitruppe zu schaffen statt einer Mischung aus paramilitärischen und regionalen Polizeikräften, die Afghanistan tatsächlich benötige. »Deutschland hat Jahre damit verschwendet, die falsche Art von Polizei auf unzulänglichem Niveau auszubilden.«

In ihrem Afghanistan-Konzept spricht die Bundesregierung beim deutschen Polizeiausbau dagegen von »allgemein anerkannten Leistungen«. Von Juni 2007 an wird das deutsche Engagement durch eine EU-Polizeimission »ergänzt und intensiviert«, so die Regierung in Berlin. EUPOL hat einen schlechten Start. Der deutsche Leiter der Mission, Friedrich Eichele, wird schon nach zweieinhalb Monaten abgelöst. Deutsche Medien berichten, die deutsche Botschaft in Kabul habe den früheren Chef der Elite-Polizeieinheit GSG-9 als »überfordert« eingestuft. EUPOL will 195 Ausbilder an den Hindukusch schicken, davon 60 aus Deutschland. Das sei immer noch viel zu wenig, kritisieren Experten. »Das EUPOL-Mandat reicht nicht aus«, sagt ein westlicher Diplomat in Kabul im November 2007. Er nennt das Engagement halbherzig und fordert: »Man muss klotzen, nicht kleckern.« Benötigt würden 1200 bis 1600 hochmotivierte Ausbilder. Auch NATO-Botschafter Daan Everts nennt die Dimension der EU-Mission im November 2007 »sehr bescheiden«. Nötig sei eine deutlich größere Anstrengung. »Bei der Ausbildung der Polizei haben wir viele Jahre verloren«, sagt Everts. »Wir haben viel zu spät angefangen.« Angesichts anhaltender Kritik an der EUPOL-Mission verdoppelt die EU die Missionsstärke im Mai 2008 wie von der Bundesregierung vorgeschlagen auf knapp 400 Polizeiausbilder, davon bis zu 120 aus Deutschland. Der CDU-Abgeordnete Bernd Schmidbauer sagt Mitte Februar 2008 – acht Monate nach Beginn der EUPOL-Mission – in einer Bundestagsdebatte über Afghanistan: »Natürlich gibt es Bereiche, in denen die Situation desaströs ist, bei der Polizeiausbildung zum Beispiel. Heute Morgen konnten wir wieder – bei Marmelade und Wurst – lesen, dass sich alles positiv entwickelt habe. Ein Dreck hat sich hier positiv entwickelt! Die Situation wurde Monat für Monat schlechter.« Schmidbauer sagt, der deutsche Beitrag zur Ausbildung sei »hervorragend« gewesen. Mit der Idee, »die Situation zu europäisieren«, hätten die Probleme begonnen. »Die Situation verschlechtert sich«, sagt er. »Es ist derzeit nicht abzusehen, wie wir sie verbessern können.«

Der UN-Sonderbeauftragte für Afghanistan, Tom Koenigs, sagt im September 2007, man habe dem Polizeiaufbau »international nicht genug Beachtung geschenkt«. Es sei »schon etwas enttäuschend«, dass es nicht gelungen sei, eine Polizei aufzubauen, der die Bürger trauten. Verteidiger des Polizeiaufbaus führen eine Umfrage der »Asia Foundation« vom Oktober 2007 an, wonach 86 Prozent der Afghanen sagen, die Polizei sei ehrlich und fair. Ein westlicher Experte zieht die Statistik in Zweifel. Gerade Furcht vor der Polizei könnte Befragte dahingehend beeinflusst haben, keine direkte Kritik zu üben. »Nicht einmal Polizisten in Afghanistan würden behaupten, dass die Beamten ehrlich und fair sind. Möglicherweise von sich selbst, aber auf gar keinen Fall von ihren Kollegen.« In derselben Umfrage räumen 49 Prozent ein, sie verspürten bei der Begegnung mit Polizeibeamten Angst, nur 46 Prozent verneinen das. Selbst die 49 Prozent hält der Afghanistan-Experte für »unrealistisch niedrig«. Die Polizei sei oft »wenig mehr als eine lokale Miliz«, sagt auch die Afghanistan-Expertin der »International Crisis Group« (ICG), Joanna Nathan, im November 2006 in Kabul. »Polizisten sind bei der Bevölkerung oft am meisten verhasst, weil sie eher Jagd auf die Menschen machen, als sie zu beschützen.«

In einem ICG-Bericht mit dem Titel »Die Reform der afghanischen Polizei« heißt es im August 2007, der Zustand der Polizei spiegele wider, dass die Internationale Gemeinschaft die Bedeutung umfassender Reformen im Sicherheits- und Justizbereich nicht früh genug begriffen habe – trotz der vielen Erfahrungen aus anderen Konfliktländern. Die ICG kritisiert auch: »Präsident Karsais Regierung mangelt es immer noch an politischem Willen, die Kultur der Straffreiheit anzugehen und die politische Einmischung bei Stellenbesetzungen und Operationen zu beenden.« Wenn die Polizei professionellen Dienst am Bürger leisten und nicht ein »Zwangsmittel der regierenden Eliten« sein solle, sei es entscheidend, die Korruption zu stoppen und ihr – unter Aufsicht – operative Eigenständigkeit einzuräumen. Verschiedene Netzwerke und Drogenallianzen kämpften um die Besetzung von Polizeiposten durch ihre Gefolgsleute. Besonders begehrt seien solche Dienststellen, durch deren Verantwortungsbereich lukrative Drogenschmuggelrouten führten. Selbst das

Innenministerium in Kabul räumt Anfang 2008 in einem Bericht ein: »In der öffentlichen Wahrnehmung werden Schlüsselposten im Präsidium, in Provinzhauptstädten oder auf Routen, durch die Drogen durchgehen, gekauft und verkauft. Das Innenministerium strebt danach, diese Schwächen anzugehen.« Die ICG-Analystin Nathan betont im November 2007: »Geld und Ausbildung machen keinen Unterschied, wenn man eine korrupte Führung hat.«

Einer der zur Ausbildung abgestellten deutschen Feldjäger in Nordafghanistan sagt im Herbst 2007: »Es gibt Leute, die lassen sich ausbilden und wechseln die Seiten.« Der Militärpolizist berichtet von einem afghanischen Distrikt-Polizeichef, der des Amtes enthoben worden sei und seine Männer und das Material schlicht mitgenommen habe. Auch der Feldjäger kritisiert das Engagement der Bundesrepublik als mangelhaft. »Was definitiv fehlt, ist Personal der deutschen Polizei«, sagt er. »Wenn das Ziel ist, in der Fläche Fähigkeiten zu vermitteln, dann muss aus Deutschland mehr kommen. Unten muss ausgebildet werden, sonst kriegen wir keine Struktur rein hier in Afghanistan.«

Als besonders problematisch beim Aufbau der Polizei gilt die niedrige Besoldung, die der Korruption Vorschub leistet. Im Herbst 2007 wird das monatliche Gehalt einfacher Polizisten von 70 auf 100 Dollar angehoben und damit an die untersten Bezüge bei der afghanischen Armee angeglichen. »Die Taliban zahlen besser«, heißt es im ISAF-Hauptquartier in Kabul im September 2007. Ein hochrangiger Offizier der Schutztruppe sagt: »Wir müssen konkurrenzfähig sein mit den Aufständischen.« Auch 100 Dollar halten Experten für zu wenig. Polizisten müsse ein Mindestgehalt von 150 Dollar gezahlt werden, meint der Rechtsberater bei der ISAF im südafghanischen Urusgan, der Niederländer Gijs Scholtens, im Mai 2007. Zur Korruption sagt Scholtens: »Menschen halten etwas nicht für illegal, wenn sie es tun müssen, um zu überleben.« Zu der schlechten Bezahlung kommt, dass der Beruf des Polizisten in Afghanistan je nach Einsatzort einer der gefährlichsten überhaupt ist – gefährlicher oft als der afghanischer Soldaten.

»Während die afghanische Nationalarmee trainiert ist, in Kasernen lebt und die meiste Zeit zur Unterstützung der internationalen Streitkräfte operiert hat, leben und arbeiten die Polizisten in ihren Gemeinden und tragen die Hauptlast der Gewalt«, schreibt die International Crisis Group in ihrer Polizeistudie. Als Beleg zitiert die ICG Zahlen des Combined Security Transition Command – Afghanistan (CSTC-A), das zu den Koalitionstruppen gehört und für die USA den Aufbau der afghanischen Sicherheitskräfte betreibt. Demnach sind zwischen Mai 2006 und dem Mai des darauf folgenden Jahres 170 afghanische Soldaten getötet worden. Im selben Zeitraum führt CSTC-A 406 Polizisten als »killed in action«. Manche Polizisten würden wegen ihrer Verbindungen zu bestimmten Gruppierungen oder aus persönlichen Gründen getötet, »aber die meisten werden von Aufständischen als verwundbare, schlecht ausgerüstete Vertreter der Regierung wahrgenommen«, schreibt die International Crisis Group, die zugleich kritisiert: »Polizisten sind nicht dafür da, Krieg zu führen.«

Doch in Afghanistan werden die von den Amerikanern oftmals nur in Schnellkursen geschulten, schlecht ausgerüsteten und unterbezahlen Beamten nicht zuletzt auch für den Kampf gegen die Taliban eingesetzt. In dem Bericht des afghanischen Innenministeriums heißt es Anfang 2008, zwar bleibe die ANP verantwortlich für die Durchsetzung von Gesetzen im zivilen Bereich. Die Polizei spiele aber auch eine wichtige Unterstützerrolle im Kampf gegen den Terrorismus. Polizisten leisteten mit minimalem Eigenschutz oft Dienst an entlegenen Checkpoints oder Grenzübergängen, ihnen fehlten gepanzerte Fahrzeuge und Munition, was Aufständische ausnutzten. Die Sicherheitslage werde weiter verschärft durch Terroranschläge, die Drogenmafia, illegale Milizen, kriminelle Banden und durch soziale und wirtschaftliche Zerrüttungen, zu denen drei Jahrzehnte andauernder Konflikt geführt hätten. »Die Polizei muss mit genug Personal ausgestattet, trainiert und ausgerüstet werden, um die regierungsfeindlichen Aktivitäten zu überleben«, fordert das Ministerium. 2007 seien mehr als 1 000 Polizisten getötet und über 1 400 verwundet worden.

Der Vizeleiter des deutschen Polizeiprojekts in Kabul, Gerald Stöter, sagt im November 2006: »Die Polizisten müssen an einer Linie kämpfen, die wir uns als Europäer nicht als Polizeiarbeit vorstellen können.« Deserteure, die aus Angst Fahnenflucht begingen und ihre Waffen dabei gleich mitnähmen, seien ein Problem. So geschehe es etwa, dass eine dreistellige Anzahl Polizisten aus ruhigeren Landesteilen in den umkämpften Süden beordert werde, von der aber nur eine zweistellige Anzahl im Krisengebiet ankomme. Die Polizei sei nicht geeignet, militärische Aufgaben wahrzunehmen, sagt auch Stöter. Er und seine Ausbilder stehen vor einigen Schwierigkeiten. Die größte Herausforderung sei, in einer »absolut fremden Kultur ein Werte- und Polizeisystem zu verankern«, sagt er. Hinderlich ist auch der in Afghanistan weit verbreitete Analphabetismus. Die UN schätzen im Herbst 2007, dass 30 Prozent der Polizeikadetten nicht lesen und schreiben können. Stöter räumt im November 2006 Schwierigkeiten beim Polizeiaufbau ein, ist aber trotzdem optimistisch. »Wir sind sicher noch nicht da, wo wir hinkommen wollen«, sagt er. »Aber wir sind auf dem richtigen Weg.« Nach Angaben der Bundesregierung vom September 2007 sind unter deutscher Ägide knapp 5 000 Polizisten mittlerer und höherer Dienstgrade aus- und mehr als 14 280 Polizisten »fachlich fortgebildet« worden.

Das »Gemeinsame Koordinierungs- und Kontrollgremium« (JCMB) genehmigt im Mai 2007, die Sollstärke der ANP von 62 000 auf 82 000 hochzusetzen. Das afghanische Innenministerium schreibt in einem Bericht an das JCMB im Januar 2008, auch die erhöhte Zielzahl sei nicht ausreichend. »Nach Ansicht des Innenministeriums kann diese Anzahl den Bedarf Afghanistans angesichts der Größe seines Territoriums und seiner Bevölkerung, seiner geografischen und geopolitischen Lage und seiner derzeitigen Herausforderungen im Sicherheitsbereich nicht decken.« Nach Angaben von CSTC-A sind am 1. Februar 2008 mehr als 76 000 Stellen bei der Polizei besetzt. Doch nicht jeder, der auf der Gehaltsliste steht, verrichtet seinen Dienst. Belegschaftsdaten seien kaum belastbar, »Desertionen und Abwesenheit sind verbreitet«, schreibt das Innenministerium im Januar 2008. In vielen Landesteilen habe sich die Polizeiarbeit zwar verbessert. Korruption, eine von politischen oder ethnischen Interessen gesteuerte Personalpolitik, Veruntreuung von Mitteln oder Material sowie Verstrickung in den Drogenhandel unterminierten Reformen aber noch immer.

Im Bericht des Innenministeriums heißt es weiter, man verfüge über kein funktionierendes Rekrutierungssystem, es sei auch nicht möglich, effektiv nachzuverfolgen, welche Polizisten welche Ausbildung bekommen hätten. Hinzu komme eine hohe »Schwundrate« beim Polizeipersonal von durchschnittlich 21 Prozent im Jahr. »Die daraus resultierende hohe Nachfrage bei der Ausbildung übersteigt die Kapazität der vorhandenen Trainingszentren«, schreibt das Ministerium. »In manchen Fällen nehmen diejenigen, die gehen, ihre Uniformen, Waffen und Dienstausweise mit.« Die größte Bedrohung der Menschenrechte, heißt es im Afghanistan-Konzept der Bundesregierung, gehe von lokalen Machthabern und Kommandeuren aus. »Aber auch der Polizei werden vielfach willkürliche Festnahmen und Folter vorgeworfen. Diese Missstände sind mangelnder Ausbildung und der unzureichenden staatlichen Kontrolle über die Polizeikräfte geschuldet.«

»Diesen Leuten stellst Du keine Fragen« – Söldner

Maulawi Muhammad Siddik

Die Männer tragen Bärte, ihre muskulösen Arme sind tätowiert, sie sind breit gebaut, und sie tragen Zivil. In der Gandamak-Lodge, einem Gästehaus im Zentrum Kabuls, legen sie ihre Maschinenpistolen und Patronengurte auf den Tisch, bevor sie sich am Frühstücksbüfett bedienen. Die Männer lächeln nicht. Sie sprechen Englisch, aber sagen, wo genau sie herkommen und vor allem was sie in Afghanistan machen, wollen sie nicht, obwohl Letzteres unschwer zu erkennen ist. Nach dem Frühstück schultern sie ihre Waffen und ziehen verspiegelte Sonnenbrillen auf, dann steigen sie in einen Jeep mit getönten Scheiben und ohne Nummernschild, um ihr Tagewerk zu verrichten.

Die Bewaffneten gehören zu dem Heer ehemaliger Soldaten oder Polizisten oftmals aus Amerika, Großbritannien oder Südafrika, die als »Contractors«, als private Sicherheitskräfte, in Afghanistan beschäftigt sind. Sie schützen Zivilisten und Wiederaufbauprojekte, und sie unterstützen die US-geführten Koalitionstruppen. DynCorp International etwa, einer der Großen der Branche, bildet für die Koalition afghanische Sicherheitskräfte aus. In einer Studie der Schweizerischen Friedensstiftung Swisspeace mit dem Titel »Private Sicherheitsfirmen und einheimische Bevölkerungen« heißt es im November 2007, man schätze, 18 500 bis 28 000 Menschen seien bei ausländischen oder einheimischen Sicherheitsfirmen in Afghanistan angestellt. Aus Interviews sei hervorgegangen, dass die Firmen bei der Bevölkerung keinen guten Ruf genössen und eher zu einem Klima der Unsicherheit führten. Dazu trügen ihre Zusammenarbeit mit lokalen Machthabern und Milizen, ihre schwere Bewaffnung, ihr unfreundliches Verhalten gegenüber der Bevölkerung und angebliche Verwicklungen in kriminelle Handlungen bei. »Eine der wichtigsten Erkenntnisse der Afghanistan-Fallstudie mit Bezug auf die einheimische Bevölkerung ist, dass ein hoher Grad an Verwirrung über das Wesen der privaten Sicherheitsfirmen und die Dienste, die sie anbieten, vorherrscht«, schreibt Swisspeace. Mangel an Transparenz trage dazu bei, dass die Grenzen zwischen ausländischen privaten Sicherheitskräften und internationalen Truppen verschwimmen.

Der Job der Söldner ist riskant, denn auch die Taliban machen keinen Unterschied. Immer wieder werden die privaten Sicherheitskräfte zum Ziel von Anschlägen. Öffentlich geehrt werden die Toten nicht, weil sie keine Soldaten sind und nicht für ihr Land, sondern für ihren persönlichen Profit kämpfen. Der Job ist viel lukrativer als der eines Soldaten. DynCorp etwa bietet seinen Polizeiausbildern laut Stellenausschreibung im Internet im Herbst 2007 fast 120 000 Dollar Gehalt im Jahr, steuerfrei, Kost und Logis sind gratis. Auch eine Versicherung für den Todesfall oder bei Berufsunfähigkeit zahlt die Firma – mehrere Hinterbliebene von DynCorp-Angestellten in Afghanistan haben die Lebensversicherung schon in Anspruch nehmen müssen. Zwar stellt die Sicherheitsfirma einen Internetlink zur afghanischen Verfassung auf ihre Homepage, doch inwieweit sich die privaten Sicherheitskräfte an Recht und Gesetz am Hindukusch halten, kann kaum überprüft werden. Sie gehören nicht zu den ausländischen Truppen, trotzdem tragen sie Waffen. Die afghanische Polizei geht im Februar 2008 vereinzelt gegen bewaffnete Mitarbeiter ausländischer Sicherheitsfirmen vor. In der britischen *Times* sagt ein nicht näher genannter »Insider« aus der Branche, Teile der Polizei wollten ausländische Firmen schädigen und deren Kunden zur afghanischen Konkurrenz treiben, die Verbindungen zur Regierung habe. Das Blatt berichtet, ASG, eine der größten afghanischen Sicherheitsfirmen, gehöre einem Cousin von Präsident Hamid Karsai. Swisspeace schreibt im November 2007, bereits zwei Jahre zuvor sei ein Gesetzgebungsverfahren in die Wege geleitet worden. Anfang 2008 hat das Parlament das Gesetz noch nicht verabschiedet.

Die privaten Sicherheitskräfte operieren in einer Grauzone. Zu jenen Söldnern, die das ausnutzen, gehört Jonathan Keith Idema. Er selber nennt sich Jack, bekannt ist er auch als »Tora Bora Jack«. Idema sind Gehälter, Versicherungen und Gesetze egal, er hat sich selber zum Anti-Terror-Kämpfer ernannt. Warum er in Afghanistan ist, darüber gehen die Darstellungen auseinander. Der frühere Soldat der amerikanischen Special Forces behauptet, er sei nach dem 11. September 2001 lediglich dem Appell von Präsident Georg W. Bush gefolgt, den Terrorismus zu bekämpfen. »Mein Präsident sagte unserer Nation, dass er die Hölle auf die Terroristen loslassen werde, und das ist genau, was ich getan habe.« Idema macht sich auf den Weg nach Afghanistan, in seiner Welt sind Terroristen »Tiere, sie sind keine Menschen«. Nach Idemas Darstellung kämpft er erst an der Seite der Nordallianz gegen die Taliban, später will er mit seinen Mannen zahlreiche Terroristen zur Strecke gebracht und Anschläge auf US-Truppen verhindert haben. Mit Gesetzen und Strafverfolgung komme man in seinem Berufsfeld nicht weiter, schreibt er auf der Internetseite der »Super-Patrioten«, einer Propagandaplattform für ihn und seine Mission. Der bärtige Mann, der sich gerne in Heldenpose mit Sonnenbrille, Schnellfeuergewehr und dem typischen schwarz-weißen afghanischen Halstuch ablichten lässt, behauptet, er sei kurz davor gewesen, El-Kaida-Chef Osama bin Laden zu fangen. Seine Mission sei die selbstlose Jagd nach Terroristen, ihm gehe es nicht um Kopfgeld.

Nicht nur auf die Gefangennahme oder den Tod von Bin Laden – oder von Taliban-Anführer Mullah Omar – sind viele Millionen Dollar ausgesetzt, auch die Ebene unter der Spitzenriege kann genug Geld einbringen, um danach sorgenfrei zu leben. Idema mietet ein Haus in einem guten Kabuler Viertel an. Er und zwei weitere Mitstreiter – von denen einer später sagt, er habe die Vorkommnisse nur für einen Dokumentarfilm aufzeichnen wollen – beginnen, in der Hauptstadt nach Menschen zu suchen, die sie für Terroristen halten. Besonders Männer mit langen Bärten, wie sie auch Fundamentalisten tragen, seien der Gruppe bei ihren Streifzügen durch die Vororte in die Fänge geraten, sagt ein Sprecher des afghanischen Innenministeriums später. Idemas Gefangene sollen beim Verhör im Privatkerker gestehen, dass sie El Kaida angehören. Oben in dem Haus sollen die Schlafzimmer gewesen sein, im Keller, so sagen die Opfer der gesetzlosen Truppe, hätten die früheren Special Forces der US-Armee ihre private Folterkammer betrieben.

Einer von jenen, die ins Netz der Amerikaner geraten, ist ausgerechnet Verfassungsrichter Maulawi Muhammad Siddik. Der Mann mit dem Vollbart erinnert sich an den Morgen im Juni 2004, als er sich mit seiner Familie zum Frühstück versammelt habe. Dann hätten die drei Amerikaner sein Haus in Kabul gestürmt. Bis an die Zähne seien die Eindringlinge bewaffnet gewesen, sagt Siddik. Sie hätten Schüsse abgefeuert, dann seien er, sein Bruder und andere Verwandte gefesselt und verschleppt worden. Die Amerikaner hätten ihn in ihr Haus in Kabul entführt, mit dem Gesicht nach unten habe er sich auf den Boden legen müssen, sagt der Richter. »Niemand merkt, wenn wir Dich töten und in die Wüste werfen«, habe Idema gedroht – Siddik solle verraten, wer unter den Gefangenen ein Top-Terrorist sei. Mit eiskaltem Wasser sei er übergossen worden, die ersten drei Tage habe er nicht essen, auf die Toilette gehen oder beten dürfen. Zwölf Tage sei er in der Gewalt der Amerikaner gewesen. Andere Opfer berichten davon, im Folterkeller an den Füßen aufgehängt und geschlagen worden zu sein.

Wochenlang verschleppt Idema mitten in der Hauptstadt Afghanen – unter den Augen seiner früheren Kameraden von der US-Armee, der ISAF, der afghanischen Sicherheitsbehörden und der Mitarbeiter etlicher Geheimdienste. Erst im Juli 2004 fliegt die Selbstjustiz von Idemas Truppe auf. Die Polizei stürmt das Haus, die drei Ex-Soldaten und vier Afghanen, die mit den Amerikanern zusammenarbeiten, werden festgenommen. Elf Zivilisten, darunter auch Siddik, werden aus dem Haus befreit. Am Tag vor Idemas Festnahme verschicken die US-Streitkräfte – gegen die in Afghanistan ebenfalls Foltervorwürfe erhoben werden – eine zu dem Zeitpunkt noch kryptisch wirkende Mitteilung an die Presse. Darin heißt es,

»dass Idema nicht die amerikanische Regierung vertritt und wir ihn nicht beschäftigen«. Als die E-Mail eingeht, weiß noch niemand von dem Ausmaß des Skandals, der den bis dato spektakulärsten Prozess in Afghanistan seit dem Sturz der Taliban nach sich ziehen wird.

Nach Idemas Darstellung haben er und seine Truppe mitnichten im eigenen Auftrag gehandelt. Idema sagt nach seiner Festnahme, er sei für die US-Regierung, die ihn nun fallen lasse, auf Terroristenjagd gewesen. »Wir waren über Fax, E-Mail und Telefon in direktem Kontakt mit (US-Verteidigungsminister) Donald Rumsfelds Büro«, betont Idema am Rande seiner Anhörung vor Gericht. Seine Gruppe habe für das Pentagon »und einige andere Bundesstellen« gearbeitet. Auf der Internetseite der »Super-Patrioten« heißt es später, der Richter Siddik habe ein Schreiben von Mullah Omar in seiner Tasche gehabt, als er von Idemas Männern »festgenommen« worden sei. Idema räumt zwar ein, dass seine Gefangenen unter Schlafentzug gesetzt und mit lauter Rockmusik beschallt worden seien – von Folter aber will er nichts wissen.

Die US-Regierung weist jede Verbindung zu den Männern zurück. Während des chaotischen Prozesses kritisiert Idema immer wieder, ihm werde beschlagnahmtes Material vorenthalten, mit dem er beweisen könne, dass das Pentagon und US-Sicherheitsbehörden von seiner Terroristenjagd in Kabul gewusst hätten. Idema wittert eine weitreichende Verschwörung gegen ihn und seine Truppe, an der das FBI, das Pentagon, die Regierung in Kabul und Taliban-nahe afghanische Juristen beteiligt seien. Den Verteidigern gelingt es lediglich, Videobänder etwa mit Idema und dem damaligen afghanischen Sicherheitsberater und Erziehungsminister Junus Kanuni vorzuführen. Kanuni gratuliert dem Amerikaner darin zur Festnahme mutmaßlicher Terroristen. Richter Abdul Baset Bachtiari tut das mit der Bemerkung ab, Idema habe den Afghanen vorgetäuscht, er sei im offiziellen US-Auftrag unterwegs. Befragt werden weder Kanuni noch andere hochrangige Afghanen, die auf Videos zusammen mit Idema zu sehen sind – geschweige denn US-Vertreter. Die zentrale Frage nach Mitwissern in Washington und Kabul bleibt im Prozess unbeantwortet. Kontakt zu den internationalen Truppen aber hat der Kopfgeldjäger sehr wohl gehabt. Die ISAF hat ihn sogar unterstützt.

»Einsatzgruppe Säbel Sieben« nennt sich Idemas Gruppe – sie scheint im Sommer 2004 eine der vielen US-Task-Forces zu sein, die in Afghanistan mehr oder weniger verdeckt operieren. »Der Kerl kam überzeugend rüber«, sagt ISAF-Sprecher Chris Henderson nach Idemas Festnahme. Idema habe eine Uniform mit aufgenähter US-Flagge getragen und wie ein Soldat gesprochen. Es gebe viele Sicherheitsleute mit Sonnenbrillen, die in Geländewagen mit verdunkelten Scheiben durch Kabul führen. »Diesen Leuten stellst Du keine Fragen«, sagt Henderson. Noch kurz vor Idemas Festnahme schickt die ISAF drei Mal auf kurzfristige Telefonanrufe hin Sprengstoffexperten zu illegalen Razzien der Kopfgeldjäger. Anfang Juli 2004 fragt jemand von der ISAF schließlich nach, warum »Säbel Sieben« eigentlich nie den offiziellen Dienstweg über die Koalitionstruppen einhalte – die verstörende Antwort der US-Armee: Eine solche Task Force gebe es gar nicht.

Dabei sind die US-Truppen schon lange vor der verunsicherten Nachfrage der ISAF mit Idema in Kontakt – und haben in mindestens einem Fall auch mit ihm zusammengearbeitet. Zwei Monate vor dem Sturm auf den Privatkerker übergibt Idema den US-Truppen einen vermeintlichen Terrorverdächtigen. »Das war ein Mensch, der einen Menschen übergab, von dem wir glaubten, er sei auf unserer Liste von Terroristen«, räumt ein US-Armeesprecher nach Idemas Festnahme umständlich ein. »Das heißt aber nicht, dass wir damals Herrn Idemas ganze Geschichte kannten oder wussten, was für andere Dinge er dort draußen tat.« Beim Verhör stellt sich heraus, dass es sich gar nicht um den Terroristen handelt, den Idema übergeben haben wollte. Nach einem Monat Gefangenschaft bei den US-Truppen wird der Unschuldige freigelassen – einen ganzen Monat bevor die selbsternannten Anti-Terror-Kämpfer auffliegen.

Der Skandal um den 48 Jahren alten Idema und der anschließende Prozess stellen nicht nur den internationalen und einheimischen Sicherheitskräften in der Hauptstadt, die nichts gewusst haben wollen, sondern auch der afghanischen Justiz ein fragwürdiges Zeugnis aus. Schon zu Prozessbeginn lässt Richter Bachtiari kaum Zweifel daran, dass er Idemas Gruppe für schuldig hält. »Nicht nur für mich, für alle Afghanen ist unglaublich, dass so etwas passieren konnte«, sagt er freimütig zu Journalisten. Einer der Verteidiger von Idemas Truppe, Robert Fogelnest, sagt nach dem Urteil: »Wir waren nicht in der Lage zu erklären, was Unschuldsvermutung heißt.« Mitten im Verfahren wird festgestellt, dass Idema nie eine englische Übersetzung der Anklageschrift bekommen hat. Zum Schluss bemängeln die Anwälte, sie hätten ihre Verteidigung nicht vollständig vortragen können. »Das ist kein faires Verfahren«, sagt Idema vor dem Urteil. »Wenn ich ins Gefängnis muss, dann sind der Richter und das Gerichtssystem in diesem Land wahnsinnig.« Richter und Justizvertreter seien »nicht ausreichend ausgebildet und erfahren«, meint Fogelnest. »Das ist, als würden Medizinstudenten zu einer Herztransplantation geschickt.«

Der Prozess endet mit einem Paukenschlag. Zehn Jahre Haft für Idema und einen Komplizen wegen Folter und Entführung, acht Jahre für den Amerikaner, der die selbst ernannten Terroristenjäger gefilmt hat. Die Afghanen, die für die Ausländer arbeiteten, kommen mit kürzeren Gefängnisstrafen davon. Tatsächlich werden Idema und seine Männer inhaftiert, die ersten Monate werden die Angehörigen der »Task Force Säbel Sieben« nach Idemas Angaben nun ihrerseits gefoltert. Später, im Gefängnis Pul-i-Charki bei Kabul, verbessern sich die Bedingungen schlagartig. In ihren mit Teppichen ausgelegten und mit Sofas möblierten Gemächern haben sie Computer und eine eigene Küche, Langeweile können sie sich mit Satellitenfernsehen oder DVD vertreiben. Auf der Internetseite der »Super-Patrioten« heißt es, das afghanische Justizministerium habe die Sonderkonditionen veranlasst – ein Ministeriumsarbeiter habe Idema gesagt, sie würden »den Opfern entsprechend behandelt, die Sie für unser Land und unser Volk gebracht haben«. Verbüßen müssen die Amerikaner die Haftstrafe dem Urteil von Richter Bachtiari zufolge in Afghanistan. Doch dazu kommt es nicht. Als Letzter der Gefangenen wird im Juni 2007 Idema nach einer Amnestie von Präsident Karsai aus seiner Luxuszelle entlassen. Gemeinsam mit seinem Hund verlässt der selbst ernannte Anti-Terror-Kämpfer Afghanistan mit unbekanntem Ziel – nach nicht einmal einem Drittel der Haftzeit.

»Sie haben ein Kind getötet«
– die zivilen Opfer des Militäreinsatzes

Semaray vor seinem Minibus

Semaray ist spät dran für die Neujahrsfeierlichkeiten. Afghanistan begeht Nawrus, den nach persischem Kalender ersten Tag des Jahres 1386, nach westlicher Zeitrechnung schreibt man den 21. März 2007. In Kabul feiern die Menschen mit Tänzen, Kinder lassen bunte Drachen steigen, Männer besuchen Ringkämpfe. Statt in Kabul bei seiner Familie zu sein, steckt Semaray am verschneiten Salang-Pass fest. Er fährt einen Tanklastwagen von Nordafghanistan in die Hauptstadt, der Lkw gehört dem Bruder eines mächtigen Anführers der Nordallianz. Als Semaray am Abend endlich zu Hause ankommt, ist er müde. Den Neujahrsausflug zu den Verwandten verspricht er seinen Kindern für den nächsten Tag. Am 22. März, einem Donnerstag, packt er seine Ehefrau, seine Söhne und seine Töchter in den beigefarbenen Minibus, den sein Vater ihm leiht. Die Familie macht sich auf den Weg zu den Verwandten von Semarays Frau in der Innenstadt. Eigentlich wollen sie über Nacht bleiben, doch dann besuchen sie noch einen kranken Onkel, der an der Dschalalabad-Road wohnt. Die Ausfallstraße Richtung Osten ist schon Teil des Nachhausewegs.

Semaray beschließt, doch in den eigenen vier Wänden zu übernachten, es sind nur noch wenige Minuten Fahrt bis zu dem einfachen Heim hinter dem Kabuler Flughafen. Die Familie steigt nach dem Krankenbesuch wieder in den Minibus ein, einer der Söhne ist bei Verwandten geblieben. Die Mutter nimmt mit drei Töchtern hinten im Wagen Platz. Drei Söhne sitzen auf der Sitzbank vorne neben dem Vater. Wie viele aus Pakistan importierte Fahrzeuge hat der Toyota-Minibus das Steuer auf der rechten, auf der falschen Seite. In Pakistan wird links gefahren, in Afghanistan dagegen wie in Deutschland rechts. Semaray sitzt am Steuer außen rechts auf der Sitzbank. Es ist dunkel, als er gegen 21 Uhr von der Dschalalabad-Road nach links auf die Straße nach Bagram im Norden Kabuls abbiegt. Kurz darauf verändert sich sein Leben für immer.

Es gibt unterschiedliche Darstellungen darüber, was genau an diesem Donnerstagabend auf der Straße nach Bagram geschehen ist. Die ISAF teilt am Tag darauf in ihrer 16 Zeilen langen Pressemitteilung Nummer 2007-223 mit, eines der gepanzerten Fahrzeuge der Schutztruppe sei dort mit einer Panne liegengeblieben. Soldaten hätten um das havarierte Auto herum Stellung bezogen. Ein Zivilist sei auf den Sicherheitskordon zugefahren und habe trotz »verbaler Warnungen« nicht angehalten, sondern sogar noch beschleunigt. »ISAF-Soldaten haben daraufhin in Selbstverteidigung geschossen.« Es sei unklar, warum der Fahrer trotz der klaren Signale nicht gestoppt habe. Der Vorfall werde untersucht.

Semaray will keine klaren Signale gesehen haben. Als er auf die Straße nach Bagram abbiegt, bemerkt er zwei ISAF-Fahrzeuge, die am rechten Straßenrand stehen. »Sie haben ohne Vorwarnung auf mich geschossen«, sagt er. Nach dem ersten Schuss habe er gestoppt, nach dem zweiten sei er rückwärts gefahren – weg von den britischen Soldaten. Diese hätten danach trotzdem noch zwei Mal gefeuert.

»Nach dem ersten Schuss hätten sie sofort aufhören sollen. Die anderen drei Schüsse waren völlig überflüssig.«

Schah Mahmoud ist Wachmann auf dem Gelände einer privaten Firma an der Straße. Er hat an dem Abend Dienst. Erst hätten die Soldaten gerufen, dann hätten sie geschossen, erinnert er sich. Der Fahrer sei schnell gefahren. Nach dem ersten Schuss habe der Wagen, den Mahmoud auf einem Foto wiedererkennt, gebremst, sei aber noch nicht zum Stillstand gekommen. Danach sei weiter geschossen worden. Mahmoud sieht noch, dass Kinder in dem Wagen sind, viel mehr Einzelheiten nimmt er nicht mehr wahr, er geht in Deckung. »Ich hatte solche Angst, dass ich mich versteckte.«

In einem Punkt, dem wichtigsten, stimmen die Darstellungen Semarays und der ISAF überein: Ein Kind wird getroffen und stirbt. Es ist Semarays ältester Sohn Saryalay.

Der Elfjährige hat ganz links auf der Vorderbank gesessen, dort, wo die Truppen möglicherweise den Fahrer vermutet haben. Die vierte Kugel sei durch die Windschutzscheibe in den Innenraum eingedrungen, sagt Semaray. Das Loch ist auch im November 2007 noch im Glas. Erst denkt Semaray, sein vier Jahre alter Sohn Silgay sei getroffen. »Ich blickte auf meine Kinder. Ich sah einen meiner Söhne, der voller Blut und Gehirnmasse war.« Der Vater nimmt Silgay hoch und reicht ihn der Mutter. Dem Vierjährigen hat eine der ersten drei Kugeln zwar das Hosenbein durchlöchert, doch er selber ist nicht getroffen worden. Blut und Gehirnmasse stammen aus der Wunde seines reglosen Bruders neben ihm: Saryalay. Die Kugel sei an der Schläfe eingedrungen, durch den Kopf gewandert, hinter dem linken Ohr wieder ausgetreten und in der Sitzbank steckengeblieben, sagt Semaray. »Er hat nicht geschrien.«

Fassungslos habe er seinen blutenden Sohn auf den Arm genommen, sei ausgestiegen und auf die britischen Soldaten zugegangen, sagt Semaray. »Ich flehte sie an, mich auch zu erschießen.« Die Soldaten richten ihre Waffen auf den Vater, drücken aber nicht ab. Irgendwann setzt sich Semaray verzweifelt auf die Straße. Nach Angaben der ISAF leisten ihre Soldaten bei dem Kind sofort Erste Hilfe. »Unglücklicherweise« sei das Kind trotzdem an der Verletzung gestorben, heißt es in der Pressemitteilung. Semaray sagt, er habe fast drei Stunden auf der Straße gesessen, mit seinem Kind auf dem Arm, dann seien afghanische Ermittler gekommen. Ein Arzt oder ein Krankenwagen seien während der ganzen Zeit nicht aufgetaucht. Nicht mit einer Ambulanz oder einem Leichenwagen, sondern auf der offenen Ladefläche eines Pickups der Polizei seien er und sein toter Sohn um 23.45 Uhr nach Hause gefahren worden. »In dieser Nacht wollte ich auch sterben.«

Semaray erzählt die Geschichte seines Traumas in dem Wohnzimmer der Familie. Ausgelegt ist der karge Raum mit roten Teppichen, für Besuch breitet Semaray goldfarbene Sitzkissen aus, die in der Ecke gestapelt sind. Der einzige Wandschmuck ist eine Uhr, hinter die jemand Plastikblumen gesteckt hat. Grüne Vorhänge hängen an den undichten Fenstern. Gästen bietet der Familienvater Fanta in Dosen an, er lädt zum Mittagessen ein, obwohl er selber kaum etwas hat. Die Kinder kommen und gehen, während der Vater erzählt. Vor sich hat Semaray den Schülerausweis seines toten Sohnes auf den Teppich gelegt. Auf der Plastikkarte der Professor-Abdul-Ahmad-Dschawid-Schule blickt ein Junge in einem blauen Hemd mit kurzen dunklen Haaren ernst in die Kamera. Wäre Saryalay noch am Leben, wäre er im November 2007 in der fünften Klasse.

Saryalay habe Arzt werden wollen, sagt der Vater. Semaray hat einen Sprachfehler, je mehr er über den Tod seines Sohnes spricht, desto heftiger stottert er. Seine Finger umklammern ein Bild Saryalays in einem blau-silbernen Rahmen. Arzt, das sei schwierig, habe er seinem Sohn erklärt. Die Familie sei arm, die Ausbildung zum Mediziner dauere lange, aber vielleicht könnte man genug ansparen, um Saryalay eines Tages zum Ingenieur zu machen. Saryalay sei ein guter Schüler mit einem exzellenten Gedächtnis gewesen, sagt der Vater. Bis heute habe er den Schulranzen des Sohnes nicht ausgepackt, der nun weder Arzt noch Ingenieur werden wird.

Niemand habe für den Tod seines Sohnes um Verzeihung gebeten, sagt Semaray. »Sogar wenn Du aus Versehen ein Huhn überfährst, entschuldigst Du Dich bei dem Besitzer. Sie haben ein Kind getötet, sind aber nie gekommen, um Entschuldigung zu sagen.« Immer wieder sei er nach dem Tod seines Sohnes in das britische Camp gegangen, aus dem der Todesschütze gekommen ist, immer wieder sei er vertröstet worden, sagt er. Nach einem Monat Trauerzeit geht Semaray wieder zu seiner Arbeit, dort wird ihm gesagt, dass er fristlos gekündigt sei. Nun hat er nicht nur seinen Sohn, sondern auch seinen Job verloren. Er ist auf die Unterstützung seines Vaters angewiesen, der mit dem Minibus mit der durchlöcherten Windschutzscheibe Passagiere zwischen dem Pandschir-Tal und Kabul fährt.

Im Sommer sei er dann von den Briten ins Lager bestellt worden, sagt Semaray. Was dort passiert, empfindet der Vater nicht als Gerechtigkeit, sondern als weitere Demütigung. 2 500 Dollar wollen die Briten ihm für seinen toten Sohn geben. »Ein Kommandeur sagte, entweder Du akzeptierst das Geld und nimmst es, oder wir schicken es zurück nach England. Ich habe ihm gesagt, das Geld reicht noch nicht einmal, um für den Wagen und die Beerdigung zu bezahlen, geschweige denn für den Tod meines Sohnes.«

Die Soldaten haben ihm ein Schreiben gegeben, Semaray bewahrt es in einem zerfledderten braunen Umschlag auf. Unter dem Aktenzeichen CCIII heißt es in dem Papier vom 4. Juli 2007: »Das Verteidigungsministerium des Vereinigten Königreichs hat seine Untersuchung über Ihre Forderung hinsichtlich des Todes Ihres Sohnes Saryalay abgeschlossen. In diesem Fall ist entschieden worden, dass das Verteidigungsministerium des Vereinigten Königreichs keine Verantwortung trägt. Als Ausnahme sind wir trotzdem bereit, Ihnen Unterstützung in Höhe von 2 500 Dollar anzubieten.« Drei durchnummerierte Absätze ist das Bürokratenschreiben lang. Im zweiten Absatz heißt es: »Sie sollten sich darüber bewusst sein, dass die Zahlung getätigt wird, ohne Verantwortung für den unglücklichen Ausgang dieses Vorfalls zu übernehmen.« Im letzten Absatz wird Semaray aufgefordert, drei Kopien des beigefügten Formblattes zu unterschreiben, um die »Zahlung aus Kulanz« zu akzeptieren. Kein Wort der Entschuldigung, kein Wort des Bedauerns. Das Anschreiben selber trägt nicht einmal eine Unterschrift. Der arbeitslose Semaray unterschreibt das Formblatt und nimmt das Geld. Und er schwört Rache.

Semaray stammt aus dem Pandschir-Tal, der Hochburg der Nordallianz nördlich von Kabul, hier haben die Taliban traditionell keine Freunde. Nie ist es den Gotteskriegern gelungen, die Region einzunehmen. Dazu hat auch Semaray beigetragen. Sechs Jahre lang habe er gegen die Taliban gekämpft, sagt er. »Aber jetzt haben sie (die ausländischen Soldaten) mich dazu getrieben, dass ich mich meinen Feinden anschließe, um mich zu rächen.« Im Oktober 2007 fährt Semaray seinen Angaben zufolge in den westafghanischen Distrikt Schindand und trifft sich mit Kämpfern der Taliban. Anders als die ISAF hätten die Aufständischen aufrichtiges Bedauern über den Tod seines Sohnes geäußert, sagt er. Sie hätten ihn aufgefordert, gemeinsam mit ihnen sein Kind zu rächen. Die Taliban würden ihn ernähren und ihm ein Gehalt zahlen. 10 000 Afghanis, umgerechnet 200 Dollar, hätten sie ihm bereits bei dem Treffen gegeben, um seine Reisekosten abzudecken. »Tausendprozentig werde ich mich den Taliban anschließen«, sagt Semaray. Was mit seiner Familie passiere, wenn das Oberhaupt in den Untergrund gehe? »Sie (die Taliban) werden für alles sorgen. Darum muss ich mich nicht kümmern.«

Nicht nur wolle er selber die Reihen der Taliban verstärken, auch seine beiden ältesten Söhne wolle er den Aufständischen überlassen, sagt Semaray. Die Taliban sollen die Kinder nach dem Willen des Vaters zu Selbstmordattentätern machen. Sieben und zehn Jahre sind sie alt, die zwei Söhne, sie heißen Sardat und Nasar. Einer der Jungs sitzt neben Semaray auf dem roten Teppich in dem kargen Raum. Er blickt seinen Vater ängstlich an, als dieser von den Plänen erzählt, seine Kinder zu opfern.

Die Taliban hätten gesagt, solange die Söhne jünger als 16 oder 18 Jahre alt seien, würden sie sie nehmen, sagt Semaray. Sie müssten noch geformt werden, bevor sie eines Tages auf ihre tödliche Mission geschickt würden. »Sie haben gesagt, Du kannst Deine Kinder in drei, vier Monaten bringen.« Was dann mit seinen Söhnen geschehe, darauf habe er keinen Einfluss. »Ich weiß nicht, wohin sie sie bringen werden.« Die ISAF-Soldaten, die Semaray immer nur »die Amerikaner« nennt, obwohl er weiß, dass Briten seinen Sohn erschossen haben, hätten ihn an jenem schicksalhaften Abend für einen Selbstmordattentäter gehalten. Doch statt auf einen Angreifer hätten sie auf unschuldige Kinder geschossen – und neue Selbstmordattentäter geschaffen.

»Wenn sie mir geholfen hätten, statt meinen Sohn auf der Ladefläche eines Pickups zurückzubringen, wenn ein Krankenwagen gekommen wäre, wenn sie sich entschuldigt hätten, dann hätte ich ihnen vielleicht vergeben«, sagt Semaray. So aber bleibe ihm kein Ausweg außer Rache. »Ich bin der Einzige, der für Gerechtigkeit sorgen kann.« Die 2 500 Dollar für den Tod seines Sohnes seien »ein Witz«, sagt Semaray. Die Demütigung will er nicht auf sich sitzen lassen. Er wisse schon, was er tun werde, wenn er sich den Taliban angeschlossen und den ersten »Amerikaner« erschossen haben werde, sagt Semaray: »Ich werde seiner Familie 5 000 Dollar schicken.« Dafür, sagt er, werde er gerne das Stück Land verkaufen, das er noch besitze.

Nach Ansicht von NATO-General Richard Nugee ist der ISAF im Jahr vor den tödlichen Schüssen auf Saryalay ein einziger Fehler vorzuwerfen: das versehentliche Töten von Zivilisten. Im Januar 2007 verspricht Nugee, die ISAF werde in diesem Jahr hart daran arbeiten, unschuldige Opfer zu vermeiden. Trotzdem kommt es danach immer wieder zu Toten unter Unbeteiligten. In einer Antwort der Bundesregierung auf eine Anfrage der Grünen im September 2007 heißt es, die ISAF stehe »skrupellosen Kräften gegenüber, die den Tod von Zivilisten bewusst in Kauf nehmen, ihn zuweilen sogar vorsätzlich herbeiführen, um ihre Ziele zu erreichen«. Saryalay ist als eines der zivilen Opfer in die Statistik der Mission der Vereinten Nationen in Afghanistan (UNAMA) eingegangen. Nach UNAMA-Zahlen sind in den ersten fünf Monaten des Jahres 2007 fast ebenso viele Zivilisten durch afghanische und ausländische Truppen in Afghanistan getötet worden wie durch die Taliban: 207 Unbeteiligte sind in dem Zeitraum demnach durch Soldaten ums Leben gekommen, 213 durch die Aufständischen.

Über die Jahre hinweg sind die Taliban für weit mehr zivile Opfer verantwortlich als die internationalen Soldaten. Die Aufständischen greifen Unbeteiligte direkt an oder nehmen deren Tod bei Anschlägen billigend in Kauf, während die ausländischen Truppen zumindest probieren, zivile Opfer zu vermeiden. Trotzdem verharren die Afghanen in einer Art stummem Entsetzen bei den Bomben der Rebellen: Kaum jemand geht deswegen auf die Straße, selbst wenn Kinder bei den Anschlägen sterben. Bei zivilen Opfern, die die Truppen verursachen, regt sich dagegen heftiger Widerstand der Afghanen – der bis zu gewalttätigen Demonstrationen gegen ausländische Soldaten reicht. Für die ISAF und die Koalitionstruppen sind die zivilen Opfer eines ihrer größten Probleme im Kampf um die »hearts and minds« der Afghanen geworden, für die Propaganda der Taliban ist jeder von den »Besatzern« getötete Afghane ein wichtiges Instrument.

An der Rückseite des letzten Wagens jedes ISAF-Militärkonvois hängt schon lange ein rotes Schild mit der Aufforderung, weiten Abstand zu halten – sonst werde das Feuer eröffnet, ist dort zu lesen. Trotzdem kommen immer wieder Afghanen zu nahe an die Fahrzeuge und werden getötet. Aus Angst, es könnte sich um Selbstmordattentäter handeln, schießen Soldaten auf Menschen wie Semaray. Noch mehr Zivilisten aber als durch solchen Beschuss sterben bei der Zahl von Luftangriffen der ISAF oder der US-geführten Koalitionstruppen, die im Laufe der Jahre dramatisch zunehmen. Bereits im Dezember 2003 kommen innerhalb von nur 24 Stunden 15 afghanische Kinder bei Angriffen der Koalitionstruppen ums Leben – was die amerikanischen Streitkräfte nur auf Nachfrage einräumen. Der damalige Sonderbeauftragte der Vereinten Nationen für Afghanistan, Lakhdar Brahimi, meint: »Vielleicht müssen die Amerikaner die Art ändern, wie sie ihre Operationen ausführen, um eine Wiederholung solcher Dinge zu vermeiden.« Schon bei früheren US-Angriffen mit zivilen Opfern seien die Reaktionen bitter gewesen – auch für die Internationale Gemeinschaft im Land. So hätten Afghanen gesagt: »Wenn das der Preis für Eure Hilfe ist, dann danke sehr.«

In den Jahren danach steigt die Zahl der zivilen Opfer. Wenn man Wut in der Bevölkerung und den Nachschub Freiwilliger für den Dschihad in Afghanistan vermeiden wolle, müssten alle Truppen, »die sich im Kampf gegen Rebellen engagieren, (...) zivile Opfer reduzieren«, schreibt die UN-Mission UNAMA im September 2007 in einer Studie. Der paschtunische Ehrenkodex schreibt Rache für getötete Familienangehörige vor. Die Wut über die getöteten Unschuldigen stärkt nicht nur die Reihen der Taliban, sie macht auch unter moderaten Afghanen die von den internationalen Truppen gestützte und geschützte Regierung in Kabul immer unpopulärer. Karsai gerät zunehmend unter Druck – und protestiert immer erbitterter gegen das als brachial empfundene Vorgehen der ausländischen Militärs. Ihren vorläufigen Höhepunkt erleben die Proteste des Präsidenten im Mai 2007. Wenige Tage zuvor sind in der westafghanischen Provinz Herat nach US-Angaben Dutzende Taliban-Kämpfer getötet worden. Die Provinzregierung spricht dagegen von mehr als 40 getöteten Zivilisten, darunter viele Frauen und Kinder. Die Gefechte finden im Distrikt Schindand statt – dort, wo der frustrierte Vater Semaray wenige Monate später nach seinen Angaben Kämpfer der Taliban finden wird, die ihn in ihre Reihen einladen. Kurz nach den Gefechten in Schindand räumen US-Truppen in dem ostafghanischen Distrikt Bati Kot in der Provinz Nangarhar ein, zwei Zivilisten getötet zu haben, eine Frau und einen Jugendlichen. Die Polizei vor Ort spricht von sechs toten Zivilisten, darunter zwei Frauen. Aufgebrachte Afghanen legen die Leichen auf die Schnellstraße von der Provinzhauptstadt Dschalalabad nach Pakistan und blockieren die Verbindung ins Nachbarland. Die Demonstranten skandieren »Tod für Amerika« und »Tod für Karsai«. Erst zwei Monate zuvor – Anfang März 2007 – haben US-Truppen in demselben Distrikt nach einem Selbstmordanschlag auf einen ihrer Konvois panisch in die Menge geschossen und dabei nach afghanischen Regierungsangaben zehn Zivilisten getötet. Der Volkszorn ist noch nicht verraucht, da bombardieren ausländische Kampfflugzeuge wenige Tage darauf wieder in der Provinz Nangarhar versehentlich ein Wohnhaus. Sie töten nach afghanischen Angaben neun Unschuldige, darunter drei Kinder.

Die zivilen Opfer seien nicht akzeptabel, sagt Karsai nach einem Treffen mit NATO-Vertretern im Mai 2007 im Präsidentenpalast in Kabul. »Es ist nicht mehr verständlich.« Schon etliche Male zuvor hat Karsai – und haben auch die Vereinten Nationen – die internationalen Truppen zu mehr Vorsicht aufgerufen. »Unglücklicherweise hat die Kooperation und Koordination, die wir versucht haben, keine Ergebnisse erzielt«, beklagt der Präsident. Die Afghanen litten Jahre nach dem Sturz der Taliban immer noch, entweder unter »terroristischen Operationen oder infolge von NATO-Operationen«. Karsai fügt sichtlich verbittert hinzu: »Afghanen sind auch Menschen.«

Bei der Verlängerung der UN-Mission in Afghanistan verurteilt der Weltsicherheitsrat im März 2008, dass die Taliban und andere Extremisten Zivilisten als »menschliche Schilde« missbrauchten. Zwar räumen auch Afghanen ein, dass Taliban-Kämpfer – die keine Uniform tragen – schwierig von Zivilisten zu unterscheiden sind. »Zivilisten und Taliban sehen gleich aus«, sagt der Journalist Gulob Toochi aus Kandahar. Trotzdem würden ausländische Militärs »Zivilisten töten und sie dann als Militante zählen«. Die Flugzeuge der ISAF und der Koalition würden ihre Bomben genau dort abwerfen, von wo aus ihre Soldaten gerade angegriffen worden seien – »da macht es nichts, ob es eine Moschee, ein Wohnhaus oder ein Warenlager ist«. Die Taliban seien dann meist schon auf ihren Motorrädern geflohen.

Im Jahr 2006 werden nach Schätzungen internationaler Organisationen und Medien rund 4000 Menschen Opfer der Gewalt in Afghanistan, die meisten Toten sind Aufständische, aber ein Viertel davon sollen Zivilisten gewesen sein. Niemand kann die Zahl nachprüfen, zu den Kampfgebieten haben Helfer und Journalisten kaum Zugang. Der Vorsitzende des Verteidigungsausschusses des Parlaments, Nurulhak Olomi, kommt selber aus Kandahar, der frühere Kommunist hält die Zahl der zivilen Opfer für zu niedrig veranschlagt. Eher seien im Jahr 2006 rund 3 000 Zivilisten ums Leben gekommen, sagt er im Frühjahr darauf, viele davon seien durch die ausländischen Bombardements gestorben. »Wegen ein paar Feinden auf dem Boden töteten sie Hunderte unschuldige Menschen«, kritisiert der Parlamentarier. Zumindest im Süden glaube daher kaum ein Afghane noch den Versprechen der internationalen Truppen – die antraten, Frieden zu bringen. Viele Afghanen dort, sagt Olomi, hielten die NATO inzwischen für eine Bande von »Mördern«.

Nicht im Süden, sondern im ebenfalls unruhigen Osten operiert im Sommer 2007 eine polnische ISAF-Einheit. Nach Angaben der ISAF werden Soldaten der Schutztruppe am 16. August im Osten des Landes von Taliban-Kämpfern mit einem Sprengsatz angegriffen und unter Feuer genommen. »ISAF-Soldaten verteidigten sich gegen den Angriff«, heißt es in der Mitteilung. Dabei seien fünf »Einheimische« getötet und drei weitere verwundet worden. Im November 2007, nach der Rückkehr des Kontingents, werden sieben polnische Soldaten in Unterschungshaft genommen – unter dem Vorwurf, in Afghanistan Kriegsverbrechen begangen zu haben. Sechs Zivilisten, darunter Kinder und Frauen, sollen von ihnen in dem ostafghanischen Dorf Nangar Chel getötet worden sein – ohne Grund. Der Haftbefehl nach Rückkehr in die Heimat ist ein bis dahin einmaliger Vorgang in der Geschichte der ISAF. Die Staatsanwaltschaft in Posen teilt mit, es habe »keine direkte Bedrohung oder Aggression« durch die Taliban gegeben. Die Soldaten hätten das Dorf trotzdem mit Mörsergranaten beschossen. Zwei Tage zuvor ist der erste polnische Soldat in Afghanistan getötet worden. Zur Begründung des Haftbefehls sagt der Richter in Posen, das Material der Staatsanwaltschaft deute darauf hin, dass die Kriegsverbrechen mit »hoher Wahrscheinlichkeit« wirklich begangen worden seien. Nachdem die Tat in Polen im November 2007 bekannt wird, heißt es aus dem ISAF-Hauptquartier in Kabul auf Nachfrage: »Der Vorgang ist unstrittig.« Er unterliege aber der polnischen Jurisdiktion. Eine öffentliche Entschuldigung der ISAF an die Afghanen sei daher nicht geplant.

Resümee

Ein Mädchen in den Trümmern Kabuls

Afghanistan, da sind sich die meisten Diplomaten, Militärs und Entwicklungshelfer einig, ist nicht verloren. Noch nicht, fügen allerdings immer mehr dieser Aussage hinzu. Dass die Anstrengungen der Staatengemeinschaft zunehmen müssen, um das Ruder herumzureißen, daran zweifelt kaum noch jemand. Gewarnt wird vor einem »Weiter so«, denn dann, so meint ein europäischer Diplomat im Winter 2007, »werden uns die Dinge um die Ohren fliegen«.

Inzwischen ist deutlich, dass die Erwartungen nach dem schnellen Sieg über die Taliban zu hoch gewesen sind. Afghanistan ist nicht in wenigen Jahren zu befrieden. Die Staatengemeinschaft wird sich darauf einstellen müssen, noch lange in Afghanistan zu bleiben, wenn das Projekt denn Erfolg haben soll. Militärisch ist der Kampf um Afghanistan nicht zu gewinnen. Die Taliban sind keine Kraft von außen, die man wieder über die Grenzen treiben könnte – sie kommen aus der Bevölkerung. Dass Paschtunen wieder mit den Taliban sympathisieren, ist oftmals in der Enttäuschung darüber begründet, dass sich ihr Leben nach dem Einmarsch des Westens nicht wesentlich verbessert hat und dass es der NATO nicht gelingt, für Sicherheit zu sorgen. Unter den Taliban waren sie zwar auch arm, aber sie konnten zumindest in Frieden leben.

Unter den Afghanen im Norden findet sich kaum jemand, der sich die alten Zeiten zurückwünscht. Dort haben sich die Lebensbedingungen deutlich verbessert, und Recht und Gesetz werden zumindest ansatzweise durchgesetzt. Auch um die »Herzen und Köpfe« der Menschen im Süden zu gewinnen, bedarf es keiner Wundertaten. Der Aufstand ist die Quittung dafür, dass der Süden nicht nur beim militärischen, sondern auch beim zivilen Engagement lange Zeit vernachlässigt worden ist. Inzwischen fließen zwar vor allem amerikanische Hilfsgelder stärker in die Unruhegebiete, doch die Sicherheitslage dort hat sich derart verschlechtert, dass viele Projekte nur noch mit großem Aufwand verwirklicht werden können. Die internationale Hilfe wird stetig weiter aufgestockt, ist aber noch immer bei Weitem nicht ausreichend. Die Geberländer, darin sind sich fast alle Experten einig, müssen viel tiefer in die Tasche greifen und besonders im Süden »Leuchtturmprojekte« schaffen, die den Menschen zeigen, dass die Staatengemeinschaft ihre Versprechen hält.

Der allergrößte Teil auch der paschtunischen Bevölkerung will nichts anderes als Frieden und ein menschenwürdiges Leben. Ein Bauer, der bescheidenen Wohlstand genießt und vor allem Hoffnung auf eine bessere Zukunft seiner Kinder hat, wird sich freiwillig keiner Rebellengruppe anschließen. »Fußsoldaten« der Taliban, die sehen, dass sie in einem zivilen Beruf eine Zukunft hätten, täten sich leichter, dem tödlichen Kampf abzuschwören. Ein harter Kern der Taliban wird weiterkämpfen. Ihm gilt es, durch eine Verbesserung der Lebensumstände einfacher Afghanen, den Nährboden zu entziehen.

Die Staatengemeinschaft sollte versuchen, moderate Taliban durch Gespräche in den politischen Prozess einzubeziehen, auch wenn ihnen – auf der Basis der Verfassung – Zugeständnisse gemacht werden müssen.

Ihre Hilfe darf die Staatengemeinschaft nicht einfach in den Süden umlenken. Sie muss sie landesweit verstärken und damit dem Eindruck vorbeugen, Bomben der Taliban oder anderer Unruhestifter würden Hilfsgelder anziehen. Um die Unterstützung möglichst gleichmäßig und gerecht zu verteilen, bedarf es einer besseren Koordination. Je nach ihren Möglichkeiten schütten die westlichen Staaten ihr Füllhorn bislang vor allem dort aus, wo ihr Einsatzschwerpunkt liegt. Manche Provinzen bekommen wenig, andere dagegen überdurchschnittlich viel. Das schürt Unzufriedenheit und sorgt für Spannungen zwischen den Volksgruppen.

Der Wiederaufbau muss an den Bedürfnissen der Afghanen ausgerichtet werden. Was wie eine Selbstverständlichkeit klingt, ist viele Jahre lang nicht ausreichend praktiziert worden. Die Sympathie eines Bauern in Helmand wird kaum mit Seminaren über Frauenrechte gewonnen, sondern mit Straßen, die zu Märkten führen, und mit Kanälen, die sein Feld bewässern. Vor allem aber muss die Staatengemeinschaft dafür sorgen, dass die Hilfsgelder bei den Bedürftigen ankommen – und nicht in den Taschen korrupter Beamter verschwinden oder durch teure Dienstleistungen wieder zurück ins Ursprungsland fließen. Sie muss die afghanische Regierung dazu bringen, die Korruption wirksam zu bekämpfen. Einfluss und Druckmittel hat sie dafür genug. Wenn die Regierung die Vetternwirtschaft nicht in den Griff bekommt, dann müssen Hilfsgelder wieder stärker über andere Wege verteilt werden, etwa durch direkte Finanzierung von Projekten – zur Not auch um den Preis, die Regierung zu düpieren. Denn gefährlicher als eine protestierende Regierung in Kabul ist der wachsende Volkszorn über diejenigen, die sich an der Hilfe bereichern.

Doch Druck alleine genügt nicht. Die Regierung in Kabul braucht auch internationale Hilfe, um ihre Aufgaben besser erfüllen zu können. Die Gehälter von Staatsdienern wie Polizisten und Richtern müssen auf ein Niveau angehoben werden, das ihnen ein Leben ermöglicht, ohne die Hand aufzuhalten. Dafür wird Afghanistan mehr ausländische Finanzhilfe benötigen. Die Mitarbeiter auch auf den unteren Ebenen in Ministerien und Behörden in Kabul brauchen eine bessere Ausbildung, um ihren Aufgaben gewachsen zu sein. Das gilt ebenso für die Regierungsvertreter in den Provinzen, denen klargemacht werden muss, dass sie keine Lokalfürsten, sondern Vertreter Kabuls in der Fläche sind – und die angehalten werden müssen, sich entsprechend zu verhalten.

Kontrollinstanzen müssen geschaffen werden, die dafür sorgen, dass staatlicher Willkür und Korruption vorgebeugt und die Regierungsarbeit transparent gemacht wird. Solange die Afghanen ihre Verwaltung als inkompetent, bestechlich oder sogar als Bedrohung wahrnehmen, werden sie sie nicht respektieren. Die afghanische Justiz ist gefordert, Recht und Gesetz zur Durchsetzung zu verhelfen und Straftaten zu verfolgen – unabhängig vom politischen Einfluss und finanziellen Vermögen der Täter. Doch gerade bei der Justiz sind Reformen am stärksten vernachlässigt worden. Hier gilt es, so schnell wie möglich den Aufbau eines unabhängigen Apparates mit gut ausgebildeten Juristen voranzutreiben, der sich den Respekt des Volkes verdient.

Zwar wird es in Afghanistan keine militärische Lösung geben, ohne ausländische Truppen ist ein Erfolg aber auch nicht denkbar. Der Wiederaufbau im Süden muss vielerorts durch Soldaten geschützt werden. Und die ISAF muss den Taliban Erfolge wie die monatelange Besetzung Musa Kalas verwehren. Wenn die ausländischen Truppen glaubwürdig als Garanten der Sicherheit auftreten und den Einfluss der Kabuler Regierung in den Provinzen durchsetzen wollen, können sie nicht zulassen, dass die Aufständischen ganze Distrikte kontrollieren. Es ist umstritten, ob mehr Soldaten mehr Sicherheit schaffen können oder ob die ständigen Aufstockungen der Truppenzahlen nicht eher dem Gefühl einer Besatzung Vorschub leisten. Die meisten Experten – und darunter sind auch viele Zivilisten – meinen aber, die ausländischen Truppenstärken seien zu gering.

Luftangriffe sind für die meisten zivilen Opfer verantwortlich, die bei Militäroperationen zu beklagen sind. Diese zivilen Opfer lassen den Unmut über die Ausländer wachsen und tragen neben der Enttäuschung über die Lebensumstände maßgeblich dazu bei, dass die Menschen in die Arme der Taliban getrieben werden. Dass die Truppen so stark auf Luftangriffe zurückgreifen, ist neben der Angst vor Verlusten bei Einsätzen am Boden auch dem Mangel an Soldaten geschuldet. Vielen Soldaten wiederum stünde ein respektvolleres Verhalten gut zu Gesicht. Eines der wichtigsten Ziele der NATO muss sein, den Eindruck zu vermeiden, sie sei eine Besatzungsmacht. Immer wieder darauf hinzuweisen, man sei Gast in Afghanistan, genügt dafür nicht – man muss sich auch so benehmen. Die NATO wäre gut beraten, sich für zivile Opfer bei den Afghanen zu entschuldigen, statt sich auf nationale Zuständigkeiten zu berufen. Denn das heißt letztlich nur, den Schwarzen Peter weiterzugeben. Das mag bequem sein. Sympathien gewinnt man so nicht.

Der Mangel an Soldaten geht nicht nur auf den Unwillen vieler NATO-Mitglieder zurück, mehr Truppen zu schicken. Er ist auch auf die Einsatzbeschränkungen von Staaten wie Deutschland zurückzuführen, die aus innenpolitischen Gründen keine Soldaten in den umkämpften Süden entsenden wollen. Solche Weigerungen behindern wirkungsvolle Militäreinsätze. Ein Ende der nationalen Vorbehalte (»Caveats«) würde die Schlagkraft der ISAF selbst ohne zusätzliche Truppen deutlich erhöhen. Dies muss der Öffentlichkeit in Deutschland in vermutlich schwierigen Diskussionen vermittelt werden. Zugleich würde eine solche Debatte die Bundesregierung aber in die Lage versetzen, eine nüchterne Bilanz zu ziehen über das Afghanistan-Engagement, das eben nicht so erfolgreich verläuft wie erhofft. Sie könnte neben den unbestrittenen Erfolgen auch klar die Schwierigkeiten benennen – und den Deutschen verdeutlichen, warum dieses Engagement so wichtig ist. Dass eine Mehrheit der Bundesbürger daran zweifelt, ob ihre Sicherheit tatsächlich »auch am Hindukusch verteidigt« wird, deutet auf Erklärungsbedarf hin.

Die Politik ist gefordert, das in der Öffentlichkeit vorherrschende Bild der Auslandseinsätze der Realität anzupassen. Zwar leistet die Bundeswehr in Afghanistan auch Wiederaufbauarbeit, doch sie ist eben kein Technisches Hilfswerk in Uniform. Den Bundesbürgern muss die unangenehme Wahrheit vermittelt werden, dass es zum Beruf des Soldaten gehört, sein Leben zu riskieren und zur Not im Kampf zu töten. Eine solche Klarstellung könnte der Bundesregierung auch dabei helfen, ihren schwierigen Spagat zu beenden. Denn während sie für die Öffentlichkeit in der Heimat das Bild einer Friedenstruppe zu zeichnen versucht, ist sie gleichzeitig bemüht, den Amerikanern zu erklären, dass der Bundeswehr-Einsatz im Norden bereits gefährlich genug ist – und dass Deutschland deswegen keine Truppen in den Süden schicken wird.

Die NATO verweist zu Recht darauf, dass Afghanistan nur als Ganzes gewonnen werden kann. Setzt sich die Entwicklung der vergangenen Jahre fort, droht eine Spaltung zwischen dem Norden und dem Süden des Landes. Der nächste Test wird die für das Jahr 2009 geplante Präsidentschaftswahl. Sollte ein großer Teil der Paschtunen wegen der Sicherheitslage de facto von der Abstimmung ausgeschlossen sein, wird sie ihre demokratische Legitimität verlieren. Eine Regierung, die im Wesentlichen vom Norden gewählt worden ist, dürfte im Süden eine noch geringere Basis als jetzt haben. Der Norden ist zudem nicht immun gegen die eskalierende Gewalt. Die Taliban bemühen sich, ihren Aufstand auch dorthin zu tragen.

Das Feilschen um Einsatzbeschränkungen, um Hubschrauber und um Truppenverstärkungen auf den NATO-Gipfeln vermittelt den Afghanen das Gefühl, dass das Bündnis sich schwertut mit seinem Versprechen, »so lange wie nötig« zu bleiben – ein verheerendes Signal. Jedem einzelnen Bündnisstaat muss daran gelegen sein, den Eindruck zu vermeiden, der NATO könnte dasselbe Schicksal wie der Roten Armee drohen. Schon jetzt sorgen Zweifel am Durchhaltewillen dafür, dass viele Afghanen sich immer zögerlicher zum Westen bekennen; schließlich könnte die andere Seite gewinnen.

Die Bündnisstaaten sollten sich auf die Solidarität untereinander verlassen können. Aus Sicht der Kanadier etwa ist schwer zu verstehen, warum sie ein so viel höheres Risiko als die Deutschen tragen sollen. Schließlich hat der Ausdehnung der ISAF in das ganze Land – und damit in den Süden – auch die Bundesregierung einst zugestimmt. So unterschiedlich die Ansätze sein mögen, das Ziel aller Bündnisstaaten am Hindukusch ist immer noch das gleiche: zu verhindern, dass das Land wieder ein sicherer Zufluchtsort für Terroristen wird, und den Afghanen eine lebenswerte Zukunft zu sichern.

Wenn das Gesamtziel aber heißt, Afghanistan zu stabilisieren, ist die Weigerung der NATO-Staaten, auch mit Soldaten gegen die Drogenwirtschaft vorzugehen, schwer nachvollziehbar. Der Westen hat nicht verhindert, dass das von ihm befreite Land zum größten Opiumproduzenten der Welt geworden ist. Unabhängig von sozialen und wirtschaftlichen Folgen, die der Heroinkonsum im Westen mit sich bringt: Das Argument, es sei zu gefährlich, die Drogenbarone gegen die westlichen Truppen aufzubringen, greift zu kurz. Der Aufstand, der inzwischen fast täglich ausländische Soldaten das Leben kostet, wird in großem Maße durch Drogengelder angetrieben. Die Strategie, das Drogengeschäft nicht aktiv zu bekämpfen, ist ebenso innenpolitischen Erwägungen geschuldet wie jene, deutsche Soldaten nach Anschlägen keine Fußpatrouillen mehr gehen zu lassen. Beides mag kurzfristig die Sicherheit der Soldaten erhöhen. Langfristig wird das Gegenteil des Erhofften bewirkt.

Drogenbarone, die das Land destabilisieren, müssen strafrechtlich verfolgt und empfindlich bestraft werden. Bei den einfachen Mohnbauern kann dagegen nur eine Mischung aus Sanktionen und Anbaualternativen zum Erfolg führen. Sie müssen in die Lage versetzt werden, auch ohne Schlafmohn menschenwürdig überleben zu können. Wenn diese Voraussetzung gegeben ist, muss ihnen klargemacht werden, dass Drogenanbau nicht geduldet wird. Auch dafür sind eine unbestechliche Polizei und Justiz Voraussetzung. Verständlich ist, dass die Truppensteller ihre Soldaten in nicht allzu ferner Zukunft abziehen möchten. Der Schlüssel liegt darin, die Aufgaben den einheimischen Sicherheitskräften zu übergeben. Dass ihr Aufbau nicht viel schneller vorangetrieben worden ist, ist eines der großen Versäumnisse. Besonders beim Polizeiaufbau ist deutlich mehr Engagement nötig.

Unkoordiniert und wenig effektiv wirkt die Staatengemeinschaft auch im Auftreten gegenüber Pakistan. Niemand zieht mehr in Zweifel, dass der Krieg in Afghanistan ohne Pakistan nicht zu gewinnen ist. Die USA versuchen, über Finanzhilfen und aktive Diplomatie Einfluss auf Islamabad zu nehmen, gelegentlich greifen sie sogar Ziele im Grenzgebiet zu Afghanistan mit Drohnen an. Ein Erfolg hat sich nicht eingestellt. Die westeuropäischen Regierungen wiederum ziehen sich auf Sonntagsreden zurück, in denen es heißt, man müsse Druck auf die pakistanische Regierung ausüben. Auf die Frage, wie das geschehen solle, zucken europäische Diplomaten aber nur mit den Schultern. Zweifellos gibt es auch im Fall Pakistans keinen Königsweg; eine militärische Intervention kann keine Lösung sein, sie würde die ganze Region ins Chaos stürzen. Hilfreich wäre es aber, würde der Westen wenigstens eine gemeinsame Strategie im Umgang mit der Regierung in Islamabad erarbeiten.

Ein vorzeitiger Abzug der ausländischen Truppen aus Afghanistan wäre ein eklatanter Wortbruch. Bis auf die Taliban und ihre Sympathisanten hofft die überwältigende Mehrheit der Afghanen auf eine längere Truppenpräsenz. Selbst Einheimische, die dem Westen und der Karsai-Regierung kritisch gegenüberstehen, rechnen im Falle eines Rückzugs nicht mit Frieden und einem Ende der Gewalt, sondern mit einem erneuten Aufflammen des Bürgerkrieges und mit einer Rückkehr der Taliban. Die Geschichte würde sich wiederholen, nur wäre diesmal nicht die Sowjetunion, sondern der Westen in Afghanistan unterlegen. Das bislang Erreichte ginge verloren.

Der Abzug auch nur eines großen NATO-Truppenstellers könnte bereits genügen, um einen Dominoeffekt auszulösen. Die Bündnissolidarität in Afghanistan wäre dann aufgekündigt. Die NATO dürfte das in eine schwere Krise stürzen. Sollten die mächtigste Militärallianz der Welt und die internationalen Wiederaufbaubemühungen am Hindukusch scheitern, sollte es nicht gelingen, die Menschen dort für die Staatengemeinschaft zu gewinnen, dann hätte das Folgen weit über die Grenzen Afghanistans hinaus. Der radikalislamische Terrorismus würde einen Sieg über den Westen reklamieren und wäre weltweit gestärkt. Pakistan könnte weiter destabilisiert werden; im schlimmsten Fall fielen die Atomwaffen in die Hände der Islamisten.

Afghanistan würde nach einem verfrühten Abzug der ausländischen Truppen aller Wahrscheinlichkeit nach erneut zum Rückzugsgebiet internationaler Terroristen werden. Ungestört könnten sie vom Hindukusch aus Anschläge in den USA und in Europa planen und dort Angst und Schrecken verbreiten. Mit Konsequenzen hätten sie kaum mehr zu rechnen. Denn ein zweites Mal würde der Westen ein militärisches Experiment in Afghanistan nicht wagen.

Glossar

Afghanistan Compact: Afghanistan-Pakt oder Afghanistan-Vertrag, beschlossen bei der Afghanistan-Konferenz in London Anfang 2006. In dem Vertrag haben die Internationale Gemeinschaft und die afghanische Regierung Entwicklungsziele festgelegt.

ANA: Afghan National Armee (Afghanische Nationalarmee). Befindet sich im Aufbau. Die Sollstärke liegt bei 80 000 Soldaten.

ANP: Afghan National Police (Afghanische Nationalpolizei). Befindet sich im Aufbau. Die Sollstärke liegt bei 82 000 Polizisten.

ANSO: Afghanistan NGO Safety Office (Sicherheitsbüro für Hilfsorganisationen in Afghanistan). ANSO berät Hilfsorganisation in Afghanistan kostenlos in Sicherheitsfragen.

Caveats: Wörtlich übersetzt Vorbehalt. Im militärischen Sinne Einsatzbeschränkungen der nationalen Truppenkontingente. Caveats regeln, wo und wie die Soldaten der jeweiligen Truppensteller eingesetzt werden dürfen.

CSIS: Center for Strategic and International Studies (Zentrum für Strategische und Internationale Studien). Parteiübergreifendes, während des Kalten Krieges 1962 in den USA gegründetes Forschungsinstitut mit Sitz in Washington.

Dari/Paschtu: Die beiden offiziellen Landessprachen Afghanistans. Dari entspricht weitgehend dem Persischen und ist für rund die Hälfte der Afghanen Muttersprache. Paschtu ist die Sprache der Paschtunen. Außerdem sind turkmenische Sprachen in Afghanistan verbreitet. In Pakistan ist Urdu (neben Englisch) Amtssprache.

Dschihad (auf Englisch Jihad): Heiliger Krieg gegen Nicht-Muslime.

FOB: Forward Operating Base. Militärischer Außenposten.

ICG: International Crisis Group (Internationale Krisengruppe). Unabhängiges Institut zur Konfliktforschung mit Sitz in Brüssel und Washington.

ISAF: International Security Assistance Force. Auf Deutsch meist als Internationale Afghanistan-Schutztruppe oder Internationale Schutztruppe ISAF bezeichnet. Auftrag der ISAF ist es, den Einfluss der Regierung in Kabul im Land auszudehnen und die Rahmenbedingungen für Stabilität und Wiederaufbau zu schaffen. Die von der NATO geführte ISAF verfügt über ein UN-Mandat. Ihr gehören mehr als 52 000 Soldaten aus insgesamt 40 Nationen an (Stand Juni 2008).

ISI: Inter-Services Intelligence. Pakistanischer Geheimdienst.

JCMB: Joint Coordination and Monitoring Board. Gemeinsames Koordinierungs- und Kontrollgremium der afghanischen Regierung und der Internationalen Gemeinschaft. Aufgabe des 28-köpfigen Rates ist es, die Umsetzung der auf der Londoner Afghanistan-Konferenz Anfang 2006 beschlossenen Entwicklungsziele in Afghanistan zu koordinieren und zu überwachen.

JEMB: Joint Electoral Management Body (Gemeinsames Wahlleitungssgremium). 2003 gegründete Wahlbehörde, besetzt mit Vertretern der afghanischen Wahlkommission und von den Vereinten Nationen benannten internationalen Wahlexperten.

Loja Dschirga (auf Englisch Loya Jirga): Große Ratsversammlung. Laut Verfassung ist das Gremium »die höchste Manifestation des Willens des afghanischen Volkes«. In der Regel beruft der Staatspräsident die Loja Dschirga ein, unter anderem »zur Beschlussfassung in Fragen der Unabhängigkeit, nationalen Souveränität, territorialen Integrität und der höchsten Interessen des Landes«. Traditionell setzte sich die Loja Dschirga aus Stammesältesten zusammen, heute besteht sie aus den Mitgliedern der Nationalversammlung sowie den Vorsitzenden der Provinz- und Bezirksräten.

Madrasa: Koranschule.

Mudschaheddin: Muslimische Glaubenskämpfer im Dschihad (Heiligen Krieg). Die Kämpfer gegen die sowjetischen Besatzungstruppen in Afghanistan bezeichneten sich als Mudschaheddin, später auch die Anhänger der Nordallianz, die gegen das Taliban-Regime kämpften. In den vergangenen Jahren sind die Taliban-Rebellen dazu übergegangen, ihre Kämpfer und Attentäter ebenfalls als Mudschaheddin zu bezeichnen.

Mullah: Titel eines islamischen Religionslehrers oder Predigers. Ähnliche Titel sind Maulawi oder Maulana.

Murtad: Ein Abtrünniger, der vom Islam abgefallen ist. Nach der Scharia steht darauf die Todesstrafe.

NDS: National Directorate of Security (Nationales Sicherheitsdirektorat). Afghanischer Geheimdienst.

NGO: Non-Governmental Organization (Nichtregierungsorganisation). Nicht-staatliche Hilfsorganisation.

Nordallianz: Bündnis von Mudschaheddin, das Widerstand gegen das Taliban-Regime leistete und die Taliban mit Unterstützung der US-geführten Koalition Ende 2001 stürzte. Prominentester Anführer der Nordallianz war der am 9.9.2001 von mutmaßlichen El-Kaida-Attentätern getötete Militärchef der Allianz, Ahmed Schah Massud, der heute als Nationalheld verehrt wird.

OEF: Operation Enduring Freedom. Von den USA nach den Anschlägen vom 11. September 2001 ins Leben gerufene Anti-Terror-Operation, an der sich auch Deutschland beteiligt. In Afghanistan kämpfen unter OEF rund 13 000 Soldaten (Stand Mai 2008) aus mehreren Nationen in den US-geführten Koalitionstruppen. OEF hat – anders als die Internationale Schutztruppe ISAF – kein Mandat der Vereinten Nationen. Die Koalitionstruppen und die NATO-geführte ISAF kooperieren, unterstehen aber verschiedenen Oberkommandos.

PRT: Provincial Reconstruction Team. Auf Deutsch als zivil-militärisches Wiederaufbauteam oder regionales Wiederaufbauteam bezeichnet. Soldaten der PRT sollen die Sicherheit in den Provinzen verbessern und die Rahmenbedingungen für den Wiederaufbau herstellen, den dann zivile Vertreter übernehmen. Deutsche PRT haben sowohl einen militärischen als auch einen zivilen Leiter.

QRF: Quick Reaction Force (Schnelle Eingreiftruppe). Mobile Truppe, die im Ernstfall schnell ausrücken und gegebenenfalls kämpfen kann.

Scharia: Islamische Rechts- und Lebensordnung.

UNAMA: United Nations Assistance Mission in Afghanistan (Mission der Vereinten Nationen in Afghanistan). UNAMA ist mit einem Mandat des Weltsicherheitsrates ausgestattet.

UNHCR: United Nations High Commissioner for Refugees (Der Hohe Flüchtlingskommissar der Vereinten Nationen). UN-Flüchtlingshilfswerk.

Warlord: Kriegsherr, der Kontrolle über eine Region ausübt und eine eigene Miliz befehligt, deren Kämpfer ihm – und nicht dem Staat – loyal sind.

Zeittafel

1747: Gründung des Staates Afghanistan. Die erste »Loja Dschirga« (Große Ratsversammlung) ernennt Ahmed Schah Durrani zum ersten König der Nation.

1919: Nach dem dritten afghanisch-britischen Krieg gibt Großbritannien seine Bemühungen auf, Afghanistan zu kolonialisieren.

1933: Mohammed Sahir Schah wird zum König Afghanistans gekrönt.

1973: Sahir Schah wird bei einer Auslandsreise durch einen Coup seines Cousins Mohammed Daoud Chan gestürzt. Daoud ruft die Republik aus und erklärt sich zum Präsidenten.

1978: Daoud wird bei einem Coup der linken Demokratischen Volkspartei gestürzt und getötet. Es kommt zu Machtkämpfen und Unruhen im Land.

1979: Die Sowjetunion marschiert in Afghanistan ein und installiert in Kabul ein Marionettenregime unter Präsident Babrak Karmal von der Volkspartei.

1980er Jahre: Der Widerstand der Mudschaheddin gegen die Besatzungsmacht nimmt – unterstützt vor allem von den USA, Pakistan und Saudi Arabien – stetig zu.

1986: Mohammad Nadschibullah ersetzt Karmal als Generalsekretär der Volkspartei und später als Präsident.

1988: Die Außenminister der Sowjetunion, USA, Afghanistans und Pakistans unterzeichnen in Genf einen Friedensvertrag.

1989, 15. Februar: Der letzte sowjetische Soldat verlässt Afghanistan. Die Mudschaheddin kämpfen weiter gegen die kommunistische Regierung Nadschibullahs.

1992: Naschibullah wird gestürzt. Zwischen verschiedenen Mudschaheddin-Gruppen entflammt der Bürgerkrieg.

1993: Die Mudschaheddin einigen sich auf Barhanuddin Rabbani als Präsident. Der Bürgerkrieg nimmt an Schärfe zu.

1994: Die radikalislamischen Taliban unter Mullah Mohammed Omar werden zu einer ernstzunehmenden Kraft und nehmen Kandahar, die zweitgrößte Stadt des Landes, ein.

1996: Die Taliban marschieren in Kabul ein und hängen Nadschibullah. Rabbani flieht und schließt sich der Nordallianz an, die gegen das Taliban-Regime kämpft.

Die afghanische Misere. Can Merey
Copyright © 2011 WILEY-VCH Verlag GmbH & Co. KGaA, Weinheim
ISBN 978-3-527-50580-7

1998: Nach Bombenanschlägen auf US-Botschaften in Afrika greifen die USA Basen von El-Kaida-Chef Osama bin Laden in Afghanistan mit Raketen an.

2001, März: Die Taliban zerstören die Buddha-Statuen von Bamian.

2001, 9. September: Mutmaßliche El-Kaida-Attentäter töten den militärischen Anführer der Nordallianz, Ahmed Schah Massud.

2001, 11. September: Anschläge von New York und Washington.

2001, 7. Oktober: Der US-geführte Angriff auf Afghanistan beginnt, nachdem die Taliban die Auslieferung Bin Ladens verweigern.

2001, November: Die Taliban werden aus Kabul und einen Monat später aus ihrer letzten Hochburg Kandahar vertrieben. Mullah Omar und Bin Laden entkommen.

2001, Dezember: Afghanistan-Konferenz auf dem Petersberg bei Bonn. Hamid Karsai wird kurz danach als Präsident einer Interimsregierung vereidigt.

2002, Januar: ISAF-Truppen beginnen ihren Einsatz in Kabul.

2002, April: Ex-König Sahir Schah kehrt aus dem italienischen Exil nach Kabul zurück, verzichtet aber auf den Thron.

2002, Juni: Die »Loja Dschirga« wählt Karsai für weitere zwei Jahre zum Übergangs-Präsidenten.

2003, August: Die NATO übernimmt das Kommando über die ISAF.

2003, Oktober: Die Vereinten Nationen erweitern das Mandat für die ISAF auf ganz Afghanistan. Als erste ISAF-Nation übernimmt Deutschland eine Aufgabe außerhalb Kabuler Region: Die Bundeswehr beginnt bald nach dem UN-Beschluss ihren Einsatz in Kundus.

2004, Januar: Die »Loja Dschirga« beschließt eine neue Verfassung für Afghanistan.

2004, April: Bei der Afghanistan-Konferenz in Berlin sagt die Internationale Gemeinschaft Afghanistan weitere Milliardenhilfen zu.

2004, Oktober: Erste freie Präsidentschaftswahl. Karsai gewinnt die absolute Mehrheit. Im Dezember wird er vereidigt.

2005, September: Die Parlamentswahl findet verspätet statt. Die Volksvertreter kommen im Dezember zu ihrer ersten Sitzung zusammen.

2006, Februar: Bei der Afghanistan-Konferenz in London wird der »Afghanistan-Vertrag« (Afghanistan Compact) verabschiedet, in dem Entwicklungsziele festgeschrieben werden. Die Staatengemeinschaft sagt Afghanistan weitere Milliardenhilfen zu.

2006, Juli: Die ISAF übernimmt die Verantwortung im umkämpften Süden. Danach kommt es zu den ersten konventionellen Gefechten von NATO-Truppen seit der Gründung des Bündnisses 1949.

2006, Oktober: Mit der Übernahme des Kommandos in Ostafghanistan wird die Ausdehnung der ISAF auf das ganze Land abgeschlossen.

2007, Juli: Ex-König Sahir Schah stirbt in Kabul.

2008, Januar: Die Taliban greifen das einzige Luxushotel Afghanistans, das Serena-Hotel in Kabul, an.

2008, April: Karsai muss von einer schwer gesicherten Militärparade in Kabul fliehen, weil Taliban-Kämpfer von einem nahen Hotel heraus das Feuer eröffnen.

2008, Juni: Die Staatengemeinschaft bekennt sich bei der Afghanistan-Konferenz in Paris erneut zu ihrem Engagement in Afghanistan und sagt dem Land weitere Milliardenhilfen zu.

2008, Juni: Taliban-Kämpfer stürmen das Gefängnis von Kandahar. Sie befreien rund 900 Häftlinge, darunter knapp 400 Aufständische.

2009, März: US-Präsident Barack Obama präsentiert seine neue Afghanistan- und Pakistan-Strategie, die unter anderem verstärkten zivilen Wiederaufbau vorsieht. In dem Papier heißt es: »Die Gefahr des Scheiterns ist real.«

2009, Juni: Der von Obama eingesetzte neue ISAF-Kommandeur, General Stanley McChrystal, tritt sein Amt an.

2009, August: Präsidentschaftswahl in Afghanistan. Nach massivem Wahlbetrug gewinnt Karsai.

2009, September: Der deutsche Oberst Georg Klein ordnet einen Luftschlag auf zwei von den Taliban gekaperte Tanklastzüge an. Dutzende Menschen sterben, darunter auch Zivilisten.

2009, November: Karsai wird für eine zweite Amtszeit vereidigt. Er kündigt an, Priorität habe die Aussöhnung mit den Aufständischen.

2010, Januar: Karsai stellt auf der Afghanistan-Konferenz in London in Aussicht, dass die afghanischen Sicherheitskräfte 2014 die Verantwortung für das ganze Land übernehmen.

2010, Mai: Bundespräsident Horst Köhler besucht erstmals die deutschen Soldaten in Afghanistan. Bald darauf tritt er nach umstrittenen Aussagen zum Bundeswehr-Einsatz überraschend zurück.

2010, Juni: Eine von Karsai einberufene Ratsversammlung in Kabul endet mit der Forderung nach Verhandlungen mit den Taliban. Die Aufständischen greifen die »Friedens-Dschirga« mit Raketen an.

2010, Juni: Obama entlässt McChrystal wegen despektierlicher Aussagen über US-Politiker. Nachfolger wird US-General David Petraeus, bis dahin McChrystals Vorgesetzter.

2010, Juni: Erstmals kostet der Einsatz in Afghanistan in einem einzelnen Monat mehr als 100 ausländischen Soldaten das Leben.

2010, Juli: Bei der internationalen Afghanistan-Konferenz in Kabul verständigen sich die Teilnehmer darauf, dass die Afghanen bis Ende 2014 die Verantwortung für die Sicherheit im eigenen Land selbst übernehmen sollen. Ein konkreter Abzugstermin für die ausländischen Truppen wird nicht festgelegt.

Quellen

Die meisten Quellen sind bereits an den jeweiligen Stellen im Buch genannt. Einzelne Medien, in denen in diesem Buch zitierte Interviews erschienen, werden nicht extra verzeichnet, ausgenommen sind Gastkommentare und -beiträge in Zeitungen. Der Vollständigkeit halber – und um Nachrecherchen zu vereinfachen – sind Studien an dieser Stelle mit ihrem (englischen) Originaltitel aufgeführt.

Agency Coordinating Body for Afghan Relief (ACBAR), Waldman, Matt: »Aid Effectiveness in Afghanistan«, März 2008

Afghanistan Independent Human Rights Commission (AIHRC)/ United Nations Assistance Mission in Afghanistan (UNAMA): »AIHRC and UNAMA joint investigation into the civilian deaths caused by the ISAF operation in response to a Taliban attack in Chora district, Uruzgan«, Juni 2007

AIHRC: »Your house is not yours, don't insist otherwise you will be jailed and tortured«, Bericht zur Zwangsräumung Schirpurs, undatiert

ARD/BBC/ABC-Umfrage, kein Titel, durchgeführt von Charney Research (New York) unter Beteiligung des Afghan Center for Social and Opinion Research (Kabul), Dezember 2007

(The) **Asia Foundation,** »A Survey of the Afghan People«, Afghanistan in 2007, Oktober 2007

Auswärtiges Amt (Übersetzung): Bonn-Konferenz: »Übereinkommen über vorläufige Regelungen in Afghanistan bis zur Wiederherstellung dauerhafter staatlicher Institutionen«, Dezember 2001

BBC: Timeline Afghanistan, http://news.bbc.co.uk/2/hi/south_asia/country_profiles/1162108.stm

Bundesregierung: »Das Afghanistan-Konzept der Bundesregierung«, September 2007

Bundesregierung: »Antrag der Bundesregierung an den Deutschen Bundestag« auf »Beteiligung bewaffneter deutscher Streitkräfte an dem Einsatz einer internationalen Sicherheitsunterstützungstruppe in Afghanistan«, Dezember 2001

Bundesregierung: »Deutscher Beitrag zur Drogenbekämpfung in

Afghanistan«, Anlage zum Antrag der Bundesregierung auf Fortsetzung der Beteiligung bewaffneter deutscher Streitkräfte an dem Einsatz einer Internationalen Sicherheitsunterstützungstruppe in Afghanistan, September 2005

Bundesregierung: Anträge der Bundesregierung auf »Fortsetzung der Beteiligung bewaffneter deutscher Streitkräfte an dem Einsatz einer Internationalen Sicherheitsunterstützungstruppe in Afghanistan«, September 2005/2006/2007

Bundesregierung: »Zahlen, Daten, Fakten«, Regierung Online, September 2007

(The) **Center for Strategic and International Studies,** Anthony H. Cordesman, Arleigh A. Burke Chair in Strategy: »Testimony to the House Committee on Foreign Affairs: Winning in Afghanistan: Challenges and Response«, Februar 2007

(The) **Center for Strategic and International Studies,** Anthony H. Cordesman, Arleigh A. Burke Chair in Strategy: »The Afghan-Pakistan War: A Status Report«, Dezember 2007

(The) **Center for Strategic and International Studies,** Anthony H. Cordesman, Arleigh A. Burke Chair in Strategy: »Open Letter to the House Committee on Armed Services«, Januar 2008

Central Intelligence Agency (CIA): World Fact Book (www.https://www.cia.gov/library/publications/the-world-factbook/geos/af.html)

Coll, Steve: »Ghost Wars«, Penguin Books, 2005

Deutscher Bundestag, Plenarprotokoll 16/142, Stenografischer Bericht, 142. Sitzung, Februar 2008

Financial Times Deutschland, Naumann, Klaus (Gastkommentar): »Bündnisfall im Bundestag«, Oktober 2007

Human Rights Watch: »Lessons in Terror«, Juli 2006

Idema, Jonathan K.: Super Patriots, http://www.superpatriots.us/, Oktober 2007

International Crisis Group (ICG): »Reforming Afghanistan's Police«, Asia Report No 138, August 2007

International Herald Tribune, Mac Kenzie, Jean (Gastbeitrag): »A mirage called Kabul«, Januar 2008

International Narcotics Control Board: Annual Report 2007, März 2008

London Conference on Afghanistan: »The Afghanistan Compact«, Januar/Februar 2006

NATO: »Progress in Afghanistan«, Bucharest Summit, April 2008

NATO: Fact Sheet: »NATO Support to Counter Narcotics Efforts in Afghanistan«, Oktober 2007

NATO: Fact Sheet: »Progress on Reconstruction and Development in Afghanistan«, Dezember 2007

Max-Planck-Institut für ausländisches öffentliches Recht und Völkerrecht (Übersetzung): »Die Verfassung der Islamischen Republik Afghanistan«

Ministry of Defense of the Islamic Republic of Afghanistan: »Quality, Quantity and Financial Sustainability of Afghan National Army (ANA)«, Januar 2008

Ministry of Interior of the Islamic Republic of Afghanistan: »Review of the Quality, Structures and Accountability of the Afghan National Police (ANP)«, Januar 2008

Musharraf, Pervez: »In the Line of Fire«, Simon & Schuster UK Ltd, 2006

Relief-Web: Afghanistan: »Humanitarian Profile«, September/ Oktober 2007

SPD-Fraktion: »Afghanistan: Sechs Jahre Wiederaufbau«, Themenreihe, Oktober 2007

Stiftung Wissenschaft und Politik, SWP Aktuell, Ruttig, Thomas: »Musa-Qala-Protokoll am Ende«, Februar 2007

Swisspeace: »Private Security Companies and Local Populations. An exploratory study of Afghanistan and Angola«, November 2007

Terror Free Tomorrow: »Results of a New Nationwide Public Opinion Survey of Pakistan«, Januar 2008

UNAMA: »Suicide Attacks in Afghanistan (2001–2007)«, September 2007

UNICEF: »Education Fact Sheet + Questions & Answers«, Februar 2008

UNODC: »Opium Survey 2007«, Oktober 2007

UNODC: »Afghanistan Opium Winter Rapid Assessment Survey«, Februar 2008

UNSC: »Security Council extends Mandate of United Nations Assistance Mission in Afghanistan for one Year«, März 2008

UNSC: »The situation in Afghanistan and its implications for international peace and security«, Report of the Secretary-General, März 2008

Bildnachweis:

Alle Fotos sind von Can Merey mit Ausnahme der Fotos auf den Seiten 9 und 143 (Quelle: Farhad Peikar) sowie auf Seite 149 (Quelle: Pajhwok).

Danksagung

Dieses Buch wäre ohne die Hilfe vieler Menschen nicht zustande gekommen. Manchen davon kann ich an dieser Stelle nicht namentlich danken. Es sind jene Experten, Diplomaten, Militärs und andere anonymisierte Quellen, die einen Teil ihres Wissens mit mir geteilt haben, in diesem Buch aber ungenannt bleiben müssen. Manche haben im Vertrauen darauf, dass sie sich auf die Zusicherung der Anonymität verlassen können, viel aufs Spiel gesetzt. Mein Dank gebührt auch Farhad Peikar für die Einblicke in sein Leben und für seinen Mut, in diesem Buch offen zu reden. Vor allem habe ich meinen Eltern Maria und Tosun Merey zu danken. Ohne ihre bedingungslose Unterstützung wäre ich niemals dort, wo ich jetzt bin. Auch der Deutschen Presse-Agentur (dpa) bin ich Dank schuldig. Sie hat mir ermöglicht, Afghanistan überhaupt erst kennenzulernen. Meinungen in diesem Buch sind selbstverständlich keine der dpa.

Jochen Buchsteiner hat diesem Projekt sehr viel Zeit geopfert, wesentlich zur Verbesserung des Manuskripts beigetragen und mir immer dann Mut zugesprochen, wenn es dringend nötig war. Die vielen gemeinsamen Afghanistan-Reisen mit Christoph Heinzle werden unvergesslich bleiben, ebenso wie die fachlichen Diskussionen mit ihm, die großen Einfluss auf dieses Buch gehabt haben. Auch ohne Hans-Hermann Dube, der sein Herz ebenfalls an Afghanistan verloren hat, wäre das Buch in dieser Form nicht zustande gekommen. Marc Gegenfurtner hat sich Zeit für das Manuskript genommen. Wolfgang Koydl hat mich nicht nur zu diesem Projekt ermutigt, sondern mir auch den Weg in den Journalismus geebnet. Alexander Simon und Gila Keplin von der Agentur Simon in Berlin sind unersetzlich gewesen – bessere Agenten kann man sich als Autor nicht wünschen. Markus Wester von Wiley-VCH hat unerschütterlich an das Projekt geglaubt.

Am meisten Dank aber gebührt Cordula Berghahn. Die Geduld und die Liebe aufzubringen, während der Arbeit an diesem Buch nicht an mir zu verzweifeln, sondern mich stattdessen sogar weiter zu bestärken – dafür kann ich gar nicht genug danken.

Index

a

Abdullah, Abdullah 132
Abizaid, John P. 225
ACBAR 61, 62
Afghanische Menschenrechtskommission (AIHRC) 66
Afghanische Nationalarmee (ANA)
– Aufbau 222, 247
– Ausbildung 15
– Ausrüstung 246 f.
– Bewaffnung 246
– Desertationen 247
– Einsatzbereitschaft 247
– Grenzposten 167
– Musa Kala 176 f.
– Opfer 147, 167
– Sicherheitslage 155, 165
– Sollstärke 246
– Truppenstärke 246 f.
Afghanische Nationalpolizei (ANP)
– Analphabetismus 252
– Aufbau 136, 222, 247 ff., 280
– Ausbildung 247 f., 252 f.
– Ausgaben 247
– Ausrüstung 251
– Besoldung 250, 277
– Bevölkerung 249
– Desertationen 252 f.
– Drogen 127
– Drogenpolizei 127 f.
– Einsatzgebiete 251
– EUPOL 248
– Gefechte Chora 210
– Geiselbefreiung 125
– Kontrolle 253
– Korruption 65 f.
– Opfer 109, 271
– Polizeichef Kabul 39
– Rekrutierungssystem 253
– Rodungen 137
– Seitenwechsel 250, 253
– Sicherheitslage 251
– Sollstärke 252
– Terrorbekämpfung 251
– Untätigkeit 242
– Zustand 249
Afghanistan-Bericht der UN 52
Afghanistan NGO Safety Office (ANSO) 51, 87
Aga, Chan 80 ff.
Ahmadi, Kari Jussif
– Bildungsoffensive 56
– Einsatz im Süden 183
– Gefängnisstürmung 84
– Geiselnahmen 118, 123, 153 f.
– Mobilfunkanbieter 84
– Musa Kala 177, 193
– Ortung 150
– Pressesprecher 149
– Verhandlungsbereitschaft 146 f.
Akhund, Mullah Brader 89
Akhund, Mullah Dadullah, siehe Dadullah Mullah
Al-Dschasira 18
al-Sawahiri, Eiman 184
Allee der Sprengfallen 208
Amani-Oberschule 237
Anaconda 184
Ankara-Erklärung 167
Anonyme Quellen 75
Apache-Hubschrauber 206
Arbeitslosigkeit 71, 73
Arifin, Sayed 159 f.
Arman FM 31 f.

Armut 69 ff., 275
Armutsgrenze 57
ASG 257
Asimi, Sahir 246 f.
Asplund, Bo 33
Atomwaffen 281
Australische Truppen 45
Azhar, Maulana Massood 95 f.

b

Bækken, Kjell Inge 224
Bagram 202 f.
Bakschisch 64
Barno, David 38
Barry, Robert 38
Bart 10, 14, 21
Baumwolle 128
Beck, Kurt 143 ff., 236
Belgische Truppe 109
Berglund, Stefan 76
Berliner Mauer 157, 159
Bevölkerung 7
Bildung 54 ff., 71
Bin Laden, Osama
– Attentäter 99
– Aufbau El Kaida 158
– El Kaida *siehe dort*
– Flucht 20
– Gerüchte 162
– Kopfgeld 257
– Ruf 159
– Sympathiewerte 170
– USA-Angriff 17 f.
– Verschwörungstheorien 160
– Widerstandskämpfer 11
Blair, Tony 191
Blechschmidt, Rudolf 120 ff., 153 f.
Bosbach, Wolfgang 248
Branco, Carlos 90, 185
Brennstoffnachschub 80
Britische Truppe
– Befestigung Musa Kala 194
– Einsatz im Süden 183
– Entschuldigung 266
– Musa Kala 175 ff., 191 f.
– Opfer 184, 186
– Risikoverteilung 187
– Strategie 195
– Task Force Helmland 195

– Truppenstärke 179
– zivile Opfer 265
– Zwischenfall 264 f.
Brown, Gordon 177
Browne, Des 187, 191
Brunnen 215
Bruttosozialprodukt 132
Brydon, William 184
Buddha-Statuen 17, 160
Bundesnachrichtendienst 157, 159
Bundesregierung, Grundhaltung 225
Bundestagsmandat 221
Bundeswehr
– Ansatz 190
– Bevölkerungskontakt 214 ff.
– Bevölkerungsnähe 241
– Bevölkerungsrückhalt 220
– Brunnenbohrung 215
– Caveats 278
– CIMIC 243
– Dienstdauer 218
– Diskussion Einsatz 232, 278
– Dorffeldwebel 214 f.
– Drogen 135
– Einsatzgebiete 180, 186 f., 189, 218, 279
– Einsatzgegner 240
– Freunde 215, 267
– Fußpatrouillen 241
– Image 217 ff.
– Jung-Besuch 233
– Kontingent 181
– Kooperation Niederlande 189
– Kundus 228
– Machtlosigkeit 242
– Merkel-Besuch 235, 238
– Objektschutz 214
– Operation Harekate Yolo II 225
– Opfer 48, 88, 99, 186, 218
– Pionierarbeit 181
– Prinzip der Volksnähe 216
– QRF 224
– Regionalkommando Nord 182
– Selbstmordanschläge 108
– Sicherheitslage 88 f.
– Stimmung Bündnispartner 190
– Strategie 214, 216
– Sympathien 89, 217
– Tornado-Einsatz 135 f., 212 f.

- Totenschädel-Skandal 219
- Truppenstärke 179, 189, 224
- Verpflegung 80
- Verwaltung 180
- Vorgehen 220, 225
- Wiederaufbau 242

Burger King 202
Bürgerkrieg 12 f., 281
Burka 14, 34
Bush, George W.
- Ansprache an die Nation 17
- Pakistanbesuch 169
- Siegesverkündung 178
- Sympathiewerte 170
- Vermittlungsversuche 167
- Wahl Karsai 28

Buskaschi 25

c

Camp Bastion 176
Camp Marmal 212 ff.
Cannabis 132
Caritas 51
Caveats 180, 189, 278
Center for Strategic and International Studies (CSIS)
- ANP-Aufbau 247
- Luftangriffe 178
- Strategie 179
- Truppenstärke 181
- Wiederaufbau 62

Chan, Abdul Rasik 99 f.
Chan, Ismail 39
Chan, Mohammed Daoud 10
Chapandas 25
Cheney, Dick 235
Chinook-Helikopter 175
Christians, Timo 51
CIA 158
CIA World Fact Book 73
Collins, Tom 53
Combined Security Transition Command Afghanistan (CSTC-A) 252
Cordelier, Céline 118
Cordesman, Anthony H. 62, 179, 181, 247
Costa, Antonio Maria 130, 132 f., 139 f.

d

Dadullah, Mansur 108, 113, 117
Dadullah, Mullah
- Entführungen 115 f.
- Ruf 112 f.
- Selbstmordattentäter 98
- Tod 117

Damfreville, Eric 118 f.
Dänische Truppe 191
Dari 16
Daud, Mohammad 39, 192
de Hoop Scheffer, Jaap 183, 187
Demokratisierung
- Demonstrationen 33
- Drogen 132
- Friedenskonferenz 143
- Interimspräsident 35
- Korruption 39, 64
- Loja Dschirga 28, 284
- Parlamentswahl 87
- Petersberg-Konferenz 19, 26, 37
- Präsidentschaftswahl 20, 86, 279
- Regierungsbildung 39
- Sicherheitslage 39
- Taliban 38
- Verfassung 144
- Verhandlungen mit den Taliban 143, 144 ff.
- Wahlkampf 25
- Ziel 44

Deutsche Investitions- und Entwicklungsgesellschaft (DEG) 58
Die Linke 240
Diedrich, Rüdiger 120, 153
Doar Bukhou 85
Dorffeldwebel 214 f.
Dostum, Abdul Raschid 27, 39
Douste-Blazy, Philippe 118
Drachen 70, 263
Drogen
- Anbaufläche 131
- ANP 250, 253
- Anti-Drogen-Programm 134
- Bedrohung 132 f.
- Bekämpfung 280
- Bundeswehr 135 f.
- Drogenpolizei 129
- Entschädigungszahlungen 136

297

- Entwicklung 130
- Finanzierung Aufstand 98
- Korruption 64 f., 139
- Marktanteil 130, 133
- ministerielle Zuständigkeit 39
- Mohnanbau 127 ff., 132
- Musa Kala 194
- Öffentlichkeitsarbeit 135
- Profit 138
- Regierungspolitik 132
- Rodungen 137
- Schutztruppe 129, 133 f., 140
- Sicherheitslage 140
- Spaltung des Landes 139
- Strafverfolgung 134, 139
- Strategie 135 ff.
- Taliban-Regime 131
- Urusgan 45
- Wiederaufbau 140
- Wirtschaftsfaktor 57

Durrani, Ahmed Schah 28
DynCorp International 256

e
Ebrat 89
Ehrenkodex 270
Eikenberry, Karl 183
Einkaufszentrum 57 f.
Einsatzgruppe Säbel Sieben 260
El Kaida
- Aufbau 158
- Bin Laden, Osama *siehe dort*
- Operationsgebiet 97
- Rückzugsraum 166
- Unterstützer 162
- Videobotschaft 184
- World Trade Center 17

Entwicklungshelfer *siehe Hilfsorganisationen*
Erklärung von Potsdam 168
EUPOL-Mandat 248
Everts, Daan
- ANP-Ausbildung 248
- Bevölkerungserwartung 89
- Korruption 65
- nationale Vorbehalte 181
- Operation Enduring Freedom 222

f
F-16-Kampfflugzeuge 206, 211
Farhang, Amin 30, 65
Feindaufklärung 213
Fischer, Joschka 28
Fischer, Karen 233
Flares 176, 238
Flüchtlinge
- Abschiebepolitik 76
- Anzahl 72
- interne Vertriebene 72
- Lager Khurasan 74
- Opium 75
- Pro Asyl 76
- Rückkehrer *siehe dort*
- Schleuser 75
- Sicherheitslage 72
- Tabliban-Regime 75
- Teppichweberei 73
- Westen 75
- Wirtschaftsflüchtlinge 72, 73
Flugzeugentführung 96
Französische Truppe 119
Frauenrechte 32 f., 36, 55
Friedensdividende 50
Frühjahrsoffensive 89, 225
Fußbälle 219
Fußballspiel 16

g
G., Christian 243
Gates, Robert 167, 188
Gefängnis
- Erstürmung 168
- Guantánamo Bay 183
- Inspektion Rotes Kreuz 103
- Kandahar 84
- NDS 100, 102, 105 f.
- Pul-i-Charki 31
- Tarin Kowt 41 ff.
- US-Basen 219
Geiselnahmen
- Deutsche 119 ff., 153, 233
- Franzosen 118
- Hilfsorganisationen 50 ff.
- Journalisten 111
- Propaganda 123
- Regierungseinsatz 116 ff.

- Südkoreaner 122 f., 146, 154
- Taliban-Sprecher 152
- Tornado-Einsatz 121
Gemeinsames Koordinierungs- und Kontrollgremium (JCMB) 246, 252
Geschichte Afghanistans 10 ff.
Gesellschaft für Technische Zusammenarbeit (GTZ) 48 f., 230
Ghafour, Abdul 193
Ghazi, Abdul Rashid 161 ff.
Ghazi, Maulana Abdul Aziz 161, 163 f.
Glaubwürdigkeit 61
Gliemeroth, Götz 135
Goodrich, Tom 60 f., 228
Grenzübergang Torkham 166
Grundrechte 55
Guantánamo Bay 220
Gul, Hamid 157 ff.
Gusar, Amanullah 39

h

Habibullah, Maulawi 105 f.
Hakimi, Abdul Latif 150
Hakkani, Siradsch 98
Hamida 103
Haschisch 132
Hekmatyar, Gulbuddin 98
Heroin 130
Hilfsorganisationen
- ACBAR 62
- ANSO 51, 87, 89
- Anstellung 71
- Ärzte ohne Grenzen 50
- Caritas 51
- Dachverband 59
- Einsatzgebiete 50
- Fortbewegung 124
- Fortschritte 56
- Geiselnahmen 50
- Gewalt 50
- GTZ 49
- Korruption 62
- Kundus 230
- ora International 123, 125
- Oxfam 62
- Pro Asyl 76
- PRT-Konzept 51
- Rotes Kreuz 103, 122 f.
- Sicherheitslage 87

- Strategie 52
- Terre d'enfance 118
- Tornado-Einsatz 213
- Umgang Medien 156
- Unabhängigkeit 51
- UNHCR 72, 76, 285
- UNICEF 56
- Urusgan 45, 46
- USAID 60
- Welternährungsprogramm 52
- Welthungerhilfe 228, 233
Hitparade 31
Hochzeit 99 f.
Human Rights Watch (HRW) 55
Humvee 198

i

Idema, Jonathan Keith 257 ff.
Infrastrukturprojekte 59
Institut »Terror Free Tomorrow« 170
Institute for War and Peace Reporting 236
International Crisis Group (ICG) 249, 251
Internationale Intervention, Ziele 44
Internationale Nachrichtenagenturen 150
Internationales Drogenkontrollgremium (INCB) 130
Inter-Services Intelligence (ISI) 158
Irakisierung 91
Iran 158

j

Jäger, Martin 154
Jaish-e-Mohammad 96
Jonkers, Eric 226
Journalisten
- Entführungen 111 ff.
- Meinungsfreiheit 32
- Propaganda 152
- Sicherheitslage 77 ff.
- Taliban-Sprecher 152
Jung, Franz Josef
- Bundeswehr-Besuch 233
- Diskussion Bundeswehreinsatz 240
- Frühjahrsoffensive 225
- Fußpatrouillen 241
- OEF 221

299

- Selbstmordattentäter 108
- Warnung 241
Justizsystem
- Idema-Prozess 260 f.
- Journalismus 295
- Korruption 134, 280
- Reformen 277
- Taliban-Regime 193
- Verfassung 29 ff.

k
Kabul City Centre 57 f.
Kabul International Airport 63 f.
Kabul-Kandahar-Highway
- Geiselnahmen 122
- Leuchtturmprojekt 78
- Sicherheitslage 80
- Taliban-Checkpoint 78 f.
Kadschaki-Damm 52 ff.
Kambaksch, Sayed Parwes 32
Kamp Holland 45, 206 f., 209
Kanadische Truppe
- Einsatz im Süden 183
- Einsatzbedingungen 188
- Opfer 186
- Selbstmordanschläge 107
Kanuni, Junus 35, 259
Karsai, Hamid
- Amnestie 261
- Brown-Besuch 177
- Drogen 132
- Fall Rahman 30
- Geiselnahmen 114 f., 123
- Interimspräsident 19, 26
- Loja Dschirga 28
- Merkel-Besuch 237
- Militärparade 86
- Pakistan-Konflikt 167
- Regierungsbildung 39
- Schröder-Besuch 234
- Sicherheitslage 234
- Verhandlungsbereitschaft 147
- Wahlausweisproblematik 37
- Wahlsieg 38
- zivile Opfer 270 f.
Kasdorf, Bruno 187, 238
Kasuri, Khurshid 168
Kazemi, Sayed Mustafa 104
Keith, Toby 204

Khurasan 74
Khyber-Pass 166
Kinderarbeit 71, 73 f.
Kindersterblichkeit 57
Kinnemann, Stephan 58 ff., 239
Knochenfeld 220
Koenigs, Tom
- ANP-Ausbildung 249
- Bundeswehr 189
- Selbstmordanschläge 107
- Verhandlungen Taliban 144, 146
Kommando Spezialkräfte (KSK) 221, 223
Korruption
- Afghanistan-Bericht 64
- ANP 63, 129, 250, 252, 280
- Drogen 64
- Hilfsorganisationen 62
- Justiz 134
- Korruptionsindex 64
- NDS 67
- Problembewusstsein 65
- Regierung 65
- Taliban-Regime 71
- Unzufriedenheit 65
- Verbreitung 64
- Verwaltung 67
- Wiederaufbau 54, 66, 276
- Wohlstand 66
Krankenhaus 60
Kriegsverbrechen 155, 211, 272
Kulturelle Vorbereitung 199

l
L., Oliver 214 ff.
Lafontaine, Oskar 240
Laity, Mark 90
Larry 209 f.
Lastwagenfahrer, 80 ff., 200
Lebenserwartung 57
Lebensmittelnachschub 80 ff.
Lee, Nic 51, 87, 89
Leuchtturmprojekte
- Bedeutung 275
- Kabul-Kandahar-Highway 78
- Kadschaki-Damm 54
- Strategie 59
Loja Dschirga 28
Luftangriffe

- Entwicklung 178
- Musa Kala 192 f.
- zivile Opfer 178, 270 ff., 278

m

Mackay, Andrew 176 f., 195
MacKenzie, Jean 236
Madrasas
- Peshawar 159
- Rote Moschee 161 ff.
- Selbstmordattentäter 105
Mahmoud, Khalid 96 f., 100 ff.
Makrorayon 11
Malik, Abdul 41 ff.
Marihuana 132
Märtyrer 101, 116
Massud, Ahmed Schah 18, 27, 99
Mastrogiacomo, Daniele 112 ff.
Maximus 205, 211
McConnell, Mike 86
McNeill, Dan
- Bildungsfortschritte 55
- Frühjahrsoffensive 193
- Kommandoübernahme 222
- Sicherheitslage 155
- Taliban-Finanzierung 133
- Wiederaufbau 58
Medizinische Grundversorgung 57
Meier, Christina 50, 123 ff.
Meinungsfreiheit 31 f.
Menschenrechte
- Abschiebepolitik 76
- AIHRC 66
- Bildung 55
- Folter 219
- Verfassung 28 f.
Merkel, Angela
- erster Besuch 234
- Fall Rahman 30
- Geiselnahmen 121, 153
- Kabul-Besuch 235, 237 f.
Militärparade 86, 289
Miliz 200 ff.
Minen 201
Minister 39
Mission der Vereinten Nationen in Afghanistan (UNAMA) 269 f.
Mobilfunkbranche 84
Mobiltelefon 77, 79, 84

Mohakek, Hadschi Mohammad 27
Mohammad, Amir 129 f., 138
Mohammed-Karrikaturen 33
Moon, Ban Ki 52, 88
Mossad 160
Mountain Thrust 182 f.
Mudschaheddin 10 ff., 151
Mudschahid, Sabiullah
- Geiselnahmen 122, 153
- Pressesprecher 150
Musa Kala
- Außenposten 191 f.
- Befestigung 194
- Besetzung 277
- Bevölkerungsmeinung 196
- Gefechte 191
- Hintergrund 177
- Luftangriff 195
- Opfer 177
- Raketeneinschlag 176
- Rückeroberung 176, 194
- Sicherheitslage 196
- Strategiewechsel 195
- Taliban-Einmarsch 192
- Taliban-Regime 193, 196
- Vermittlung 192
- Vertreibung Taliban 194
- Wiederaufbau 195
Musharraf, Pervez
- Anti-Terror-Kampf 169
- Konflikt Karsai 167
- Rote Moschee 161, 163 ff.
- USA-Unterstützung 158

n

Nachtwei, Winfried 30
Nadschibullah, Mohammad 12 f.
Naeem, Mufti Mohammad 164, 170
Nakibullah, Mullah Surch 67
Nakschbandi, Adschmal 111 ff.
Nakschbandi, Ghulam Haidar 115 ff.
Nasrat 146
Nathan, Joanna 249 f.
National Directorate for Security (NDS)
- Gefängnis 102
- Geiselbefreiung 125
- Korruption 67
- Ruf 102

- Selbstmordattentäter 100 ff.
- Terrorwurzeln 168
Nationales Solidaritätsprojekt (NSP) 57
NATO
- Bündnissolidarität 187 f., 279, 281
- Erfolgsaussichten 87
- konventionelle Gefechte 184
- Risikoverteilung 187
Naumann, Klaus 189
Nawrus 263
Niederländische Truppe
- Allee der Sprengfallen 208
- Ansatz 190
- Bevölkerungsmeinung 206 f.
- Chora 209
- Einsatz im Süden 182
- Gefechte 209 f.
- Kooperation Bundeswehr 189
- Maximus 205
- Mehrabad 207
- Opfer 190
- Patrouille 206 ff.
- Sicherheitslage 207 ff., 211
- Standort 206
- Strategie 206 f., 210
- Task Force Urusgan 45
- Truppenstärke 188
- Urusgan 45 f.
- Vorgehen 226
- zivile Opfer 106
Nisamuddin, Mullah 120 ff.
Nordallianz
- Führer 27
- Petersberg-Konferenz 26
- Talibanbekämpfung 18 f.
- Zusammensetzung 27
Norwegische Truppe 125
Nugee, Richard 269
Nursai, Ischak 120

O
Olberding, Ethan 198 ff.
Olomi, Nurulhak 217
Omar, Mullah Mohammed
- Drogen 131
- Flucht 20
- Gerüchte 162
- Kopfgeld 257
- Machtübernahme 13 f.

- Militärchef 112
- Pressesprecher 149
- Unterstützung Pakistan 27
Operationen
- Achilles 53
- Doar Bukhou 85
- Ebrat 89
- Harekate Yolo II 187, 225
- Mountain Thrust 182 f.
- Musa Kala 176 f.
- Nasrat 146
- Stille 165, 170
Operation Enduring Freedom (OEF)
- Abgrenzung ISAF 222 ff.
- Auftrag 222
- Diskussion 239
- Kritik 221
- Legitimierung 221
Opfer
- ANA 246, 251
- ANP 251 f.
- Außenposten Anaconda 185
- britische Truppe 184
- Bundeswehr 90, 109 f., 152, 218, 231, 233
- Demütigung 267
- Entschädigung 267
- Entschuldigung 268, 272, 278
- französische Soldaten 119
- Harekate Yolo II 187
- Hilfeleistung 268
- Hilfsorganisationen 50
- kanadische Truppe 104
- Kinder 270
- Luftangriffe 178
- menschliche Schilde 271
- Musa Kala 177
- niederländische Truppe 190, 206
- Operation Mountain Thrust 182
- polnische Truppe 272
- Saryalay 265 ff.
- Schlacht um Chora 211
- Schutztruppen 185
- Selbstmordanschläge 99, 103 f., 152
- Südkoreaner 123
- Taliban 271
- US-Truppen 218, 226
- Zivilisten 269 ff., 278
Opium 73, 130 ff.

ora International 123, 125
OSZE-Wahlbeobachter 38
Oxfam 62

p
Pakistan
– Einfluss 157
– Selbstmordattentäter 105
– strategische Bedeutung 158
– Taliban-Regime 166
Papst Benedikt XVI. 30
Papst Johannes Paul II. 151
Parlamentswahl
– Gegensätze 33
– Pakistan 170
– Sicherheitslage 87
Paschtu 16
Peikar, Farhad 9 ff.
Petersberg-Konferenz 19, 26, 145
Pofalla, Ronald 144
Polnische Truppe 155, 272
Poschwatta, Thorsten 212 ff., 224
Post, Geroen 207, 208, 209
Präsidentschaftswahl
– erste 34 ff.
– Sicherheitslage 86, 279
– Wahlkampf Frankreich 118
Pro Asyl 76
Prodi, Romano 114
Propaganda
– Aufbau 151
– Bildungsoffensive 55
– Erfolge 90
– Geiselnahmen 123, 153, 154
– Informationsblockade 155
– Internationale Nachrichtenagenturen 150
– Internet 151 f.
– ISAF-Falsch-Information 154 f.
– Journalisten 152
– Medienmacht 151
– Mohnanbau 135
– Mudschaheddin 151
– Pressekonferenz 154
– Professionalität 150, 154
– Radio 151
– Selbstmordanschläge 98, 108
– Selbstmordattentäter 96
– Taliban-Sprecher 149 f., 154

– Truppenstärke 179
– Wahrheitsgehalt 152
– zivile Opfer 269
Provincial Recontruction Team (PRT)
– Konzept 51, 229
– Kundus 228, 231, 241

q
Quellen 8
Quick Reaction Force (QRF) 187, 224

r
Rahman, Abdul 28 ff.
Raketenbeschuss 10, 12 f.
Rassul, Salmai 144, 146, 246
Rasul, Ghulam 127 f.
Recker, Stefan 228
Red Card Holder 136
Regierungskorruption 65
Reid, John 183, 191
Religionsfreiheit 29
Religionszugehörigkeit 26
Richards, David 184, 192 f.
Richter 29 ff., 42, 258
Rivera, Daniel 201, 204
Robocops 218
Rocketi, Mullah Abdul Salam 144
Rodriguez, David 222
Rote Armee 10 ff., 182, 279
Rote Moschee 161, 163 ff.
Rotes Kreuz
– Gefängnisinspektion 103
– Geiselübergabe 122
– Unterstützung Krankenhaus 60
Rübling, Dieter 50, 233
Rückkehrer 69, 72 f., 76
Ruttig, Thomas 192 f.

s
Sahir, Ahmed 32
Saif, Mullah Abdul Salam 183
Salang-Pass 11
Sarkozy, Nicolas 118 f.
Sarwar, Mohammad 69, 71
Saryalay 265 ff.
Schah, Mohammed Sahir 10, 14, 19, 26
Schahid 101
Scharia 28 f., 116
Schlacht um Chora 211

Schmidbauer, Bernd 249
Schmiergeld 64, 66 f., 245
Schnelle Eingreiftruppe (QRF) 187, 224
Scholtens, Gijs 42, 251
Schreibweisen 8
Schröder, Gerhard 18, 234
Schulen
- Amani-Oberschule 237
- Angriffe 56
- Bürgerkrieg 12
- Mädchenschulen 21, 103, 160
- Professor-Abdul-Ahmad-Dschawid-Schule 266
- Rückkehrer 71
- Wiederaufbau 55 f.

Seemann, Lars 109 f.
Selbstmordanschläge
- Attentäter siehe Selbstmordattentäter
- Bagram 235
- Bedeutung 106
- Botschaft 105
- Bundeswehr 109, 162, 232
- Cheney-Besuch 235
- Entwicklung 88, 98 f.
- kanadische Truppe 107
- Kinder 108
- Legitimierung 159 f.
- Motivation 105
- Opfer 147
- Pakistan 165
- Panik 107
- Propaganda 152
- Quelle 105
- Ressourceneinsatz 108
- Sicherheitslage 104
- Steinmeier-Besuch 235
- Strategie 98
- Taktik 89
- Tarin Kowt 206
- Verbot 170
- Wirkung 104

Selbstmordattentäter
- Altersgrenze 268
- Anschläge siehe Selbstmordanschläge
- Ausbildung 105, 168
- Ausbildungslager 169
- Einweisung 97
- Gefängnisstürmung 84

- Interview 100 ff.
- Kinder 108, 268
- Motivation 95, 105 ff., 162
- Profil 107
- Vorbereitung 96 f., 99
- zivile Opfer 269

Semaray 263 ff.
Serenahotel 236
Show of Force 199
Sicherheitsfirmen 256
Sicherheitskräfte, afghanische
- ANA siehe Afghanische Nationalarmee (ANA)
- ANP siehe Afghanische Nationalpolizei (ANP)
- Aufbau 245
- Ausbildung 256
- Exit-Strategie 245

Sicherheitslage
- Abwärtsspirale 87
- ANA 247, 251
- ANP 251 f.
- Bevölkerungseinschätzung 90
- Bevölkerungserwartung 91, 275
- Bundeswehr 214, 233, 242
- Drogen 134, 139, 280
- Entwicklung 85, 87
- Flüchtlinge 72
- Frühjahrsoffensive 89
- Geiselnahmen 116 f.
- Helmand 184
- Hilfsorganisationen 50 f., 62, 123 ff.
- Journalisten 111 f., 114 f., 233, 236
- Kabul 86, 236
- Kabul-Kandahar-Highway 78 ff.
- Kandahar 85
- Kundus 228 ff., 241
- Lastwagenfahrer 82 f.
- lokale Kommandeure 89
- Merkel-Besuch 234 f.
- Militärparade 86
- Miliz 200
- Minen 197 ff.
- Musa Kala 196
- Opferzahl 88
- Pakistan 165 f., 170 f.
- Präsidentschaftswahl 279
- Selbstmordanschläge 105
- Stimme der Freiheit 154

- Söldner *siehe dort*
- Spaltung 279
- Statistiken 90
- Store-Attentat 236
- Strategiewechsel 87
- Urusgan 47, 206 f.
- US-Truppen 218
- Verteilung Kontrolle 86
- Wiederaufbau 62

Siddik, Maulawi Muhammad 258 f.
Söldner
- Aufgabe 255
- Auftrag 256 f., 259
- Bewaffnung 255 f.
- Einsatzgruppe Säbel Sieben 260
- Folter 258 f.
- Grauzone 257
- Herkunft 255
- Kopfgeld 257
- Prozess 259 ff.
- Selbstjustiz 258
- Strafe 261
- Verdienst 256
- Verfassung 256
- Verhalten 255 f., 260
- Vorgehen 258
- Zusammenarbeit 260

Sowjetunion *siehe Rote Armee*
Spaltung des Landes 139, 279
Spanta, Rangin Dadfar 144, 168
Spindler, Walter 216
Sprachen 27
Sprengfallen 89, 98
Stankovich, Steven 198, 201, 203
Steinmeier, Frank-Walter
- Entführungen 125
- Fall Rahman 30
- GTZ-Einsatz 48
- Kabul-Besuch 235

Stimme der Freiheit 154
Stimme der Scharia 17, 32, 151
Stimme des Dschihad 151 f.
Store, Jonas Gahr 236
Stöter, Gerald 252
Stromversorgung 57, 59 f.
Struck, Peter
- Drogenbekämpfung 135
- Kabul-Besuch 7
- Kundus-Besuch 231

- Mandatsausweitung 181
- Sicherheitslage 238

Struwe, Christian 233
Südkoreanische Truppe 123
Swisspeace 256 f.

t

Taliban-Aufstand
- Anaconda 184 f.
- Anschlagsqualität 88
- asymmetrische Kriegsführung 185
- Ausweg 275
- Ausweitung 88, 91, 279
- Beginn 20
- Bevölkerungszustimmung 90
- Checkpoints 78
- Chora 209 ff.
- Ebrat 89
- Finanzierung 47, 98, 123, 129, 133, 280
- Flagge 177
- Frühjahrsoffensive 225
- Gefängnisstürmung 84
- Grund 275
- Herkunft Taliban 27
- Kabul-Kandahar-Highway 78
- Kampfkraft 179
- Kandahar-Stadt 84
- Korruption 67
- Kriegsverbrechen 211
- Kundus 231
- Massaker 211
- Militärparade 86
- Minen 198
- Mobilfunknetze 84
- moderate Taliban 144 f.
- Motivation 144
- Musa Kala 175 f., 191 f., 194 f., 277
- Nachschub 183
- offene Angriffe 184 f.
- Operation Achilles 53
- Organisation 97
- Provinzhauptstädte 87
- Rebellenvormarsch 85
- Rückzugsraum 213
- Selbstmordanschläge 98, 104, 106, 108
- Späher 208
- Stammesgebiete 166 f.

- Stärkung 270
- Store-Attentat 236
- Strategie 104
- Sympathien 46, 59
- Truppenstärke 97, 178
- Überfälle 82 f.
- Unterstützung 158 ff., 162 f., 168 f., 280
- Waffen 194
- Wiedererstarken 21, 84
- zivile Opfer 269
- Zulauf 267 f.

Taliban-Führungsrat
- Beschlussverkündung 151
- Gründung 20
- Mitglieder 113
- Sitz 97, 168
- Talibanistan 166

Taliban-Regime
- Armut 71
- Beginn 13, 14
- Drogen 131
- Ende 19 f.
- Fehler 160
- Flüchtlinge 75
- Freiheiten 14
- Freizeitgestaltung 16
- Korruption 71
- Kundus 230
- Musa Kala 193
- Pakistan 158
- Rückkehr 281
- Schulverbot 103
- Sicherheit 14 ff.
- Unterstützer 158
- Verbote 14, 16 f., 19, 31, 70
- Verhandlungen 145
- Wiederkehr 161
- Zwänge 9 f.

Taliban-Sprecher
- Geiselnahmen 112 f., 116, 122
- Gesprächsbereitschaft 147
- Journalismus 79
- Musa Kala 193
- Ortung 150
- Verhandlungsbereitschaft 146

Tawes, Frederick 227 f.
Tehrik-e-Taliban Pakistan 166
Teppiche 74 f.

Terre d'enfance 118
Thomassen, Carsten 236
Tolo TV 32, 125
Toochi, Gulob 77 ff., 84 f., 91, 271
Tornado-Einsatz
- Diskussion 225, 238 f.
- Drogen 135
- Feindaufklärung 213
- Geiselnahmen 121
- Mandat 223, 224
- Ziele 143
- Zielidentifikation 212

Totenschädel-Skandal 155, 219 f.
Transkription 8
Transparency International 64
Trinkgeld 64
Truppensteller
- Abzug 281
- Bevölkerungsrückhalt 180
- Caveats 180
- Dominoeffekt 281
- Frankreich 119
- Italien 114
- Konferenzen 179
- Kosten 59
- nationale Vorbehalte 180
- Opfer 185
- Solidarität 281
- Strategie 179
- Südkoreaner 123
- Truppenstärke 178 ff., 278
- Verhandlungen 279

u

UN-Büro für Drogen und Kriminalität (UNODC) 130 ff., 137, 139 f.
UN-Flüchtlingshilfswerk (UNHCR) 71 f., 76
Ungläubige 46 f.
UNICEF 56, 72
Universitäten 55
UN-Sicherheitsrat 133
USAID 60
US-Truppen
- Anerkennung 221
- Aufgaben 225
- Bagram 235
- Dienstdauer 218
- Einsatzdauer 203

- Freizeit 202, 204
- Gefängnisse 219
- Grenzen 179
- Hausdurchsuchung 204
- Image 218 f.
- Kampfpatrouille 197, 200 f., 203 f.
- kulturelle Vorbereitung 199
- Lebensmittelnachschub 80 ff.
- Motivation 200
- Musa Kala 176 f.
- Opfer 185, 218
- Rücksichtnahme 219
- Sicherheitslage 218
- Sympathien 217
- Truppenstärke 179
- Vorgehen 221, 270
- zivile Opfer 270

V

van Griensven, Hans 45, 47, 207, 210 f., 226
Verfassung 28
Verhagen, Maxime 188
Verschwörungstheorie 160
Verwaltung, Korruption 65, 277
Visitenkarten 77, 79
Volksstämme 27

W

W., Norbert 119
Wahlausweis 37
Wahlbehörde 37
Wahlbeteiligung 38
Wahlkampf 35 f.
Waldman, Matt 62
Wardak, Abdul Rahim 88, 246
Wardak, Faruk 37
Warlords
- Einfluss 12
- Entwaffnung 231
- Korruption 66
- Nordallianz 19
- Regierungsbeteiligung 39

Warneke, Dieter 88, 239
Weltbank 56 f.
Welternährungsprogramm (WFP) 52
Weltgesundheitsorganisation (WHO) 57
Welthungerhilfe 220
Weltsicherheitsrat 88, 271
Westerwelle, Guido 30
Wieczorek-Zeul, Heidemarie 48 ff.
Wiederaufbau
- Absicherung 277
- Ausschreibungen 61
- Bundesentwicklungsministerium 48
- Bundeswehr 213, 242, 278
- Drogen 138
- Enttäuschung 39
- Fortschritte 56, 58, 62
- Gebiete 50
- Gefängnis 41
- Ghandaki 215
- Glaubwürdigkeit 61
- GTZ 48
- Guerilakrieg 184
- Helmand 54
- Hilfsorganisationen 45, 48, 56
- Infrastruktur 59
- Investitionsvolumen 59, 61, 275
- Kabul-Kandahar-Highway 78
- Kadschaki-Damm 52, 54
- Koordination 60 f., 276
- Korruption 54
- Kundus 229
- Leuchtturmprojekte 54
- moderate Taliban 276
- Mohnanbau 130
- Musa Kala 195
- Projekte 44
- Schulen 215
- Sicherheitslage 225
- Spaltung des Landes 139, 279
- Staudamm 120
- Strategie 61, 276
- Stromversorgung 54
- Tempo 60
- Urusgan 45, 47
- Verlierer 70
- Verwaltung 279
- Zuckerfabrik 104
- Zukunft 7

Wiederaufbau- und Entwicklungsbehörde (ARDS) 65
Wirtschaftswachstum 57 ff.

Z
Zeitrechnung, afghanische 45
Zermürbungskrieg 179
Zerreißprobe 179 f.
Zuckerfabrik 104

Die Türkei zwischen Aufbruch und Tradition

STEPHEN KINZER

Halbmond und Stern
Die Türkei zwischen zwei Welten

2009. 306 Seiten. Gebunden.
ISBN: 978-3-527-50493-0
€ 19,95

„Dieses brillante Buch, mit Liebe und Sensibilität geschrieben, gibt der Welt eine perfekte Möglichkeit, die Probleme und Chancen der Türkei zu verstehen."
Orhan Pamuk

Die Türkei ist ein Land der Gegensätze: Sie steht zwischen der Vergangenheit des Osmanischen Reichs und der Hoffnung auf eine demokratische Zukunft, dem starken Militär und einer bürgerlichen Gesellschaft, der muslimischen Tradition und dem laizistischen Staat. Außerdem ist die Türkei NATO-Mitglied, liegt sowohl in Asien als auch in Europa und spielt eine zentrale Rolle in der Nahost-Politik des Westens.

Stephen Kinzer war Korrespondent der New York Times in Istanbul und schildert lyrisch, manchmal sogar romantisch, aber immer mit der nötigen Distanz diesen Staat, der für Deutschland und Europa so wichtig ist. Ein Buch über ein Land in zwei Welten, geschrieben von einem Insider aus dem Westen, der beide Welten kennt.

Wiley-VCH
Postfach 10 11 61 • D-69451 Weinheim
Fax: +49 (0)6201 606 184
e-Mail: service@wiley-vch.de • www.wiley-vch.de

Hintergrundinformationen über den islamischen Terror

STEPHEN KINZER

Im Dienste des Schah
CIA, MI6 und die Wurzeln des Terrors im Nahen Osten

2009. 318 Seiten. Gebunden.
ISBN: 978-3-527-50415-2
€ 19,95

Es gibt und gab viele Gründe für die USA im Iran zu intervenieren: Ein Nuklearprogramm, sozialistische Ansätze, Fundamentalisten, die Feindschaft zu Israel. Am Ende geht es aber um Öl, es ging um Öl 1953 und es geht heute um Öl. 1953 putschte der Schah mithilfe der Amerikaner und Briten gegen den gewählten Premierminister Mossadegh. Es folgten über 20 Jahre brutale Unterdrückungspolitik.

Stephen Kinzer schildert wie die Geheimdienste der westlichen Demokratien einen gewählten Premierminister stürzten, um einen Despoten wieder auf den Thron zu heben. Er analysiert wie diese „Operation Ajax" das Ansehen der USA in der Golfregion nachhaltig zerstörte und welche Auswirkung dies auf die Entwicklung des islamischen Terrors hatte.

Ein kritischer Blick auf die amerikanische Außenpolitik, die Gier der Konzerne und die fatalen Folgen kurzsichtigen politischen Handelns. So ist „Im Dienste des Schah" nicht nur ein Geschichtsbuch, sondern ein Appell an Bürger und Politiker in unserer Zeit.

Wiley-VCH
Postfach 10 11 61 • D-69451 Weinheim
Fax: +49 (0)6201 606 184
e-Mail: service@wiley-vch.de • www.wiley-vch.de